2006

中国农村统计年鉴

China Rural Statistical Yearbook

国家统计局农村社会经济调查司 编

Department of Rural Surveys,National Bureau of Statistics

中国统计出版社
China Statistics Press

(京)新登字041号

图书在版编目（CIP）数据

中国农村统计年鉴. 2006
/ 国家统计局农村社会经济调查司编.
- 北京：中国统计出版社，2006. 7
ISBN 7-5037-5032-4

Ⅰ. 中…
Ⅱ. 国…
Ⅲ. 农业统计 - 统计资料 - 中国 -2006- 年鉴
Ⅳ. F322-66

中国版本图书馆CIP数据核字（2006）第063483号

中国农村统计年鉴— 2006

作　　者 / 国家统计局农村社会经济调查司编
责任编辑 / 姚　立
E-mail /cbsebs@stats.gov.cn
装帧设计 / 艺编广告 · 张　冰
出版发行 / 中国统计出版社
通信地址 / 北京市西城区月坛南街57号
邮政编码 /100826
办公地址 / 北京市丰台区西三环南路甲6号
电　　话 / 邮购（010）63376907　书店（010）68783172
印　　刷 / 河北天普润印刷厂
经　　销 / 新华书店
开　　本 /880×1230毫米　1/16
字　　数 /620千字
印　　张 /27.625
印　　数 /1—2500册
版　　别 /2006年9月第1版
版　　次 /2006年9月第1次印刷
书　　号 /ISBN 7-5037-5032-4/F · 2353
定　　价 /108.00元

《中国农村统计年鉴—2006》编辑委员会

编 者 说 明

《中国农村统计年鉴—2006》由17部分组成：一、发展综述；二、综合与概要；三、农村基本情况与农业生产条件；四、农业生态与环境；五、农村投资；六、农林牧渔业总产值、中间消耗及增加值；七、主要农产品种（养）面积与产量；八、农村市场与物价；九、农产品进出口；十、农产品成本与收益；十一、农村居民收入与消费；十二、农村文化、教育、卫生及其他事业；十三、国营农场；十四、区域农村经济；十五、各地区主要农村经济指标排序；十六、国外主要农业指标；十七、如何使用《中国农村统计年鉴》。与2005年版相比，2006年新增加了四大经济地带分组，由原来的东部、中部、西部改为东部、中部、西部和东北。

《中国农村统计年鉴—2006》收录了2005年农村社会经济统计资料及建国以后各关键历史年份全国主要统计数据。本年鉴中所涉及的全国性数据均未包括台湾省及港澳地区。

《中国农村统计年鉴—2006》中，从2002年起税金按费改税后的口径计算。已实行费改税的地区按照农业税及附加的实际数额填报，尚未实行的地区按原口径的税金与村提留、乡统筹之和的70%计算。为与2002年数据保持可比性，2001年及以前的税金相应作了调整，调整后的税金等于原口径的税金与村提留、乡统筹之和。

《中国农村统计年鉴—2006》中，执行新国民经济行业分类标准，自2003年起，农林牧渔业包括农林牧渔服务业。

《中国农村统计年鉴—2006》第十四部分的资料，仅包括县和县级市部分，没有包括市辖区部分资料。由于行政区划的调整和部分单位数据的修正，本书中不同区域农村经济历史数据也相应调整。

《中国农村统计年鉴—2006》中的符号：“...”表示数据不足本表最小单位；“空格”表示缺或无该项数据；“#”表示其中项，未标年份的数据均为2005年数据。

在本书的编辑过程中，得到了国务院有关部门、各省、自治区、直辖市调查总队、统计局农村处的大力支持，在此谨致谢意。

目录

第一部分　发展综述

第二部分　综合与概要

第三部分　农村基本情况与农业生产条件

第四部分　农业生态与环境

第五部分　农村投资

第六部分　农林牧渔业总产值、中间消耗及增加值

第七部分　主要农产品种（养）面积与产量

第八部分　农村市场与物价

第九部分　农产品进出口

第十部分　农产品成本与收益

第十一部分　农村居民收入与消费

第十二部分 农村文化、教育、卫生及其他事业

第十三部分 国营农场

第十四部分 区域农村经济

第十五部分 各地区主要农村经济指标排序

第十六部分 国外主要农业指标

第十七部分　如何使用《中国农村统计年鉴》

1

发展综述

2005年农业与农村经济发展综述

2005年是实施“十五”计划的最后一年，党中央、国务院进一步强化对“三农”的扶持政策，各级政府全面贯彻落实中央关于农业和农村工作的一系列方针政策，农村各项改革稳定推进，农民生产积极性较高，农业和农村形势良好，全年粮食增产、农民增收的目标顺利实现。

一、2005年农业与农村经济的主要特点

（一）农业经济稳定增长

2005年，在“多予少取放活”的总方针指引下，国家对“三农”的支持力度只增不减。“两减免三补贴”资金总额比上年增加250亿元。粮食直补政策在“大稳定、小调整”的基本原则框架下，直补资金总额达到132亿元，高于上年16亿元，增长14%；中央财政农机购置补贴3亿元，比上年增加2.3亿元；良种补贴38.7亿元，高于上年10.2亿元，增长36%；27个省免征农业税，农民减免税收负担220亿元（上年减免税总额为302亿元）。同时，中央财政还安排55亿元专项资金，补助产粮大县，并实施小麦和早、晚稻最低收购价政策。所有这些政策的出台与实施无疑为粮食继续增产、农民收入继续增加奠定了坚实基础。

据统计，2005年全国农林牧渔业总产值39451亿元，按可比价格计算，比上年增长5.7%，农林牧渔业增加值增长5.2%。其中，农业产值19613亿元，增长4.1%；畜牧业产值达到13311亿元，增长7.8%；渔业产值4016亿元，增长6.5%；林业产值1426亿元，增长3.2%。

（二）全年粮食生产在上年大幅增产的基础上继续增加

据全国31个省（区、市）抽样调查和部分粮食主产区面积遥感测量结果，2005年全国粮食产量9680亿斤，比上年增产291亿斤，增长3.1%。

粮食增产的特点主要有四个：一是粮食单产稳定略增；二是粮食播种面积继续扩大；三是粮食增产主要增在主产区；四是夏粮、秋粮增产，早稻减产。2005年我国粮食单产为309.4公斤/亩，比上年提高1.4公斤/亩，提高0.5%，粮食单产水平再创历史新高。2005年全国粮食播种面积15.6亿亩，比上年扩大4002万亩，增长2.6%，因面积扩大增产粮食247亿斤，对粮食增产总量的贡献率为85%。从粮食增产区域看，13个粮食主产区增产幅度较大，粮食主产区增加266亿斤，占全国增加量的91%。分季节看，夏粮增产，早稻减产。全国夏粮产量2125亿斤，增产102.4亿斤，增幅为5.1%。早稻产量636亿斤，减产8.6亿斤。秋粮保持增产格局。全国秋粮产量达到6919亿斤，增加197亿斤，增长2.9%。

（三）畜牧业生产克服禽流感影响继续稳定发展

2005年，尽管部分地区遭遇“禽流感”影响，但由于防治及时、措施得力，使得全年畜牧业生产保持了较好的发展势头。初步统计，2005年猪牛羊禽肉产量达到7602万吨，比上年增长6.6%，其中，猪、牛、羊肉分别增长6.6%、5.6%和9.3%。

禽流感对2005年全国家禽生产影响没有2004年春季大。主要原因：一是疫情发生在四季度，对全年生产影响有限。二是由于2004年我国发生过禽流感疫情，国家、社会和家禽养殖户对禽流感疫情有所了解，在疫情再次发生时，应对措施得利，家禽免疫面扩大。据农业部统计，目前我国家禽免疫率达到85%。三是2005年四季度禽流感造成的价格波动比2004年小。四是扑杀家禽只数只占全年出栏量的0.2%。初步测算，禽流感对2005年全国家禽出栏影响4%～5%。

（四）农民收入继续保持较快增长

据抽样调查，2005年农民人均纯收入为3255元，比上年增加319元，增长10.8%，扣除价格因素的影响，实际增长6.2%。

农民收入增长的主要特点有四个：一是工资性收入增长加快，是农民增收的主要来源。2005年农民的工资性收入人均1175元，首次突破千元大关，比上年增加177元，增长17.7%，增长率比上年高9个百分点。工资性收入的增加额占全年农

民纯收入总增量的55.5%。二是家庭经营收入增速回落，其中第一产业经营收入增速大幅回落，但二、三产业经营收入增长加快。2005年农民家庭生产经营纯收入人均1843元，比上年增加98元，比上年增长5.6%，增速回落7.7个百分点。农户家庭从事第一产业生产经营纯收入人均1470元，增加72元，增长5.1%，增速回落15个百分点。二、三产业生产经营纯收入人均375元，增加27元，增长7.8%。增加额和增长幅度在"十五"期间均为最高。三是政策性收入大量增加，税费负担显著下降。2005年农民得到的政策性收入(包括粮食直补、良种补贴和购置更新大型农机具补贴收入)人均18元，比上年增长12.9%。农民的税费负担人均13元，比上年减少25元，负担下降65.1%。税费负担占当年农民纯收入的比重由上年的1.3%下降为0.4%。四是农村居民内部收入分配差距扩大的速度有所减缓，但城乡居民收入差距进一步扩大。2005年农村居民内部收入分配差距略有扩大，农民人均纯收入的基尼系数为0.3751，比上年提高0.006(2004年比2003年提高0.12)。农村居民收入分配的内部差距基本保持在2004年的水平，但与城镇居民的收入差距略有扩大。2005年城乡居民收入差距从上年的3.2∶1扩大到3.23∶1的水平。

(五)农产品价格保持基本稳定

据抽样调查，2005年全国农产品生产价格比上年上涨1.4%，涨幅比上年回落11.7个百分点。其中种植业、林业、畜牧业和渔业产品价格分别上涨1.6%、4.8%、0.5%和4.7%。主要特点：一是粮食生产价格稳中略降。2005年粮食生产价格比上年下降0.9%。全年谷物价格比上年下降0.8%，豆类价格下降4.3%，薯类价格上涨6.1%。且粮食主销区比主产区降幅大。二是棉花生产价格上涨11.8%。三是畜牧业产品生产价格涨跌互现。生猪出栏价格比上年下降2.4%；肉牛生产价格上涨1.6%；活羊价格上涨1.7%；奶产品价格微跌0.4%；家禽和蛋类生产价格虽比上年上涨5.6%和6.4%，但涨幅较上年大幅回落。

总的来看，2005年农业与农村经济形势表现为两大亮点、三个稳定。两大亮点为：粮食再获丰收、农民收入又有增加；三个稳定为：农林牧渔产出稳定增长、畜牧业生产克服禽流感影响稳定发展、农产品价格保持基本稳定。

二、当前农村社会经济中存在的主要问题

(一)农民增收有一定难度

一是农产品价格对农民收入增长的拉动作用减弱。农产品价格经过两年多的上升周期后，进入相对稳定期，农产品价格对农民增收的促进作用减弱。2005年因农产品价格涨幅回落，农民来自第一产业家庭经营收入的增幅回落15个百分点。

二是农业生产资料价格上涨，降低农业生产成本有难度。2005年，农业生产资料价格上涨8.3%；化肥价格上涨12.8%，种籽价格上涨10.7%，农用机油价格上涨11.1%。农业生产资料价格上涨导致种粮效益下滑。2005年粮食亩均纯收益243元，比上年减少27元，下降10%。2005年，由于农业生产资料价格上涨，全国平均每亩粮食生产投入223元，比上年增加21元，增长10.4%。

(二)农业基础不稳，抗自然灾害能力弱，粮食继续增产难度大

一是农田基本建设落后。近年来，国家对水利的投资不断增加，2000～2004年，有效灌溉面积平均每年增加680万亩。但2004年有效灌溉面积只有8.2亿亩，占耕地面积的比重仅为45%。河南、河北、安徽等粮食大省反映，农田水利设施因年久失修、陈旧老化，防洪抗旱能力不强；旱涝保收田仅占耕地面积的50%左右，农业生产的丰歉在很大程度上取决于气候条件。

二是从气候条件看，虽然2005年的气候条件不如上年，但总体来说，是一个比较好的年景。根据自然规律，2006年的气候条件可能会较差，粮食生产会受到影响。

(三)农村社会事业发展滞后，农民生活质量提高受到限制

据卫生部统计，2005年全国开展新型合作医疗试点的县为671个，参加合作医疗人口为1.77亿，占全国农业人口的19.9%。农村千人卫生技术人员数与城镇相差10倍，落后世界平均水平20年以上。据调查，2005年通自来水的村刚过一半，还有1/4以上的农户没有安全饮用水；只有13%的农户使用水冲式厕所；55%的农户室外有硬质路面；农村人口受教育年限落后城镇2年。

三、对 2006 年农业与农村经济工作的几点建议

（一）改造中低产田和培育良种，提高综合生产能力

将全国大中型灌区的建设作为加强农业综合生产能力的重点。深化农田基本建设的投资体制改革，建立多元化的投入体系和机制，充分调动地方政府和广大农民的积极性，激活民间资本搞水利，以改造中低产田和提高有效灌溉面积为重点，推动农田基本建设上新台阶。

（二）加强对粮价的宏观调控和农业生产资料价格的调控

加强宏观调控，加快建立健全农产品市场体系，继续实施最低收购价政策，努力保持粮食等大宗农产品市场价格的稳定。控制农业生产资料价格过快上扬，尤其要控制化肥等主要农业生产资料价格；建立购买主要农业生产资料的直接补贴机制，稳定或提高种粮收益，确保增产增收。

（三）大力推进社会主义新农村建设

加强农村基础设施建设，重点是加强教育、卫生和居民环境设施建设。培育农民收入新的增长点。在社会主义新农村建设中，尽量吸收农民工，进一步推动农村小城镇建设，加快农村人口向城镇的流动和转移。同时，继续鼓励农民外出务工，大力发展农村二三产业。

2

综合与概要

2—1 农村经济主要指标

指　　标	单位	1990年	1995年	2000年	2003年	2004年	2005年
一、年末乡村总人口	万人	89590.3	91674.6	92819.7	93751.0	94253.7	94907.5
二、年末乡村从业人员	万人	42009.5	45041.8	47962.1	48971.0	49695.3	50387.3
三、农业机械总动力	亿瓦特	2870.8	3611.8	5257.4	6038.7	6402.8	6839.8
四、农林牧渔业总产值	亿元	7662.1	20340.9	24915.8	29691.8	36239.0	39450.9
五、农林牧渔业增加值	亿元	5017.0	11993.4	14628.1	17508.1	21224.9	23070.5
六、农村固定资产投资完成额	亿元			6695.9	9754.9	11449.2	13678.5
#农业	亿元			815.6	1117.3	1245.6	1480.9
制造业	亿元			1901.0	3945.6	4928.3	6169.4
建筑业	亿元			640.6	396.4	437.6	454.6
交通运输仓储及邮政业	亿元			350.5	620.3	554.7	753.7
批发和零售业	亿元			123.9	131.4	155.8	184.3
七、主要农产品产量							
粮食	万吨	44624	46661.8	46217.5	43070.0	46947	48402.2
棉花	万吨	450.8	476.8	441.7	486.0	632.0	571.4
油料	万吨	1613.2	2250.3	2954.8	2811.0	3057	3077.1
糖料	万吨	7214.5	7940.1	7635.3	9642.0	9528	9451.9
黄红麻	万吨	72.6	37.1	12.6	10.0	8.7	8.3
烤烟	万吨	225.9	207.2	223.8	201.5	214.0	243.5
猪牛羊肉	万吨	2513.5	4265.3	4838.2	5506.7	5776.8	6157.6
牛奶	万吨	415.7	576.4	827.4	1746.3	2260.6	2753.4
禽蛋	万吨	794.6	1676.7	2243.3	2606.7	2723.7	2879.5
水产品	万吨	1237	2517.2	4278.5	4705.0	4901.8	5107.6
水果	万吨	1874.4	4214.6	6225.1	14517.4	15340.9	16120.1
八、农村物价总指数							
（上年＝100）							
农产品生产价格总指数	%	97.4	119.9	96.4	104.4	113.1	101.4
农村商品零售价格指数	%	103.2	116.4	98.5	101.6	102.8	101.4
农业生产资料价格指数	%	105.5	127.4	99.1	101.4	110.6	108.3
农村居民消费价格指数	%	104.5	117.5	99.9	101.6	104.8	102.2
九、农村居民人均纯收入	元	686.3	1577.7	2253.4	2622.2	2936.4	3254.9
农村居民人均生活消费支出	元	584.6	1310.4	1670.1	1943.3	2184.7	2555.4
十、农村教育、卫生							
在校学生数							
#普通中学	万人	2739.0	2773.0	3586.3	3370.8	3423.4	3018.4
普通小学	万人	9595.6	9306.2	8503.7	7689.2	7378.6	6947.8
农民高等学校	人	353	966	800	1000	2136	3086
农民技术培训学校	万人	1050.0	4948.7	6209.6	4549.4	4684.2	3729.3
卫生院床位数	万张	72.3	73.3	73.5	67.3	66.9	67.8
卫生技术人员	万人	77.7	91.9	102.6	90.6	88.1	87.1

注：1. 建筑业投资统计口径有调整，不含农户建房投资。

2. 2000年以前农产品生产价格总指数为农副产品收购价格指数。

3. 从2003年起，农林牧渔业总产值、增加值、中间消耗核算执行新国民经济行业分类标准，包括农林牧渔服务业。

4. 从2003年起，水果产量含果用瓜。

2—2 按人口平均的主要农产品产量

单位:公斤/人

年 份	粮食	棉花	油料	糖料	猪牛羊肉	水产品
1949	208.9	0.8	4.7	5.2		0.8
1952	288.1	2.3	7.4	13.4		2.9
1957	306.0	2.6	6.6	18.7		4.9
1962	240.3	1.1	3.0	5.7		3.4
1965	272.0	2.9	5.1	21.5		4.2
1970	293.2	2.8	4.6	19.0		3.9
1975	310.5	2.6	4.9	20.9		4.8
1978	318.7	2.3	5.5	24.9		4.9
1979	342.7	2.3	6.6	25.4		4.4
1980	326.7	2.8	7.8	29.7		4.6
1981	327.0	3.0	10.3	36.2		4.6
1982	351.5	3.6	11.7	43.2		5.1
1983	378.5	4.5	10.3	39.4		5.3
1984	392.8	6.0	11.5	46.1		6.0
1985	360.7	3.9	15.0	57.5		6.7
1986	367.0	3.3	13.8	54.9		7.7
1987	371.7	3.9	14.1	51.2		8.8
1988	357.7	3.8	12.0	56.2		9.6
1989	364.3	3.4	11.6	51.9		10.3
1990	393.1	4.0	14.2	63.6		10.9
1991	378.3	4.9	14.2	73.2		11.7
1992	380.0	3.9	14.1	75.6		13.4
1993	387.4	3.2	15.3	64.7		15.5
1994	373.5	3.6	16.7	61.3		17.9
1995	378.4	3.8	17.6	63.4		20.9
1996	414.1	3.5	18.2	68.7	30.3	23.1
1997	401.7	3.7	17.5	76.3	33.2	29.3
1998	412.4	3.6	18.6	78.8	37.0	31.4
1999	405.5	3.1	20.7	66.5	38.0	32.9
2000	366.1	3.5	23.4	60.5	38.3	33.9
2001	355.9	4.2	22.5	68.1	39.5	34.4
2002	357.0	3.8	22.6	80.4	40.8	35.6
2003	334.3	3.8	21.8	74.8	42.7	36.5
2004	362.2	4.9	23.7	73.8	44.6	37.9
2005	371.3	4.4	23.6	72.5	47.2	39.2

注:按年平均人口计算。

2-2 续表 单位:公斤/人

年 份	黄红麻	烤烟	水果	牛奶	禽蛋	茶叶
1952	0.3	0.4	4.3			0.14
1957	0.2	0.4	5.1			0.18
1962	0.1	0.2	4.1			0.11
1965		0.5	4.5			0.14
1970	0.2	0.5	4.6			0.17
1975	0.4	0.8	5.9	1.0		0.23
1978	0.6	1.1	6.9	0.9		0.28
1980	0.6	0.7	6.9	1.2		0.31
1985	2.0	2.0	11.1	2.4	5.1	0.41
1986	0.7	1.3	12.6	2.7	5.2	0.43
1987	0.5	1.5	15.4	3.0	5.4	0.47
1988	0.5	2.1	15.1	3.1	6.3	0.49
1989	0.6	2.2	16.4	3.4	6.4	0.48
1990	0.6	2.0	16.5	3.7	7.0	0.48
1991	0.4	2.3	18.9	4.0	8.0	0.47
1992	0.5	2.7	20.9	4.3	8.7	0.48
1993	0.6	2.6	25.6	4.2	10.0	0.51
1994	0.6	2.5	29.4	4.4	12.4	0.49
1995	0.3	1.7	32.0	4.6	13.1	0.49
1996	0.3	2.4	38.2	5.2	16.0	0.49
1997	0.3	3.2	41.4	5.4	17.3	0.50
1998	0.2	1.7	43.9	6.0	16.2	0.54
1999	0.1	1.7	49.8	5.7	17.0	0.54
2000	0.1	1.8	49.3	6.6	17.8	0.54
2001	0.1	1.6	52.3	8.1	18.3	0.55
2002	0.1	1.7	112.3	10.2	19.2	0.58
2003	0.1	1.6	112.7	13.6	20.2	0.60
2004	0.1	1.7	118.4	17.4	21.0	0.64
2005	0.1	1.9	123.6	21.1	22.1	0.72

注:从2002年起,水果产量含果用瓜。

2—3 农村经济在国民经济中的地位

单位:亿元、%

年 份	国内生产总值	#第一产业	所占比重	社会消费品零售额	#县及县以下	所占比重
1952	679.0	342.9	50.5	276.8		
1957	1068.0	430.0	40.3	474.2		
1962	1149.3	453.1	39.4	604.0		
1965	1716.1	651.1	37.9	670.3		
1970	2252.7	793.3	35.2	858.0		
1975	2997.3	971.1	32.4	1271.1		
1978	3624.1	1018.4	28.1	1558.6	1053.4	67.6
1980	4517.8	1359.4	30.1	2140.0	1406.4	65.7
1981	4862.4	1545.6	31.8	2350.0	1506.7	64.1
1982	5294.7	1761.6	33.3	2570.0	1649.5	64.2
1983	5934.5	1960.8	33.0	2849.4	1792.1	62.9
1984	7171.0	2295.5	32.0	3376.4	2027.7	60.1
1985	8964.4	2541.6	28.4	4305.0	2430.5	56.5
1986	10202.2	2763.9	27.1	4950.0	2932.0	59.2
1987	11962.5	3204.3	26.8	5820.0	3393.0	58.3
1988	14928.3	3831.0	25.7	7440.0	4179.2	56.2
1989	16909.2	4228.0	25.0	8101.4	4434.6	54.7
1990	18547.9	5017.0	27.0	8300.1	4411.5	53.1
1991	21617.8	5288.6	24.5	9415.6	4885.8	51.9
1992	26638.1	5800.0	21.8	10993.7	5523.4	50.2
1993	34634.4	6882.1	19.9	12462.1	5237.2	42.0
1994	46759.4	9457.2	20.2	16264.7	6603.5	40.6
1995	58478.1	11993.0	20.5	20620.0	8243.3	40.0
1996	67884.6	13844.2	20.4	24774.1	9822.9	39.6
1997	74462.6	14211.2	19.1	27298.9	10648.5	39.0
1998	78345.1	14552.4	18.6	29152.5	11327.3	38.9
1999	82067.5	14472.0	17.6	31134.7	12043.1	38.7
2000	89468.1	14628.2	16.4	34152.6	13042.3	38.2
2001	97314.8	15411.8	15.8	37595.2	14051.8	37.4
2002	105172.0	16117.3	15.3	42027.0	15041.0	35.8
2003	117390.2	17341.7	14.8	45842.0	16065.0	35.0
2004	159878.0	20956.0	13.1	59501.0	19805.0	33.3
2005	182321.0	22718.0	12.5	67176.6	22082.0	32.9

注：社会消费品零售额，1992年及以前为社会商品零售总额数据。

2—3 续表 1　　　　单位：亿元、%

年　份	财政收入	#农业各税	所占比重	国家财政支出	#支农支出	所占比重
1970	662.9	32.0	4.8	649.4	49.4	7.6
1975	815.6	29.5	3.6	820.9	99.0	12.1
1978	1132.3	28.4	2.5	1122.1	150.7	13.4
1980	1159.9	27.7	2.4	1228.8	150.0	12.2
1981	1175.8	28.4	2.4	1138.4	110.2	9.7
1982	1212.3	29.4	2.4	1230.0	120.5	9.8
1983	1367.0	33.0	2.4	1409.5	132.9	9.4
1984	1642.9	34.8	2.1	1701.0	141.3	8.3
1985	2004.8	42.1	2.1	2004.3	153.6	7.7
1986	2122.0	44.5	2.1	2204.9	184.2	8.4
1987	2199.4	50.8	2.3	2262.2	195.7	8.7
1988	2357.2	73.7	3.1	2491.2	214.1	8.6
1989	2664.9	84.9	3.2	2823.8	265.9	9.4
1990	2937.1	87.9	3.0	3083.6	307.8	10.0
1991	3149.5	90.7	2.9	3386.6	347.6	10.3
1992	3483.4	119.2	3.4	3742.2	376.0	10.0
1993	4349.0	125.7	2.9	4642.3	440.5	9.5
1994	5218.1	231.5	4.4	5792.6	533.0	9.2
1995	6242.2	278.1	4.5	6823.7	574.9	8.4
1996	7408.0	369.5	5.0	7937.6	700.4	8.8
1997	8651.1	397.5	4.6	9233.6	766.4	8.3
1998	9876.0	398.8	4.0	10798.2	1154.8	10.7
1999	11444.1	423.5	3.7	13187.7	1085.8	8.2
2000	13395.2	465.3	3.5	15886.5	1231.5	7.8
2001	16386.0	481.7	2.9	18902.6	1456.7	7.7
2002	18903.6	717.9	3.8	22053.2	1580.8	7.2
2003	21715.3	871.8	4.0	24649.9	1754.5	7.1
2004	26355.9	902.2	3.4	28486.9	2337.6	8.2
2005	31649.3	936.4	3.0	33930.3	2450.3	7.2

注：1. 农业各税包括耕地占用税、农林特产税（1994 年为农业特产税）、农业税、牧业税和契税。
2. 国家财政支农支出包括支农支出、农业基本建设支出、农业科技三项费用、农村救济费、其他。
3. 2004 年国家财政支出数据因财政部修正数据而有所改动。

2—3 续表 2

单位:元/人

年 份	全国居民消费水平绝对数			指数(1978 年=100)		城乡消费水平对比(农村居民=1)
		农村居民	城镇居民	农村居民	城镇居民	
1978	184	138	405	100.0	100.0	2.9
1980	238	178	489	115.4	110.2	2.7
1981	264	201	521	126.8	114.6	2.6
1982	288	223	536	138.3	115.4	2.4
1983	316	250	558	153.1	117.9	2.2
1984	361	287	618	172.8	127.2	2.2
1985	446	349	765	195.7	141.3	2.2
1986	497	378	872	200.3	150.8	2.3
1987	565	421	998	210.0	159.3	2.4
1988	714	509	1311	221.0	174.7	2.6
1989	788	549	1466	217.2	176.0	2.7
1990	833	560	1596	215.4	190.9	2.9
1991	932	602	1840	227.1	211.4	3.1
1992	1116	688	2262	246.5	245.3	3.3
1993	1393	805	2924	257.1	270.8	3.6
1994	1833	1038	3852	265.0	282.8	3.7
1995	2355	1313	4931	282.9	303.2	3.8
1996	2789	1626	5532	323.8	313.6	3.4
1997	3002	1722	5823	334.0	320.4	3.4
1998	3159	1730	6109	338.1	339.2	3.5
1999	3346	1766	6405	355.3	363.0	3.6
2000	3632	1860	6850	371.3	391.1	3.7
2001	3869	1969	7113	388.0	403.6	3.6
2002	4106	2062	7387	408.1	420.5	3.6
2003	4411	2103	7901	409.5	447.2	3.8
2004	4925	2301	8679	423.5	475.7	3.8
2005	5439	2531	9393	451.0	503.3	3.7

注:2005 年对 1979 年以来的所有数据都重新进行了核定。

2—3 续表 3　　单位:元

年　份	农村居民家庭人均纯收入	指数(1978=100)	城镇居民家庭人均可支配收入	指数(1978=100)
1978	133.6	100.0	343.4	100.0
1980	191.3	139.0	477.6	127.0
1981	223.4	160.4	492.0	127.7
1982	270.1	192.3	527.0	134.1
1983	309.8	219.6	564.0	140.7
1984	355.3	249.5	651.0	158.1
1985	397.6	268.9	739.1	160.4
1986	423.8	277.6	899.6	182.5
1987	462.6	292.0	1002.2	186.9
1988	544.9	310.7	1181.4	182.5
1989	601.5	305.7	1375.7	182.8
1990	686.3	311.2	1510.2	198.1
1991	708.6	317.4	1700.6	212.4
1992	784.0	336.2	2026.6	232.9
1993	921.6	346.9	2577.4	255.1
1994	1221.0	364.4	3496.2	276.8
1995	1577.7	383.7	4283.0	290.3
1996	1926.1	418.2	4838.9	301.6
1997	2090.1	437.4	5160.3	311.9
1998	2162.0	456.2	5425.1	329.9
1999	2210.3	473.5	5854.0	360.6
2000	2253.4	483.5	6280.0	383.7
2001	2366.4	503.8	6859.6	416.3
2002	2475.6	528.0	7702.8	472.1
2003	2622.2	550.7	8472.2	514.6
2004	2936.4	588.1	9421.6	554.2
2005	3254.9	624.5	10493.0	607.4

注:指数按可比价格计算。

2—4 各地区农村经济在国民经济中的地位

地　区	第一产业增加值占地区生产总值比重	第一产业人员占从业人员比重
北　京	1.4	6.4
天　津	3.0	18.6
河　北	14.4	44.8
山　西	6.0	43.2
内蒙古	15.7	50.8
辽　宁	10.7	34.7
吉　林	16.8	45.7
黑龙江	12.2	42.8
上　海	0.9	6.2
江　苏	7.6	27.3
浙　江	6.5	24.6
安　徽	17.5	50.7
福　建	12.6	37.1
江　西	19.0	45.1
山　东	10.4	40.0
河　南	17.5	55.2
湖　北	16.5	41.2
湖　南	19.4	53.4
广　东	6.3	32.6
广　西	22.2	55.6
海　南	33.7	51.2
重　庆	15.1	45.1
四　川	20.3	50.3
贵　州	18.5	57.2
云　南	18.9	68.7
西　藏	19.1	61.1
陕　西	11.4	50.4
甘　肃	15.6	56.5
青　海	11.6	48.0
宁　夏	11.6	46.9
新　疆	19.2	45.0

注:GDP 及分行业数据为公报数。

2—5 各地区农村社会消费品零售额及占全国的比重

（按当年价计算）

单位：亿元

地　区	社会消费品零售额	#县零售额	#县以下零售额	县及县以下消费品零售额占全社会消费品零售额的比重(%)
全国合计	**67176.6**	**7485.4**	**14596.9**	**32.9**
北　京	2902.8	59.4	383.7	15.3
天　津	1190.1	42.2	34.9	6.5
河　北	2952.9	588.4	965.7	52.6
山　西	1401.2	262.3	236.1	35.6
内蒙古	1344.1	275.9	164.8	32.8
辽　宁	2999.0	145.5	329.7	15.8
吉　林	1460.8	106.7	213.4	21.9
黑龙江	1760.1	226.4	210.7	24.8
上　海	2973.0	21.3	362.8	12.9
江　苏	5699.9	327.2	1246.5	27.6
浙　江	4631.7	460.6	1124.4	34.2
安　徽	1765.0	360.6	463.2	46.7
福　建	2345.8	272.9	593.5	36.9
江　西	1236.2	271.4	313.1	47.3
山　东	6126.4	605.9	1516.0	34.6
河　南	3358.4	657.4	895.8	46.2
湖　北	2964.4	279.1	628.2	30.6
湖　南	2459.1	453.6	634.1	44.2
广　东	7882.6	332.7	1932.0	28.7
广　西	1397.0	245.3	332.5	41.4
海　南	268.6	19.7	58.2	29.0
重　庆	1215.8	163.0	338.0	41.2
四　川	2981.4	525.9	1008.6	51.5
贵　州	606.9	115.8	128.4	40.2
云　南	1034.4	239.3	230.6	45.4
西　藏	73.1	30.8	9.3	54.9
陕　西	1322.4	233.1	222.3	34.4
甘　肃	632.8	99.7	119.8	34.7
青　海	160.5	36.4	18.5	34.2
宁　夏	174.3	19.6	23.5	24.7
新　疆	637.8	95.3	100.1	30.6

注：分地区相加不等于全国，原因是全国数据进行了修正。

2—6 各地区城乡居民收入水平

单位:元/人

地　区	农村居民家庭人均纯收入	城镇居民家庭人均可支配收入	城乡居民收入水平比（农村居民=1）
全国合计	**3254.9**	**10493.0**	**3.22**
北　京	7346.3	17653.0	2.40
天　津	5579.9	12638.6	2.27
河　北	3481.6	9107.1	2.62
山　西	2890.7	8913.9	3.08
内蒙古	2988.9	9136.8	3.06
辽　宁	3690.2	9107.6	2.47
吉　林	3264.0	8690.6	2.66
黑龙江	3221.3	8272.5	2.57
上　海	8247.8	18645.0	2.26
江　苏	5276.3	12318.6	2.33
浙　江	6660.0	16293.8	2.45
安　徽	2641.0	8470.7	3.21
福　建	4450.4	12321.3	2.77
江　西	3128.9	8619.7	2.75
山　东	3930.5	10744.8	2.73
河　南	2870.6	8668.0	3.02
湖　北	3099.2	8785.9	2.83
湖　南	3117.7	9524.0	3.05
广　东	4690.5	14769.9	3.15
广　西	2494.7	9286.7	3.72
海　南	3004.0	8123.9	2.70
重　庆	2809.3	10243.5	3.65
四　川	2802.8	8386.0	2.99
贵　州	1877.0	8151.1	4.34
云　南	2041.8	9265.9	4.54
西　藏	2077.9	9431.2	4.54
陕　西	2052.6	8272.0	4.03
甘　肃	1979.9	8086.8	4.08
青　海	2151.5	8057.9	3.75
宁　夏	2508.9	8093.6	3.23
新　疆	2482.2	7990.2	3.22

2—7　各地区城乡居民消费水平

单位:元/人

地　区	居民消费水平	农村居民	城镇居民	城乡居民消费水平对比（农村居民=1）
北　京	14835	6635	16683	2.5
天　津	9484	4360	11394	2.6
河　北	4311	2449	7927	3.2
山　西	4172	2146	7104	3.3
内蒙古	4620	2460	7103	2.9
辽　宁	6449	3267	8688	2.7
吉　林	5135	2467	7556	3.1
黑龙江	4822	2419	6958	2.9
上　海	18396	9157	19573	2.1
江　苏	7163	4207	10199	2.4
浙　江	9701	5476	14097	2.6
安　徽	3888	2177	7136	3.3
福　建	6793	3730	10296	2.8
江　西	3821	2576	7329	2.8
山　东	5899	3078	9453	3.1
河　南	4092	2372	8145	3.4
湖　北	4883	2503	8051	3.2
湖　南	4894	2855	8477	3.0
广　东	9821	3947	13624	3.5
广　西	3928	2366	7149	3.0
海　南	4145	2458	6955	2.8
重　庆	4782	2251	7959	3.5
四　川	4130	2432	7577	3.1
贵　州	3140	1563	7498	4.8
云　南	3749	1913	8285	4.3
西　藏	3019	1532	9040	5.9
陕　西	3594	2024	8234	4.1
甘　肃	3453	1812	7410	4.1
青　海	3888	1941	6947	3.6
宁　夏	4413	2231	7495	3.4
新　疆	3847	1884	7311	3.9

2—8 主要农产品供需情况

一、粮食

年 份	生产量（万吨）	进口量（万吨）	出口量（万吨）	城镇居民人均消费（公斤/人）	农村居民人均消费（公斤/人）
1980	32056	1343	162		257.2
1981	32502	1481	126	145.4	256.1
1982	35450	1612	125	144.6	260.0
1983	38728	1344	196	144.5	259.9
1984	40731	1045	357	142.1	266.5
1985	37911	600	932	134.8	257.5
1986	39151	773	942	137.9	259.3
1987	40298	1628	737	133.9	259.4
1988	39408	1533	717	137.2	259.5
1989	40755	1658	656	133.9	262.3
1990	44624	1372	583	130.7	262.1
1991	43529	1345	1086	127.9	255.6
1992	44266	1175	1364	111.5	250.5
1993	45649	752	1535	97.8	251.8
1994	44510	920	1346	101.7	257.6
1995	46662	2081	214	97.0	256.1
1996	50450	1200	144	94.7	256.2
1997	49417	705	859	88.6	250.7
1998	51230	708	906	86.7	248.9
1999	50839	772	758	84.9	247.5
2000	46218	1357	1400	82.3	250.2
2001	45264	1738	903	79.7	238.6
2002	45706	1417	1514	78.5	236.5
2003	43070	2283	2230	79.5	222.4
2004	46947	2298	514	78.2	218.3
2005	48402	3286	1141	77.0	208.9

注：1984 年及以前城镇居民人均消费量为全国城市居民人均消费量。

二、食用植物油

2—8 续表 1

年　份	生产量（万吨）	进口量（万吨）	出口量（万吨）	城镇居民人均消费（公斤/人）	农村居民人均消费（公斤/人）
1980	222		3.1		1.4
1981	292	4.4	6.3	4.8	1.9
1982	345	5.6	10.2	5.8	2.1
1983	360	3.5	15.6	6.5	2.2
1984	382	1.4	13.1	7.1	2.5
1985	401	3.5	16.2	5.8	2.6
1986	441	19.8	16.6	6.2	2.6
1987	478	51.1	5.6	6.5	3.1
1988	480	21.4	2.6	7.0	3.3
1989	496	105.6	6.2	6.2	3.3
1990	544	112.0	14.0	6.4	3.5
1991	644	61.0	9.9	6.9	3.9
1992	661	42.0	6.8	6.7	4.1
1993	965	24.0	13.6	7.1	4.1
1994	723	163.0	27.0	7.5	4.1
1995	1144	353.0	49.6	7.1	4.3
1996	947	264.0	47.3	7.1	4.5
1997	894	285.8	86.1	7.2	4.7
1998	602	205.5	30.9	7.6	4.6
1999	734	208.0	9.7	7.8	4.6
2000	835	179.0	11.2	8.2	5.5
2001	1383	165.0	13.4	8.1	5.5
2002	1531	319.0	9.8	8.5	5.8
2003	1584	541.0	6.0	9.2	5.3
2004	1235	676.0	6.5	9.3	4.3
2005	1612	621.0	22.5	9.3	4.9

三、棉花

2—8续表2

年　份	生产量（万吨）	进口量（万吨）	出口量（万吨）	全国人均占有量（公斤/人）
1980	270.7	88.5	0.9	2.8
1981	296.8	80.1	0.1	3.0
1982	359.8	47.3	0.4	3.5
1983	463.7	23.0	5.8	4.4
1984	625.8	4.0	18.9	5.9
1985	414.7	…	34.7	3.9
1986	354.0	…	55.8	3.2
1987	424.5	0.6	75.5	3.8
1988	414.9	3.5	46.8	3.7
1989	378.8	51.9	27.2	3.3
1990	450.8	42.0	16.7	3.9
1991	567.5	37.0	20.0	4.8
1992	450.8	28.0	14.5	3.8
1993	373.9	1.0	15.0	3.1
1994	434.0	52.6	11.1	3.6
1995	476.8	74.0	2.2	3.9
1996	420.0	6.5	0.4	3.4
1997	460.3	78.3	0.1	3.7
1998	450.1	20.9	4.5	3.6
1999	382.9	5.0	23.6	3.1
2000	441.7	4.7	29.2	3.5
2001	532.4	6.0	5.2	4.2
2002	491.6	18.0	15.0	3.8
2003	486.0	87.0	11.2	3.8
2004	632.0	191.0	0.9	4.9
2005	571.4	257.0	0.5	4.4

四、糖料

2—8续表3

年 份	生产量（万吨）	食糖进口量（万吨）	食糖出口量（万吨）	城镇居民人均消费（公斤/人）	农村居民人均消费（公斤/人）
1980	2911.2	91.2	30.1		1.1
1981	3602.8	102.9	12.5	2.9	1.1
1982	4359.4	217.7	6.7	2.8	1.2
1983	4103.3	190.0	6.0	2.8	1.3
1984	4780.3	123.0	5.2	2.9	1.3
1985	6046.8	191.0	18.4	2.5	1.5
1986	5852.5	118.0	26.6	2.6	1.6
1987	5550.3	183.0	45.2	2.5	1.7
1988	6187.4	371.0	24.8	2.6	1.4
1989	5803.8	158.0	43.0	2.4	1.5
1990	7214.5	113.0	57.0	2.1	1.5
1991	8418.7	101.0	34.3	1.8	1.4
1992	8808.0	110.0	167.0	1.9	1.5
1993	7624.2	45.0	185.0	1.8	1.4
1994	7346.0	155.2	94.7	1.9	1.3
1995	7940.0	295.0	48.0	1.7	1.3
1996	8360.0	125.0	66.5	1.7	1.4
1997	9380.0	78.3	37.9	1.6	1.4
1998	9790.4	50.8	43.6	1.8	1.4
1999	8334.1	42.0	36.7	1.8	1.5
2000	7635.3	64.1	41.5	1.7	1.3
2001	8655.1	120.0	19.6	1.7	1.4
2002	10293.0	118.3	32.6	—	1.6
2003	9642.0	78.0	10.3	—	1.2
2004	9528.0	121.0	8.5	—	1.1
2005	9451.9	139.0	35.8	—	1.1

3

农村基本情况与农业生产条件

3—1 农村基本情况和乡村从业人员

指　　标	单位	1990年	1995年	2000年	2004年	2005年	2005年为2004年百分比(%)
一、农村基层组织情况							
乡镇个数	个	55838	47136	43735	36952	35509	96.1
乡个数	个	44446	29854	24043	17781	16621	93.5
镇个数	个	11392	17282	19692	19171	18888	98.5
村民委员会个数	个	743278	740150	734715	652718	640139	98.1
二、农村户数和人口情况							
乡村户数	万户	22237.2	23281.5	24148.7	24971.4	25222.6	101.0
乡村人口数	万人	89590.3	91674.6	92819.7	94253.7	94907.5	100.7
三、乡村从业人员及主要行业分布							
乡村劳动力资源数	万人	51404.8	51809.6	51404.8	53782.9	54568.9	101.5
乡村从业人员	万人	42009.5	45041.8	47962.1	49695.3	50387.3	101.4
(一)按性别分							
男	万人	22551.8	24037.4	25517.8	26525.8	26930.6	101.5
女	万人	19457.7	21004.4	22444.3	23169.5	23456.7	101.2
(二)按国民经济行业分							
1.农林牧渔业	万人	33336.4	32334.5	32797.5	30596.0	29975.5	98.0
2.工业	万人	3228.7	3970.7	4108.6	5438.9	6011.5	110.5
3.建筑业	万人	1522.8	2203.6	2691.7	3380.5	3653.2	108.1
4.交通运输业、仓储及邮政业	万人	635.3	983.0	1170.6	1361.1	1433.1	105.3
5.信息传输、计算机服务和软件业	万人				114.7	134.2	117.0
6.批发与零售业	万人	693.2	1170.4	1751.8	1928.3	2046.3	106.1
7.住宿和餐饮业	万人				773.3	891.4	115.3
8.其他行业	万人	2593.1	4379.6	5441.9	6102.4	6242.0	102.3

注:1.乡村户数是指长期(一年以上)居住在乡镇(不包括城关镇)行政管理区域内的住户,还包括居住在城关镇所辖行政村范围内的农村住户。

2.乡村人口数是指乡村地区常住居民户数中的常住人口数,即经常在家或在家居住6个月以上,而且经济和生活与本户连成一体的人口。

3.2004年起,乡村从业人员分类按照新的国民经济行业标准进行了调整。

3－2　各地区农村基层组织情况

单位：个

地　区	乡镇个数		乡个数		镇个数		村民委员会	
	2004 年	2005 年	2004 年	2005 年	2004 年	2005 年	2004 年	2005 年
全国总计	**36952**	**35509**	**17781**	**16621**	**19171**	**18888**	**652718**	**640139**
北　京	185	184	42	41	143	143	3978	3964
天　津	140	140	20	20	120	120	3821	3821
河　北	1967	1962	1030	1018	937	944	49697	49678
山　西	1193	1192	717	717	476	475	28552	28323
内蒙古	1147	964	703	553	444	411	12215	12129
辽　宁	1007	993	387	382	620	611	12024	11920
吉　林	767	624	314	195	453	429	9370	9375
黑龙江	882	878	432	430	450	448	8951	8952
上　海	109	103	3	3	106	100	1905	1875
江　苏	1153	1092	123	114	1030	978	18619	18282
浙　江	1281	1251	518	493	763	758	35445	34515
安　徽	1584	1466	649	551	935	915	26545	24076
福　建	954	934	351	341	603	593	14745	14630
江　西	1435	1435	666	663	769	772	17354	17233
山　东	1468	1423	295	277	1173	1146	86121	83483
河　南	2014	2008	1241	1232	773	776	48330	48145
湖　北	964	954	224	217	740	737	26697	26682
湖　南	2343	2220	1245	1127	1098	1093	45722	44538
广　东	1247	1223	16	16	1231	1207	21917	21825
广　西	1324	1130	578	432	746	698	14560	14453
海　南	200	200	20	20	180	180	2624	2615
重　庆	1035	958	421	364	614	594	10143	10015
四　川	4808	4658	2932	2789	1876	1869	52875	51198
贵　州	1380	1385	761	761	619	624	20053	19696
云　南	1402	1296	933	837	469	459	13198	12940
西　藏	685	685	540	543	145	142	6009	5886
陕　西	1526	1521	679	678	847	843	28506	27809
甘　肃	1371	1251	928	800	443	451	17043	16585
青　海	392	392	285	283	107	109	4158	4161
宁　夏	192	191	99	97	93	94	2515	2382
新　疆	797	796	629	627	168	169	9026	8953

3—3 各地区乡村户数和乡村人口

地　区	乡村户数(万户)		乡村人口(万人)	
	2004年	2005年	2004年	2005年
全国总计	**24971.4**	**25222.6**	**94253.7**	**94907.5**
北　京	132.9	142.2	359.9	381.8
天　津	117.9	119.8	395.2	397.5
河　北	1439.4	1448.6	5389.9	5422.3
山　西	634.4	638.4	2344.5	2354.9
内蒙古	353.2	351.4	1352.3	1343.9
辽　宁	696.2	695.6	2338.9	2331.4
吉　林	381.8	383.7	1440.1	1443.6
黑龙江	486.7	494.0	1899.3	1917.3
上　海	112.8	111.1	347.9	338.2
江　苏	1562.9	1593.2	5248.0	5322.5
浙　江	1193.5	1224.6	3734.8	3790.5
安　徽	1333.0	1346.1	5198.2	5241.4
福　建	682.3	682.2	2686.3	2667.0
江　西	785.0	795.3	3266.6	3298.5
山　东	2052.1	2050.4	7042.5	7030.1
河　南	2015.6	2025.7	7968.8	8000.7
湖　北	1006.0	1016.4	3965.3	3993.6
湖　南	1481.7	1492.5	5455.8	5475.8
广　东	1493.9	1540.8	6254.5	6451.6
广　西	973.1	986.1	4123.4	4146.2
海　南	110.9	112.6	519.6	525.6
重　庆	715.0	718.8	2425.3	2430.9
四　川	1973.4	1979.2	6885.7	6904.0
贵　州	781.8	792.3	3253.6	3276.3
云　南	865.7	877.4	3537.9	3568.1
西　藏	39.3	40.4	223.6	225.3
陕　西	703.4	705.0	2790.8	2791.9
甘　肃	459.4	463.7	2063.6	2074.8
青　海	75.9	77.6	354.1	357.3
宁　夏	92.7	93.6	412.1	415.0
新　疆	219.6	223.9	975.5	989.6

注:乡村人口数指乡村户数中的常住人口数。包括常住人口中外出的民工、工厂合同工及户口在家的在外学生,但不包括户口在家领取工资的国家职工。

3—4 各地区乡村从业人员

单位:万人

地区	乡村从业人员		男		女	
	2004年	2005年	2004年	2005年	2004年	2005年
全国总计	**49695.3**	**50387.3**	**26525.8**	**26930.6**	**23169.5**	**23456.7**
北京	171.4	184.0	89.2	95.8	82.2	88.2
天津	175.7	178.5	95.9	97.8	79.9	80.7
河北	2772.0	2805.9	1484.1	1504.1	1287.9	1301.8
山西	1021.5	1035.7	565.1	573.6	456.3	462.1
内蒙古	675.8	690.8	381.6	390.4	294.2	300.4
辽宁	1083.9	1113.5	602.9	618.5	481.0	495.0
吉林	670.9	685.2	383.0	391.1	287.9	294.1
黑龙江	943.3	948.9	540.5	545.1	402.9	403.9
上海	248.1	243.5	128.4	126.2	119.6	117.3
江苏	2664.8	2662.5	1380.4	1384.6	1284.4	1277.9
浙江	2252.3	2298.5	1203.0	1231.7	1049.4	1066.9
安徽	2910.8	2939.2	1554.7	1574.2	1356.1	1365.0
福建	1311.5	1313.0	706.5	708.2	605.0	604.9
江西	1605.4	1638.8	843.1	861.1	762.3	777.7
山东	3754.2	3782.2	1995.4	2015.3	1758.8	1767.0
河南	4718.0	4752.4	2498.8	2517.5	2219.2	2234.9
湖北	1877.0	1932.8	995.4	1027.3	881.7	905.4
湖南	2951.6	2975.4	1604.7	1619.6	1346.9	1355.8
广东	2944.6	3089.5	1539.9	1616.0	1404.7	1473.5
广西	2245.4	2275.4	1187.0	1202.1	1058.4	1073.3
海南	250.1	256.0	129.0	132.6	121.1	123.4
重庆	1361.5	1366.9	730.5	736.8	631.0	630.1
四川	3774.0	3801.5	2003.3	2018.4	1770.6	1783.1
贵州	1903.0	1934.2	1012.4	1033.0	890.7	901.1
云南	2030.0	2050.9	1056.7	1069.3	973.3	981.6
西藏	105.7	108.8	53.5	55.3	52.2	53.5
陕西	1425.5	1437.0	778.4	781.2	647.1	655.9
甘肃	1057.9	1084.3	557.6	570.8	500.3	513.5
青海	184.6	186.0	97.5	98.2	87.0	87.8
宁夏	209.9	212.0	109.9	110.6	100.0	101.4
新疆	395.1	403.9	217.6	224.3	177.4	179.6

注:乡村从业人员:指乡村人口中16岁以上实际参加生产经营活动并取得实物或货币收入的人员,既包括劳动年龄内经常参加劳动的人员,也包括超过劳动年龄但经常参加劳动人员。但不包括户口在家的在外学生、现役军人和丧失劳动能力的人,也不包括待业人员和家务劳动者。

3—4 续表 1

单位:万人

地　区	农林牧渔业		工　业		建 筑 业		交通运输仓储和邮政业	
	2004 年	2005 年	2004 年	2005 年	2004 年	2005 年	2004 年	2005 年
全国总计	**30596.0**	**29975.5**	**5438.9**	**6011.5**	**3380.5**	**3653.2**	**1361.1**	**1433.1**
北　京	57.9	58.6	32.2	33.3	16.9	17.8	16.2	18.0
天　津	80.5	79.6	46.8	49.2	12.6	12.9	11.7	12.1
河　北	1600.4	1552.8	481.5	518.9	259.4	275.2	107.9	114.7
山　西	640.3	637.4	134.7	141.9	59.6	62.7	59.0	60.3
内蒙古	523.8	529.2	23.1	25.8	28.0	32.2	12.3	12.4
辽　宁	685.8	686.4	94.9	106.1	71.2	77.1	40.2	41.3
吉　林	496.7	502.1	28.5	30.8	33.9	40.4	17.4	17.6
黑龙江	706.1	696.7	47.9	50.7	47.2	53.2	21.4	23.5
上　海	65.2	59.1	113.8	116.4	12.2	12.0	8.4	8.5
江　苏	1134.9	1058.3	555.7	598.5	301.1	316.4	96.6	102.6
浙　江	826.6	786.9	700.7	754.9	138.3	145.4	80.3	82.1
安　徽	1794.7	1766.9	262.1	299.3	254.0	281.6	77.0	83.7
福　建	722.7	692.2	192.8	209.2	84.8	87.4	39.3	40.5
江　西	961.0	951.0	173.1	206.6	91.2	101.2	31.5	33.8
山　东	2180.1	2045.9	475.6	534.4	343.0	383.7	135.3	146.0
河　南	3235.0	3127.7	473.5	543.8	349.3	377.1	136.7	144.4
湖　北	1105.7	1101.8	115.3	123.1	116.0	128.5	46.5	49.0
湖　南	1975.9	1951.9	243.0	266.9	156.0	165.4	65.2	67.2
广　东	1525.0	1533.5	544.5	632.1	201.3	214.4	74.0	78.4
广　西	1516.1	1503.1	78.8	86.2	95.1	96.7	38.8	40.6
海　南	190.8	193.4	8.6	9.2	8.1	8.7	6.4	6.8
重　庆	800.8	775.9	94.8	109.8	112.1	125.0	21.7	24.0
四　川	2367.0	2317.7	235.9	259.1	283.1	301.9	65.5	67.9
贵　州	1288.5	1268.1	76.3	81.8	45.3	50.3	23.9	25.7
云　南	1693.7	1690.1	56.3	58.9	60.0	63.0	38.4	39.2
西　藏	85.2	85.5	2.0	2.6	6.0	5.6	2.5	3.0
陕　西	957.1	949.2	76.8	90.9	97.2	106.6	39.2	41.2
甘　肃	763.2	761.4	35.3	35.3	58.0	63.3	22.6	23.1
青　海	131.9	128.7	9.7	10.1	13.3	15.2	5.6	5.7
宁　夏	144.0	140.6	14.1	14.2	19.1	23.2	9.2	9.6
新　疆	339.4	344.1	10.6	11.4	7.7	9.3	10.4	10.5

3—4 续表 2

单位:万人

地区	信息传输、计算机服务和软件业		批发和零售业		住宿和餐饮业		其它行业	
	2004 年	2005 年	2004 年	2005 年	2004 年	2005 年	2004 年	2005 年
全国总计	**114.7**	**134.2**	**1928.3**	**2046.3**	**773.3**	**891.4**	**6102.4**	**6242.0**
北　京	1.0	1.2	12.7	14.9	6.6	7.6	27.9	32.8
天　津	0.1	0.1	11.3	11.8	3.0	3.2	9.8	9.5
河　北	5.8	4.7	140.6	154.3	43.1	48.6	133.3	136.8
山　西	2.1	2.4	44.9	47.1	14.4	14.8	66.6	69.1
内蒙古	1.3	1.8	18.0	22.9	8.4	16.4	60.9	50.2
辽　宁	3.0	3.2	48.0	48.3	20.9	21.7	119.9	129.4
吉　林	1.6	1.7	22.2	23.6	12.3	13.6	58.5	55.4
黑龙江	3.1	3.4	33.8	36.1	23.0	24.4	60.9	60.8
上　海	0.7	0.9	11.0	10.2	4.6	5.2	32.0	31.3
江　苏	3.7	5.1	113.4	121.9	27.8	34.2	431.7	425.4
浙　江	9.7	10.0	145.1	155.2	58.4	61.6	293.3	302.4
安　徽	7.1	9.1	131.0	137.5	52.9	64.6	332.1	296.4
福　建	2.8	3.0	65.4	69.5	15.9	18.9	187.9	192.4
江　西	3.3	4.4	47.6	49.4	18.7	21.5	279.0	270.9
山　东	15.6	20.4	173.5	185.1	76.8	87.7	354.3	379.0
河　南	8.5	9.2	182.4	197.4	76.3	88.4	256.3	264.4
湖　北	2.8	2.8	67.5	70.5	22.2	24.7	401.1	432.4
湖　南	10.5	11.7	105.2	108.7	52.6	56.2	343.2	347.5
广　东	12.5	16.5	157.5	172.4	58.6	73.4	371.3	368.8
广　西	2.3	2.5	54.1	56.7	18.5	20.5	441.7	469.2
海　南	0.4	0.5	10.1	10.6	7.1	8.0	18.6	18.9
重　庆	1.8	2.7	34.8	36.9	21.6	24.2	274.0	268.4
四　川	6.8	8.2	122.6	125.5	55.6	63.9	637.4	657.4
贵　州	1.7	1.9	41.8	42.9	13.4	14.5	412.2	448.9
云　南	1.0	1.1	38.3	37.6	15.0	16.8	127.2	144.2
西　藏	0.0	0.0	2.0	2.2	0.5	0.6	7.4	9.3
陕　西	2.2	3.3	44.3	44.8	20.4	26.5	188.4	174.4
甘　肃	1.7	1.6	23.8	25.6	11.8	13.2	141.5	160.9
青　海	0.0	0.0	5.3	5.9	4.2	5.3	14.6	15.1
宁　夏	0.4	0.4	8.9	9.1	3.8	4.7	10.6	10.2
新　疆	1.5	0.5	11.1	11.6	5.3	6.5	9.0	10.1

3—5 农村居民家庭劳动力文化状况

指 标	单位	1990年	1995年	2000年	2004年	2005年	2005年为下列各年百分比(%)	
							1990年	2004年
平均每百个劳动力中:								
不识字或识字很少	人	20.73	13.47	8.09	7.46	6.87	33.1	92.1
小学程度	人	38.86	36.62	32.22	29.20	27.23	70.1	93.3
初中程度	人	32.84	40.10	48.07	50.38	52.22	159.0	103.7
高中程度	人	6.96	8.61	9.31	10.05	10.25	147.3	102.0
中专程度	人	0.51	0.96	1.83	2.13	2.37	464.7	111.3
大专及大专以上	人	0.10	0.24	0.48	0.77	1.06	1060.0	137.7

3—6 各地区农村居民家庭劳动力文化状况

单位：人

地　区	平均每百个劳动力中：不识字或识字很少	小学程度	初中程度	高中程度	中专程度	大专及大专以上
全国合计	**6.87**	**27.23**	**52.22**	**10.25**	**2.37**	**1.06**
北　京	0.74	6.68	57.91	19.07	8.45	7.14
天　津	2.14	18.08	59.68	13.40	4.89	1.81
河　北	2.80	19.21	59.73	15.01	2.13	1.12
山　西	3.16	21.32	62.48	10.66	1.62	0.77
内蒙古	5.46	30.96	50.12	11.13	1.60	0.73
辽　宁	1.03	22.47	62.45	8.64	2.98	2.43
吉　林	3.60	31.20	55.09	7.96	1.35	0.80
黑龙江	2.44	26.52	61.14	6.93	2.03	0.93
上　海	2.51	16.63	49.43	15.34	8.58	7.52
江　苏	6.97	22.24	53.88	12.65	2.18	2.08
浙　江	5.50	32.30	45.93	12.45	2.24	1.57
安　徽	11.66	24.17	54.27	6.92	2.23	0.74
福　建	7.63	31.63	46.18	10.35	3.26	0.95
江　西	5.94	31.30	50.31	9.52	2.21	0.73
山　东	5.43	18.20	56.14	15.08	3.91	1.25
河　南	6.64	18.47	61.23	10.52	2.12	1.02
湖　北	5.30	27.01	54.40	10.38	2.40	0.51
湖　南	3.90	29.94	50.85	12.31	2.25	0.76
广　东	3.82	25.46	53.94	11.78	3.51	1.50
广　西	2.22	25.06	58.32	10.59	2.95	0.86
海　南	6.71	23.08	51.39	15.72	2.31	0.78
重　庆	6.15	37.18	47.65	6.37	1.98	0.67
四　川	7.13	32.61	50.26	7.26	2.20	0.54
贵　州	14.48	38.29	41.14	3.92	1.68	0.49
云　南	13.97	42.03	38.01	4.62	1.11	0.25
西　藏	52.56	43.37	3.55	0.35		0.06
陕　西	7.10	22.78	55.80	11.68	1.76	0.87
甘　肃	16.28	31.22	39.20	10.90	1.52	0.88
青　海	24.10	39.76	28.47	6.16	1.08	0.43
宁　夏	21.13	31.90	40.04	5.63	0.72	0.60
新　疆	4.62	40.06	44.98	7.31	2.12	0.91

3—7 各地区农村居民家庭劳动力文化程度

（按人均纯收入分组）

单位：%

地 区	劳动力文化程度构成					
	不识字或识字很少	小学程度	初中程度	高中程度	中专程度	大专及大专以上
全国合计	**6.87**	**27.23**	**52.22**	**10.25**	**2.37**	**1.06**
4000元以上地区	5.29	25.29	51.40	12.52	3.37	2.13
上 海	2.51	16.63	49.43	15.34	8.58	7.52
北 京	0.74	6.68	57.91	19.07	8.45	7.14
浙 江	5.50	32.30	45.93	12.45	2.24	1.57
天 津	2.14	18.08	59.68	13.40	4.89	1.81
江 苏	6.97	22.24	53.88	12.65	2.18	2.08
广 东	3.82	25.46	53.94	11.78	3.51	1.50
福 建	7.63	31.63	46.18	10.35	3.26	0.95
3000—4000元地区	4.14	24.92	55.71	11.74	2.49	1.00
山 东	5.43	18.20	56.14	15.08	3.91	1.25
辽 宁	1.03	22.47	62.45	8.64	2.98	2.43
河 北	2.80	19.21	59.73	15.01	2.13	1.12
吉 林	3.60	31.20	55.09	7.96	1.35	0.80
黑龙江	2.44	26.52	61.14	6.93	2.03	0.93
江 西	5.94	31.30	50.31	9.52	2.21	0.73
湖 南	3.90	29.94	50.85	12.31	2.25	0.76
湖 北	5.30	27.01	54.40	10.38	2.40	0.51
海 南	6.71	23.08	51.39	15.72	2.31	0.78
2000—3000元地区	8.74	28.95	51.24	8.43	1.93	0.72
内蒙古	5.46	30.96	50.12	11.13	1.60	0.73
山 西	3.16	21.32	62.48	10.66	1.62	0.77
河 南	6.64	18.47	61.23	10.52	2.12	1.02
重 庆	6.15	37.18	47.65	6.37	1.98	0.67
四 川	7.13	32.61	50.26	7.26	2.20	0.54
安 徽	11.66	24.17	54.27	6.92	2.23	0.74
宁 夏	21.13	31.90	40.04	5.63	0.72	0.60
广 西	2.22	25.06	58.32	10.59	2.95	0.86
新 疆	4.62	40.06	44.98	7.31	2.12	0.91
青 海	24.10	39.76	28.47	6.16	1.08	0.43
西 藏	52.62	43.42	3.55	0.35	0.00	0.06
陕 西	7.10	22.78	55.80	11.68	1.76	0.87
云 南	13.97	42.03	38.01	4.62	1.11	0.25
2000元以下地区	15.27	35.16	40.28	7.00	1.61	0.66
甘 肃	16.28	31.22	39.20	10.90	1.52	0.88
贵 州	14.48	38.29	41.14	3.92	1.68	0.49

3－8 主要农业机械年末拥有量

年 份	农用机械总动力（亿瓦）	大中型拖拉机（台）	小 型拖拉机（万台）	大中型拖拉机配套农具（万部）	联 合收割机（台）	渔用机动船	
						（艘）	（万千瓦）
1957	12.1	14674			1789	1485	7.6
1962	75.7	54938	0.1	19.2	5906	5657	33.3
1965	109.9	72599	0.4	25.8	6704	7789	47.1
1970	216.5	125498	7.8	34.6	8002	14200	73.0
1975	747.9	344518	59.9	90.8	12551	33701	157.1
1978	1175.0	557358	137.3	119.2	18987	47176	213.6
1979	1337.9	666823	167.1	131.3	23026	52225	230.1
1980	1474.6	744865	187.4	136.9	27045	61022	258.5
1981	1568.0	792032	203.7	139.0	31268	73586	293.2
1982	1661.4	812447	228.7	137.4	33904	95692	322.3
1983	1802.2	840776	275.0	130.8	35728	120167	326.8
1984	1949.7	853914	329.8	123.5	35861	143430	335.2
1985	2091.3	852357	382.4	112.8	34573	172582	367.2
1986	2295.0	866463	452.6	100.6	30945	205923	424.0
1987	2483.6	880952	530.0	103.5	33802	238628	486.0
1988	2657.5	870187	595.8	97.1	35004	265126	545.0
1989	2806.7	848220	654.3	99.1	36582	289205	609.0
1990	2870.8	813521	698.1	97.4	38719	320927	696.0
1991	2938.9	784466	730.4	99.1	43996	329843	733.4
1992	3030.8	758904	750.7	104.4	51075	335875	786.1
1993	3181.7	721216	788.3	100.1	56304	334656	804.4
1994	3380.3	693154	823.7	98.0	63918	351327	831.1
1995	3611.8	671846	864.6	99.1	75351	376813	965.7
1996	3854.7	670848	918.9	105.0	96378	358869	864.1
1997	4201.6	689051	1048.5	115.7	141312	400010	1084.0
1998	4520.8	725215	1122.1	120.4	182629	411322	1174.4
1999	4899.6	784216	1200.3	132.0	226036	417379	1253.1
2000	5257.4	974547	1264.4	140.0	262578	459888	1338.7
2001	5517.2	829900	1305.1	146.9	282871	480125	1379.7
2002	5793.0	911670	1339.4	157.9	310147	485693	1381.2
2003	6038.7	980560	1377.7	169.8	365041	478123	1425.9
2004	6402.8	1118636	1454.9	188.7	410520	486878	1384.2
2005	6839.8	1395981	1526.9	226.2	480378	439604	1376.1

注：自 2000 年起，大中型拖拉机、联合收割机、渔用机动船统计口径变化，数字有调整。

3－9 主要农业机械年末拥有量及增长情况

指　　标	单位	1990 年	1995 年	2000 年	2004 年	2005 年	2005 年为2004 年百分比(%)
一、农用机械总动力	万千瓦	28707.7	36118.1	52573.6	64027.9	68397.8	106.8
柴油发动机动力	万千瓦		24176.3	39140.0	49976.6	53889.3	107.8
汽油发动机动力	万千瓦		3433.9	3128.9	2637.8	2603.5	98.4
电动机动力	万千瓦		8443.7	10126.7	11297.0	11794.1	104.4
其他机械动力	万千瓦		64.2	89.9	116.5	111.0	95.3
二、主要农业机械与设备							
大中型拖拉机	万台	81.4	67.2	97.5	111.9	139.6	124.8
	万千瓦	2745.5	2404.1	3161.1	3713.1	4293.5	115.6
小型拖拉机	万台	698.1	864.6	1264.4	1454.9	1526.9	104.9
	万千瓦	6231.4	7848.1	11663.9	13855.4	14660.9	105.8
大中型拖拉机配套农具	万部	97.4	99.1	140.0	188.7	226.2	119.9
小型拖拉机配套农具	万部	648.8	958.0	1788.8	2309.7	2465.0	106.7
农用排灌电动机	万台	430.8	510.3	741.3	883.5	921.5	104.3
	万千瓦	3748.8	4038.1	4983.9	5459.8	5635.8	103.2
农用排灌柴油机	万台	411.1	491.2	688.1	777.5	809.9	104.2
	万千瓦	3348.5	3839.0	5232.6	5804.2	6034.0	104.0
联合收割机	万台	3.9	7.5	26.2	41.1	48.0	117.0
	万千瓦	190.9	242.7	660.9	1265.6	1549.9	122.5
机动脱粒机	万台	493.3	605.9	876.2	914.7	926.2	101.3
渔用机动船	万艘	32.1	37.7	46.0	48.7	44.0	90.3
	万千瓦	696.0	965.7	1338.7	1384.2	1376.1	99.4
机电井	万眼			435.8	472.8	476.3	100.8
节水灌溉类机械	万套	39.3	58.6	91.9	108.7	111.3	102.4
农用水泵	万台	723.9	903.5	1392.5	1640.3	1719.4	104.8

注:从 2002 年起大中型拖拉机中不包括变形拖拉机。

3—10 各地区主要农业机械年末拥有量

地区	农用机械总动力（万千瓦）		大中型拖拉机			
			台		万千瓦	
	2004年	2005年	2004年	2005年	2004年	2005年
全国总计	**64027.9**	**68397.8**	**1118636**	**1395981**	**3713.1**	**4293.5**
北京	340.0	337.7	9630	9487	41.4	40.9
天津	608.1	611.9	9400	10260	40.3	43.5
河北	8135.6	8487.2	89745	100894	321.3	366.2
山西	2186.5	2288.7	29862	35928	103.8	127.7
内蒙古	1772.3	1922.0	51117	73658	178.4	226.2
辽宁	1619.5	1918.1	35566	42777	142.0	158.6
吉林	1319.8	1471.3	66424	90750	160.3	203.0
黑龙江	1952.2	2234.0	127795	217275	415.5	578.9
上海	105.2	96.5	4324	4210	16.2	15.8
江苏	3052.5	3135.3	40100	41500	146.7	153.0
浙江	2026.7	2111.3	4376	4482	12.7	13.1
安徽	3784.4	3983.8	26000	36040	89.0	119.9
福建	981.0	1000.0	1500	1400	5.2	5.1
江西	1465.2	1781.3	9000	12800	13.1	23.9
山东	8751.9	9199.3	211805	227858	663.6	720.5
河南	7521.1	7934.2	97000	110840	435.0	366.3
湖北	1763.6	2057.4	68263	76644	154.0	182.0
湖南	2923.9	3189.9	7200	8820	25.2	27.9
广东	1798.7	1782.1	4500	5900	17.8	26.5
广西	1814.3	1909.7	17960	16950	56.4	57.6
海南	243.9	268.2	4835	5800	13.5	20.4
重庆	728.3	776.0	2651	104	6.6	0.5
四川	2006.8	2181.7	9100	12728	27.0	35.2
贵州	797.2	1011.5	12100	13900	31.7	47.3
云南	1608.5	1666.1	23800	44978	76.2	121.4
西藏	191.6	230.9	5818	6658	18.4	19.1
陕西	1307.0	1406.3	26600	35500	85.0	117.2
甘肃	1321.3	1406.9	14347	18342	48.8	57.2
青海	325.8	327.3	2861	2745	10.9	10.4
宁夏	528.5	555.1	12084	13245	30.1	33.4
新疆	1046.5	1116.3	92873	113508	327.3	375.0

3—10 续表 1

地　区	小型拖拉机				大中型拖拉机配套农具（部）	
	台		万千瓦			
	2004 年	2005 年	2004 年	2005 年	2004 年	2005 年
全国总计	**14549279**	**15268916**	**13855.4**	**14660.9**	**1887110**	**2262004**
北　京	25326	18961	28.8	35.9	16758	18515
天　津	36400	35360	35.4	36.5	14200	14780
河　北	1396019	1446840	1426.1	1485.0	163534	183516
山　西	252189	251260	230.5	234.8	62080	74607
内蒙古	521931	544600	599.9	639.0	71285	100614
辽　宁	175577	235585	181.6	267.8	50846	56958
吉　林	496945	538024	495.7	540.0	141433	171632
黑龙江	715714	744126	734.7	790.6	222328	318803
上　海	8619	8152	7.8	7.4	11504	10724
江　苏	867136	901135	777.5	799.8	75236	80792
浙　江	199306	197453	171.0	168.5	5498	6214
安　徽	2016664	2079830	1614.7	1669.1	55053	79730
福　建	112486	98806	112.0	94.0	457	406
江　西	116300	147000	105.6	119.9	6700	7000
山　东	1760142	1827326	1485.8	1538.4	383089	419555
河　南	2828600	2984520	2943.6	3119.8	189210	239910
湖　北	320850	483915	240.2	352.6	74521	93583
湖　南	163833	168738	157.0	169.5	7321	6722
广　东	323850	352000	253.6	279.2	8200	7800
广　西	347100	344382	270.7	265.3	13923	15273
海　南	28472	34419	27.0	33.5	2322	2645
重　庆	8403	3910	10.7	5.5	1181	156
四　川	125900	124783	151.3	155.9	8300	12622
贵　州	47670	48270	51.0	53.0	4000	4740
云　南	304830	274764	310.4	307.4	9002	11545
西　藏	64899	79020	81.6	89.9	2209	2531
陕　西	180758	180049	198.9	204.6	49731	57100
甘　肃	363089	375612	382.0	402.7	23662	28905
青　海	230496	221664	196.7	204.4	3211	3900
宁　夏	169150	169500	173.9	176.8	11800	14127
新　疆	340625	348912	399.9	414.2	198516	216599

3—10 续表 2

地　区	小型拖拉机配套农具（部）		农用排灌电动机			
			台		万千瓦	
	2004 年	2005 年	2004 年	2005 年	2004 年	2005 年
全国总计	**23096911**	**24649726**	**8835399**	**9214863**	**5459.8**	**5635.8**
北　京	11932	12453	51456	51366	54.5	54.8
天　津	37900	38040	74900	73340	94.3	94.6
河　北	1825403	1916292	1366091	1394573	1074.0	1096.1
山　西	286805	305347	110142	115822	135.0	137.2
内蒙古	677595	739217	160347	165223	117.0	121.7
辽　宁	227494	281368	784876	829542	178.0	177.3
吉　林	1272226	1443844	137504	134479	63.0	62.5
黑龙江	836137	877387	53727	57032	45.2	47.0
上　海	8651	7542	19372	18285	22.9	21.9
江　苏	1444501	1436421	423399	432124	417.5	415.9
浙　江	203292	201579	399492	416320	171.8	173.9
安　徽	4832086	4897094	1011571	1046926	323.8	338.0
福　建	63838	69970	47508	49100	32.0	33.6
江　西	127900	145900	160200	184200	140.9	159.4
山　东	2694963	2841723	946505	919691	636.4	634.3
河　南	4967100	5346690	931700	954850	513.1	530.1
湖　北	593063	966928	240629	285278	313.1	325.9
湖　南	42453	38892	524401	540617	246.8	247.6
广　东	313569	312347	247309	258572	131.0	144.6
广　西	625310	675032	145165	165743	62.9	68.2
海　南	7073	9100	4221	4472	5.5	8.6
重　庆	4224	1955	377416	422680	67.8	77.8
四　川	106900	98575	85000	83893	140.0	142.4
贵　州	9510	10260	70910	160160	36.8	65.3
云　南	166610	180819	71695	53619	62.0	65.2
西　藏	16174	14405	2349	2979	2.2	3.9
陕　西	248337	249872	249500	254666	141.2	146.7
甘　肃	666127	695766	74962	77071	109.0	114.4
青　海	145003	154714	3066	2129	10.0	8.7
宁　夏	180943	193843	22582	21327	17.8	17.3
新　疆	453792	486351	37404	38784	94.4	101.0

3—10 续表 3

地　区	农用排灌柴油机				农用水泵（台）	
	台		万千瓦			
	2004 年	2005 年	2004 年	2005 年	2004 年	2005 年
全国总计	**7775427**	**8099100**	**5804.2**	**6034.0**	**16402701**	**17193920**
北　京	1879	2019	1.3	1.4	40704	41579
天　津	37700	38080	29.3	31.5	101100	100860
河　北	1284381	1258359	1132.4	1116.6	1596451	1658454
山　西	16120	18143	19.9	22.3	115438	133858
内蒙古	156051	169313	143.3	155.5	308505	329923
辽　宁	132307	147318	122.3	132.2	1125733	1239110
吉　林	276941	289489	191.1	208.7	397343	420044
黑龙江	189953	196996	171.5	174.3	319829	328726
上　海	12	7			19372	18285
江　苏	173959	165102	162.3	168.6	568805	619346
浙　江	79030	85646	39.5	44.6	458854	471963
安　徽	327567	337027	240.3	239.0	1513591	1546764
福　建	85908	88400	53.0	54.1	122712	123181
江　西	347100	436800	217.2	300.3	446700	503900
山　东	1729423	1777828	1398.4	1427.8	2647671	2703331
河　南	550200	533370	519.3	518.3	1995000	2030960
湖　北	209425	205993	170.2	190.5	508188	559199
湖　南	932381	968017	434.0	443.9	1507134	1588618
广　东	210527	228895	122.3	125.5	381495	396832
广　西	313280	348010	157.4	168.1	512515	550225
海　南	86092	93649	39.1	44.0	50111	62661
重　庆	77908	72261	47.3	43.8	524329	542300
四　川	336100	373961	207.9	229.9	449200	504322
贵　州	85560	113010	60.5	80.5	120600	146140
云　南	71700	87663	62.0	49.8	110143	117705
西　藏	3370	2744	3.2	2.6	789	230
陕　西	32100	32990	27.7	29.0	302238	295034
甘　肃	16365	15473	16.8	15.7	79369	81356
青　海	669	747	1.1	1.2	3606	3548
宁　夏	3743	3846	3.3	2.9	31131	29179
新　疆	7676	7944	10.6	11.6	44045	46287

3—10 续表 4

地　区	联合收割机				节水灌溉类机械（套）	
	台		万千瓦			
	2004 年	2005 年	2004 年	2005 年	2004 年	2005 年
全国总计	**410520**	**480378**	**1265.6**	**1549.9**	**1086989**	**1112726**
北　京	3160	2820	20.0	17.5	9488	9721
天　津	2700	2720	10.3	11.6	2500	3870
河　北	53619	56015	200.0	214.9	36442	34669
山　西	5751	6436	23.9	25.3	9729	9686
内蒙古	4435	4652	25.8	27.2	28691	30540
辽　宁	1037	1055	2.0	2.0	24303	35020
吉　林	555	756	2.2	3.0	18315	17119
黑龙江	20171	25823	144.6	170.9	16733	15722
上　海	2654	2251	3.1	3.2	365	361
江　苏	61115	69569	133.7	175.1	33193	35178
浙　江	12643	14173	25.8	32.8	19390	21989
安　徽	34153	48739	102.8	164.9	173484	175694
福　建	950	1253	2.0	3.0	10138	8351
江　西	7200	12200	19.4	38.2	12700	13680
山　东	72955	81560	126.2	147.0	415118	428334
河　南	65960	71750	229.6	251.7	175400	160850
湖　北	10585	16085	33.5	56.0	12021	15537
湖　南	14908	21412	38.0	59.9	9351	12299
广　东	4344	5490	10.2	13.3	13872	14221
广　西	671	1114	1.5	2.5	25944	27271
海　南	482	655	3.2	3.6	0	966
重　庆	89	159	0.2	0.5	1853	861
四　川	5400	5830	10.3	14.6	7941	12064
贵　州	80	132	0.2	0.3	3260	3800
云　南	817	1150	1.7	2.5	3973	1838
西　藏	3013	2853	4.9	5.4	332	306
陕　西	13248	15432	44.7	54.3	6413	6448
甘　肃	1587	1763	7.4	8.4	3013	2787
青　海	632	657	4.5	4.6	2108	1972
宁　夏	1955	2191	6.2	7.3	2079	1843
新　疆	3651	3683	27.9	28.5	8840	9729

3—10 续表 5

地　区	机动脱粒机（部）		渔用机动船			
			艘		万千瓦	
	2004 年	2005 年	2004 年	2005 年	2004 年	2005 年
全国总计	**9147243**	**9262031**	**486878**	**439604**	**1384.2**	**1376.1**
北　京	6939	6995	2	3		
天　津	21700	21250				
河　北	290713	284750	13754	13226	44.2	38.4
山　西	52796	53724	29	30	0.1	0.1
内蒙古	72254	76226	103	103	0.3	0.3
辽　宁	114756	113413	43481	37590	117.7	121.7
吉　林	154618	152021	876	920	0.8	1.3
黑龙江	140969	148068	4455	4690	2.9	2.7
上　海	68797	47841	2272	1248	16.1	15.3
江　苏	914464	739485	59724	54138	99.4	97.6
浙　江	1265923	1271600	49707	48253	411.4	404.2
安　徽	501844	496077	13936	14254	14.4	14.7
福　建	56271	59932	82800	57210	183.1	202.2
江　西	512900	547800	16343	16732	6.3	9.8
山　东	695622	669499	42285	38144	136.2	119.2
河　南	717100	703930	850	859	1.2	1.2
湖　北	128757	143302	16981	15560	7.3	8.5
湖　南	1171126	1154324	13907	16414	6.5	8.1
广　东	502084	502771	67201	68092	228.0	220.1
广　西	505029	619593	13614	13971	45.9	48.7
海　南	37913	38543	26717	19935	52.2	52.8
重　庆	247597	277600	5380	5640	3.2	2.7
四　川	557000	698735	10300	10300	4.2	4.2
贵　州	26000	26000	1080	904	2.1	1.2
云　南	115708	123967	330	320	0.3	0.4
西　藏	13538	16457				
陕　西	131445	138868	413	553	0.2	0.2
甘　肃	60977	64765	2	2	0.0	0.0
青　海	11711	12289	71	70	0.1	0.1
宁　夏	16822	18249	30	30	0.0	0.0
新　疆	33870	33957	235	413	0.2	0.3

3－11　农村电力、灌溉面积、化肥施用量情况

年　份	乡村办水电站		农村用电量（亿千瓦小时）	有效灌溉面积（千公顷）	化肥施用量（万吨）
	个数（个）	装机容量（万千瓦）			
1952	98	0.8	0.5	19959.0	7.8
1957	544	2.0	1.4	27339.0	37.3
1962	7436	25.2	16.1	30545.0	63.0
1965			37.1		194.2
1978	82387	228.4	253.1	44965.0	884.0
1979	83224	276.4	282.7	45003.0	1086.3
1980	80319	304.1	320.8	44888.0	1269.4
1981	74017	336.0	369.9	44573.8	1334.9
1982	66256	353.0	396.9	44176.9	1513.4
1983	62328	346.3	428.1	44644.0	1659.8
1984	60062	361.5	464.0	44453.0	1739.8
1985	55754	380.2	508.9	44035.9	1775.8
1986	54136	387.9	586.7	44225.8	1930.6
1987	51978	394.1	658.8	44403.0	1999.7
1988	51558	428.9	712.0	44375.9	2141.5
1989	50862	416.8	790.5	44917.2	2357.1
1990	52387	428.8	844.5	47403.1	2590.3
1991	49644	456.9	963.2	47822.1	2805.1
1992	48082	478.6	1106.9	48590.1	2930.2
1993	45153	481.9	1244.9	48727.9	3150.1
1994	48722	503.7	1473.9	48759.1	3317.9
1995	40699	519.5	1655.7	49281.6	3593.7
1996	37743	533.7	1812.7	50381.6	3827.9
1997	36117	562.4	1980.1	51238.5	3980.7
1998	33185	634.8	2042.2	52295.6	4083.7
1999	31678	664.1	2173.4	53158.4	4124.3
2000	29962	698.5	2421.3	53820.3	4146.4
2001	29183	896.6	2610.8	54249.4	4253.8
2002	27633	812.2	2993.4	54354.9	4339.4
2003	26696	862.3	3432.9	54014.2	4411.6
2004	27115	993.8	3933.0	54478.4	4636.6
2005	26726	1099.2	4375.7	55029.3	4766.2

3—12 农村电力和农田水利建设情况

指　　标	单位	1990年	1995年	2000年	2004年	2005年	2005年为2004年百分比(%)
一、乡村办水电站	个	52387	40699	29962	27115	26726	98.6
装机容量	万千瓦	428.8	519.5	698.5	993.8	1099.2	110.6
发电量	亿千瓦小时		134.1	205.0	271.2	348.4	128.5
二、农村用电量	亿千瓦小时	844.5	1655.7	2421.3	3933.0	4375.7	111.3
三、农田水利建设情况							
有效灌溉面积	千公顷	47403.1	49281.6	53820.3	54478.4	55029.3	101.0
旱涝保收面积	千公顷	33638.5	36118.8	38336.3	39704.2	40236.1	101.3
机电排灌面积	千公顷	27148.3	32205.3	35954.1	36055.2	36715.4	101.8

3—13 农用化肥、农膜、柴油和农药使用量

指　　标	单位	1990年	1995年	2000年	2004年	2005年	2005年为2004年百分比(%)
一、化肥施用量(折纯量)	万吨	2590.3	3593.7	4146.4	4636.6	4766.2	102.8
氮 肥	万吨	1638.4	2021.9	2161.5	2221.9	2229.3	100.3
磷 肥	万吨	462.4	632.4	690.5	736.0	743.8	101.1
钾 肥	万吨	147.9	268.5	376.5	467.3	489.5	104.7
复合肥	万吨	341.6	670.8	917.9	1204.0	1303.2	108.2
二、农用塑料薄膜使用量	吨	481982	915487	1335446	1679985	1762325	104.9
#地膜使用量	吨		470042	722497	931481	959459	103.0
地膜覆盖面积	千公顷		6493.0	10624.8	13063.1	13518.4	103.5
三、农用柴油使用量	万吨		1087.8	1405.0	1819.5	1902.7	104.6
四、农药使用量	万吨	73.3	108.7	128.0	138.6	146.0	105.3

3—14 各地区农村电力和农田水利建设情况

地区	乡村办水电站（个）		装机容量（万千瓦）		发电量（万千瓦时）		农村用电量（亿千瓦时）	
	2004年	2005年	2004年	2005年	2004年	2005年	2004年	2005年
全国总计	**27115**	**26726**	**993.8**	**1099.2**	**2712017**	**3483997**	**3933.0**	**4375.7**
北京	34	28	1.3	1.2	821	821	38.4	42.2
天津							48.4	55.2
河北	123	116	3.0	3.7	3268	2911	310.8	337.1
山西	88	87	2.3	2.3	7915	7810	63.2	66.9
内蒙古	2	3			4	7	26.7	29.3
辽宁	140	146	34.7	38.4	65100	100001	158.0	183.0
吉林	63	80	4.8	5.5	8332	11469	23.7	28.0
黑龙江	13	14	1.3	1.4	4611	4676	33.5	36.3
上海							114.3	124.5
江苏	2	2			8	9	679.8	825.1
浙江	2546	2273	179.9	192.0	320700	489500	441.2	520.6
安徽	511	509	14.7	16.8	29009	33351	59.4	64.0
福建	4629	4959	186.5	222.6	606084	802154	137.6	160.6
江西	1853	1816	52.4	60.9	138595	202643	42.3	45.1
山东	12	12	0.4	0.4	431	357	304.1	346.5
河南	452	405	6.2	6.3	7085	10024	157.7	172.1
湖北	626	609	35.3	35.7	56318	56566	64.8	70.1
湖南	4080	4262	65.2	81.2	208871	342974	57.5	65.2
广东	5117	5121	183.2	184.6	477660	513753	748.2	766.4
广西	744	313	19.2	17.6	54975	40496	32.4	34.3
海南	40	38	8.7	8.4	4553	2625	3.3	3.8
重庆	630	529	32.6	30.3	90313	93887	38.5	42.9
四川	2472	2582	83.4	94.2	367083	425669	107.8	112.9
贵州	782	791	23.8	30.2	80541	93620	30.3	30.2
云南	789	603	23.8	23.3	89369	87310	40.3	41.7
西藏	343	356	3.2	3.9	8827	9343	0.6	0.6
陕西	632	650	8.6	16.1	20946	47350	84.0	88.2
甘肃	213	234	6.0	8.1	19090	28693	41.4	33.9
青海	49	50	4.1	4.3	22701	49403	2.9	3.0
宁夏							9.0	9.3
新疆	130	138	9.0	10.1	18807	26576	32.6	36.5

3—14 续表

单位：千公顷

地　区	有效灌溉面积		旱涝保收面积		机电排灌面积	
	2004 年	2005 年	2004 年	2005 年	2004 年	2005 年
全国总计	**54478.4**	**55029.3**	**39704.2**	**40236.1**	**36055.2**	**36715.4**
北　京	186.7	181.5	155.6	158.6	156.5	163.4
天　津	353.4	355.2	234.9	236.3	391.8	394.4
河　北	4459.8	4547.8	3455.8	3609.7	4282.4	4346.4
山　西	1088.2	1088.6	716.3	715.9	948.8	946.5
内蒙古	2635.9	2702.2	1442.2	1455.1	2427.9	2742.5
辽　宁	1520.1	1527.1	1265.6	1243.0	1580.5	1554.2
吉　林	1595.2	1613.7	969.2	965.9	1223.0	1423.1
黑龙江	2282.1	2394.1	1137.1	1183.2	2461.8	2576.4
上　海	245.7	237.3	242.7	204.2	218.5	205.6
江　苏	3839.0	3817.7	2938.2	3000.4	3620.2	3543.1
浙　江	1406.9	1417.7	1053.2	1061.1	1038.6	1049.8
安　徽	3304.6	3330.9	2527.0	2533.0	2860.4	2878.9
福　建	941.5	949.7	663.3	681.2	160.5	160.2
江　西	1841.6	1831.4	1483.7	1475.5	545.3	562.1
山　东	4766.8	4790.0	3552.9	3604.7	4425.9	4420.8
河　南	4829.1	4864.1	3840.5	3882.3	3902.2	3916.8
湖　北	2071.0	2064.6	1693.6	1724.1	1190.0	1236.1
湖　南	2683.3	2690.4	2219.5	2233.0	1173.4	1168.6
广　东	1312.6	1317.8	943.2	935.4	410.1	405.4
广　西	1516.0	1519.8	1160.0	1172.0	269.2	252.1
海　南	169.8	168.3	92.3	92.3	19.8	23.5
重　庆	616.8	618.1	318.9	319.5	188.5	184.3
四　川	2503.3	2508.3	1729.8	1729.8	227.9	227.9
贵　州	692.9	711.6	524.6	533.9	70.2	71.8
云　南	1469.4	1485.4	886.5	896.8	196.4	194.7
西　藏	153.7	162.6	94.0	168.7	9.0	6.2
陕　西	1296.8	1298.8	824.4	838.5	738.9	754.3
甘　肃	1003.3	1030.4	625.0	649.8	421.0	419.7
青　海	180.3	176.5	76.7	70.3	19.2	16.5
宁　夏	406.3	423.5	340.7	365.5	111.4	89.4
新　疆	3106.6	3204.3	2496.8	2497.0	766.1	780.9

3—15 各地区农用化肥施用量

（按折纯法计算）

单位：万吨

地 区	农用化肥施用量		1.氮肥		2.磷肥	
	2004年	2005年	2004年	2005年	2004年	2005年
全国总计	**4636.6**	**4766.2**	**2221.9**	**2229.3**	**736.0**	**743.8**
北 京	14.5	14.8	7.9	7.8	1.2	1.2
天 津	22.9	23.3	11.5	11.6	3.6	3.7
河 北	289.9	303.4	149.2	155.2	46.6	48.6
山 西	93.4	95.7	40.5	41.1	18.9	19.0
内蒙古	104.4	116.7	54.2	60.5	18.3	20.5
辽 宁	117.9	119.9	64.4	64.0	11.4	11.4
吉 林	159.1	138.1	88.4	61.3	7.1	6.2
黑龙江	143.8	150.9	57.1	57.5	33.7	33.8
上 海	15.0	14.4	9.5	8.9	1.5	1.5
江 苏	336.8	340.8	183.1	183.0	48.6	48.2
浙 江	93.3	94.3	55.3	56.1	12.9	12.6
安 徽	277.6	285.7	110.9	111.1	40.5	38.9
福 建	121.7	122.0	51.3	51.3	16.8	16.5
江 西	123.5	129.4	47.0	47.8	24.0	25.4
山 东	451.0	467.6	185.3	189.8	57.7	57.5
河 南	493.2	518.1	221.3	227.2	102.4	106.1
湖 北	281.9	285.8	142.5	142.0	62.7	59.8
湖 南	203.2	209.9	103.9	106.0	25.1	25.6
广 东	201.3	204.6	96.0	93.8	18.8	19.0
广 西	195.2	201.3	61.5	63.3	25.3	25.2
海 南	41.1	37.3	12.2	12.2	6.5	2.4
重 庆	77.0	79.1	46.4	46.5	16.9	17.5
四 川	214.7	220.9	120.2	121.8	42.9	45.1
贵 州	74.3	77.4	43.3	44.6	10.1	10.1
云 南	137.2	142.7	78.8	79.9	22.7	22.7
西 藏	4.0	4.2	1.7	1.8	0.6	1.3
陕 西	143.1	147.3	77.5	76.7	16.1	16.9
甘 肃	72.4	75.9	35.2	36.6	14.8	15.5
青 海	6.6	7.0	3.0	3.1	1.6	1.6
宁 夏	27.6	29.9	14.3	13.8	3.3	3.6
新 疆	99.2	107.8	48.9	53.4	23.6	26.4

3—15 续表

单位:万吨

地　　区	3.钾肥		4.复合肥	
	2004 年	2005 年	2004 年	2005 年
全国总计	**467.3**	**489.5**	**1204.0**	**1303.2**
北　　京	0.6	0.6	4.7	5.2
天　　津	1.5	1.5	6.2	6.6
河　　北	22.2	24.3	72.0	75.4
山　　西	7.1	6.9	26.9	28.8
内 蒙 古	7.0	9.2	24.9	26.6
辽　　宁	9.1	9.6	32.9	34.9
吉　　林	9.7	10.0	53.8	60.7
黑 龙 江	15.8	17.7	37.3	42.0
上　　海	0.4	0.5	3.6	3.6
江　　苏	20.8	21.7	84.4	87.9
浙　　江	8.0	7.5	17.1	18.1
安　　徽	29.5	30.7	96.7	105.0
福　　建	24.3	24.4	29.3	29.8
江　　西	20.6	20.8	31.9	35.5
山　　东	43.9	44.9	164.1	175.5
河　　南	47.5	50.8	121.9	134.1
湖　　北	22.0	23.2	54.8	60.8
湖　　南	34.2	34.9	40.0	43.4
广　　东	39.8	41.6	46.7	50.3
广　　西	47.7	48.0	60.7	64.8
海　　南	4.8	5.1	17.6	17.6
重　　庆	3.6	3.8	10.0	11.2
四　　川	12.2	12.9	39.3	40.6
贵　　州	6.0	5.9	14.9	16.9
云　　南	11.2	12.0	24.6	28.0
西　　藏	0.1	0.1	1.0	1.0
陕　　西	8.8	10.8	34.1	43.0
甘　　肃	4.0	4.4	18.4	19.5
青　　海	0.2	0.3	1.8	2.0
宁　　夏	1.0	1.1	9.1	11.4
新　　疆	3.7	4.6	23.1	23.4

3—16 各地区农用塑料薄膜使用量

地 区	农用塑料薄膜使用量（吨）		地膜使用量（吨）		地膜覆盖面积（公顷）	
	2004年	2005年	2004年	2005年	2004年	2005年
全国总计	**1679985**	**1762325**	**931481**	**959459**	**13063148**	**13518377**
北 京	9886	10916	4805	3731	26283	25815
天 津	13000	13421	7756	7762	103041	101963
河 北	104588	111667	60314	63636	1036964	1125008
山 西	33065	33515	23940	24827	457320	443201
内蒙古	40124	40306	31238	31780	534488	571181
辽 宁	83114	91765	23100	25382	204841	201101
吉 林	41848	41718	18176	18027	126385	117075
黑龙江	51657	56565	22797	22849	308876	325747
上 海	23743	24414	7830	7347	32434	31734
江 苏	70433	72029	32373	33130	464692	472772
浙 江	43615	44730	20525	21670	153803	153343
安 徽	72813	78293	34573	33774	961118	477762
福 建	29538	36023	15049	16541	99443	105851
江 西	42828	45010	25499	25952	111987	123820
山 东	327160	331646	143278	144393	1906338	2382760
河 南	101631	108427	49429	52409	871710	887010
湖 北	55099	54622	30004	30265	386840	387860
湖 南	58717	59306	39111	39899	492262	507093
广 东	36331	33207	19099	18623	104515	109097
广 西	20927	23614	13848	16470	244667	255978
海 南	4169	9585	3518	4364	12140	12988
重 庆	26834	27472	16646	17027	269395	249705
四 川	85900	91255	58238	60859	696638	726064
贵 州	26657	29321	18180	17243	203030	205470
云 南	63127	67821	48811	51564	608781	632208
西 藏	680	720	311	330	1749	2253
陕 西	22913	23644	15533	16289	377899	376444
甘 肃	77013	78174	48297	47060	700040	680860
青 海	960	1157	279	382	5669	5737
宁 夏	5979	6061	3863	3682	76622	73438
新 疆	105636	115921	95061	102192	1483178	1747039

3—17 各地区农用柴油和农药使用量

地　区	农用柴油使用量(万吨)		农药使用量(吨)	
	2004 年	2005 年	2004 年	2005 年
全国总计	**1819.5**	**1902.7**	**1386028**	**1459945**
北　京	6.9	6.4	5358	4668
天　津	15.9	15.3	3057	3349
河　北	433.8	458.1	75655	80755
山　西	26.0	26.7	20736	22792
内蒙古	39.0	42.1	11520	14786
辽　宁	50.5	55.5	45586	45751
吉　林	40.4	40.5	25689	28894
黑龙江	92.6	99.7	47153	47478
上　海	11.9	11.8	6562	8377
江　苏	77.5	78.8	92305	103254
浙　江	186.2	187.3	63373	65649
安　徽	52.9	55.6	84608	94841
福　建	80.0	74.2	53503	56044
江　西	20.0	19.9	66273	75305
山　东	167.6	187.4	153900	155609
河　南	86.9	89.8	101150	105056
湖　北	41.1	41.3	112596	110172
湖　南	30.2	32.6	109493	113250
广　东	66.0	62.5	85035	87025
广　西	48.4	51.1	50801	53260
海　南	15.3	15.1	15571	18101
重　庆	13.3	14.9	19466	19541
四　川	35.4	36.2	55373	56336
贵　州	4.8	5.0	9533	9764
云　南	43.4	57.1	29096	30576
西　藏	1.0	1.4	728	726
陕　西	48.1	48.7	9735	9888
甘　肃	20.8	19.8	16344	20788
青　海	5.2	5.4	1756	1747
宁　夏	12.9	14.1	1761	1599
新　疆	45.7	48.5	12312	14565

3—18 各地区农村居民家庭拥有生产性固定资产原值

单位:元/户

地 区	合计	农业	房屋及建筑物	役畜	大中型铁木农具	农业机械	林业
全国总计	**7155.5**	**3610.4**	**1084.8**	**503.2**	**312.9**	**1615.6**	**13.1**
北 京	7727.0	1776.2	1012.0	23.3	30.8	634.9	3.2
天 津	10149.9	2977.3	937.7	85.0	162.1	1780.2	
河 北	9335.5	4646.3	805.6	243.6	265.1	3209.8	9.0
山 西	4329.3	2003.1	253.4	302.5	145.7	1185.2	2.1
内 蒙 古	13603.2	7626.2	1964.8	950.0	711.1	3749.5	
辽 宁	7514.7	3645.2	1509.0	591.0	256.1	1117.6	9.6
吉 林	11322.8	7988.9	2907.2	1321.8	378.3	3159.0	
黑 龙 江	10358.8	8257.1	2025.5	378.7	949.3	4868.0	4.5
上 海	1887.0	515.2	320.5	0.0	16.0	79.3	1.5
江 苏	7134.6	2328.5	1002.8	50.2	166.1	1049.4	10.3
浙 江	12428.1	1709.6	1015.1	41.7	191.9	424.5	27.1
安 徽	5857.1	4171.6	800.0	200.1	405.2	2690.2	2.1
福 建	6465.0	2682.1	1718.2	187.3	194.7	537.1	59.2
江 西	4613.5	2471.2	949.3	683.5	320.6	464.6	6.8
山 东	9262.7	4583.4	1213.9	248.5	284.4	2741.0	5.0
河 南	6547.3	4353.5	675.8	248.4	328.2	3039.9	7.8
湖 北	4121.2	2154.9	535.7	555.8	260.0	778.6	11.3
湖 南	3718.3	1553.9	482.0	269.6	298.3	476.5	0.0
广 东	3842.3	1447.1	477.0	468.6	174.4	309.5	0.5
广 西	4483.3	2729.7	440.7	1023.6	236.7	981.5	4.8
海 南	7492.2	2810.4	631.3	1248.5	218.0	563.9	352.6
重 庆	3103.7	1142.3	548.8	234.7	211.2	107.2	12.3
四 川	5119.0	1992.9	1059.9	323.2	281.5	268.5	6.5
贵 州	4175.4	2118.0	743.8	1070.5	164.1	100.3	0.0
云 南	6605.7	3707.8	1546.5	1298.7	115.2	648.3	15.6
西 藏	31409.4	21737.8	12877.2	4752.6	642.1	2541.7	165.3
陕 西	5664.8	2304.2	511.3	319.0	237.0	1175.2	0.9
甘 肃	7025.9	5234.8	1609.0	1087.3	458.3	1980.7	26.7
青 海	9440.8	4373.4	742.5	461.0	316.6	2718.9	0.0
宁 夏	14811.2	7296.9	1785.8	772.8	378.6	4274.4	0.0
新 疆	11978.3	6896.4	1197.8	857.7	1108.1	3177.4	6.6

3—18 续表 1

单位：元/户

地　　区	林业机械	牧业	房屋及建筑物	产品畜	渔业	渔业机械	采矿业
全国总计	**3.4**	**1427.8**	**795.8**	**519.8**	**128.1**	**81.5**	**24.5**
北　　京	1.3	1375.7	794.3	484.6	160.0	26.7	0.0
天　　津	0.0	1953.0	1395.0	429.8	75.7	59.8	0.0
河　　北	3.6	1449.1	640.9	697.7	0.0	0.0	14.9
山　　西	0.0	391.8	129.0	243.9	0.0	0.0	7.0
内 蒙 古	0.0	5482.2	1630.3	2416.3	0.0	0.0	0.0
辽　　宁	5.3	2174.7	1305.6	745.7	66.1	47.5	0.0
吉　　林	0.0	1887.1	784.1	1034.7	4.1	0.9	0.0
黑 龙 江	4.5	1729.6	757.6	807.7	1.6	1.1	0.0
上　　海	0.3	155.0	96.3	13.0	170.6	88.7	0.0
江　　苏	0.0	670.5	535.2	111.1	172.3	115.3	0.0
浙　　江	18.9	1288.2	1059.1	152.9	1296.1	985.1	122.2
安　　徽	1.9	588.1	306.3	252.9	37.5	18.4	8.8
福　　建	7.1	1321.7	845.2	450.6	345.3	117.4	90.7
江　　西	1.6	960.1	798.8	131.6	5.1	1.4	10.2
山　　东	0.5	1108.5	609.0	453.6	86.2	12.2	69.0
河　　南	7.6	534.4	261.5	259.1	15.1	4.0	138.1
湖　　北	2.5	955.2	754.1	139.4	61.9	32.6	0.1
湖　　南	0.0	1306.7	1101.7	177.2	32.4	14.3	13.6
广　　东	0.0	479.2	327.6	107.0	342.7	118.8	0.1
广　　西	4.8	863.7	627.7	182.0	74.5	67.2	12.0
海　　南	15.7	449.2	134.4	294.2	2077.1	1757.8	0.0
重　　庆	0.3	1369.1	1093.4	188.5	19.3	3.2	3.3
四　　川	0.3	2149.9	1754.4	272.6	28.7	8.8	7.5
贵　　州		1427.9	1161.2	200.2	1.2		27.9
云　　南	10.5	2047.2	1435.4	520.2	5.8	4.2	
西　　藏		5693.1	858.6	4634.5			
陕　　西	0.8	920.8	369.5	481.5	1.4	1.4	
甘　　肃	15.3	690.9	237.7	413.3	0.6	0.6	
青　　海		3391.6	1027.9	1499.3			
宁　　夏		2387.2	880.0	1398.3	48.2	32.4	
新　　疆		4145.9	948.7	3151.4		28.8	

3—18续表2　　单位:元/户

地　区	制造业			电力煤气水的生产及供应	建筑业	交通运输仓储和邮政业	批发和零售贸易业
		房屋及建筑物	生产设备				
全国总计	**511.0**	**155.9**	**319.4**	**2.0**	**62.0**	**863.4**	**249.5**
北　京	740.0	233.3	506.7	0.0	578.8	1802.0	399.5
天　津	1150.8	370.0	540.0	0.0	666.7	2340.2	447.5
河　北	1070.9	265.5	726.3	0.0	38.3	1356.4	457.8
山　西	96.3	17.1	72.8	0.0	118.5	1078.3	234.1
内蒙古	41.2	17.5	23.8	0.0	73.8	213.6	64.5
辽　宁	91.8	49.2	42.6	0.0	15.3	802.8	465.8
吉　林	572.3	180.9	391.3	0.0	100.6	587.6	143.9
黑龙江	5.4	1.3	4.0	0.0	1.3	242.9	67.0
上　海	83.3	25.0	58.3	0.0	0.0	688.9	4.2
江　苏	1298.7	418.3	848.5	2.6	246.3	1701.7	356.9
浙　江	4916.8	1381.3	3348.1	0.0	134.1	1966.5	591.7
安　徽	124.4	25.5	66.0	3.9	19.2	453.2	180.1
福　建	146.1	34.1	100.5	2.0	63.7	899.5	673.6
江　西	185.6	108.2	71.0	35.8	19.9	643.4	188.3
山　东	906.6	373.7	351.4	0.0	83.5	1421.3	547.1
河　南	301.2	73.6	182.0	0.0	60.1	693.0	169.6
湖　北	232.1	58.9	169.8	0.0	26.9	544.4	76.2
湖　南	221.0	117.8	96.0	2.2	18.2	392.7	108.4
广　东	196.0	55.3	137.3	0.0	50.3	488.6	287.7
广　西	154.8	41.4	98.8	0.0	0.0	507.2	77.9
海　南	53.8	0.0	9.0	4.9	17.5	496.2	1104.5
重　庆	54.8	18.0	36.8	0.0	4.5	289.9	117.3
四　川	65.7	26.8	33.8	0.0	17.7	456.4	180.2
贵　州	56.7	14.2	38.1	0.0	17.9	394.4	71.5
云　南	6.3		3.4	0.0	0.2	748.9	40.8
西　藏	34.8	42.0	29.2	0.0	142.3	3435.1	61.9
陕　西	67.5	7.3	55.8	0.0	50.0	889.4	148.1
甘　肃	87.6	16.6	33.1	5.6	2.9	718.1	113.1
青　海	111.2	22.0	89.2			1288.8	100.5
宁　夏	604.7	118.7	443.1		21.1	3527.3	393.5
新　疆	34.9	13.5	21.3			544.9	102.2

3—18 续表 3

单位:元/户

地　区	住宿和餐饮业	居民服务与其他服务业	教育	卫生、社会保障和福利业	文化体育和娱乐业	其他
全国总计	**61.2**	**107.4**	**6.0**	**25.1**	**11.9**	**52.1**
北　京	500.0	348.9	0.0	29.3	0.0	13.3
天　津	33.3	455.4	0.0	6.7	0.0	43.3
河　北	70.2	123.4	8.3	68.6	2.9	19.2
山　西	70.5	266.4	0.0	6.7	0.0	54.5
内蒙古	4.9	15.4	0.0	7.2	0.0	74.2
辽　宁	49.2	48.9	0.0	101.7	0.7	42.7
吉　林	0.0	14.2	0.0	2.5	0.0	21.6
黑龙江	5.4	0.0	0.0	8.9	0.0	35.3
上　海	0.0	258.3	0.0	0.0	0.0	10.0
江　苏	42.9	110.5	0.0	41.4	68.8	83.1
浙　江	44.0	96.6	0.0	28.6	57.9	148.8
安　徽	123.2	50.4	9.1	44.5	0.0	41.0
福　建	5.4	70.2	0.3	45.2	4.2	55.9
江　西	17.6	46.7	4.1	6.9	0.4	11.4
山　东	151.3	137.8	16.8	23.3	24.3	98.7
河　南	84.5	70.6	21.9	20.4	43.1	34.2
湖　北	5.9	26.4	0.0	5.6	0.0	20.1
湖　南	15.2	24.7	11.4	5.4	0.5	12.2
广　东	382.4	96.9	3.3	43.2	15.6	8.5
广　西	0.0	16.5	0.0	3.2	5.6	33.5
海　南	16.7	23.8	1.9	2.8	27.8	53.2
重　庆	11.7	6.1		52.1	1.7	19.4
四　川	69.5	27.3	10.6	24.7	7.1	74.6
贵　州	3.0	23.4		6.1	0.9	26.6
云　南		13.8		0.2		19.1
西　藏	41.7	54.6	1.6			41.3
陕　西	30.3	1157.2	15.3	16.5	3.2	59.9
甘　肃	13.0	32.0		45.8		54.8
青　海	30.0	32.3		8.7		104.4
宁　夏	28.8	94.5				409.0
新　疆	6.8	53.6	28.3	16.8		141.9

3—19 各地区耕地面积及占全国的比重

地　　区	耕地面积(总资源) (千公顷)	占全国比重 (%)
全国总计	**130039.2**	**100.00**
北　　京	343.9	0.26
天　　津	485.6	0.37
河　　北	6883.3	5.29
山　　西	4588.6	3.53
内 蒙 古	8201.0	6.31
辽　　宁	4174.8	3.21
吉　　林	5578.4	4.29
黑 龙 江	11773.0	9.05
上　　海	315.1	0.24
江　　苏	5061.7	3.89
浙　　江	2125.3	1.63
安　　徽	5971.7	4.59
福　　建	1434.7	1.10
江　　西	2993.4	2.30
山　　东	7689.3	5.91
河　　南	8110.3	6.24
湖　　北	4949.5	3.81
湖　　南	3953.0	3.04
广　　东	3272.2	2.52
广　　西	4407.9	3.39
海　　南	762.1	0.59
四　　川	9169.1	7.05
贵　　州	4903.5	3.77
云　　南	6421.6	4.94
西　　藏	362.6	0.28
陕　　西	5140.5	3.95
甘　　肃	5024.7	3.86
青　　海	688.0	0.53
宁　　夏	1268.8	0.98
新　　疆	3985.7	3.07

注:本表数据来源于国土资源部、国家统计局、全国农业普查办公室"关于土地利用现状调查数据成果的公报",耕地面积(总资源),数据为1996年10月31日时点数。据国家统计局初步测算,2001年耕地总资源为127082千公顷,其中:常用耕地面积为105826千公顷,临时性耕地面积为21256千公顷。

3—20 各地区农业生产经营单位农业用地面积构成

单位：%

地 区	农业用地	耕地	园地	林地	牧草地	渔业养殖面积
全国总计	**100.00**	**43.18**	**2.33**	**32.25**	**20.64**	**1.60**
北 京	100.00	72.25	9.80	15.69	0.13	2.13
天 津	100.00	86.01	3.87	1.23	0.15	8.74
河 北	100.00	69.89	2.37	21.59	5.26	0.89
山 西	100.00	69.40	3.91	25.67	0.78	0.24
内蒙古	100.00	36.46	0.20	22.02	40.66	0.66
辽 宁	100.00	55.41	3.91	36.99	0.64	3.05
吉 林	100.00	41.79	0.31	54.09	2.10	1.71
黑龙江	100.00	52.00	0.16	41.67	4.59	1.58
上 海	100.00	85.65	3.83	1.63	0.01	8.88
江 苏	100.00	85.07	3.51	4.18	0.19	7.05
浙 江	100.00	30.34	6.78	58.86	0.01	4.01
安 徽	100.00	62.25	2.45	31.10	0.11	4.09
福 建	100.00	20.41	6.99	70.82	0.03	1.75
江 西	100.00	27.25	2.83	67.05	0.11	2.76
山 东	100.00	83.43	7.73	6.76	0.21	1.87
河 南	100.00	83.72	2.33	12.63	0.11	1.21
湖 北	100.00	52.87	2.56	38.70	0.54	5.33
湖 南	100.00	40.33	2.64	53.41	1.04	2.58
广 东	100.00	27.16	7.70	60.58	0.05	4.51
广 西	100.00	36.92	4.07	54.96	2.81	1.24
海 南	100.00	30.78	5.36	60.56	1.82	1.48
重 庆	100.00	65.83	1.64	29.94	1.30	1.29
四 川	100.00	37.68	1.13	22.83	37.82	0.54
贵 州	100.00	61.33	1.51	35.87	1.18	0.11
云 南	100.00	34.74	2.47	60.61	1.76	0.42
西 藏	100.00	29.05	0.10	8.53	62.32	
陕 西	100.00	45.08	5.29	46.94	2.48	0.21
甘 肃	100.00	39.53	0.76	16.74	42.92	0.05
青 海	100.00	19.56	0.05	13.14	67.23	0.02
宁 夏	100.00	75.10	2.22	11.90	10.18	0.60
新 疆	100.00	11.29	0.39	1.78	86.39	0.15

注：本表为 1996 年数据。

4

农业生态与环境

4—1 全国自然保护区情况

指　　标	单位	1997 年	1999 年	2000 年	2003 年	2004 年	2005 年
1. 自然保护区数	个	926	1146	1227	1999	2194	2349
＃国家级	个	124	155	155	226	226	243
省级	个	392	404	433	654	733	773
市级	个	84	138	154	340	396	421
县级	个	326	449	479	779	839	912
2. 自然保护区总面积	万公顷	7698	8815	9821	14398	14823	14995
＃国家级		2647	5816	5806	8871	8871	8899
省级		4606	2265	3031	3996	4290	4487
市级		66	163	253	429	488	502
县级		379	571	730	1102	1173	1107
3. 自然保护区占辖区面积比重	%	7.6	8.8	9.85	14.4	14.8	15
4. 珍稀濒危动物繁殖场数	个	1015	940	992	641	313	164
5. 珍稀植物引种栽培场数	个	72	72	50	211	127	77
6. 生态示范区个数	个	130	222	220	484	528	528
＃国家级	万公顷	130	154	—	82	166	233

4－2 各地区自然保护基本情况

地区	自然保护区 个数（个）	自然保护区 面积（千公顷）	自然保护区 占辖区面积比重（%）	珍稀濒危动物繁殖场数（个）	珍稀植物引种栽培场数（个）	生态示范区个数（个）
全国	**2349**	**14994.9**	**15.0**	**164**	**77**	**528**
北京	20	13.4	8.0			7
天津	8	16.3	14.4			7
河北	30	56.5	3.0			37
山西	45	114.4	7.3		2	26
内蒙古	189	1413.4	12.0			15
辽宁	83	285.6	11.2	1	1	21
吉林	33	224.6	12.4	2	3	10
黑龙江	170	471.1	10.4			23
上海	4	9.4	14.8			1
江苏	40	80.9	7.9			51
浙江	52	26.4	2.6	2	3	23
安徽	31	40.8	3.1	5	1	30
福建	103	54.1	3.3			13
江西	128	90.2	5.4	4	5	33
山东	72	108.6	6.6			34
河南	32	75.7	4.5	1	2	24
湖北	62	102.9	5.5	8	7	12
湖南	91	106.1	5.0	3	7	30
广东	294	341.9	4.6	37	8	13
广西	72	149.8	6.2	46	5	11
海南	68	280.7	5.3	17	1	1
重庆	49	88.8	10.8	2	1	2
四川	161	899.4	18.4			35
贵州	128	88.6	5.0	3	2	12
云南	198	422.5	10.7	23	21	21
西藏	38	4097.1	34.1			1
陕西	44	98.7	4.8	2	4	18
甘肃	54	925.0	20.3	8	4	4
青海	10	2092.5	29.0			2
宁夏	13	50.7	9.8			3
新疆	27	2168.8	13.6			8

4－3　全国林业重点工程历年完成造林面积

单位：千公顷

年　份	合　计	天然林保护工程	退耕还林工程		京津风沙源治理工程	速生丰产用材林基地工程
			退耕还林工程合计	其中：退耕地造林		
1979～1985年	10109.80					
1986年	1106.73					
1987年	1064.80					
1988年	1063.93					
1989年	1001.80					
1990年	1662.06					
"七五"小计	5899.32					
1991年	2082.20					
1992年	2308.00					
1993年	2602.10				132.80	257.50
1994年	2729.59				139.79	223.32
1995年	2862.17				168.59	242.87
"八五"小计	12584.06				441.18	723.69
1996年	2669.49				164.95	187.81
1997年	2642.61				215.95	193.20
1998年	2856.00	290.35			231.58	138.05
1999年	3275.63	477.56	447.93	381.47	211.58	106.10
2000年	3345.92	426.37	683.60	328.42	280.27	246.88
"九五"小计	14789.65	1194.28	1131.53	709.89	1104.33	872.04
2001年	3179.48	948.08	870.99	386.14	217.32	88.87
2002年	6777.38	856.08	4423.61	2039.77	676.38	45.68
2003年	8262.78	688.26	6196.13	3085.93	824.43	20.43
2004年	4802.85	641.45	3217.54	824.90	473.27	22.27
2005年	3119.37	424.81	1898.36	667.39	418.51	9.49
"十五"小计	26141.86	3558.68	16606.63	7004.13	2609.90	186.73
1979～2005年	69524.69	4752.96	17738.16	7714.01	4155.41	1782.46

注：1、太行山绿化工程1990年造林面积354.60千公顷系指1984～1990年的造林面积，其中1990年造林面积为109.73千公顷。
2、京津风沙源治理工程1993～2000年数据为原全国防沙治沙工程数据。速丰林基地工程1993～2000年数据为原利用世界银行贷款营造速丰林工程数据。
3、本表数据从2001年开始，将原有的16个工程整合形成10个重点防护林工程。

4—3 续表　　　　　　　　　　　　　　　　　　　　　　　　　　　　单位：千公顷

年 份	三北及长江流域等防护林工程						
	小 计	三北防护林体系工程	长江中上游防护林体系工程	沿海防护林体系工程	珠江流域防护林体系工程	太行山绿化工程	平原绿化工 程
1979～1985 年	10109.80	10109.80					
1986 年	1106.73	1106.73					
1987 年	1064.80	1064.80					
1988 年	1063.93	1063.93					
1989 年	1001.80	956.07	45.73				
1990 年	1662.06	983.33	324.13			354.60	
"七五"小计	5899.32	5174.86	369.86			354.60	
1991 年	2082.20	1170.47	462.40	223.60		225.73	
1992 年	2308.00	1255.20	584.60	235.80		232.40	
1993 年	2211.80	1160.00	573.00	131.20		275.20	72.40
1994 年	2366.48	1255.49	546.00	152.78		358.22	53.99
1995 年	2450.71	1333.26	535.71	103.27		427.04	51.43
"八五"小计	11419.19	6174.42	2701.71	846.65		1518.59	177.82
1996 年	2316.73	1342.28	463.96	72.17		402.46	35.86
1997 年	2233.46	1266.12	447.75	63.48	56.72	366.32	33.07
1998 年	2196.02	1243.96	448.60	60.29	39.85	343.74	59.58
1999 年	2032.46	1245.41	369.84	44.48	32.09	293.36	47.28
2000 年	1708.80	1053.16	206.94	56.91	30.68	298.51	62.60
"九五"小计	10487.47	6150.93	1937.09	297.33	159.34	1704.39	238.39
2001 年	1034.92	541.71	162.72	90.90	27.05	141.29	71.25
2002 年	775.63	453.76	110.29	55.71	46.55	76.15	33.16
2003 年	533.54	275.30	108.75	38.56	44.71	50.05	16.18
2004 年	448.32	232.34	113.28	30.18	31.76	30.92	9.85
2005 年	368.20	217.89	65.94	22.68	30.67	28.52	2.50
"十五"小计	3160.62	1721.00	560.98	238.03	180.74	326.93	132.94
1979～2005 年	41076.40	29331.01	5569.64	1382.01	340.08	3904.51	549.15

4—4　各地区林业重点工程建设情况

单位:公顷

地　区	总　计	天然林保护工程	退耕还林工程		
			合　计	其中:退耕地造林面积	其中:荒山荒地造林面积
全国合计	**3119366**	**424808**	**1898360**	**667390**	**1230970**
北　京	6752	—	—	—	—
天　津	3591	—	—	—	—
河　北	276485	—	103341	33137	70204
山　西	136869	1266	47339	13999	33340
内蒙古	377652	67594	104939	37337	67602
辽　宁	126489	—	100453	23333	77120
吉　林	27917	—	17583	12811	4772
黑龙江	84604	—	65737	27278	38459
上　海		—	—	—	—
江　苏	16295	—	—	—	—
浙　江	5718	—	—	—	—
安　徽	25786	—	17026	13333	3693
福　建	3358	—	—	—	—
江　西	39128	—	33332	6663	26669
山　东	8868	—	—	—	—
河　南	123102	—	100233	31132	69101
湖　北	139209	4483	123044	38663	84381
湖　南	133064	—	125166	23755	101411
广　东	3206	—	—	—	—
广　西	91050	—	82261	17590	64671
海　南	18224	—	16651	—	16651
重　庆	104672	4004	100668	54001	46667
四　川	227532	113943	113589	73060	40529
贵　州	130925	3414	113343	46674	66669
云　南	164003	70453	85417	31171	54246
西　藏	6859	2037	4471	2204	2267
陕　西	194634	125393	62454	546	61908
甘　肃	247601	26606	207640	121929	85711
青　海	46415	1271	38177	8747	29430
宁　夏	112924	4344	82380	14680	67700
新　疆	156433	—	73116	35347	37769

注:退耕还林工程中包括军事管理区 80000 公顷荒山荒地造林。

4—4续表　　　　单位:公顷

地区	三北及长江流域防护林建设工程							京津风沙源治理工程	速生丰产林基地建设工程
	合计	三北防护林四期工程	长江流域防护林二期工程	沿海防护林体系二期工程	珠江流域防护林二期工程	太行山绿化防护林二期工程	平原绿化二期工程		
全国合计	**368202**	**217891**	**65938**	**22676**	**30671**	**28524**	**2502**	**418507**	**9488**
北京	1833	820				1013		4919	
天津	3458	3290		168				133	
河北	30196	14269		2027		13567	333	139405	3543
山西	19333	11331				6000	2002	68931	
内蒙古								205119	
辽宁	26036	23960		2076					
吉林	10334	10334							
黑龙江	17261	17261							1606
上海									
江苏	16295		11088	5207					
浙江	5718		3345	2373					
安徽	8760		8760						
福建	3358			3358					
江西	5796		5344		452				
山东	8868		6412	2289			167		
河南	22869		14925			7944			
湖北	11682		11682						
湖南	4031		4031						3867
广东	3206			1285	1921				
广西	8317			2320	5997				472
海南	1573			1573					
重庆									
四川									
贵州	14168				14168				
云南	8133				8133				
西藏	351		351						
陕西	6787	6787							
甘肃	13355	13355							
青海	6967	6967							
宁夏	26200	26200							
新疆	83317	83317							

4—5 灌区、水库和除涝、治水、治碱情况

指 标	单 位	1990 年	1995 年	2000 年	2003 年	2004 年	2005 年
年底灌区数	处	5363	5562	5683	5729	5800	5860
# 3.3 万公顷以上	处	72	74	101	112	111	117
2.0～3.3 万公顷	处	76	99	141	169	169	170
灌区有效灌溉面积	万公顷	2123.1	2249.9	2449.3	2503.0	2550.6	2641.9
# 3.3 万公顷以上	万公顷	604.7	631.4	788.3	915.8	971.4	1023.0
2.0～3.3 万公顷	万公顷	189.6	244.4	344.0	407.2	405.7	408.0
水库	座	83387	84775	85120	85288	85160	85108
大型水库	座	366	387	420	445	460	470
中型水库	座	2499	2593	2704	2781	2869	2934
小型水库	座	80522	81795	81996	82062	81831	81704
水库库容量	亿立方米	4660	4797	5184	5595	5542	5624
大型水库	亿立方米	3397	3493	3842	4229	4147	4197
中型水库	亿立方米	690	719	746	767	796	826
小型水库	亿立方米	573	585	594	597	599	602
节水灌溉面积	万公顷			1638.9	1862.7	2034.6	2133.8
除涝面积	万公顷	1933.7	2006.5	2098.9	2109.7	2119.8	2134.0
水土流失治理面积	万公顷	5300.0	6690.0	8096.0	8541.0	9200.0	9465.4
治碱面积	万公顷	499.5	543.4	584.1	528.3	596.2	603.2
堤防长度	万公里	22.0	24.7	27.0	27.8	27.7	27.7
堤防保护耕地面积	万公顷	3200.0	3060.9	3960.0	4286.2	4393.4	4412.1

4－6 各地区水利设施和除涝、治水、治碱面积

地　　区	水库数（座）	水库库容量（万立方米）	除涝面积（千公顷）	治碱面积（千公顷）	水土流失治理面积（千公顷）
全　　国	**85108**	**56237906**	**21339.74**	**6032.00**	**94654.45**
北　　京	83	931561	149.77		371.30
天　　津	143	275135	400.12	210.44	38.93
河　　北	1099	1597046	1642.67	838.90	5981.19
山　　西	731	539119	89.09	211.28	5184.51
内 蒙 古	487	817312	277.00	305.41	9221.44
辽　　宁	967	3561740	996.14	305.49	5756.06
吉　　林	1238	3070396	1017.87	137.17	3334.00
黑 龙 江	628	882600	3270.07	196.85	4110.68
上　　海			52.36	28.63	
江　　苏	917	1891332	2794.81	701.29	863.56
浙　　江	3971	3855203	494.98	2.94	2239.13
安　　徽	4872	1955022	2210.01	101.86	1955.45
福　　建	2681	1396923	117.82	40.15	1129.44
江　　西	9394	2832111	350.63		3666.28
山　　东	5555	1957219	2601.14	945.29	3786.99
河　　南	2344	3970871	1903.69	698.01	4122.49
湖　　北	5807	5537940	1195.63		4099.45
湖　　南	13326	3875898	471.23		2671.09
广　　东	6610	4154133	501.92		1291.11
广　　西	4327	2508148	204.20	101.56	1487.64
海　　南	990	945463	11.31		28.36
重　　庆	2752	487584			1886.45
四　　川	6683	1625943	90.95	0.33	5272.49
贵　　州	1961	779265	49.95		2627.08
云　　南	5370	1060677	234.40	5.08	4229.24
西　　藏	50	118811	31.60	0.17	17.52
陕　　西	999	693420	129.51	59.25	8930.58
甘　　肃	272	886533	12.48	66.31	7744.07
青　　海	152	2990327		9.94	744.25
宁　　夏	198	193535		92.03	1643.92
新　　疆	501	846636	38.38	973.62	219.77

4—7 受灾和成灾面积

单位：千公顷

年份	受灾面积	旱灾	洪涝灾	成灾面积	旱灾	洪涝灾
1952	9137	4236	2794	4433	2589	1844
1957	29149	17205	8083	14983	7400	6032
1962	37175	20808	9810	17286	8691	6318
1965	20804	13631	5587	11223	8107	2813
1970	9974	5723	3129	3295	1931	1234
1975	35379	24832	6817	10239	5319	3467
1978	50790	40170	2850	24457	17970	2012
1979	39370	24650	6760	15120	9320	2870
1980	44526	26111	9146	29777	14174	6070
1981	39786	25693	8625	18743	12134	3973
1982	33133	20697	8361	15985	9972	4397
1983	34713	16089	12162	16209	7586	5747
1984	31887	15819	10632	15607	7015	5395
1985	44365	22989	14197	22705	10063	8949
1986	47135	31042	9155	23656	14765	5601
1987	42086	24920	8686	20393	13033	4104
1988	50874	32904	11949	23945	15303	6128
1989	46991	29358	11328	24449	15262	5917
1990	38474	18175	11804	17819	7805	5605
1991	55472	24914	24596	27814	10559	14614
1992	51333	32980	9423	25895	17049	4464
1993	48829	21098	16387	23133	8657	8611
1994	55043	30425	17329	31383	17049	10744
1995	45821	23455	12731	22267	10401	7604
1996	46989	20151	18146	21233	6247	10855
1997	53429	33516	11415	30307	20012	5839
1998	50145	14236	22292	25181	5060	13785
1999	49981	30156	9020	26731	16614	5071
2000	54688	40541	7323	34374	26784	4321
2001	52155	38472	6042	31743	23698	3614
2002	47119	22207	12378	27319	13247	7474
2003	54506	24852	19208	32516	14470	12289
2004	37106	17253	7314	16297	8482	3747
2005	38818	16028	10932	19966	8479	6047

4—8 全国受灾、成灾和绝收面积

单位：千公顷

指 标	1990 年	1995 年	2000 年	2004 年	2005 年	2005 年为 2004 年百分比(%)
一、受灾面积	38474	45821	54688	37106	38818	104.6
旱 灾	18175	23455	40541	17253	16028	92.9
洪涝灾	11804	12731	7323	7314	10932	149.5
风雹灾	6354	4476	2307	5797	2977	51.4
冷冻灾	2141	3576	2795	3711	4428	119.3
台风灾			1722	691	4453	644.5
二、成灾面积	17819	22267	34374	16297	19966	122.5
旱 灾	7805	10401	26784	8482	8479	100.0
洪涝灾	5605	7604	4321	3747	6047	161.4
风雹灾	3415	2075	1162	2191	1635	74.6
冷冻灾	994	1791	1032	1665	1838	110.4
台风灾			1075	213	1966	924.0
三、绝收面积		5618	10148	4360	4597	105.4
旱 灾		2121	8006	1677	1889	112.6
洪涝灾		2627	1324	1001	1466	146.5
风雹灾		561	321	763	463	60.7
冷冻灾		194	260	529	278	52.5
台风灾			237	72	501	696.9

4—9 各地区受灾面积

单位：千公顷

地区	受灾面积合计		旱灾		洪涝灾	
	2004年	2005年	2004年	2005年	2004年	2005年
全国总计	**37106**	**38818**	**17253**	**16028**	**7314**	**10932**
北京	28	69	8	32	4	
天津	75	122	38	34	1	
河北	1757	1127	517	826	113	65
山西	947	1765	296	1688	92	11
内蒙古	3216	1814	2161	1382	192	281
辽宁	1250	987	1057	394	46	345
吉林	2550	1023	2362	406	105	364
黑龙江	3790	2102	2955	438	150	1314
上海	6	85			5	
江苏	956	1683	244	348	111	64
浙江	796	1181	276	119	20	58
安徽	715	2882	284	598	159	1463
福建	671	946	292	15	81	282
江西	1122	1426	473	57	308	555
山东	2119	1780	277	356	717	524
河南	2234	2112	424	424	824	1100
湖北	1550	2580	496	771	818	900
湖南	1129	2074	217	840	629	495
广东	1071	869	728	175	95	273
广西	1995	1524	1135	894	659	520
海南	158	728	143	260	12	
重庆	910	773	220	251	516	394
四川	1476	1594	291	213	700	960
贵州	698	758	175	442	256	174
云南	1133	2585	220	2053	382	159
西藏	43	43	13	34	21	3
陕西	1121	1748	435	1022	139	400
甘肃	2147	1333	925	1100	77	135
青海	157	107	41	80	16	1
宁夏	545	483	183	421	23	5
新疆	742	517	369	356	43	88

4—9 续表　　单位：千公顷

地　区	风雹灾		冷冻灾		台风灾	
	2004 年	2005 年	2004 年	2005 年	2004 年	2005 年
全国总计	**5797**	**2977**	**3711**	**4428**	**691**	**4453**
北　京	15	37	1			
天　津	35	21				67
河　北	782	173	173	39		25
山　西	289	45	162	21		
内蒙古	214	99	357	52		
辽　宁	85	77	61	29		143
吉　林	81	235	2	18		
黑龙江	344	348	221	2		
上　海	1			6		79
江　苏	191	130	25	328	27	814
浙　江	24	20	28	86	446	898
安　徽	229	63	25	185	1	573
福　建	23	33	61	182	187	435
江　西	126	70	129	498	12	246
山　东	798	170	147	375		355
河　南	715	132	137	438	1	18
湖　北	113	137	81	629	12	143
湖　南	144	101	109	638		
广　东	23	68	215	205	5	149
广　西	39	51	90	18		42
海　南						468
重　庆	106	98	8	30		
四　川	279	214	33	207		
贵　州	124	105	3	37		
云　南	281	124	159	249		
西　藏	3	7	4			
陕　西	343	253	125	73		
甘　肃	126	41	929	57		
青　海	23	25	77	1		
宁　夏	45	40	294	17		
新　疆	197	63	55	10		

4—10 各地区成灾面积

单位：千公顷

地区	成灾面积合计		旱灾		洪涝灾	
	2004年	2005年	2004年	2005年	2004年	2005年
全国总计	**16297**	**19966**	**8482**	**8479**	**3747**	**6047**
北京	10	18	2		2	
天津	30	33	13			
河北	797	417	314	257	27	45
山西	441	1052	196	1016	52	5
内蒙古	1711	1047	1284	735	162	194
辽宁	757	571	718	268	8	210
吉林	967	642	896	242	56	252
黑龙江	1087	873	696	162	79	434
上海	3	42			3	
江苏	173	751	41	154	47	28
浙江	385	525	184	60	16	24
安徽	304	1616	123	287	83	1027
福建	220	429	109	6	51	111
江西	596	613	330	28	135	153
山东	771	713	126	72	381	342
河南	864	1103	278	142	365	653
湖北	894	1414	257	380	495	559
湖南	581	1184	70	536	427	299
广东	523	387	320	64	55	178
广西	914	838	660	544	208	249
海南	50	375	47	184	3	
重庆	388	462	46	98	287	293
四川	656	649	233	86	335	400
贵州	291	320	76	170	146	93
云南	446	1431	104	1192	143	113
西藏	11	1	2		6	
陕西	457	888	240	515	84	248
甘肃	1153	854	755	687	34	89
青海	87	33	6	21	12	
宁夏	297	335	83	301	20	3
新疆	436	352	273	272	24	48

4—10续表

单位：千公顷

地区	风雹灾		冷冻灾		台风灾	
	2004年	2005年	2004年	2005年	2004年	2005年
全国总计	**2191**	**1635**	**1665**	**1838**	**213**	**1966**
北京	6	18				
天津	17	16				17
河北	413	108	43	6		2
山西	126	17	67	14		
内蒙古	117	78	148	39		
辽宁	31	36		27		30
吉林	14	148	1			
黑龙江	107	277	205			
上海						42
江苏	55	83	20	114	9	372
浙江	14	7	7	38	164	396
安徽	80	35	17	29	1	238
福建	6	13	26	85	28	215
江西	66	26	60	233	5	172
山东	151	85	113	113		101
河南	201	49	20	247		12
湖北	98	67	40	311	4	97
湖南	63	29	21	320		
广东	11	21	134	68	2	56
广西	29	19	17			26
海南						191
重庆	54	57	1	14		
四川	77	123	11	40		
贵州	68	49	1	8		
云南	118	81	81	46		
西藏	2	1	1			
陕西	65	100	68	26		
甘肃	45	30	319	48		
青海	13	12	56			
宁夏	21	26	173	6		
新疆	124	26	15	7		

5

农村投资

5—1 国家财政用于农业的支出

单位:亿元

年 份	农业支出	支援农村生产支出和各项农业事业费	基本建设支出	科技三项费用	其 他	农业支出占财政支出的比重(%)
1952	9.0	2.7	3.8		2.1	5.1
1957	23.5	8.0	10.9		3.6	7.7
1962	38.2	19.3	8.7		7.6	12.5
1965	55.0	17.3	23.5	1.1	10.3	11.8
1970	49.4	15.9	22.5		8.2	7.6
1975	99.0	42.5	35.6	0.1	17.6	12.1
1978	150.7	77.0	51.1	1.1	13.9	13.4
1980	150.0	82.1	48.6	1.3	13.9	12.2
1985	153.6	101.0	37.7	2.0	12.9	7.7
1986	184.2	124.3	43.9	2.7	13.3	8.4
1987	195.7	134.2	46.8	2.3	12.5	8.7
1988	214.1	158.7	39.7	2.4	13.3	8.6
1989	265.9	197.1	50.6	2.5	15.7	9.4
1990	307.8	221.8	66.7	3.1	16.3	10.0
1991	347.6	243.6	75.5	2.9	25.6	10.3
1992	376.0	269.0	85.0	3.0	19.0	10.0
1993	440.5	323.4	95.0	3.0	19.0	9.5
1994	533.0	399.7	107.0	3.0	23.3	9.2
1995	574.9	430.2	110.0	3.0	24.0	8.3
1996	700.4	510.1	141.5	4.9	43.9	8.8
1997	766.4	560.8	159.8	5.5	40.4	8.3
1998	1154.8	626.0	460.7	9.1	59.0	10.7
1999	1085.8	677.5	357.0	9.1	42.2	8.2
2000	1231.5	766.9	414.5	9.7	40.4	7.8
2001	1456.7	918.0	480.8	10.3	47.7	7.7
2002	1580.8	1102.7	423.8	9.9	44.4	7.2
2003	1754.5	1134.9	527.4	12.4	79.8	7.1
2004	2337.6	1693.8	542.4	15.6	85.9	8.2
2005	2450.3	1792.4	512.6	19.9	125.4	7.2

注:从 1998 年开始,“农业基本建设支出”包括增发国债安排的支出。

5—2 农业基本建设投资和新增固定资产

单位:亿元、%

年 份	农业基本建设投资	#水利基建投资	农业基本建设投资占基本建设投资比重	水利基本建设投资占农业基本建设投资比重	农林牧渔水利新增固定资产
"一五"时期	41.8	24.3	7.1	58.1	34.5
"二五"时期	135.7	96.6	11.3	71.2	84.6
1963—1965年	74.5	28.9	17.6	38.8	60.6
"三五"时期	104.3	70.1	10.7	67.3	53.8
"四五"时期	173.1	117.1	9.8	67.7	92.6
"五五"时期	246.1	157.2	10.5	63.9	152.8
#1980年	52.0	27.1	9.3	52.0	35.4
"六五"时期	172.8	93.0	5.1	53.8	140.5
1981年	29.2	13.6	6.6	46.5	23.1
1982年	34.1	17.5	6.1	51.2	23.8
1983年	35.5	21.1	6.0	59.6	36.6
1984年	37.1	20.7	5.0	55.7	27.1
1985年	36.9	20.2	3.4	54.5	30.0
"七五"时期	241.2	143.7	3.3	59.6	174.7
1986年	35.1	22.9	3.0	65.2	30.3
1987年	42.1	27.0	3.1	64.1	30.9
1988年	46.2	23.6	3.0	51.2	30.6
1989年	50.7	29.5	3.3	58.3	37.2
1990年	67.2	40.7	4.0	60.5	45.7
"八五"时期	697.8	440.7	3.0	63.1	417.8
1991年	85.0	50.2	4.0	59.0	50.2
1992年	111.0	68.3	3.7	61.5	62.9
1993年	127.8	81.6	2.8	63.8	77.2
1994年	154.9	98.2	2.4	63.4	91.6
1995年	219.1	142.5	3.1	65.0	135.9
"九五"时期	3143.2	1993.7	5.6	63.4	1725.0
1996年	317.9	206.6	3.7	65.0	153.2
1997年	412.7	258.8	4.2	62.7	211.7
1998年	637.1	411.7	5.4	64.6	288.7
1999年	835.5	536.5	6.7	64.2	498.4
2000年	940.0	580.1	7.0	61.7	572.9
"十五"时期					
2001年	993.4	558.8	6.8	56.3	506.5
2002年	1291.6	703.8	7.3	54.5	636.8
2003年	1097.7	680.9	4.8	62.0	702.1
2004年	—	—	—	—	877.5
2005年	—	—	—	—	—

5—3 农村集体单位和农村居民个人固定资产投资额

单位:亿元、%

年 份	全社会固定资产投资总额	#农村集体单位固定资产投资	占全社会固定资产投资比重	#农村居民个人固定资产投资	占全社会固定资产投资比重
"六五"时期	**7997.6**	**699.8**	**8.8**	**1527.4**	**19.1**
1981 年	961.0	83.7	8.7	166.3	17.3
1982 年	1230.4	131.4	10.7	198.5	16.1
1983 年	1430.1	110.7	7.7	305.1	21.3
1984 年	1832.9	174.8	9.5	379.1	20.7
1985 年	2543.2	199.2	7.8	478.4	18.8
"七五"时期	**19744.0**	**1818.3**	**9.2**	**3903.9**	**19.8**
1986 年	3120.6	245.4	8.1	574.8	19.0
1987 年	3791.7	365.7	10.0	695.4	19.1
1988 年	4753.8	456.7	10.2	865.2	19.2
1989 年	4410.4	384.4	9.3	892.0	21.6
1990 年	4517.0	366.1	8.2	876.5	19.7
"八五"时期	**62211.3**	**7476.4**	**12.0**	**6712.9**	**10.8**
1991 年	5594.5	494.0	9.0	1042.6	18.9
1992 年	8080.1	994.9	12.7	1005.5	12.8
1993 年	13072.3	1631.2	13.1	1137.7	9.1
1994 年	17042.1	1988.6	12.1	1519.2	9.3
1995 年	20019.3	2367.7	11.8	2007.9	10.0
"九五"时期	**138734.5**	**16225.9**	**11.7**	**13596.6**	**9.8**
1996 年	22913.6	2802.3	12.2	2540.0	11.1
1997 年	24941.1	3055.6	12.3	2691.2	10.8
1998 年	28406.2	3233.3	11.4	2681.5	9.4
1999 年	29855.0	3343.1	11.2	2779.6	9.3
2000 年	32918.0	3791.6	11.5	2904.3	8.8
"十五"时期					
2001 年	37213.5	4235.7	11.4	2976.6	8.0
2002 年	43499.9	4887.9	11.2	3123.2	7.2
2003 年	55566.6	6553.9	11.8	3201.0	5.8
2004 年	70072.7	8086.5	11.5	3362.7	4.8
2005 年	88604.0	9737.9	11.0	3940.6	4.4

5－4 农村居民家庭经营费用现金支出

单位:元/人、%

指　　标	1990 年	1995 年	2000 年	2004 年	2005 年	2005 年为下列各年百分比	
						1990 年	2004 年
家庭经营费用现金支出	162.9	454.7	544.5	788.5	1052.5	646.1	133.5
一、第一产业生产支出	146.4	410.7	462.9	694.3	921.5	629.3	132.7
农业生产支出	99.5	261.4	286.5	402.2	510.5	513.3	126.9
林业生产支出	0.8	2.1	4.2	5.2	6.5	851.3	124.9
牧业生产支出	43.2	138.3	155.7	264.0	371.8	861.1	140.8
渔业生产支出	3.0	8.8	16.5	22.9	32.6	1080.8	142.4
二、第二产业生产支出	4.2	13.8	27.0	36.6	47.6	1126.2	130.1
工业生产支出	3.8	10.6	21.3	31.0	40.1	1053.5	129.3
建筑业支出	0.4	3.2	5.8	5.6	7.5	1785.7	134.2
三、第三产业生产支出	12.3	30.3	54.6	57.6	83.4	681.0	144.7
交通运输邮电业支出	7.5	16.3	26.2	27.2	39.0	522.1	143.4
批发和零售贸易餐饮业支出	2.0	7.4	13.9	18.3	30.5	1517.4	166.3
社会服务业支出	0.9	2.5	3.8	5.1	5.5	607.8	106.6
文教卫生业支出			1.1	1.4	2.3		158.7
其他支出	1.9	4.2	9.5	5.6	6.2	330.9	111.5

5－5 农村居民家庭购买生产性固定资产现金支出

单位:元/人、%

指　　标	1990 年	1995 年	2000 年	2004 年	2005 年	2005 年为下列各年百分比	
						1990 年	2004 年
购买生产性固定资产现金支出	20.1	62.3	63.9	106.4	129.9	645.0	122.0
#购买生产用建筑材料				9.6	13.1		136.3
购买生产用房				2.1	1.4		69.1
购买生产用役畜、产品畜		12.7	11.8	18.0	18.4		102.2
农林牧渔业机械	6.6	20.0	18.3	35.8	50.8	487.0	141.9
工业机械	1.4	3.2	4.3	8.0	4.2	377.4	52.3
运输机械		16.5	21.9	24.9	33.8		135.9
购买其他生产性固定资产				8.0	8.1		101.4

5—6 各地区农村居民家庭生产投入现金支出

单位:元/人

地 区	1.家庭经营费用现金支出		2.购买生产性固定资产支出	
	2004年	2005年	2004年	2005年
全国合计	**788.5**	**1052.5**	**106.4**	**129.9**
北 京	749.1	1255.7	37.1	82.2
天 津	1248.2	1573.3	164.5	60.9
河 北	769.2	1152.9	134.8	95.3
山 西	485.1	580.9	44.4	45.6
内蒙古	1156.0	1621.0	257.8	284.1
辽 宁	1177.9	1930.3	130.3	238.5
吉 林	1105.6	1440.2	232.1	353.4
黑龙江	1610.1	2381.4	223.9	410.2
上 海	388.7	524.6	15.3	92.8
江 苏	901.1	1118.4	110.4	141.4
浙 江	1136.3	1718.1	221.6	192.9
安 徽	610.2	788.6	88.4	108.2
福 建	746.5	836.4	56.6	64.0
江 西	659.9	862.5	72.1	110.6
山 东	1142.5	1399.6	107.7	117.1
河 南	741.1	868.0	110.8	128.9
湖 北	683.8	954.0	56.3	78.1
湖 南	728.8	948.7	69.2	94.3
广 东	842.8	1101.4	28.4	31.3
广 西	741.8	997.2	74.9	108.3
海 南	709.6	913.0	33.5	57.0
重 庆	442.8	558.6	32.3	69.7
四 川	737.7	845.1	47.1	67.5
贵 州	366.8	465.6	80.7	84.2
云 南	534.7	681.1	96.1	101.6
西 藏	127.5	173.9	216.6	175.1
陕 西	510.2	770.3	104.0	140.7
甘 肃	500.9	656.8	70.3	115.5
青 海	448.5	496.0	140.4	145.3
宁 夏	887.5	1166.8	243.8	317.0
新 疆	1205.0	1823.9	238.5	258.6

5—7 各地区农村居民家庭总支出

（按人均纯收入分组）

单位:元/人

地 区	总支出	1. 家庭经营费用支出	2. 购置生产性固定资产支出	3. 建造生产性固定资产雇工工资支出	4. 税费支出	5. 生活消费支出	6. 财产性支出	7. 转移性支出
全国合计	**4126.9**	**1189.7**	**129.9**	**1.2**	**13.1**	**2555.4**	**22.0**	**215.6**
4000元以上地区	5871.9	1236.6	102.7	1.9	16.3	4142.7	27.7	343.9
上 海	8717.2	533.6	92.8	2.9	4.4	7277.9	27.9	777.7
北 京	7119.0	1268.6	82.2		6.0	5315.7	9.4	437.0
浙 江	8041.3	1750.3	192.9	3.5	21.1	5433.0	100.0	540.5
天 津	4943.0	1624.2	60.9	1.2	13.9	3036.0	7.5	199.3
江 苏	5281.3	1185.1	141.4	1.4	33.3	3567.1	6.1	346.9
广 东	5081.0	1154.2	31.3	0.8	6.8	3707.7	10.6	169.7
福 建	4514.4	857.8	64.0	3.1	4.7	3292.6	12.2	279.9
3000—4000元地区	4324.5	1384.4	149.8	1.1	19.5	2500.1	33.3	236.4
山 东	4561.3	1496.0	117.1	1.4	34.3	2735.8	17.5	159.1
辽 宁	5672.5	2061.1	238.4	1.9	6.3	2805.9	37.1	521.8
河 北	3711.0	1242.8	95.3	0.6	25.3	2165.7	13.3	168.0
吉 林	4669.8	1591.8	353.4	0.3	13.0	2306.0	124.4	281.0
黑龙江	6151.3	2591.1	410.2	0.7	6.7	2544.6	157.3	440.6
江 西	3776.5	931.7	110.6	2.2	16.0	2483.7	9.6	222.8
湖 南	4289.5	1106.0	94.3	1.0	26.2	2756.4	8.8	296.8
湖 北	3675.7	1038.1	78.1	0.9	11.6	2430.2	10.9	106.0
海 南	3127.1	984.9	57.0	0.1	4.6	1969.1	3.8	107.7
2000—3000元地区	3458.9	1083.7	130.1	1.0	8.1	2065.9	13.3	156.9
内蒙古	5091.9	2084.8	284.1	4.9	9.1	2446.2	46.7	216.1
山 西	2719.4	626.8	45.6	0.6	7.5	1877.7	7.7	153.5
河 南	3107.0	944.7	128.9	0.1	3.1	1891.6	5.0	133.7
重 庆	3273.4	839.0	69.7	1.8	5.3	2142.1	2.2	213.3
四 川	3742.8	1188.2	67.5	0.7	12.8	2274.2	1.7	197.7
安 徽	3360.3	861.6	108.2	0.6	14.6	2196.2	2.6	176.5
宁 夏	4126.9	1418.4	317.0	5.3	2.6	2094.5	1.3	287.9
广 西	3696.7	1125.8	108.3	0.8	5.8	2349.6	6.3	100.2
新 疆	4302.3	1928.6	258.6	0.2	14.4	1924.4	60.7	115.4
青 海	2966.2	643.2	145.3	0.4	4.4	1976.0	41.0	155.8
西 藏	2389.2	447.6	175.0		4.4	1723.8	1.8	36.6
陕 西	3111.3	858.5	140.7	0.7	7.2	1896.5	7.2	200.5
云 南	3017.0	1015.4	101.6	0.4	5.4	1789.0	22.2	83.0
2000元以下地区	2645.9	728.5	98.5	1.8	3.2	1675.0	3.0	135.8
甘 肃	2828.9	790.7	115.5	1.7	4.4	1819.6	3.9	93.1
贵 州	2490.7	675.7	84.1	1.9	2.2	1552.4	2.3	172.1

5—8 农村固定资产投资情况

单位:亿元

指　　标	全国合计	非农户	企业单位	事业单位	农　户
农村固定资产投资完成额	**13678.5**	**9737.9**	**8108.8**	**1629.1**	**3940.6**
一、按投资构成分					
1.建筑工程	6916.4	4474.5	3188.1	1286.5	2441.8
＃水利	230.0	205.8	42.1	163.7	24.3
住宅	2601.5	389.8	252.4	137.4	2211.6
2.安装工程	312.1	304.2	285.0	19.1	7.9
3.设备工具器具购置	4983.7	4021.4	3903.1	118.3	962.3
＃生产设备	3957.6	3330.2	3311.4	18.8	627.4
4. 其它	1466.3	937.8	732.7	205.1	528.6
二、按投资方向分					
农业	1480.9	476.1	252.7	223.5	1004.8
采掘业	353.1	347.3	335.8	11.6	5.7
制造业	6169.4	6092.4	6055.0	37.4	76.9
电力、燃气及水的生产和供应业	267.9	266.4	238.0	28.4	1.5
建筑业	454.6	353.9	194.3	159.5	100.8
交通运输、仓储和邮政业	753.7	399.8	107.0	292.8	353.9
信息传输、计算机服务和软件业	20.1	11.5	6.9	4.6	8.6
批发和零售业	184.3	153.3	117.6	35.7	31.1
住宿和餐饮业	132.8	55.0	50.6	4.4	77.8
金融业	3.8	3.6	2.3	1.3	0.2
房地产业	2407.1	291.5	219.8	71.7	2115.7
租赁和商务服务业	63.4	63.0	48.0	15.0	0.4
科学研究、技术服务和地质勘查业	10.6	10.6	4.5	6.1	
水利、环境和公共设施管理业	176.4	174.3	59.1	115.3	2.0
居民服务和其他服务业	228.0	94.8	43.3	51.4	133.2
教育	242.3	238.4	41.3	197.1	3.9
卫生、社会保障和社会福利业	70.0	66.5	21.6	45.0	3.5
文化、体育和娱乐业	171.2	152.8	127.9	24.9	18.5
公共管理和社会组织	488.7	486.4	183.2	303.2	2.3
国际组织	0.2	0.2		0.2	

5—9 各地区农村固定资产投资情况

单位:亿元

地　区	总投资额	非农户	企业单位	事业单位	农　户
全国合计	**13678.5**	**9737.9**	**8108.8**	**1629.1**	**3940.6**
北　京	231.8	214.6	163.1	51.5	17.2
天　津	131.2	101.9	74.9	27.0	29.3
河　北	832.0	594.5	406.1	188.4	237.5
山　西	160.1	84.4	48.7	35.7	75.7
内蒙古	88.3	26.2	20.5	5.7	62.1
辽　宁	533.9	401.0	368.8	32.2	132.9
吉　林	159.8	56.5	31.6	24.9	103.3
黑龙江	156.1	15.3	10.0	5.3	140.8
上　海	311.1	304.0	282.5	21.5	7.1
江　苏	1946.5	1727.6	1596.4	131.1	218.9
浙　江	1735.4	1482.6	1319.8	162.8	252.8
安　徽	398.4	188.3	154.3	34.0	210.1
福　建	358.4	255.4	198.6	56.8	103.0
江　西	273.9	151.8	71.7	80.1	122.1
山　东	2032.2	1684.5	1528.9	155.6	347.7
河　南	850.4	400.2	304.8	95.4	450.2
湖　北	289.2	168.2	111.9	56.3	121.0
湖　南	425.1	230.4	153.9	76.5	194.7
广　东	1087.8	891.8	796.1	95.7	196.0
广　西	180.3	33.3	13.9	19.4	147.0
海　南	27.9	10.2	5.7	4.5	17.7
重　庆	156.1	97.8	76.7	21.1	58.3
四　川	593.4	377.3	278.4	98.9	216.1
贵　州	98.9	29.7	14.5	15.2	69.2
云　南	185.3	46.8	14.7	32.1	138.5
西　藏					
陕　西	141.3	31.3	17.6	13.7	110.0
甘　肃	84.3	32.8	9.7	23.1	51.5
青　海	19.0	8.9	1.3	7.6	10.1
宁　夏	61.3	33.2	23.6	9.6	28.1
新　疆	129.1	57.4	10.0	47.4	71.7

5—10 各地区农村固定资产构成情况

单位:亿元

地 区	投资额	建筑工程	#水利	#住宅	安装工程	设备工具器具购置	#生产设备	其它
全国合计	**13678.5**	**6916.4**	**230.0**	**2601.5**	**312.1**	**4983.7**	**3957.6**	**1466.3**
北 京	231.8	151.2	7.2	34.4	1.9	49.3	33.0	29.5
天 津	131.2	64.9	1.2	31.7	4.5	50.0	32.2	11.8
河 北	832.0	377.3	24.7	149.2	15.4	375.1	288.5	64.2
山 西	160.1	85.0	3.6	46.8	3.0	55.1	36.3	17.1
内 蒙	88.3	35.8	3.3	17.5	3.8	35.6	24.8	13.1
辽 宁	533.9	242.4	13.6	74.1	13.3	160.6	109.4	117.6
吉 林	159.8	42.9	1.2	27.7	0.5	60.5	42.9	55.9
黑 龙 江	156.1	39.5	0.8	32.5	0.1	86.7	70.3	29.7
上 海	311.1	209.8	0.1	11.1	10.2	56.5	10.6	34.6
江 苏	1946.5	803.0	8.0	175.9	42.6	927.1	849.0	173.9
浙 江	1735.4	725.8	17.4	208.2	50.3	797.9	643.4	161.4
安 徽	398.4	271.7	7.6	175.6	12.5	94.5	70.5	19.7
福 建	358.4	206.8	19.0	56.7	8.5	108.5	47.5	34.7
江 西	273.9	167.2	14.3	68.4	0.7	84.8	66.0	21.2
山 东	2032.2	1154.0	22.4	247.2	68.2	710.3	641.7	99.8
河 南	850.4	527.6	9.2	309.4	10.6	251.7	188.7	60.5
湖 北	289.2	174.3	6.3	90.7	0.2	94.8	82.7	19.8
湖 南	425.1	276.0	22.2	142.7	3.4	112.3	85.3	33.5
广 东	1087.8	447.2	4.5	162.6	32.6	386.8	287.0	221.2
广 西	180.3	130.1	1.8	110.6	0.3	36.2	29.7	13.7
海 南	27.9	15.4	1.7	10.8	0.3	6.3	3.8	6.0
重 庆	156.1	94.6	1.9	50.7	6.1	38.5	31.6	16.9
四 川	593.4	266.7	17.5	114.5	19.8	212.8	158.6	94.1
贵 州	98.9	64.6	1.1	40.5		33.4	28.1	0.9
云 南	185.3	109.9	6.0	87.5	1.0	13.3	7.7	61.2
西 藏								
陕 西	141.3	78.1	1.1	54.0	0.1	45.7	19.3	17.5
甘 肃	84.3	47.3	2.6	25.5	0.5	23.0	10.3	13.5
青 海	19.0	12.1	1.2	5.1		4.9	4.2	2.0
宁 夏	61.3	26.3	1.6	9.4	0.2	33.5	32.2	1.3
新 疆	129.1	69.0	6.9	30.5	1.6	39.3	22.1	19.1

5—11 各地区农村固定资产投向情况

单位:亿元

地区	投资额	农业	采掘业	制造业	电力燃气及水的生产和供应业	建筑业
全国合计	**13678.5**	**1480.9**	**353.1**	**6169.4**	**267.9**	**454.6**
北京	231.8	11.9	1.1	80.0	6.2	14.0
天津	131.2	8.6		67.5		5.8
河北	832.0	163.0	14.5	306.8	8.5	2.4
山西	160.1	22.0	24.2	10.7	14.3	0.1
内蒙	88.3	35.5	13.0	4.3	1.5	2.2
辽宁	533.9	84.5	22.6	204.7	1.6	42.7
吉林	159.8	81.1	1.6	20.0		4.3
黑龙江	156.1	102.0	0.1	8.7		0.4
上海	311.1	2.9	0.1	222.3	5.7	1.8
江苏	1946.5	42.1	1.1	1388.5	59.9	22.3
浙江	1735.4	67.7	6.6	1150.6	61.5	25.5
安徽	398.4	50.6	0.7	60.8	1.9	3.0
福建	358.4	48.0	12.5	109.6	20.3	23.4
江西	273.9	56.2	10.0	40.5	15.8	9.0
山东	2032.2	174.3	19.1	1169.4	24.4	56.7
河南	850.4	109.9	74.2	199.7	2.3	18.6
湖北	289.2	30.1	9.5	54.4	1.7	88.6
湖南	425.1	55.0	23.9	101.3	6.0	7.2
广东	1087.8	32.0	0.8	732.8	22.5	55.4
广西	180.3	25.2	1.6	11.7	1.6	3.5
海南	27.9	9.6		0.3	0.1	0.6
重庆	156.1	13.4	6.6	35.5	4.6	18.5
四川	593.4	67.3	90.2	145.6	3.4	22.0
贵州	98.9	19.8	2.1	5.4	0.4	
云南	185.3	44.9	2.3	7.2	1.9	4.1
西藏						
陕西	141.3	21.6	11.2	2.3	0.7	11.5
甘肃	84.3	17.9	1.8	4.6	0.8	0.8
青海	19.0	4.4	0.2	0.5		
宁夏	61.3	17.0		22.3		
新疆	129.1	62.4	1.7	1.4	0.4	10.3

5—11 续表 1

单位:亿元

指　　标	交通运输、仓储和邮政业	信息传输、计算机服务和软件业	批发和零售业	住宿和餐饮业	金融业
全国合计	**753.7**	**20.1**	**184.3**	**132.8**	**3.8**
北　京	14.7	0.3	13.7	9.0	
天　津	4.5		4.0	1.0	
河　北	68.6	2.1	34.2	3.0	0.5
山　西	24.4	0.1	0.5	0.2	0.1
内　蒙	2.8	1.5	0.2	1.4	
辽　宁	21.1	0.3	5.1	7.1	
吉　林	18.6	0.1	0.1	0.1	
黑龙江	7.4		0.6	0.3	
上　海	13.9	0.1	8.9	3.2	0.2
江　苏	50.2	0.3	13.3	4.8	0.8
浙　江	68.0	0.1	21.1	3.4	0.2
安　徽	28.8	0.3	3.2	15.7	
福　建	42.3	1.4	7.2	3.8	0.1
江　西	55.3	0.1	0.1	0.1	
山　东	78.9	0.6	30.2	10.6	
河　南	73.1	2.5	10.7	6.8	
湖　北	5.7		1.3	0.2	
湖　南	35.5	0.3	7.9	1.0	0.3
广　东	6.4	0.9	9.7	11.2	0.1
广　西	9.4		0.5	10.1	
海　南	1.1	0.1	0.2	8.1	0.2
重　庆	7.3	0.3	1.7	0.5	0.3
四　川	50.3	3.0	4.5	3.1	0.5
贵　州	16.9		0.3	5.1	
云　南	2.3		0.7	15.4	
西　藏					
陕　西	16.5	3.5	0.4	4.3	
甘　肃	6.2	0.2	1.2	1.0	0.1
青　海	4.0		0.2	0.1	
宁　夏	5.6		1.8		
新　疆	13.8	2.1	1.0	2.3	0.4

5—11 续表 2

单位:亿元

地区	房地产业	租赁和商务服务业	科学研究、技术服务和地质勘查业	水利、环境和公共设施管理业	居民服务和其他服务业
全国合计	**2407.1**	**63.4**	**10.6**	**176.4**	**228.0**
北京	14.9	7.1	0.8	22.9	1.7
天津	30.7	1.1		1.2	4.2
河北	140.3	1.9		10.8	13.3
山西	46.7				2.4
内蒙	21.6				1.2
辽宁	60.8	2.1		6.0	3.0
吉林	29.6	1.4		0.3	0.1
黑龙江	33.8	0.1	0.1	0.4	
上海	14.4	3.3	1.8	2.7	3.8
江苏	180.5	2.3		4.5	22.5
浙江	204.0	21.9	0.9	34.7	9.0
安徽	130.3	6.2		3.1	2.7
福建	43.6	3.0	0.7	10.4	4.5
江西	68.8	0.1		1.4	0.4
山东	282.2	9.5		27.5	12.0
河南	272.8	0.4	5.8	7.0	50.5
湖北	90.0			6.0	0.5
湖南	148.7			3.0	3.7
广东	151.5	1.2		1.4	2.9
广西	94.5	0.1		0.4	5.2
海南	2.3	0.3		2.7	0.5
重庆	52.9	0.2		3.9	0.1
四川	92.6		0.1	16.0	42.2
贵州	39.9			0.1	0.1
云南	84.7	0.6		2.7	1.8
西藏					
陕西	24.5	0.1		1.3	31.2
甘肃	27.4	0.6	0.1	2.1	2.8
青海	5.1			1.5	0.4
宁夏	9.4			0.1	
新疆	8.4	0.1	0.1	2.2	5.6

5—11 续表 3

单位:亿元

指　　标	教育	卫生、社会保障和社会福利业	文化、体育和娱乐业	公共管理和社会组织	国际组织
全国合计	**242.3**	**70.0**	**171.2**	**488.7**	**0.2**
北　京	9.9	2.3	6.5	15.0	
天　津	1.0	0.3	0.6	0.7	
河　北	20.9	10.5	6.4	24.1	
山　西	5.5	1.0	1.1	6.7	
内　蒙	1.6	0.5	0.4	0.6	
辽　宁	7.7	1.3	0.5	63.2	
吉　林	1.4	0.6	0.1	0.5	
黑龙江	0.9	0.6	0.2	0.5	
上　海	6.1	1.0	2.3	16.5	
江　苏	19.1	4.8	14.4	115.1	
浙　江	12.2	15.6	13.3	19.3	
安　徽	4.2	1.1	81.4	4.5	
福　建	12.4	1.6	5.2	8.4	
江　西	3.7	1.0	0.5	11.0	
山　东	21.2	5.4	2.2	108.2	
河　南	3.3	2.7	10.2		
湖　北	0.6	0.3	0.1	0.4	
湖　南	11.8	4.9	5.0	9.6	
广　东	26.9	0.7	6.9	24.3	
广　西	8.0	0.9	0.8	6.8	
海　南	0.6	0.1	0.5	0.7	
重　庆	4.9	1.0	0.8	3.7	
四　川	21.8	6.2	6.6	18.2	
贵　州	1.7	0.5	0.2	6.5	
云　南	5.8	0.5	0.3	10.2	
西　藏					
陕　西	6.2	1.1	2.4	2.3	0.2
甘　肃	11.7	1.8	1.1	2.1	
青　海	1.7	0.1	0.1	0.6	
宁　夏	3.5	0.1	0.4	1.0	
新　疆	6.2	1.6	0.9	8.2	

6

农林牧渔业总产值、中间消耗及增加值

6—1 农林牧渔业增加值和指数

年份	农林牧渔业增加值(亿元)	指数	
		以1978年为100	以上年为100
1978	1018.4	100.0	104.1
1979	1258.9	106.1	106.1
1980	1359.4	104.5	98.5
1981	1545.6	111.9	107.0
1982	1761.6	124.8	111.5
1983	1960.8	135.1	108.3
1984	2295.5	152.6	112.9
1985	2541.6	155.4	101.8
1986	2763.9	160.5	103.3
1987	3204.3	168.1	104.7
1988	3861.0	172.3	102.5
1989	4228.0	177.6	103.1
1990	5017.0	190.7	107.3
1991	5288.6	195.2	102.4
1992	5743.9	203.1	104.1
1993	6882.3	211.2	104.0
1994	9457.2	219.6	104.0
1995	11993.4	229.5	104.5
1996	13391.2	241.2	105.1
1997	14148.6	251.6	104.3
1998	14555.7	260.4	103.5
1999	14457.2	267.7	102.8
2000	14628.1	274.1	102.4
2001	15411.9	281.8	102.8
2002	16117.3	290.0	102.9
2003	17341.7	297.3	102.5
2004	21224.9	316.0	106.3
2005	23070.5	332.4	105.2

注:1.指数按可比价格计算。

2.本年鉴农林牧渔业增加值数据为年报核实数。

3.自2003年起执行新国民经济行业分类标准,农林牧渔业总产值、增加值、中间消耗均包括农林牧渔服务业。(有关各表同)

6—2 农林牧渔业总产值、增加值、中间消耗及构成

(按当年价格计算)

指　　标	总产值	增加值	中间消耗	#农林牧渔业物质消耗	#农林牧渔业生产服务支出
一、绝对数(亿元)					
农林牧渔业合计	39450.9	23070.5	16380.4	14115.5	1682.3
#农业	19613.4	12758.5	6854.9	5899.4	955.5
林业	1425.5	975.5	450.0	361.1	88.9
牧业	13310.8	6506.9	6803.9	6422.1	381.8
渔业	4016.1	2327.2	1688.9	1432.8	256.1
二、构成(%)					
(以农林牧渔业合计为100)					
农林牧渔业合计	100.0	100.0	100.0	100.0	100.0
#农业	49.7	55.3	41.8	41.8	56.8
林业	3.6	4.2	2.7	2.6	5.3
牧业	33.7	28.2	41.5	45.4	22.7
渔业	10.2	10.1	10.3	10.2	15.2

注:农林牧渔业物质消耗、农林牧渔业生产服务支出未包括农林牧渔服务业(后同)。

6—3 各地区农林牧渔业总产值、增加值和中间消耗

（按当年价格计算） 单位:亿元

地区	总产值	增加值	中间消耗	#农林牧渔业物质消耗	#农林牧渔业生产服务支出
全国	**39450.9**	**23070.5**	**16380.4**	**14115.5**	**1682.3**
北京	268.8	108.6	160.2	140.2	13.5
天津	258.4	112.4	146.0	117.2	11.5
河北	2600.8	1503.1	1097.8	927.2	112.1
山西	483.8	262.4	221.4	192.4	12.3
内蒙古	980.2	593.0	387.2	313.7	67.5
辽宁	1671.6	879.2	792.3	641.6	132.7
吉林	1050.5	625.6	424.9	400.1	21.7
黑龙江	1294.4	684.6	609.8	571.6	28.3
上海	233.4	92.4	141.0	126.7	11.5
江苏	2577.0	1461.5	1115.5	955.2	102.0
浙江	1428.3	892.8	535.5	452.0	71.6
安徽	1666.2	966.5	699.7	607.5	66.1
福建	1396.1	841.2	554.9	503.2	44.5
江西	1143.0	727.4	415.6	371.2	36.7
山东	3741.8	1963.5	1778.3	1537.5	216.7
河南	3309.7	1892.0	1417.7	1198.4	118.8
湖北	1775.6	1081.2	694.4	588.5	93.9
湖南	2056.2	1274.2	782.1	709.3	57.9
广东	2447.6	1442.8	1004.8	779.0	149.0
广西	1448.4	912.6	535.8	505.9	18.0
海南	475.9	298.2	177.7	127.5	45.1
重庆	662.2	463.4	198.8	176.6	19.9
四川	2457.5	1516.3	941.2	876.1	46.9
贵州	571.8	368.9	202.9	185.1	15.5
云南	1068.6	669.8	398.8	335.6	37.7
西藏	67.7	48.0	19.8	15.1	4.1
陕西	730.7	435.8	294.9	252.2	31.5
甘肃	521.5	308.1	213.5	186.5	18.6
青海	94.0	65.3	28.7	24.0	3.1
宁夏	138.0	72.1	65.9	63.4	1.2
新疆	831.1	507.6	323.5	235.0	72.4

6－4　各地区分部门农林牧渔业增加值

（按当年价格计算）

单位:亿元

地　区	合　计	#农　业	林　业	牧　业	渔　业
全国总计	**23070.5**	**12758.5**	**975.5**	**6506.9**	**2327.2**
北　京	108.6	51.4	6.9	43.6	3.8
天　津	112.4	48.1	1.1	43.0	17.5
河　北	1503.1	848.5	29.7	539.3	45.3
山　西	262.4	155.1	6.7	81.6	1.4
内蒙古	593.0	316.5	28.2	234.6	5.0
辽　宁	879.2	384.1	27.4	259.1	182.8
吉　林	625.6	344.1	23.1	241.9	9.5
黑龙江	684.6	472.4	30.4	160.2	11.8
上　海	92.4	50.2	4.5	16.3	19.1
江　苏	1461.5	918.1	26.3	225.7	220.1
浙　江	892.8	480.8	63.1	131.3	206.2
安　徽	966.5	503.4	56.0	274.3	108.9
福　建	841.2	367.9	65.2	148.6	249.4
江　西	727.4	341.6	67.8	195.1	113.1
山　东	1963.5	1155.4	40.6	452.5	279.3
河　南	1892.0	1068.9	51.2	699.7	24.3
湖　北	1081.2	571.9	20.5	324.2	152.3
湖　南	1274.2	698.6	83.6	381.1	91.1
广　东	1442.8	774.8	49.2	286.9	298.8
广　西	912.6	499.7	48.5	257.8	98.9
海　南	298.2	114.7	40.4	54.5	83.8
重　庆	463.4	283.1	15.3	137.9	18.8
四　川	1516.3	758.7	51.9	626.8	55.5
贵　州	368.9	218.3	15.9	122.2	6.2
云　南	669.8	366.8	79.3	191.9	16.3
西　藏	48.0	14.3	9.5	22.6	…
陕　西	435.8	293.1	15.8	106.6	3.1
甘　肃	308.1	210.7	6.4	86.0	0.8
青　海	65.3	23.3	0.9	38.6	…
宁　夏	72.1	46.2	2.1	19.8	1.7
新　疆	507.6	377.8	8.3	103.3	2.2

6—5 各地区分部门农林牧渔业增加值构成

（按当年价格计算）

单位：%

地　区	合　计	＃农　业	林　业	牧　业	渔　业
全国总计	**100.0**	**55.3**	**4.2**	**28.2**	**10.1**
北　京	100.0	47.3	6.3	40.1	3.5
天　津	100.0	42.8	0.9	38.2	15.6
河　北	100.0	56.5	2.0	35.9	3.0
山　西	100.0	59.1	2.5	31.1	0.5
内蒙古	100.0	53.4	4.8	39.6	0.8
辽　宁	100.0	43.7	3.1	29.5	20.8
吉　林	100.0	55.0	3.7	38.7	1.5
黑龙江	100.0	69.0	4.4	23.4	1.7
上　海	100.0	54.4	4.9	17.6	20.7
江　苏	100.0	62.8	1.8	15.4	15.1
浙　江	100.0	53.9	7.1	14.7	23.1
安　徽	100.0	52.1	5.8	28.4	11.3
福　建	100.0	43.7	7.8	17.7	29.7
江　西	100.0	47.0	9.3	26.8	15.6
山　东	100.0	58.8	2.1	23.0	14.2
河　南	100.0	56.5	2.7	37.0	1.3
湖　北	100.0	52.9	1.9	30.0	14.1
湖　南	100.0	54.8	6.6	29.9	7.1
广　东	100.0	53.7	3.4	19.9	20.7
广　西	100.0	54.8	5.3	28.2	10.8
海　南	100.0	38.5	13.6	18.3	28.1
重　庆	100.0	61.1	3.3	29.8	4.1
四　川	100.0	50.0	3.4	41.3	3.7
贵　州	100.0	59.2	4.3	33.1	1.7
云　南	100.0	54.8	11.8	28.6	2.4
西　藏	100.0	29.8	19.8	47.2	
陕　西	100.0	67.3	3.6	24.5	0.7
甘　肃	100.0	68.4	2.1	27.9	0.3
青　海	100.0	35.6	1.4	59.0	
宁　夏	100.0	64.2	2.9	27.5	2.3
新　疆	100.0	74.4	1.6	20.4	0.4

6—6 各地区分部门农林牧渔业增加值比重

(以该部门总产值为100)

单位:%

地区	农业	林业	牧业	渔业
全国总计	**65.1**	**68.4**	**48.9**	**57.9**
北京	51.1	51.4	32.1	39.6
天津	49.3	56.5	41.8	48.3
河北	67.4	73.9	48.0	57.0
山西	55.1	40.3	54.9	52.5
内蒙古	66.8	70.9	52.8	68.7
辽宁	60.0	61.7	40.7	59.6
吉林	66.4	58.0	51.7	63.9
黑龙江	65.7	45.1	34.7	42.9
上海	45.2	40.5	30.0	37.0
江苏	71.1	58.0	37.7	43.0
浙江	73.4	75.5	45.9	54.2
安徽	61.5	71.4	49.6	65.8
福建	64.4	67.3	53.7	57.4
江西	66.9	77.6	53.4	69.6
山东	56.8	70.6	40.2	60.0
河南	59.7	61.0	55.9	69.0
湖北	61.3	55.1	59.4	64.4
湖南	73.7	82.8	45.7	65.8
广东	69.9	74.2	44.9	57.1
广西	70.2	78.6	50.4	68.9
海南	63.8	68.6	57.2	63.4
重庆	79.0	76.6	55.3	79.1
四川	73.1	74.1	51.0	70.7
贵州	65.1	66.3	62.9	65.4
云南	65.6	75.1	56.5	70.8
西藏	56.0	94.1	75.3	72.3
陕西	62.0	63.1	53.6	56.4
甘肃	58.1	40.1	66.6	74.1
青海	63.8	53.2	74.6	47.7
宁夏	58.6	37.2	43.1	42.0
新疆	63.4	54.2	56.3	51.0

6—7 各地区分部门农林牧渔业中间消耗

（按当年价格计算）

单位：亿元

地　区	合　计	#农　业	林　业	牧　业	渔　业
全国合计	**16380.4**	**6854.9**	**450.0**	**6803.9**	**1688.9**
北　京	160.2	49.2	6.5	92.1	5.9
天　津	146.0	49.4	0.8	59.8	18.8
河　北	1097.8	409.5	10.5	585.2	34.1
山　西	221.4	126.6	9.9	67.0	1.3
内蒙古	387.2	157.4	11.6	210.0	2.3
辽　宁	792.3	256.0	17.0	377.3	123.9
吉　林	424.9	174.0	16.8	225.7	5.4
黑龙江	609.8	246.2	37.0	301.0	15.7
上　海	141.0	61.0	6.6	38.1	32.5
江　苏	1115.5	372.9	19.0	373.5	291.8
浙　江	535.5	174.0	20.4	154.6	174.6
安　徽	699.7	315.1	22.5	279.3	56.7
福　建	554.9	203.1	31.7	127.9	184.9
江　西	415.6	168.9	19.6	170.0	49.4
山　东	1778.3	878.6	16.9	672.5	186.2
河　南	1417.7	721.5	32.7	552.0	10.9
湖　北	694.4	360.3	16.8	221.2	84.2
湖　南	782.1	249.1	17.4	453.4	47.3
广　东	1004.8	334.3	17.1	351.7	225.0
广　西	535.8	212.2	13.2	253.8	44.7
海　南	177.7	65.0	18.5	40.7	48.4
重　庆	198.8	75.2	4.7	111.6	5.0
四　川	941.2	278.5	18.1	603.4	23.0
贵　州	202.9	117.2	8.1	72.0	3.3
云　南	398.8	192.5	26.2	147.8	6.7
西　藏	19.8	11.2	0.6	7.4	
陕　西	294.9	179.8	9.2	92.4	2.4
甘　肃	213.5	152.2	9.5	43.1	0.3
青　海	28.7	13.2	0.8	13.1	
宁　夏	65.9	32.7	3.5	26.2	2.3
新　疆	323.5	218.1	7.0	80.2	2.1

6—8 各地区分部门农林牧渔业中间消耗构成

（按当年价格计算）

单位：%

地 区	以农林牧渔业中间消耗为100			
	农 业	林 业	牧 业	渔 业
全国合计	**41.8**	**2.7**	**41.5**	**10.3**
北 京	30.7	4.0	57.5	3.7
天 津	33.8	0.6	40.9	12.8
河 北	37.3	1.0	53.3	3.1
山 西	57.2	4.5	30.3	0.6
内 蒙 古	40.6	3.0	54.2	0.6
辽 宁	32.3	2.1	47.6	15.6
吉 林	40.9	3.9	53.1	1.3
黑 龙 江	40.4	6.1	49.4	2.6
上 海	43.3	4.7	27.0	23.1
江 苏	33.4	1.7	33.5	26.2
浙 江	32.5	3.8	28.9	32.6
安 徽	45.0	3.2	39.9	8.1
福 建	36.6	5.7	23.1	33.3
江 西	40.6	4.7	40.9	11.9
山 东	49.4	1.0	37.8	10.5
河 南	50.9	2.3	38.9	0.8
湖 北	51.9	2.4	31.9	12.1
湖 南	31.9	2.2	58.0	6.0
广 东	33.3	1.7	35.0	22.4
广 西	39.6	2.5	47.4	8.3
海 南	36.6	10.4	22.9	27.2
重 庆	37.9	2.3	56.1	2.5
四 川	29.6	1.9	64.1	2.4
贵 州	57.8	4.0	35.5	1.6
云 南	48.3	6.6	37.1	1.7
西 藏	56.6	3.0	37.5	
陕 西	61.0	3.1	31.3	0.8
甘 肃	71.3	4.5	20.2	0.1
青 海	45.9	2.9	45.7	0.1
宁 夏	49.6	5.3	39.7	3.5
新 疆	67.4	2.2	24.8	0.7

6—9 各地区分部门农林牧渔业中间消耗比重

（按当年价格计算） 单位：%

地 区	以该部门总产值为100			
	农 业	林 业	牧 业	渔 业
全国总计	**34.9**	**31.6**	**51.1**	**42.1**
北 京	48.9	48.6	67.9	60.4
天 津	50.7	43.5	58.2	51.7
河 北	32.6	26.1	52.0	43.0
山 西	44.9	59.7	45.1	47.5
内蒙古	33.2	29.1	47.2	31.3
辽 宁	40.0	38.3	59.3	40.4
吉 林	33.6	42.0	48.3	36.1
黑龙江	34.3	54.9	65.3	57.1
上 海	54.8	59.5	70.0	63.0
江 苏	28.9	42.0	62.3	57.0
浙 江	26.6	24.5	54.1	45.8
安 徽	38.5	28.6	50.4	34.2
福 建	35.6	32.7	46.3	42.6
江 西	33.1	22.4	46.6	30.4
山 东	43.2	29.4	59.8	40.0
河 南	40.3	39.0	44.1	31.0
湖 北	38.7	44.9	40.6	35.6
湖 南	26.3	17.2	54.3	34.2
广 东	30.1	25.8	55.1	42.9
广 西	29.8	21.4	49.6	31.1
海 南	36.2	31.4	42.8	36.6
重 庆	21.0	23.4	44.7	20.9
四 川	26.9	25.9	49.0	29.3
贵 州	34.9	33.7	37.1	34.6
云 南	34.4	24.9	43.5	29.2
西 藏	44.0	5.9	24.7	27.7
陕 西	38.0	36.9	46.4	43.6
甘 肃	41.9	59.9	33.4	25.9
青 海	36.2	46.8	25.4	52.3
宁 夏	41.4	62.8	56.9	58.0
新 疆	36.6	45.8	43.7	49.0

6—10 分项农林牧渔业中间消耗

单位:亿元

指 标	1990年	1997年	2000年	2003年	2004年	2005年
中间消耗总计		9615.5	10287.6	12350.2	15014.1	16380.4
一、物质消耗	2508.2	8864.8	9497.8	10443.5	12811.2	14115.5
#用种量	245.7	854.8	879.3	1295.1	1585.9	1653.1
饲料	995.2	3708.5	3908.2	4664.8	5867.2	6495.5
肥料	601.2	1634.0	1641.6	1811.8	2235.4	2420.0
燃料	152.0	544.7	684.1	680.2	839.7	937.1
农药	70.7	259.7	208.0	269.6	322.4	359.8
农膜		121.9	137.1	168.0	204.8	224.4
畜牧用药			69.0	113.3	135.9	160.9
用电量	61.6	365.0	441.7	427.5	484.4	573.6
小农机			113.7	117.1	173.0	177.4
对物质生产部门的劳务支出			481.4			
二、生产服务支出			789.8	1414.9	1665.7	1682.3

注:1. 从2003年起,物质消耗项下的“对物质生产部门的劳务支出”调至“生产服务支出”项下。

2. 物质消耗和生产服务支出未包括农林牧渔服务业中间消耗。

6—11 各地区农林牧渔业增加值、中间消耗及占农林牧渔业总产值比重

（按当年价格计算）

单位:亿元

地　区	农林牧渔业增加值	占农林牧渔业总产值比重(%)	农林牧渔业中间消耗	占农林牧渔业总产值比重(%)
全国总计	**23070.5**	**58.5**	**16380.4**	**41.5**
北　京	108.6	40.4	160.2	59.6
天　津	112.4	43.5	146.0	56.5
河　北	1503.1	57.8	1097.8	42.2
山　西	262.4	54.2	221.4	45.8
内蒙古	593.0	60.5	387.2	39.5
辽　宁	879.2	52.6	792.3	47.4
吉　林	625.6	59.6	424.9	40.4
黑龙江	684.6	52.9	609.8	47.1
上　海	92.4	39.6	141.0	60.4
江　苏	1461.5	56.7	1115.5	43.3
浙　江	892.8	62.5	535.5	37.5
安　徽	966.5	58.0	699.7	42.0
福　建	841.2	60.3	554.9	39.7
江　西	727.4	63.6	415.6	36.4
山　东	1963.5	52.5	1778.3	47.5
河　南	1892.0	57.2	1417.7	42.8
湖　北	1081.2	60.9	694.4	39.1
湖　南	1274.2	62.0	782.1	38.0
广　东	1442.8	58.9	1004.8	41.1
广　西	912.6	63.0	535.8	37.0
海　南	298.2	62.7	177.7	37.3
重　庆	463.4	70.0	198.8	30.0
四　川	1516.3	61.7	941.2	38.3
贵　州	368.9	64.5	202.9	35.5
云　南	669.8	62.7	398.8	37.3
西　藏	48.0	70.8	19.8	29.2
陕　西	435.8	59.6	294.9	40.4
甘　肃	308.1	59.1	213.5	40.9
青　海	65.3	69.5	28.7	30.5
宁　夏	72.1	52.2	65.9	47.8
新　疆	507.6	61.1	323.5	38.9

6—12 农林牧渔业总产值

（按当年价格计算）

单位:亿元

年 份	农林牧渔业总产值	#农业产值	林业产值	牧业产值	渔业产值
1952	461.0	396.0	7.3	51.7	6.1
1957	537.0	443.9	17.5	65.4	10.2
1962	584.0	494.7	13.0	63.8	12.6
1965	833.0	684.3	22.3	111.5	14.8
1970	1021.0	838.4	28.6	136.6	17.4
1975	1260.0	1020.5	39.2	178.4	21.9
1978	1397.0	1117.6	48.1	209.3	22.1
1979	1697.6	1325.3	60.7	285.6	26.0
1980	1922.6	1454.1	81.4	354.2	32.9
1981	2180.6	1635.9	98.9	402.2	43.7
1982	2483.3	1865.3	110.0	456.7	51.2
1983	2750.0	2074.5	127.2	485.1	63.2
1984	3214.1	2380.2	161.6	587.3	85.1
1985	3619.5	2506.4	188.7	798.3	126.1
1986	4013.0	2771.8	201.2	875.7	164.4
1987	4675.7	3160.5	222.0	1068.4	224.9
1988	5865.3	3666.9	275.3	1600.6	322.5
1989	6534.7	4100.6	284.9	1800.4	348.9
1990	7662.1	4954.3	330.3	1967.0	410.6
1991	8157.0	5146.4	367.9	2159.2	483.5
1992	9084.7	5588.0	422.6	2460.5	613.5
1993	10995.5	6605.1	494.0	3014.4	882.0
1994	15750.5	9169.2	611.1	4672.0	1298.2
1995	20340.9	11884.6	709.9	6045.0	1701.3
1996	22353.7	13539.8	778.0	6015.5	2020.4
1997	23788.4	13852.5	817.8	6835.4	2282.7
1998	24541.9	14241.9	851.3	7025.8	2422.9
1999	24519.1	14106.2	886.3	6997.6	2529.0
2000	24915.8	13873.6	936.5	7393.1	2712.6
2001	26179.6	14462.8	938.8	7963.1	2815.0
2002	27390.8	14931.5	1033.5	8454.6	2971.1
2003	29691.8	14870.1	1239.9	9538.8	3137.6
2004	36239.0	18138.4	1327.1	12173.8	3605.6
2005	39450.9	19613.4	1425.5	13310.8	4016.1

6—13 农林牧渔业总产值构成

（按当年价格计算）

单位：%

年份	以农林牧渔业总产值为100			
	农业产值	林业产值	牧业产值	渔业产值
1952	85.9	1.6	11.2	1.3
1957	82.7	3.3	12.2	1.9
1962	84.7	2.2	10.9	2.2
1965	82.2	2.7	13.4	1.8
1970	82.1	2.8	13.4	1.7
1975	81.0	3.1	14.2	1.7
1978	80.0	3.4	15.0	1.6
1979	78.1	3.6	16.8	1.5
1980	75.6	4.2	18.4	1.7
1981	75.0	4.5	18.4	2.0
1982	75.1	4.4	18.4	2.1
1983	75.4	4.6	17.6	2.3
1984	74.1	5.0	18.3	2.6
1985	69.2	5.2	22.1	3.5
1986	69.1	5.0	21.8	4.1
1987	67.6	4.7	22.8	4.8
1988	62.5	4.7	27.3	5.5
1989	62.8	4.4	27.6	5.3
1990	64.7	4.3	25.7	5.4
1991	63.1	4.5	26.5	5.9
1992	61.5	4.7	27.1	6.8
1993	60.1	4.5	27.4	8.0
1994	58.2	3.9	29.7	8.2
1995	58.4	3.5	29.7	8.4
1996	60.6	3.5	26.9	9.0
1997	58.2	3.4	28.8	9.6
1998	58.0	3.5	28.6	9.9
1999	57.5	3.6	28.5	10.4
2000	55.7	3.8	29.7	10.8
2001	55.2	3.6	30.4	10.8
2002	54.5	3.8	30.9	10.8
2003	50.1	4.2	32.1	10.6
2004	50.1	3.7	33.6	9.9
2005	49.7	3.6	33.7	10.2

6—14 农林牧渔业分项产值及构成

（按当年价格计算）

指　　　标	绝对数(亿元)		构成(%)	
	2004 年	2005 年	2004 年	2005 年
农林牧渔业总产值	**36239.0**	**39450.9**	**100.0**	**100.0**
一、农业产值	18138.4	19613.4	50.1	49.7
(一)谷物及其他作物	10668.8	10984.1	29.4	27.9
谷物	6418.8	6650.7	17.7	16.9
薯类	669.6	708.4	1.8	1.8
油料	995.9	957.9	2.7	2.4
豆类	648.2	622.5	1.8	1.6
棉花	875.5	878.2	2.4	2.2
麻类	35.5	39.8	0.1	0.1
糖料	225.4	254.8	0.6	0.6
烟草	222.3	261.1	0.6	0.7
其他农作物	577.7	610.8	1.6	1.5
(二)蔬菜园艺作物	5259.8	6031.6	14.5	15.3
#蔬菜(含菜用瓜)	4906.4	5633.3	13.5	14.3
(三)水果、坚果、饮料和香料作物	1941.9	2298.0	5.4	5.8
# 水果、坚果(含果用瓜)	1769.2	2087.6	4.9	5.3
(四)中药材	267.8	299.8	0.7	0.8
二、林业产值	1327.1	1425.5	3.7	3.6
林木的培育和种植	387.1	388.8	1.1	1.0
竹木采运	447.6	502.8	1.2	1.3
林产品	492.4	534.0	1.4	1.4
三、牧业产值	12173.8	13310.8	33.6	33.7
牲畜饲养	2304.1	2636.8	6.4	6.7
#牛的饲养	1090.0	1251.2	3.0	3.2
羊的饲养	648.1	739.5	1.8	1.9
猪的饲养	6169.6	6443.5	17.0	16.3
家禽饲养	3277.7	3728.3	9.0	9.5
狩猎和捕捉动物	10.0	11.2	…	…
其他畜牧业	412.3	491.0	1.1	1.2
四、渔业产值	3605.6	4016.1	9.9	10.2
海水产品	1648.7	1818.0	4.5	4.6
# 养殖	780.8	885.2	2.2	2.2
内陆水域水产品	1956.9	2198.1	5.4	5.6
#养殖	1568.4	1887.6	4.3	4.8

6—15 各地区农林牧渔业总产值

（按当年价格计算）

单位：亿元

地　区	农林牧渔业总产值		农业产值		#谷物及其他作物	
	2004 年	2005 年	2004 年	2005 年	2004 年	2005 年
全国总计	**36239.0**	**39450.9**	**18138.4**	**19613.4**	**10668.8**	**10984.1**
北　京	262.0	268.8	92.7	100.6	18.8	19.4
天　津	241.0	258.4	95.3	97.5	40.0	35.7
河　北	2375.9	2600.8	1135.7	1258.0	558.9	556.9
山　西	481.8	483.8	290.5	281.7	192.3	178.3
内蒙古	851.3	980.2	411.5	473.9	333.5	383.8
辽　宁	1510.5	1671.6	611.3	640.1	317.9	333.3
吉　林	940.7	1050.5	486.2	518.1	390.1	413.0
黑龙江	1136.6	1294.4	620.2	718.6	538.6	622.3
上　海	248.9	233.4	109.3	111.3	26.1	28.9
江　苏	2417.6	2577.0	1242.4	1291.1	731.4	722.5
浙　江	1332.3	1428.3	592.6	654.8	202.7	207.6
安　徽	1644.4	1666.2	842.0	818.5	617.5	558.6
福　建	1317.3	1396.1	525.8	571.0	184.9	185.0
江　西	1055.0	1143.0	491.1	510.5	325.4	331.1
山　东	3453.9	3741.8	1891.7	2034.0	883.0	898.7
河　南	2963.9	3309.7	1602.9	1790.4	978.4	1009.7
湖　北	1695.4	1775.6	921.6	932.1	563.8	534.4
湖　南	1913.3	2056.2	874.0	947.7	560.4	560.2
广　东	2154.8	2447.6	960.0	1109.2	402.9	412.4
广　西	1294.5	1448.4	623.1	711.9	393.2	433.5
海　南	438.7	475.9	170.9	179.6	52.8	47.2
重　庆	612.8	662.2	333.0	358.3	216.0	220.7
四　川	2252.3	2457.5	987.7	1037.2	625.5	632.6
贵　州	524.6	571.8	317.7	335.5	224.3	230.7
云　南	965.2	1068.6	516.9	559.3	372.9	391.6
西　藏	62.7	67.7	26.6	25.5	19.0	19.8
陕　西	651.2	730.7	413.7	472.9	221.4	228.5
甘　肃	477.4	521.5	331.4	362.9	203.8	220.4
青　海	86.6	94.0	34.2	36.4	29.1	31.0
宁　夏	125.5	138.0	71.3	78.9	49.3	55.2
新　疆	750.7	831.1	515.0	595.8	395.1	481.2

6—15 续表 单位:亿元

地　区	林业产值		牧业产值		渔业产值	
	2004 年	2005 年	2004 年	2005 年	2004 年	2005 年
全国总计	**1327.1**	**1425.5**	**12173.8**	**13310.8**	**3605.6**	**4016.1**
北　京	12.7	13.3	138.7	135.7	9.9	9.7
天　津	1.7	1.9	92.6	102.7	31.8	36.3
河　北	40.0	40.1	1037.7	1124.4	72.1	79.4
山　西	19.1	16.5	141.2	148.6	2.4	2.7
内蒙古	46.6	39.8	374.7	444.6	6.0	7.2
辽　宁	40.7	44.5	548.3	636.4	272.2	306.7
吉　林	32.9	39.9	399.1	467.6	13.4	14.9
黑龙江	65.8	67.3	400.7	461.2	25.0	27.4
上　海	13.1	11.1	70.8	54.3	49.9	51.6
江　苏	40.2	45.3	563.4	599.1	449.5	511.9
浙　江	78.4	83.5	277.9	286.0	362.0	380.8
安　徽	71.9	78.4	540.8	553.6	146.9	165.6
福　建	86.2	96.9	291.7	276.5	397.5	434.4
江　西	79.1	87.4	325.0	365.1	143.2	162.6
山　东	59.5	57.6	1022.8	1125.0	426.1	465.5
河　南	75.8	83.9	1117.2	1251.6	28.0	35.3
湖　北	31.8	37.3	514.5	545.4	205.7	236.5
湖　南	91.3	101.0	796.9	834.5	119.9	138.4
广　东	61.7	66.2	571.1	638.6	466.5	523.8
广　西	58.1	61.7	460.7	511.6	133.8	143.6
海　南	59.8	58.9	83.9	95.2	116.6	132.2
重　庆	18.5	20.0	230.9	249.5	21.2	23.8
四　川	62.7	69.9	1097.6	1230.2	65.8	78.5
贵　州	23.2	23.9	168.8	194.2	7.0	9.4
云　南	86.4	105.5	305.4	339.7	19.1	23.0
西　藏	5.7	10.1	29.1	30.0		
陕　西	26.4	25.0	179.4	199.0	5.1	5.5
甘　肃	16.2	15.9	117.7	129.1	1.0	1.1
青　海	1.8	1.8	46.5	51.7	0.1	0.1
宁　夏	6.2	5.6	41.2	46.0	3.6	4.0
新　疆	13.8	15.3	187.5	183.5	4.3	4.3

6—16 各地区农业分项产值

（按当年价格计算）

单位：亿元

地 区	农业	1.谷物及其他作物	#谷物	#小麦	#油料
全 国	**19613.4**	**10984.1**	**6650.7**	**1478.7**	**957.9**
北 京	100.6	19.4	12.9	4.2	1.0
天 津	97.5	35.7	18.9	6.9	0.5
河 北	1258.0	556.9	344.4	170.2	52.1
山 西	281.7	178.3	129.3	36.5	6.4
内蒙古	473.9	383.8	177.0	24.8	38.6
辽 宁	640.1	333.3	251.2	1.2	17.8
吉 林	518.1	413.0	314.4	0.7	21.2
黑龙江	718.6	622.3	360.9	14.4	26.5
上 海	111.3	28.9	19.0	1.7	1.6
江 苏	1291.1	722.5	495.0	97.8	64.1
浙 江	654.8	207.6	128.2	2.6	13.0
安 徽	818.5	558.6	368.4	123.7	74.0
福 建	571.0	185.0	110.2	0.2	11.2
江 西	510.5	331.1	248.1	0.5	26.4
山 东	2034.0	898.7	576.1	298.9	125.4
河 南	1790.4	1009.7	628.6	350.6	143.2
湖 北	932.1	534.4	303.9	35.3	84.0
湖 南	947.7	560.2	392.6	1.8	32.2
广 东	1109.2	412.4	215.0	0.2	28.1
广 西	711.9	433.5	216.2	0.3	20.8
海 南	179.6	47.2	19.5		3.0
重 庆	358.3	220.7	140.3	13.6	15.6
四 川	1037.2	632.6	414.0	75.6	67.5
贵 州	335.5	230.7	131.8	10.2	21.1
云 南	559.3	391.6	195.0	17.6	10.1
西 藏	25.5	19.8	16.8	4.4	1.9
陕 西	472.9	228.5	149.4	69.2	12.9
甘 肃	362.9	220.4	97.7	40.3	16.4
青 海	36.4	31.0	6.7	4.1	7.9
宁 夏	78.9	55.2	41.9	14.9	4.2
新 疆	595.8	481.2	127.4	56.5	9.6

6—16续表　　　　单位:亿元

地　区	#棉花	#糖料	#烟草	2. 蔬菜园艺	3. 水果、坚果、饮料和香料作物
全　国	**878.2**	**254.8**	**261.1**	**6031.6**	**2298.0**
北　京	0.4		…	59.3	21.1
天　津	14.2			51.7	10.1
河　北	95.8	1.4	0.8	520.3	169.0
山　西	13.0	0.1	0.2	62.7	35.6
内蒙古	0.2	3.7	1.8	71.5	12.5
辽　宁	0.3	0.3	3.6	206.3	88.8
吉　林	0.1	0.2	3.3	68.3	26.1
黑龙江		4.7	5.7	71.9	22.3
上　海	0.3	0.7		57.8	24.3
江　苏	57.3	3.5	…	454.2	100.0
浙　江	2.3	8.8	0.4	285.8	150.3
安　徽	53.2	1.8	1.8	165.4	76.8
福　建	…	2.7	12.2	246.2	132.9
江　西	14.3	4.1	1.9	125.7	48.8
山　东	109.6	…	5.9	818.3	303.6
河　南	99.5	1.5	26.7	591.7	162.0
湖　北	60.2	3.3	10.8	305.7	74.5
湖　南	33.1	4.8	24.1	289.4	72.3
广　东		32.3	5.4	488.5	195.9
广　西	0.1	126.8	3.7	168.2	102.5
海　南		6.7		67.3	64.3
重　庆	…	0.9	8.0	98.9	32.6
四　川	3.3	6.2	16.9	275.2	106.0
贵　州	0.1	2.4	32.7	81.6	14.2
云　南	…	26.4	88.7	122.9	38.5
西　藏				5.4	0.3
陕　西	10.6	…	4.6	112.4	116.9
甘　肃	17.2	0.5	1.6	90.8	30.1
青　海		…	…	5.0	0.2
宁　夏	…	…	0.1	11.4	4.9
新　疆	293.0	10.9	0.1	51.8	60.6

6—17 各地区林业分项产值

（按当年价格计算）

单位：亿元

地区	林业产值	1.林木的培育和种植	2.竹木采运	#村及村以下	3.林产品
全国	**1425.5**	**388.8**	**502.8**	**274.5**	**534.0**
北京	13.3	8.7	1.2	1.0	3.4
天津	1.9	1.3	0.3	0.3	0.3
河北	40.1	14.4	3.8	2.6	22.0
山西	16.5	10.0	0.2	0.1	6.4
内蒙古	39.8	19.0	16.0	1.0	4.8
辽宁	44.5	17.6	9.7	4.6	17.2
吉林	39.9	7.7	26.8	2.1	5.4
黑龙江	67.3	6.2	56.9	1.1	4.1
上海	11.1	10.6	0.1	0.1	0.4
江苏	45.3	29.7	6.7	5.6	8.9
浙江	83.5	9.1	29.1	26.6	45.3
安徽	78.4	24.3	23.8	12.9	30.4
福建	96.9	4.5	57.3	46.8	35.1
江西	87.4	23.2	36.8	24.2	27.4
山东	57.6	19.7	6.0	5.7	31.9
河南	83.9	29.6	37.1	20.9	17.2
湖北	37.3	15.0	15.3	11.6	7.0
湖南	101.0	25.6	33.9	1.7	41.5
广东	66.2	10.3	38.4	37.0	17.6
广西	61.7	6.1	29.3	23.7	26.3
海南	58.9	7.1	10.2	0.7	41.6
重庆	20.0	6.1	2.3	0.5	11.5
四川	69.9	24.5	26.5	23.4	18.9
贵州	23.9	4.4	4.1	2.7	15.3
云南	105.5	14.8	26.1	14.3	64.6
西藏	10.1	0.8	1.2	0.7	8.1
陕西	25.0	10.8	1.7	1.2	12.5
甘肃	15.9	10.7	0.2	0.2	5.0
青海	1.8	1.5	0.2	…	…
宁夏	5.6	5.0	…	…	0.5
新疆	15.3	10.6	1.5	1.3	3.2

6—18 各地区畜牧业分项产值

（按当年价格计算）

单位:亿元

地 区	牧业产值	1.牲畜饲养	#牛	羊	奶产品
全 国	**13310.8**	**2636.8**	**1251.2**	**739.5**	**510.9**
北 京	135.7	38.1	12.3	11.7	13.1
天 津	102.7	31.0	10.3	4.9	12.6
河 北	1124.4	308.1	162.9	71.8	60.5
山 西	148.6	36.4	12.1	11.1	10.0
内 蒙 古	444.6	293.3	38.5	111.2	114.7
辽 宁	636.4	140.6	85.0	25.2	18.7
吉 林	467.6	110.8	94.6	5.6	7.8
黑 龙 江	461.2	178.2	86.2	14.8	68.9
上 海	54.3	7.7	0.1	1.5	5.8
江 苏	599.1	54.4	7.1	29.2	13.0
浙 江	286.0	14.1	1.6	6.9	5.3
安 徽	553.6	99.4	60.2	36.1	2.5
福 建	276.5	19.8	8.1	6.5	5.2
江 西	365.1	25.0	20.0	2.1	2.3
山 东	1125.0	219.3	115.7	55.1	41.4
河 南	1251.6	363.3	223.9	106.8	21.7
湖 北	545.4	29.8	18.0	7.2	2.7
湖 南	834.5	46.6	32.5	12.2	1.8
广 东	638.6	13.4	8.8	1.0	3.7
广 西	511.6	36.8	29.8	5.2	1.8
海 南	95.2	8.7	6.1	2.3	
重 庆	249.5	14.8	6.9	5.7	2.2
四 川	1230.2	128.9	59.0	53.9	13.2
贵 州	194.2	25.8	20.1	3.9	1.5
云 南	339.7	49.5	27.8	13.2	5.3
西 藏	30.0	28.5	11.2	6.8	6.2
陕 西	199.0	62.6	20.8	16.0	21.8
甘 肃	129.1	50.2	19.2	19.5	7.5
青 海	51.7	40.9	14.6	16.8	6.8
宁 夏	46.0	26.7	7.2	8.7	9.2
新 疆	183.5	134.2	30.5	66.6	23.7

6—18 续表

单位:亿元

地　区	2.猪的饲养	3.家禽饲养	#肉禽	4.狩猎和捕猎动物	5.其他畜牧业
全　国	**6443.5**	**3728.3**	**2002.8**	**11.2**	**491.0**
北　京	43.4	44.2	34.9		10.1
天　津	42.3	26.0	14.0		3.5
河　北	422.8	355.9	120.2	…	37.5
山　西	78.8	30.4	5.7	0.1	2.9
内蒙古	90.1	52.3	29.5	0.1	8.8
辽　宁	228.0	245.1	124.2	0.4	22.2
吉　林	188.0	155.2	71.3	…	13.6
黑龙江	172.3	109.1	57.3		1.5
上　海	24.5	20.8	15.6		1.4
江　苏	240.5	239.5	116.2	1.9	62.8
浙　江	171.4	62.4	35.2	0.2	37.8
安　徽	269.8	171.2	92.6	0.1	13.1
福　建	181.6	67.5	38.8	1.2	6.4
江　西	229.3	92.1	59.3	1.5	17.2
山　东	396.2	451.4	215.0	0.6	57.6
河　南	572.9	287.1	89.5	1.0	27.4
湖　北	370.8	142.0	62.1	0.2	2.6
湖　南	610.1	170.9	94.9	0.3	6.7
广　东	357.7	233.0	208.2	2.3	32.1
广　西	318.9	123.9	110.9		32.0
海　南	47.7	36.1	33.9	0.1	2.5
重　庆	151.9	72.3	37.2	0.1	10.4
四　川	651.9	384.9	259.6	0.4	64.0
贵　州	139.3	28.0	17.0	0.1	1.1
云　南	241.9	42.2	26.7	0.1	6.0
西　藏	1.1	0.5	0.1	…	0.1
陕　西	96.0	35.5	9.6	0.2	4.7
甘　肃	62.7	14.9	7.4		1.3
青　海	9.0	1.4	0.6	0.1	0.2
宁　夏	10.9	7.1	2.9	…	1.2
新　疆	21.6	25.6	12.1	…	2.2

6—19 各地区渔业分项产值

（按当年价格计算）

单位:亿元

地 区	渔业产值	1.海水产品	#养殖	2.内陆水产品	#养殖
全 国	**4016.1**	**1818.0**	**885.2**	**2198.1**	**1887.6**
北 京	9.7			9.7	9.7
天 津	36.3	9.0	3.1	27.3	26.2
河 北	79.4	46.4	19.3	33.0	25.4
山 西	2.7			2.7	2.6
内蒙古	7.2			7.2	4.7
辽 宁	306.7	231.5	117.3	75.2	50.3
吉 林	14.9			14.9	13.8
黑龙江	27.4			27.4	27.4
上 海	51.6	13.6	0.2	38.1	37.5
江 苏	511.9	123.8	60.2	388.1	341.7
浙 江	380.8	279.9	91.6	101.0	89.4
安 徽	165.6			165.6	106.8
福 建	434.4	327.4	190.6	107.0	94.0
江 西	162.6			162.6	132.4
山 东	465.5	376.1	215.1	89.4	79.4
河 南	35.3			35.3	32.3
湖 北	236.5			236.5	203.0
湖 南	138.4			138.4	122.9
广 东	523.8	229.5	149.2	294.3	281.4
广 西	143.6	64.1	26.5	79.6	72.3
海 南	132.2	116.8	12.2	15.4	6.0
重 庆	23.8			23.8	22.4
四 川	78.5			78.5	73.6
贵 州	9.4			9.4	7.1
云 南	23.0			23.0	20.5
西 藏					
陕 西	5.5			5.5	
甘 肃	1.1			1.1	1.0
青 海	0.1			0.1	0.1
宁 夏	4.0			4.0	3.7
新 疆	4.3			4.3	

6—20 各经济地带农林牧渔业总产值及构成

（按当年价格计算）

指　　标	东部经济地带		中部经济地带		西部经济地带	
	2004 年	2005 年	2004 年	2005 年	2004 年	2005 年
一、绝对数(亿元)						
农林牧渔业总产值	17047.4	18548.1	12682.5	13759.6	6509.1	7143.2
＃农业	8050.9	8759.0	6540.0	6991.5	3547.5	3862.9
林业	552.0	581.1	514.3	551.5	260.9	293.0
牧业	5159.5	5585.7	4610.0	5072.1	2404.2	2652.9
渔业	2787.8	3075.9	690.5	790.5	127.3	149.6
二、构成(%)						
农林牧渔业总产值	100.0	100.0	100.0	100.0	100.0	100.0
＃农业	47.2	47.2	51.6	50.8	54.5	54.1
林业	3.2	3.1	4.1	4.0	4.0	4.1
牧业	30.3	30.1	36.3	36.9	36.9	37.1
渔业	16.4	16.6	5.4	5.7	2.0	2.1

6—21 农林牧渔业总产值

单位:亿元

年 份	农林牧渔业总产值	农业产值	林业产值	牧业产值	渔业产值
	(按1957年不变价格计算)				
1952	417.0	364.9	2.9	47.9	1.3
1957	536.7	455.5	9.3	69.0	2.9
1962	430.3	370.8	7.3	44.5	
1965	589.6	484.8	12.0	82.7	10.1
1970	716.3	596.8	16.0	92.6	10.9
	(按1970年不变价格计算)				
1975	1202.4	966.8	37.1	179.4	19.1
1978	1288.7	1031.0	44.4	193.0	20.3
1979	1386.3	1100.5	45.0	221.2	19.6
	(按1980年不变价格计算)				
1980	1964.5	1491.6	94.5	339.6	38.8
1981	2091.4	1592.9	98.4	359.6	40.5
1982	2327.6	1767.3	106.8	408.0	45.5
1983	2508.2	1917.1	117.7	424.0	49.4
1984	2815.6	2136.8	140.1	480.6	58.1
1985	2912.2	2133.4	146.4	563.3	69.1
1986	3010.7	2191.3	141.2	594.9	83.3
1987	3185.1	2332.1	140.8	613.9	98.4
1988	3309.7	2364.3	144.1	691.5	109.8
1989	3412.8	2420.7	144.6	729.8	117.6
	(按1990年不变价格计算)				
1990	8151.2	5190.8	378.4	2048.8	533.2
1991	8451.8	5239.6	408.6	2229.7	573.9
1992	8989.1	5461.3	439.9	2426.1	661.8
1993	9692.9	5747.2	475.3	2686.8	783.6
1994	10525.9	5933.8	517.3	3134.4	940.4
1995	11670.7	6405.0	543.4	3599.1	1123.2
1996	12127.0	6901.6	574.0	3371.2	1280.2
1997	12942.4	7210.0	593.1	3711.7	1427.6
1998	13712.8	7564.6	610.4	3984.5	1553.2
1999	14351.4	7891.1	629.6	4165.9	1664.9
2000	14863.9	7999.8	663.4	4428.3	1772.4
2001	15494.0	8288.3	658.6	4705.6	1841.5
2002	16259.7	8611.7	705.2	4988.5	1954.3
2003	16997.2	8005.5	818.7	5564.3	2067.1
2004	31905.2	16133.4	1264.8	10225.1	3327.4
2005	38291.2	18890.5	1369.4	13128.8	3841.6

注:从2004年起,农林牧渔业总产值使用可比价格计算。

6—22 农林牧渔业总产值指数

（以1952年为100）

年 份	农林牧渔业总产值	农业产值	林业产值	牧业产值	渔业产值
1949	65.2	64.6	55.2	70.4	46.2
1952	100.0	100.0	100.0	100.0	100.0
1957	128.7	124.8	320.7	144.1	223.1
1962	103.2	101.6	251.7	92.9	592.3
1965	141.4	132.9	413.8	172.7	776.9
1970	171.8	163.6	551.7	193.3	838.5
1975	192.4	179.4	745.5	232.2	1150.3
1978	206.2	191.3	892.2	249.8	1222.5
1979	221.8	204.2	904.2	286.3	1180.4
1980	224.9	203.6	1014.8	306.4	1270.7
1981	239.5	217.4	1056.6	324.4	1326.4
1982	266.5	241.2	1146.8	368.0	1490.1
1983	287.2	261.7	1263.9	382.5	1617.8
1984	322.4	291.7	1504.4	433.6	1902.8
1985	333.4	291.2	1572.1	508.2	2263.0
1986	344.7	299.1	1516.2	536.6	2728.1
1987	364.7	318.3	1512.3	553.8	3221.0
1988	379.0	322.4	1547.5	623.8	3595.3
1989	390.8	330.4	1553.0	658.3	3852.7
1990	420.5	356.7	1601.1	704.4	4238.2
1991	436.0	360.1	1728.5	766.5	4562.1
1992	463.0	375.3	1861.1	834.1	5260.5
1993	500.0	394.9	2010.4	923.8	6222.5
1994	543.0	407.5	2189.3	1078.1	7467.0
1995	602.2	439.7	2298.8	1237.7	8915.6
1996	658.9	474.0	2428.1	1379.0	10161.8
1997	703.2	495.2	2508.7	1518.3	11331.4
1998	745.0	519.6	2582.0	1629.9	12328.6
1999	779.7	542.0	2664.6	1704.0	13215.0
2000	807.8	549.6	2808.5	1811.4	14074.0
2001	842.0	569.4	2788.4	1924.8	14622.3
2002	883.6	591.6	2985.6	2040.5	15518.0
2003	918.9	591.6	3194.6	2183.3	16293.9
2004	987.8	641.9	3258.5	2340.5	17271.5
2005	1044.1	668.2	3362.8	2523.1	18394.1

注：本表按可比价格计算。

6—23 各地区农林牧渔业总产值指数

（以上年为100）

地区	农林牧渔总产值	#农业产值	林业产值	牧业产值	渔业产值
全国合计	**105.7**	**104.1**	**103.2**	**107.8**	**106.5**
北　京	100.3	102.7	102.7	97.3	102.8
天　津	104.5	100.2	113.6	107.5	110.6
河　北	106.5	105.9	96.9	107.7	104.1
山　西	97.2	93.0	84.1	103.2	107.4
内蒙古	111.2	110.6	82.6	115.2	116.0
辽　宁	107.5	103.8	111.0	111.1	107.9
吉　林	111.7	106.2	116.9	118.2	110.1
黑龙江	110.2	109.0	100.7	115.8	105.5
上　海	89.5	94.2	84.5	76.5	99.1
江　苏	103.7	101.1	107.5	103.6	110.7
浙　江	102.4	102.7	101.1	105.2	99.9
安　徽	101.4	97.9	105.2	103.9	106.7
福　建	102.2	102.7	107.5	95.5	105.4
江　西	106.8	103.4	104.4	112.3	107.9
山　东	105.2	103.9	96.3	107.3	106.7
河　南	107.5	107.7	104.7	107.6	122.5
湖　北	104.2	103.0	106.4	105.1	105.9
湖　南	105.8	104.5	109.8	106.3	109.6
广　东	104.8	103.4	102.9	105.5	105.7
广　西	107.4	105.8	107.0	110.6	105.0
海　南	106.7	105.8	91.6	115.0	108.6
重　庆	105.2	103.9	100.8	106.9	106.0
四　川	106.5	102.6	109.1	109.5	112.7
贵　州	105.9	104.3	99.9	109.8	106.7
云　南	106.9	104.3	108.8	110.3	111.4
西　藏	101.9	93.4	176.7	92.5	156.7
陕　西	108.1	107.7	93.8	111.6	110.4
甘　肃	106.6	107.0	92.1	108.4	100.0
青　海	105.3	104.1	97.4	107.1	
宁　夏	106.2	106.9	89.8	107.5	104.2
新　疆	107.4	107.0	105.8	109.0	105.3

注：本表按可比价格计算。

6—24 各地区农林牧渔业总产值及占全国的比重

（按可比价格计算）

地区	农林牧渔业总产值（亿元）	2005年比2004年增减百分比（%）	占全国的比重（%）
全国合计	**38291.2**	**5.7**	**100.0**
北京	262.7	0.3	0.7
天津	251.8	4.5	0.7
河北	2531.3	6.5	6.6
山西	68.2	−2.8	1.2
内蒙古	946.4	11.2	2.5
辽宁	1624.2	7.5	4.2
吉林	1050.9	11.7	2.7
黑龙江	1252.1	10.2	3.3
上海	222.7	−10.5	0.6
江苏	2507.2	3.7	6.5
浙江	1364.6	2.4	3.6
安徽	1667.7	1.4	4.2
福建	1346.6	2.2	3.5
江西	1126.9	6.8	2.9
山东	364.4	5.2	9.5
河南	3187.3	7.5	8.4
湖北	1765.9	4.2	4.5
湖南	2024.8	5.8	5.2
广东	2258.3	4.8	6.2
广西	1390.7	7.4	3.7
海南	468.3	6.7	1.2
重庆	644.4	5.2	1.7
四川	2399.0	6.5	6.2
贵州	555.8	5.9	1.4
云南	1031.8	6.9	2.7
西藏	63.9	1.9	0.2
陕西	704.0	8.1	1.9
甘肃	508.7	6.6	1.3
青海	91.2	5.3	0.2
宁夏	133.3	6.2	0.3
新疆	806.2	7.4	2.1

6—25 各地区农林牧渔业总产值

（按可比价格计算）

单位：亿元

地　区	农林牧渔业总产值	农业产值	林业产值	牧业产值	渔业产值
全国总计	**38291.2**	**18890.5**	**1369.4**	**13128.8**	**3841.6**
北　京	262.7	95.2	13.1	135.0	10.1
天　津	251.8	95.5	1.9	99.5	35.2
河　北	2531.3	1203.3	38.8	1117.1	75.0
山　西	468.2	270.2	16.1	145.7	2.6
内蒙古	946.4	455.2	38.5	431.5	6.9
辽　宁	1624.2	634.6	45.1	609.3	293.7
吉　林	1050.9	516.2	38.4	471.6	14.8
黑龙江	1252.1	675.8	66.2	464.1	26.4
上　海	222.7	103.0	11.1	54.1	49.4
江　苏	2507.2	1256.0	43.2	583.6	497.3
浙　江	1364.6	608.5	79.2	292.3	361.6
安　徽	1667.7	823.9	75.7	561.9	156.7
福　建	1346.6	539.8	92.7	278.5	418.8
江　西	1126.9	508.0	82.6	364.8	154.4
山　东	3634.4	1966.3	57.3	1097.5	454.5
河　南	3187.3	1725.7	79.4	1202.4	34.3
湖　北	1765.9	949.7	33.8	540.8	217.8
湖　南	2024.8	913.1	100.2	846.8	131.5
广　东	2258.3	992.4	63.5	602.6	492.8
广　西	1390.7	659.5	62.1	509.5	140.5
海　南	468.3	180.8	54.8	96.5	126.6
重　庆	644.4	345.9	18.6	246.9	22.5
四　川	2399.0	1013.8	68.3	1201.4	74.1
贵　州	555.8	331.2	23.2	185.3	7.5
云　南	1031.8	539.2	94.0	336.7	21.3
西　藏	63.9	24.8	10.1	26.9	
陕　西	704.0	445.6	24.7	200.3	5.7
甘　肃	508.7	354.4	14.9	127.5	1.0
青　海	91.2	35.6	1.8	49.8	0.1
宁　夏	133.3	76.2	5.6	44.3	3.7
新　疆	806.2	550.9	14.6	204.3	4.5

6—26 农林牧渔业分项产值及构成

（按可比价格计算）

指 标	绝对数(亿元)	比上年增长幅度(%)
农林牧渔业总产值	**38291.2**	**5.7**
农业产值	18890.5	4.1
谷物及其他作物	10951.9	2.7
蔬菜园艺作物	5562.2	5.7
水果、坚果、饮料和香料作物	2108.8	8.6
中药材	301.1	12.5
林业产值	1369.4	3.2
林木的培育和种植	373.6	—3.5
竹木采运	484.0	8.1
林产品	511.8	3.9
牧业产值	13128.8	7.8
牲畜饲养	2561.0	11.1
猪的饲养	6589.0	6.8
家禽饲养	3523.2	7.5
狩猎和捕捉动物	10.2	2.3
其他畜牧业	445.3	8.0
渔业产值	3841.6	6.5
海水产品	1737.9	5.4
内陆水域水产品	2099.3	7.3

6—27 各地区农业分项产值

（按可比价格计算）

单位:亿元

地区	农业	谷物及其他作物	蔬菜及园艺	水果坚果及饮料	中药材
全国	**18890.5**	**10951.9**	**5562.2**	**2108.8**	**301.1**
北京	95.2	20.9	55.0	18.5	0.8
天津	95.5	36.8	49.3	9.4	
河北	1203.3	551.4	490.8	150.6	10.5
山西	270.2	172.9	59.0	33.3	5.0
内蒙古	455.2	367.6	69.4	12.2	6.1
辽宁	634.6	328.8	205.3	88.7	11.7
吉林	516.2	411.2	66.6	27.7	10.7
黑龙江	675.8	621.3	63.7	22.3	2.0
上海	103.0	27.4	52.4	23.0	0.2
江苏	1256.0	715.3	424.8	101.7	14.2
浙江	608.5	208.4	260.5	124.2	15.4
安徽	823.9	580.2	161.0	65.6	17.3
福建	539.8	184.0	228.9	122.5	4.4
江西	508.0	336.6	117.2	49.4	4.8
山东	1966.3	930.1	755.5	268.2	12.5
河南	1725.7	1025.2	538.9	136.4	25.2
湖北	949.7	581.5	287.4	63.8	17.0
湖南	913.1	570.2	253.0	61.1	28.9
广东	992.4	405.6	385.8	189.0	12.0
广西	659.5	406.5	143.5	102.9	6.6
海南	180.8	45.7	69.5	64.7	0.8
重庆	345.9	215.2	93.5	31.7	5.5
四川	1013.8	632.5	257.9	99.9	23.4
贵州	331.2	228.0	80.6	13.9	8.7
云南	539.2	376.9	118.0	36.6	7.7
西藏	24.8	19.3	5.2	0.3	
陕西	445.6	226.9	102.0	99.5	17.2
甘肃	354.4	215.2	88.4	28.6	22.3
青海	35.6	30.4	4.8	0.2	0.2
宁夏	76.2	51.9	11.4	4.9	8.0
新疆	550.9	427.9	62.7	58.1	2.2

6—28 各地区林业分项产值

（按可比价格计算）

单位：亿元

地 区	林业产值	林木的培育和种植	竹木采运	林产品
全 国	**1369.4**	**373.6**	**484.0**	**511.8**
北 京	13.1	8.7	1.2	3.1
天 津	1.9	1.3	0.3	0.3
河 北	38.8	14.4	3.7	20.7
山 西	16.1	9.8	0.2	6.1
内蒙古	38.5	18.4	15.5	4.6
辽 宁	45.1	17.6	9.1	18.4
吉 林	38.4	7.7	25.4	5.4
黑龙江	66.2	6.2	55.8	4.1
上 海	11.1	10.6	0.1	0.4
江 苏	43.2	27.9	6.5	8.8
浙 江	79.2	9.1	26.7	43.5
安 徽	75.7	23.3	22.6	29.8
福 建	92.7	4.5	54.4	33.8
江 西	82.6	21.4	33.8	27.4
山 东	57.3	19.7	5.7	31.9
河 南	79.4	28.0	35.1	16.3
湖 北	33.8	13.1	14.2	6.5
湖 南	100.2	23.6	35.0	41.6
广 东	63.5	9.2	37.6	16.7
广 西	62.1	6.1	29.4	26.6
海 南	54.8	6.3	10.2	38.2
重 庆	18.6	5.6	2.2	10.9
四 川	68.3	24.6	25.5	18.2
贵 州	23.2	4.3	4.0	14.9
云 南	94.0	14.8	25.1	54.1
西 藏	10.1	0.8	1.2	8.1
陕 西	24.7	10.7	1.6	12.4
甘 肃	14.9	9.7	0.2	5.0
青 海	1.8	1.5	0.2	
宁 夏	5.6	5.0		0.5
新 疆	14.6	9.8	1.6	3.2

6－29　各地区畜牧业分项产值

（按可比价格计算）

单位:亿元

地　　区	牧业产值	牲畜饲养	猪的饲养	家禽饲养	捕猎	其他畜牧业
全　　国	**13128.8**	**2561.0**	**6589.0**	**3523.2**	**10.2**	**445.3**
北　　京	135.0	37.5	46.3	44.1		7.1
天　　津	99.5	30.2	40.3	25.6		3.5
河　　北	1117.1	307.5	430.1	343.9	…	35.6
山　　西	145.7	35.7	77.2	29.8	0.1	2.9
内 蒙 古	431.5	285.4	86.5	51.0	0.1	8.5
辽　　宁	609.3	134.0	219.9	235.9	0.4	19.0
吉　　林	471.6	114.1	193.1	150.9	…	13.6
黑 龙 江	464.1	183.6	176.4	102.6		1.5
上　　海	54.1	7.6	25.6	19.5	…	1.4
江　　苏	583.6	49.9	248.3	230.4	1.9	53.2
浙　　江	292.3	13.1	185.6	59.9	0.2	33.5
安　　徽	561.9	91.2	297.5	160.0	0.1	13.1
福　　建	278.5	19.8	186.5	64.8	1.2	6.2
江　　西	364.8	24.3	231.0	89.0	1.7	18.8
山　　东	1097.5	210.4	407.8	423.1	0.6	55.6
河　　南	1202.4	308.4	594.3	278.5	0.9	20.3
湖　　北	540.8	29.8	377.1	131.1	0.2	2.5
湖　　南	846.8	44.9	643.2	151.6	0.3	6.7
广　　东	602.6	13.1	364.5	193.2	1.3	30.5
广　　西	509.5	34.9	331.2	118.2		25.2
海　　南	96.5	8.5	50.8	34.5	0.1	2.5
重　　庆	246.9	12.8	154.1	71.4	0.1	8.5
四　　川	1201.4	129.1	649.8	362.8	0.4	59.2
贵　　州	185.3	25.0	132.2	26.9	0.1	1.1
云　　南	336.7	48.5	241.9	40.6	0.1	5.6
西　　藏	26.9	25.5	0.9	0.4	…	0.1
陕　　西	200.3	62.1	96.3	37.0	0.2	4.7
甘　　肃	127.5	49.7	62.1	14.4		1.3
青　　海	49.8	39.3	8.9	1.3	0.1	0.2
宁　　夏	44.3	26.5	10.4	6.2	…	1.2
新　　疆	204.3	158.7	19.0	24.5	…	2.2

6—30 各地区渔业分项产值

（按可比价格计算）

单位：亿元

地区	渔业产值	海水产品	内陆水产品
全国	**3841.6**	**1737.9**	**2099.3**
北京	10.1		10.1
天津	35.2	9.1	26.2
河北	75.0	41.9	33.1
山西	2.6		2.6
内蒙古	6.9		6.9
辽宁	293.7	218.7	75.1
吉林	14.8		14.8
黑龙江	26.4		26.4
上海	49.4	13.0	36.5
江苏	497.3	120.1	377.3
浙江	361.6	262.3	99.4
安徽	156.7		156.7
福建	418.8	319.7	99.1
江西	154.4		154.4
山东	454.5	363.3	91.2
河南	34.3		34.3
湖北	217.8		217.8
湖南	131.5		131.5
广东	492.8	215.8	277.0
广西	140.5	62.6	77.9
海南	126.6	111.6	15.0
重庆	22.5		22.5
四川	74.1		74.1
贵州	7.5		7.5
云南	21.3		21.3
西藏			…
陕西	5.7		5.7
甘肃	1.0		1.0
青海	0.1		0.1
宁夏	3.7		3.7
新疆	4.5		

7

主要农产品种（养）面积与产量

7—1　主要农作物播种面积

单位：千公顷

年份	农作物总播种面积	粮食面积	稻谷	小麦	玉米	大豆	薯类
1952	141256	123979	28382	24780	12566	11679	8688
1957	157244	133633	32241	27542	14943	12748	10495
1962	140229	121621	26935	24075	12819	9504	12171
1965	143291	119627	29825	24709	15671	8593	11175
1970	143487	119267	32358	25458	15831	7985	10717
1975	149545	121062	35729	27661	18598	6999	10969
1978	150104	120587	34421	29183	19961	7144	11796
1979	148477	119263	33873	29357	20133	7247	10952
1980	146380	117234	33878	28844	20087	7226	10153
1981	145157	114958	33295	28307	19425	8024	9620
1982	144755	113462	33071	27955	18543	8419	9370
1983	143993	114047	33136	29050	18824	7567	9402
1984	144221	112884	33178	29576	18537	7286	8988
1985	143626	108845	32070	29218	17694	7718	8572
1986	144204	110933	32266	29616	19124	8295	8685
1987	144957	111268	32193	28798	20212	8445	8868
1988	144869	110123	31987	28785	19692	8120	9054
1989	146554	112205	32700	29841	20353	8057	9097
1990	148362	113466	33064	30753	21401	7560	9121
1991	149586	112314	32590	30948	21574	7041	9078
1992	149007	110560	32090	30496	21044	7221	9057
1993	147741	110509	30355	30235	20694	9454	9220
1994	148241	109544	30171	28981	21152	9222	9270
1995	149879	110060	30744	28860	22776	8127	9519
1996	152381	112548	31406	29611	24498	7471	9797
1997	153969	112912	31765	30057	23775	8346	9785
1998	155706	113787	31214	29774	25239	8500	10000
1999	156373	113161	31283	28855	25904	7962	10355
2000	156300	108463	29962	26653	23056	9307	10538
2001	155708	106080	28812	24664	24282	9482	10217
2002	154636	103891	28202	23908	24634	8720	9881
2003	152415	99410	26508	21997	24068	9313	9702
2004	153553	101606	28379	21626	25446	9589	9457
2005	155488	104278	28847	22793	26358	9591	9503

7—1续表

单位:千公顷

年 份	棉 花	花 生	油菜籽	芝 麻	黄红麻	甘 蔗	甜 菜	烤 烟
1952	5576	1804	1863		158	183	35	186
1957	5775	2541	2308		143	267	159	355
1962	3497	1301	1361		62	154	83	176
1965	5003	1846	1822		113	351	171	325
1970	4997	1709	1453		135	387	199	291
1975	4955	1877	2313		297	523	303	460
1978	4866	1768	2600	638	412	549	331	613
1979	4512	2074	2761	843	362	512	325	509
1980	4920	2339	2844	776	314	480	443	397
1981	5185	2472	3801	818	306	551	436	586
1982	5828	2416	4122	965	246	653	462	888
1983	6077	2201	3669	789	227	654	544	572
1984	6923	2421	3413	858	320	728	502	715
1985	5140	3318	4494	1052	992	965	560	1077
1986	4306	3253	4916	1007	345	950	520	894
1987	4844	3022	5267	869	272	859	498	913
1988	5535	2977	4936	704	277	924	745	1304
1989	5203	2946	4993	722	286	959	569	1503
1990	5588	2907	5503	669	300	1009	670	1342
1991	6538	2880	6133	680	270	1164	783	1562
1992	6835	2976	5976	746	277	1246	660	1849
1993	4985	3379	5300	754	274	1088	599	1835
1994	5528	3776	5783	690	176	1057	698	1302
1995	5422	3809	6907	642	147	1125	695	1309
1996	4722	3616	6734	594	147	1207	638	1683
1997	4491	3722	6475	615	162	1311	612	2161
1998	4459	4039	6527	630	93	1401	583	1200
1999	3726	4268	6899	697	65	1303	341	1216
2000	4041	4856	7494	784	50	1185	329	1269
2001	4810	4991	7095	758	52	1248	406	1181
2002	4184	4921	7143	759	55	1393	424	1192
2003	5111	5057	7221	687	41	1409	248	1139
2004	5693	4745	7271	624	32	1378	190	1145
2005	5062	4662	7278	593	31	1354	210	1245

7—2 主要农作物播种面积及增减情况

单位：千公顷

指　　标	1990年	1995年	2000年	2004年	2005年	2005年为2004年百分比（%）
农作物总播种面积	148362	149879	156300	153553	155488	101.3
一、粮食作物	113466	110060	108463	101606	104278	102.6
1.谷物		89309	85264	79350	81874	103.2
稻谷	33064	30744	29962	28379	28847	101.7
小麦	30753	28860	26653	21626	22793	105.4
玉米	21401	22776	23056	25446	26358	103.6
谷子	2278	1522	1250	916	849	92.7
高粱	1545	1215	889	567	570	100.4
其它谷物		4192	3454	2417	2457	101.7
2.豆类		11232	12660	12799	12901	100.8
＃ 大豆	7560	8127	9307	9589	9591	100.0
杂豆		3105	3353	3210	3310	103.1
3.薯类	9121	9519	10538	9457	9503	100.5
＃马铃薯	2865	3434	4723	4597	4880	106.2
二、油料作物	10900	13101	15400	14431	14318	99.2
＃花生	2907	3809	4856	4745	4662	98.3
油菜籽	5503	6907	7494	7271	7278	100.1
芝麻	669	642	784	624	593	95.1
胡麻籽	703	621	498	414	398	96.1
向日葵	713	813	1229	935	1020	109.2
三、棉花	558	5422	4041	5693	5062	88.9
四、麻类	495	376	262	332	335	100.8
＃黄红麻	300	147	50	32	31	97.0
苎 麻	81	97	96	126	132	104.9
大 麻	21	16	13	20	11	54.5
亚 麻	57	113	96	153	158	103.1
五、糖料	1679	1820	1514	1568	1564	99.8
甘蔗	1009	1125	1185	1378	1354	98.3
甜菜	670	695	329	190	210	110.6
六、烟叶	1593	1470	1437	1266	1363	107.7
＃烤烟	1342	1309	1269	1145	1245	108.7
七、药材	153	279	676	1285	1213	94.4
八、蔬菜、瓜类	6338	9515	15237	19707	19928	101.1
＃蔬菜	721	1101	2044	17560	17721	100.9
九、其他农作物	6161	6736	7352	7665	7426	96.9
＃青饲料	1862	1825	2142	3349	3376	100.8

7—3 主要农作物播种面积构成

（以农作物总播种面积为100）　　单位:%

指　标	1990年	1995年	2000年	2004年	2005年
农作物总播种面积	100.0	100.0	100.0	100.0	100.0
一、粮食作物	76.5	73.4	69.4	66.2	67.1
1.谷物		59.6	54.6	51.7	52.7
稻谷	22.3	20.5	19.2	18.5	18.6
小麦	6.3	19.3	17.1	14.1	14.7
玉米	20.7	15.2	14.8	16.6	17.0
谷子	14.4	1.0	0.8	0.6	0.5
高粱	1.5	0.8	0.6	0.4	0.4
其它谷物	1.0	2.8	2.2	1.6	1.6
2.豆类		7.5	8.1	8.3	8.3
＃大豆	5.1	5.4	6.0	6.2	6.2
杂豆		2.1	2.1	2.1	2.1
3.薯类	6.1	6.4	6.7	6.2	6.1
＃马铃薯	1.9	2.3	3.0	3.0	3.1
二、油料作物	7.3	8.7	9.9	9.4	9.2
＃花生	2.0	2.5	3.1	3.1	3.0
油菜籽	3.7	4.6	4.8	4.7	4.7
芝麻	0.5	0.4	0.5	0.4	0.4
胡麻籽	0.5	0.4	0.3	0.3	0.3
向日葵	0.5	0.5	0.8	0.6	0.7
三、棉花	14.4	3.6	2.6	3.7	3.3
四、麻类	0.3	0.3	0.2	0.2	0.2
＃黄红麻	0.2	0.1	…	…	
苎麻	…	0.1	0.1	0.1	0.1
大麻	…	…	…	…	
亚麻	0.1	0.1	0.1	0.1	0.1
五、糖料	1.1	1.2	1.0	1.0	1.0
甘蔗	0.7	0.8	0.8	0.9	0.9
甜菜	0.5	0.5	0.2	0.1	0.1
六、烟叶	1.1	1.0	0.9	0.8	0.9
＃烤烟	0.9	0.9	0.8	0.7	0.8
七、药材	0.1	0.2	0.4	0.8	0.8
八、蔬菜、瓜类	4.8	7.1	11.1	12.8	12.8
＃蔬菜	4.3	6.3	9.7	11.4	11.4
九、其他农作物	4.2	4.5	4.7	5.0	4.8
＃青饲料	1.3	1.2	1.4	2.2	2.2

7—4 各地区农作物总播种面积

单位：千公顷

地　区	1990 年	1995 年	2000 年	2004 年	2005 年	2005 年为 2004 年百分比(%)
全国总计	**148361.5**	**149879.4**	**156299.8**	**153552.5**	**155487.7**	**101.3**
北　京	590.3	553.2	457.3	312.5	318.0	101.8
天　津	573.2	572.7	533.1	504.3	499.4	99.0
河　北	8786.7	8720.1	9024.4	8695.4	8785.5	101.0
山　西	4016.3	3895.6	4042.4	3741.5	3795.4	101.4
内蒙古	4722.4	5079.4	5914.4	5924.0	6215.7	104.9
辽　宁	3618.9	3623.7	3622.0	3723.3	3796.7	102.0
吉　林	4039.8	4059.8	4542.2	4904.0	4954.1	101.0
黑龙江	8558.5	8647.4	9329.5	9888.4	10083.7	102.0
上　海	631.1	542.1	520.7	404.4	403.6	99.8
江　苏	8259.2	7909.0	7944.9	7669.0	7641.2	99.6
浙　江	4384.7	3923.0	3554.3	2778.4	2837.9	102.1
安　徽	8313.6	8354.2	9005.8	9200.4	9172.5	99.7
福　建	2745.9	2835.1	2793.3	2519.3	2481.3	98.5
江　西	5758.1	5950.6	5650.8	5182.8	5251.4	101.3
山　东	10882.6	10837.3	11147.3	10638.6	10736.1	100.9
河　南	11889.7	12136.8	13136.9	13789.7	13922.7	101.0
湖　北	7361.1	7413.7	7584.1	7155.9	7279.4	101.7
湖　南	7951.8	7840.4	8002.1	7886.2	7977.6	101.2
广　东	5671.5	5304.3	5156.9	4808.0	4815.4	100.2
广　西	5141.3	5745.7	6260.7	6368.2	6489.2	101.9
海　南	821.3	870.0	906.0	826.9	778.1	94.1
重　庆			3590.8	3435.3	3444.7	100.3
四　川	12475.3	12838.8	9609.1	9387.5	9480.2	101.0
贵　州	3578.3	4203.1	4696.7	4695.0	4804.1	102.3
云　南	4492.1	4958.9	5786.0	5890.0	6053.8	102.8
西　藏	213.5	219.3	231.1	231.2	235.0	101.6
陕　西	4859.8	4496.9	4555.4	4099.8	4201.8	102.5
甘　肃	3611.3	3773.3	3740.2	3668.9	3726.0	101.6
青　海	544.7	568.8	553.7	473.3	476.7	100.7
宁　夏	888.9	956.0	1016.5	1158.3	1099.3	94.9
新　疆	2979.5	3050.2	3391.6	3592.3	3731.2	103.9

7—5 各地区粮食播种面积及增减情况

单位:千公顷

地　　区	1990 年	1995 年	2000 年	2004 年	2005 年	2005 年为 2004 年 百分比(%)
全国总计	**113465.9**	**110060.4**	**108462.5**	**101606.0**	**104278.4**	**102.6**
北　　京	484.4	434.1	308.3	154.5	192.2	124.4
天　　津	457.9	443.3	345.9	263.5	287.7	109.2
河　　北	6827.8	6829.5	6918.7	6003.4	6240.2	103.9
山　　西	3290.3	3151.5	3186.5	2925.4	3033.6	103.7
内 蒙 古	3874.5	4143.2	4435.9	4181.1	4373.6	104.6
辽　　宁	3121.6	3030.9	2858.6	2906.7	3052.0	105.0
吉　　林	3525.9	3576.9	3833.7	4312.1	4294.5	99.6
黑 龙 江	7420.0	7500.2	7852.5	8458.0	8650.8	102.3
上　　海	417.1	343.9	258.8	154.7	166.1	107.4
江　　苏	6363.0	5755.2	5304.3	4774.6	4909.5	102.8
浙　　江	3266.0	2814.4	2300.3	1454.5	1510.8	103.9
安　　徽	6246.1	5852.5	6183.8	6312.2	6410.9	101.6
福　　建	2080.6	2017.3	1828.5	1482.4	1441.3	97.2
江　　西	3699.3	3509.3	3322.0	3350.1	3441.5	102.7
山　　东	8151.9	8131.6	7363.2	6176.3	6711.7	108.7
河　　南	9316.1	8810.0	9029.6	8970.1	9153.4	102.0
湖　　北	5200.0	4776.7	4156.2	3712.4	3926.8	105.8
湖　　南	5365.7	5115.6	5029.9	4754.1	4838.6	101.8
广　　东	3996.3	3472.3	3311.1	2789.7	2786.5	99.9
广　　西	3639.9	3662.7	3655.9	3511.2	3496.2	99.6
海　　南	567.5	574.9	542.0	471.8	423.8	89.8
重　　庆			2773.4	2516.4	2501.3	99.4
四　　川	9827.7	9933.7	6854.5	6476.5	6564.8	101.4
贵　　州	2543.2	2864.5	3151.3	3037.2	3073.7	101.2
云　　南	3622.3	3643.0	4238.7	4158.5	4253.9	102.3
西　　藏	191.7	188.2	201.4	179.8	177.7	98.8
陕　　西	4134.7	3807.7	3821.5	3134.1	3263.9	104.1
甘　　肃	2875.1	2928.7	2798.2	2534.6	2587.2	102.1
青　　海	400.3	384.3	322.7	244.7	245.6	100.4
宁　　夏	723.5	761.8	807.1	791.7	775.9	98.0
新　　疆	1835.5	1602.5	1468.2	1413.9	1492.8	105.6

7—6 各地区粮食播种面积

（按季节分）

单位：千公顷

地　区	夏收粮食		早　稻		秋收粮食	
	2004 年	2005 年	2004 年	2005 年	2004 年	2005 年
全国总计	**25175.6**	**26339.7**	**5946.5**	**6028.0**	**70483.9**	**71910.7**
北　京	39.2	53.4			115.3	138.8
天　津	79.0	98.9			184.6	188.8
河　北	2200.5	2415.4			3803.0	3824.9
山　西	674.3	746.5			2251.0	2287.1
内蒙古					4181.1	4373.6
辽　宁	79.5	77.5			2827.2	2974.5
吉　林					4312.1	4294.5
黑龙江					8458.0	8650.8
上　海	32.5	41.2			122.2	124.9
江　苏	1922.0	1995.3			2852.6	2914.2
浙　江	126.2	144.5	154.1	143.0	1174.3	1223.3
安　徽	2220.9	2268.5	289.3	293.7	3802.0	3848.7
福　建	110.9	111.8	293.1	271.9	1078.3	1057.6
江　西	70.7	70.0	1229.0	1284.3	2050.4	2087.1
山　东	2969.2	3279.9			3207.2	3431.8
河　南	4938.7	5027.3			4031.4	4126.1
湖　北	942.2	1052.1	351.1	365.0	2419.0	2509.7
湖　南	258.9	242.9	1288.3	1324.4	3206.9	3271.3
广　东	220.2	220.8	1026.2	1034.4	1543.3	1531.3
广　西	81.0	80.2	1098.9	1131.3	2331.3	2284.7
海　南	44.9	40.3	155.9	115.5	271.0	268.0
重　庆	614.1	622.5	0.4	0.3	1901.9	1878.4
四　川	1798.7	1803.1	3.2	3.2	4674.6	4758.6
贵　州	1044.3	1059.4	0.3	0.1	1992.6	2014.3
云　南	1176.7	1188.9	56.6	60.9	2925.1	3004.1
西　藏					179.8	177.7
陕　西	1324.9	1389.5			1809.2	1874.4
甘　肃	1156.3	1216.6			1378.3	1370.6
青　海					244.7	245.6
宁　夏	343.5	328.5			448.1	447.4
新　疆	706.4	764.7			707.5	728.1

7—7 各地区粮食播种面积

（按品种分）

单位：千公顷

地　区	谷　物		#稻　谷		#小　麦		#玉　米	
	2004年	2005年	2004年	2005年	2004年	2005年	2004年	2005年
全国总计	**79350.4**	**81873.9**	**28378.8**	**28847.2**	**21626.0**	**22792.6**	**25445.7**	**26358.3**
北　京	135.6	176.6	0.8	0.8	39.2	53.3	93.5	119.7
天　津	232.3	258.4	13.7	16.7	79.0	98.9	134.8	138.8
河　北	5322.9	5611.3	83.5	87.7	2161.5	2377.1	2630.6	2677.4
山　西	2216.3	2333.4	2.6	2.7	648.9	721.0	1125.6	1183.7
内蒙古	2583.4	2734.4	80.9	84.5	418.7	460.6	1675.6	1805.8
辽　宁	2434.7	2629.5	544.2	568.4	20.6	22.3	1598.8	1792.5
吉　林	3594.1	3554.4	600.1	654.0	11.4	9.5	2901.5	2775.2
黑龙江	4198.0	4317.7	1587.8	1650.3	255.0	248.5	2179.5	2220.2
上　海	145.0	155.7	111.8	112.7	21.9	29.9	4.2	4.3
江　苏	4310.8	4464.1	2112.9	2209.3	1601.2	1684.4	389.1	370.2
浙　江	1170.9	1191.4	1028.1	1028.5	59.5	67.1	54.5	62.9
安　徽	4977.5	5051.3	2129.7	2149.1	2059.9	2108.3	662.3	670.2
福　建	1036.3	1003.5	985.1	951.6	6.2	5.9	37.8	39.1
江　西	3067.8	3166.0	3029.7	3129.0	19.1	15.9	14.4	16.5
山　东	5600.5	6178.1	124.4	119.8	2968.2	3278.7	2455.1	2731.4
河　南	7906.6	8093.9	508.5	511.1	4856.0	4962.7	2420.0	2508.3
湖　北	3004.1	3238.6	1989.6	2077.4	602.9	716.2	357.5	389.6
湖　南	4114.2	4178.5	3716.8	3795.2	76.2	65.7	276.5	277.3
广　东	2294.1	2291.8	2139.0	2137.6	6.0	6.5	137.9	136.7
广　西	2967.3	2959.4	2356.0	2360.4	11.7	10.7	586.6	575.7
海　南	348.7	314.0	334.7	300.4			13.7	12.9
重　庆	1566.5	1537.1	749.3	748.0	280.5	279.7	460.4	460.3
四　川	4728.4	4778.5	2063.8	2087.5	1255.7	1262.3	1172.6	1196.6
贵　州	1923.3	1928.3	716.5	721.7	429.2	410.6	706.5	719.5
云　南	3040.7	3087.8	1086.2	1049.3	543.3	532.3	1111.1	1182.6
西　藏	168.9	168.2	1.1	1.0	40.6	42.0	3.3	3.3
陕　西	2462.9	2567.9	145.8	147.1	1152.7	1211.5	1047.4	1097.1
甘　肃	1751.0	1811.1	4.9	5.1	933.5	1000.8	487.7	484.8
青　海	136.8	129.4			102.2	96.8	1.6	1.1
宁　夏	603.5	587.7	64.4	71.3	279.0	276.0	187.9	178.3
新　疆	1307.4	1376.0	66.8	69.3	686.4	737.2	518.0	526.1

7—7 续表

单位:千公顷

地　　区	豆　类		＃大　豆		薯　类		＃马铃薯	
	2004 年	2005 年	2004 年	2005 年	2004 年	2005 年	2004 年	2005 年
全国总计	**12798.9**	**12901.5**	**9588.8**	**9590.8**	**9456.8**	**9503.0**	**4596.7**	**4879.8**
北　京	15.2	12.3	13.6	10.9	3.7	3.3		
天　津	30.1	28.1	29.3	27.4	1.2	1.2		
河　北	359.7	333.1	274.3	254.9	320.8	295.9	150.3	141.0
山　西	348.8	346.3	210.9	217.9	360.3	354.0	309.9	312.0
内蒙古	1069.6	1077.5	752.9	797.0	528.1	561.7	521.2	553.4
辽　宁	333.5	294.5	295.9	253.5	138.5	128.0	86.4	88.0
吉　林	633.2	632.9	525.9	504.8	84.8	107.2	80.2	100.9
黑龙江	3913.6	4032.0	3555.5	3548.4	346.4	301.1	339.5	293.2
上　海	8.7	9.3	5.3	5.8	0.9	1.0		
江　苏	349.6	345.3	216.4	214.8	114.2	100.2		
浙　江	184.9	209.1	116.6	129.7	98.7	110.3		
安　徽	977.0	1008.6	888.1	917.0	357.7	351.0	7.3	7.1
福　建	115.1	113.2	88.4	85.8	330.9	324.6	86.2	87.0
江　西	158.8	154.2	101.5	98.9	123.5	121.2	5.3	4.3
山　东	256.6	251.7	241.2	238.7	319.3	281.9		
河　南	625.9	616.5	522.5	533.6	437.6	443.0		
湖　北	304.1	290.0	183.8	178.7	404.2	398.2	210.2	215.2
湖　南	279.7	276.8	188.1	187.1	360.3	383.3	108.7	111.3
广　东	107.9	108.3	80.4	83.8	387.7	386.4	43.4	44.7
广　西	283.4	280.3	219.6	217.3	260.5	256.5		
海　南	13.7	11.6	6.7	5.4	109.3	98.2		3.4
重　庆	224.3	234.5	95.1	99.1	725.7	729.6	306.0	319.3
四　川	565.5	585.6	200.9	212.7	1182.6	1200.7	371.5	367.5
贵　州	324.9	324.8	131.1	130.7	789.1	820.7	551.4	752.1
云　南	493.1	478.6	149.7	124.0	624.7	687.5	444.5	497.8
西　藏	9.0	9.0	0.3	0.5	1.9	0.6	1.9	0.6
陕　西	370.4	382.3	308.1	321.2	300.8	313.7	229.2	239.1
甘　肃	234.5	245.1	86.7	94.2	549.1	531.0	549.1	531.0
青　海	40.1	40.9			67.8	75.3	67.8	75.3
宁　夏	84.6	70.9	20.5	18.7	103.6	117.3	103.6	117.3
新　疆	83.4	98.3	79.7	78.4	23.1	18.5	23.1	18.5

7—8 各地区油料播种面积

单位:千公顷

地 区	油料合计		#花 生		#油菜籽	
	2004 年	2005 年	2004 年	2005 年	2004 年	2005 年
全国总计	**14430.7**	**14317.7**	**4745.1**	**4662.3**	**7271.4**	**7278.4**
北 京	10.8	8.6	10.5	8.3		
天 津	6.1	5.1	2.4	2.3		
河 北	583.6	559.0	448.9	438.8	47.8	35.4
山 西	298.3	273.4	15.5	14.6	12.1	10.1
内蒙古	671.0	694.7	14.2	10.0	278.5	255.7
辽 宁	250.1	203.3	211.1	172.4	1.3	0.9
吉 林	222.1	288.5	83.0	111.9		
黑龙江	411.1	410.3	14.1	23.9	2.8	1.9
上 海	31.4	32.1	1.2	1.2	30.2	30.8
江 苏	920.7	846.9	218.6	174.3	689.9	660.5
浙 江	237.3	249.3	17.5	18.1	215.8	227.2
安 徽	1380.2	1303.1	254.4	238.5	1003.3	953.6
福 建	125.1	122.4	109.9	107.2	13.9	13.8
江 西	566.2	577.0	134.5	135.1	400.5	409.7
山 东	944.8	899.8	925.3	884.8	16.8	12.4
河 南	1538.9	1605.8	951.7	979.3	373.8	407.8
湖 北	1476.0	1460.2	173.0	171.7	1186.1	1178.7
湖 南	877.6	898.3	139.9	137.5	728.2	752.2
广 东	316.2	318.0	308.1	309.4	6.6	7.0
广 西	306.0	314.1	236.5	243.7	60.7	60.6
海 南	47.4	44.7	43.9	41.4		
重 庆	244.1	252.4	52.7	54.4	173.8	187.3
四 川	1088.8	1093.6	262.7	264.0	814.4	817.2
贵 州	531.6	555.8	42.4	43.3	482.4	504.8
云 南	204.9	225.3	41.3	42.9	147.9	169.1
西 藏	24.4	26.1		0.1	24.3	26.1
陕 西	283.3	276.9	28.0	29.6	173.2	178.7
甘 肃	332.7	328.9	1.2	1.1	162.0	157.3
青 海	159.8	161.9			157.7	159.7
宁 夏	125.0	96.9	0.1		0.2	0.1
新 疆	215.5	185.5	2.5	2.7	67.5	59.9

7—9 各地区棉花和麻类播种面积

单位：千公顷

地区	棉花		麻类		#黄红麻	
	2004年	2005年	2004年	2005年	2004年	2005年
全国总计	**5692.9**	**5061.8**	**332.1**	**334.7**	**32.0**	**31.0**
北京	6.5	1.8				
天津	86.9	61.2				
河北	669.1	573.5	2.1	2.2	0.4	0.3
山西	114.6	97.5	0.1	0.1		
内蒙古	6.7	1.6	7.9	10.3		
辽宁	5.3	2.8	0.2	0.1		
吉林	0.2	1.0	0.9	1.6		
黑龙江			98.5	84.7		
上海	1.1	1.1				
江苏	409.6	368.3	1.3	1.5	0.2	0.2
浙江	18.8	17.9	0.5	0.5	0.3	0.3
安徽	398.9	375.7	14.2	12.8	6.9	6.5
福建	0.1	0.1	0.1	0.1	0.1	0.1
江西	62.5	63.9	8.5	7.8	1.2	0.5
山东	1059.2	846.3	1.0	0.7	0.9	0.6
河南	951.8	781.6	13.1	13.5	12.3	13.3
湖北	408.3	390.3	23.3	23.6	1.4	1.0
湖南	167.7	150.9	53.2	53.7	0.4	0.3
广东			0.6	0.5	0.6	0.5
广西	1.7	1.7	5.3	5.3	4.8	4.8
海南			0.2	0.2	0.2	0.1
重庆	0.4	0.2	7.6	8.5	0.2	0.2
四川	35.8	27.8	35.0	37.0	2.1	1.8
贵州	1.6	1.4	1.4	1.3	0.1	
云南	0.6	0.6	23.0	27.3		
西藏						
陕西	80.1	70.2	0.8	1.1		0.5
甘肃	68.3	64.0	3.8	4.4		
青海						
宁夏	0.2					
新疆	1136.9	1160.5	29.4	35.9		

7—10 各地区糖料播种面积

单位:千公顷

地区	糖料合计		1.甘蔗		2.甜菜	
	2004年	2005年	2004年	2005年	2004年	2005年
全国总计	**1568.1**	**1564.4**	**1378.1**	**1354.4**	**190.0**	**210.0**
北京						
天津						
河北	8.6	10.5			8.6	10.5
山西	1.8	1.2			1.8	1.2
内蒙古	36.3	38.1			36.3	38.1
辽宁	1.2	2.1			1.2	2.1
吉林	1.3	2.8			1.3	2.8
黑龙江	75.5	80.5			75.5	80.5
上海	2.8	2.8	2.8	2.8		
江苏	5.0	4.1	4.9	4.1	0.1	
浙江	18.1	15.7	18.1	15.7		
安徽	6.5	5.7	6.5	5.7		
福建	15.9	14.9	15.9	14.9		
江西	18.6	17.7	18.6	17.7		
山东						
河南	4.4	4.8	4.4	4.8		
湖北	10.0	10.0	10.0	10.0		
湖南	21.3	19.6	21.3	19.6		
广东	151.3	147.5	151.3	147.5		
广西	723.7	747.6	723.7	747.6		
海南	69.9	60.0	69.9	60.0		
重庆	2.8	2.8	2.8	2.8		
四川	28.9	26.9	28.8	26.7	0.2	0.2
贵州	18.6	19.5	18.6	19.4	0.1	0.1
云南	280.8	255.2	280.5	255.0	0.2	0.2
西藏						
陕西	0.2	0.1	0.1	0.1	0.2	
甘肃	4.6	4.5			4.6	4.5
青海						
宁夏						
新疆	59.9	69.9			59.9	69.9

7—11 各地区烟叶和药材播种面积

单位：千公顷

地区	烟叶合计		#烤烟		药材	
	2004年	2005年	2004年	2005年	2004年	2005年
全国总计	**1265.6**	**1362.9**	**1145.1**	**1244.9**	**1284.7**	**1213.3**
北京					1.2	1.5
天津					0.1	
河北	4.4	3.7	2.9	2.6	35.3	31.4
山西	3.0	2.7	2.9	2.5	31.9	31.6
内蒙古	5.6	8.2	4.8	6.9	33.6	26.3
辽宁	14.2	19.8	12.6	18.5	23.7	18.3
吉林	20.2	22.6	10.7	12.6	28.1	29.8
黑龙江	31.5	42.1	27.7	39.7	35.3	48.1
上海					0.5	0.5
江苏	0.6	0.6			15.8	14.5
浙江	1.9	1.8			27.2	26.5
安徽	12.0	10.8	11.3	10.3	72.0	61.4
福建	62.6	66.8	61.6	65.8	15.2	15.3
江西	8.9	11.7	7.8	10.6	26.9	24.3
山东	42.1	34.6	41.7	33.9	35.4	32.3
河南	131.1	132.3	129.5	127.1	163.1	174.2
湖北	55.6	58.4	39.9	43.7	106.4	61.5
湖南	88.3	100.1	82.1	94.8	83.5	85.4
广东	31.6	31.6	26.7	26.5	22.1	24.9
广西	16.9	20.9	9.9	13.9	37.8	45.4
海南	0.1	0.3	0.1	0.3	4.0	3.6
重庆	53.0	51.5	41.4	41.5	31.2	37.2
四川	66.4	79.5	45.9	58.8	92.4	93.3
贵州	206.8	222.7	188.0	206.6	30.3	23.7
云南	363.0	392.6	353.7	381.7	25.0	26.6
西藏						
陕西	30.9	32.9	30.4	32.6	131.2	99.9
甘肃	14.2	14.2	13.3	13.3	140.1	142.8
青海	0.1	0.2			4.2	3.6
宁夏	0.1	0.1	0.1	0.1	11.7	13.1
新疆	0.5	0.5		0.3	19.6	16.3

7—12 各地区蔬菜、瓜类和青饲料播种面积

单位:千公顷

地　区	蔬　菜		瓜果类		青饲料	
	2004年	2005年	2004年	2005年	2004年	2005年
全国总计	**17560.4**	**17720.7**	**2146.8**	**2207.7**	**3349.2**	**3376.5**
北　京	99.8	88.6	8.4	7.7	19.2	10.2
天　津	131.9	129.7	8.7	8.6	1.4	1.1
河　北	1082.2	1104.8	109.3	105.4	115.8	84.4
山　西	248.6	244.9	32.6	30.4	62.0	63.0
内蒙古	203.7	221.5	35.0	39.4	655.0	721.9
辽　宁	424.1	413.7	43.5	43.5	16.6	11.8
吉　林	235.6	209.6	48.2	53.2	7.4	11.3
黑龙江	291.6	333.4	95.3	110.2	135.4	170.4
上　海	139.9	130.9	23.8	21.9	6.5	6.1
江　苏	1217.5	1194.4	127.9	124.8	50.7	44.7
浙　江	661.0	666.7	102.0	102.5	12.2	12.2
安　徽	649.7	664.9	185.0	175.5	36.7	32.6
福　建	622.5	632.1	37.9	37.1	62.4	62.2
江　西	552.9	543.6	84.5	88.1	56.3	59.7
山　东	1970.1	1847.7	299.6	292.0	13.0	5.3
河　南	1591.1	1595.9	298.0	333.6	35.8	41.0
湖　北	1021.1	1004.8	87.0	85.3	92.6	94.7
湖　南	962.6	997.1	112.4	112.4	271.9	265.3
广　东	1146.7	1162.7	49.4	49.1	81.3	83.1
广　西	1026.1	1094.4	78.3	78.9	225.0	235.8
海　南	161.0	172.4	21.1	22.6	0.7	0.5
重　庆	389.6	400.0	16.8	17.6	86.3	89.2
四　川	970.6	991.5	45.7	45.6	328.5	314.3
贵　州	443.3	473.3	21.6	23.0	85.1	91.1
云　南	459.9	492.0	15.0	15.5	156.2	160.5
西　藏	15.2	18.0	0.1		10.5	13.1
陕　西	301.3	331.7	44.9	51.0	81.2	63.3
甘　肃	283.4	306.8	34.3	36.4	190.2	177.5
青　海	25.1	25.8	0.4	0.4	37.7	38.0
宁　夏	46.9	51.3	18.4	25.5	50.4	51.8
新　疆	185.6	176.7	62.0	70.6	365.4	360.3

7—13 各地区主要农作物播种面积构成

（以农作物总播种面积为100）

单位：%

地　区	粮　食	棉　花	油　料	糖　料	烟　叶	蔬　菜	瓜果类
全国总计	**67.1**	**3.3**	**9.2**	**1.0**	**0.9**	**11.4**	**1.4**
北　京	60.4	0.6	2.7			27.9	2.4
天　津	57.6	12.3	1.0			26.0	1.7
河　北	71.0	6.5	6.4	0.1		12.6	1.2
山　西	79.9	2.6	7.2		0.1	6.5	0.8
内蒙古	70.4		11.2	0.6	0.1	3.6	0.6
辽　宁	80.4	0.1	5.4	0.1	0.5	10.9	1.1
吉　林	86.7		5.8	0.1	0.5	4.2	1.1
黑龙江	85.8		4.1	0.8	0.4	3.3	1.1
上　海	41.1	0.3	8.0	0.7		32.4	5.4
江　苏	64.3	4.8	11.1	0.1		15.6	1.6
浙　江	53.2	0.6	8.8	0.6	0.1	23.5	3.6
安　徽	69.9	4.1	14.2	0.1	0.1	7.2	1.9
福　建	58.1		4.9	0.6	2.7	25.5	1.5
江　西	65.5	1.2	11.0	0.3	0.2	10.4	1.7
山　东	62.5	7.9	8.4		0.3	17.2	2.7
河　南	65.7	5.6	11.5		1.0	11.5	2.4
湖　北	53.9	5.4	20.1	0.1	0.8	13.8	1.2
湖　南	60.7	1.9	11.3	0.2	1.3	12.5	1.4
广　东	57.9		6.6	3.1	0.7	24.1	1.0
广　西	53.9		4.8	11.5	0.3	16.9	1.2
海　南	54.5		5.7	7.7		22.2	2.9
重　庆	72.6		7.3	0.1	1.5	11.6	0.5
四　川	69.2	0.3	11.5	0.3	0.8	10.5	0.5
贵　州	64.0		11.6	0.4	4.6	9.9	0.5
云　南	70.3		3.7	4.2	6.5	8.1	0.3
西　藏	75.6		11.1			7.7	
陕　西	77.7	1.7	6.6		0.8	7.9	1.2
甘　肃	69.4	1.7	8.8	0.1	0.4	8.2	1.0
青　海	51.5		34.0			5.4	0.1
宁　夏	70.6		8.8			4.7	2.3
新　疆	40.0	31.1	5.0	1.9		4.7	1.9

7—14 主要农作物产品产量

单位:万吨

年份	粮食总产量	#稻谷	#小麦	#玉米	#大豆	#薯类
1949	11318	4865	1381	1242	509	985
1952	16392	6843	1813	1685	952	1633
1957	19505	8678	2364	2144	1005	2192
1962	15441	6299	1667	1626	651	2345
1965	19453	8772	2522	2366	614	1986
1970	23996	10999	2919	3303	871	2668
1975	28452	12556	4531	4722	724	2857
1978	30477	13693	5384	5595	757	3174
1979	33212	14375	6273	6004	746	2846
1980	32056	13991	5521	6260	794	2873
1981	32502	14396	5964	5921	933	2597
1982	35450	16160	6847	6056	903	2705
1983	38728	16887	8139	6821	976	2925
1984	40731	17826	8782	7341	970	2848
1985	37911	16857	8581	6383	1050	2604
1986	39151	17222	9004	7086	1161	2534
1987	40298	17426	8590	7924	1247	2821
1988	39408	16911	8543	7735	1165	2697
1989	40755	18013	9081	7893	1023	2730
1990	44624	18933	9823	9682	1100	2743
1991	43529	18381	9595	9877	971	2716
1992	44266	18622	10159	9538	1030	2844
1993	45649	17751	10639	10270	1531	3181
1994	44510	17593	9930	9928	1600	3025
1995	46662	18523	10221	11199	1350	3263
1996	50454	19510	11057	12747	1322	3536
1997	49417	20073	12329	10431	1473	3192
1998	51230	19871	10973	13295	1515	3604
1999	50839	19849	11388	12809	1425	3641
2000	46218	18791	9964	10600	1541	3685
2001	45264	17758	9387	11409	1541	3563
2002	45706	17454	9029	12131	1651	3666
2003	43070	16066	8649	11583	1539	3513
2004	46947	17909	9195	13029	1740	3558
2005	48402	18059	9745	13937	1635	3469

7—15　主要农作物产品产量及增减情况

单位:万吨

指　　标	1990年	1995年	2000年	2004年	2005年	2005年为2004年百分比(%)
一、粮食作物	44624.3	46661.8	46217.5	46946.9	48402.2	103.1
1.谷物		41611.6	40522.4	41157.2	42776.0	103.9
稻谷	18933.1	18522.6	18790.8	17908.8	18058.8	100.8
小麦	9822.9	10220.7	9963.6	9195.2	9744.5	106.0
玉米	9681.9	11198.6	10600.0	13028.7	13936.5	107.0
谷子	457.5	301.9	212.5	181.3	178.3	98.4
高粱	567.5	475.6	258.2	232.7	254.6	109.4
其它谷物		892.3	697.3	610.6	603.1	98.8
2.豆类		1787.5	2010.0	2232.1	2157.7	96.7
＃大豆	1100.0	1350.2	1540.9	1740.1	1634.8	93.9
杂豆		437.3	469.1	491.9	522.9	106.3
3.薯类	2743.3	3262.6	3685.2	3557.7	3468.5	97.5
＃马铃薯	648.4	914.4	1325.5	1444.1	1417.4	98.1
二、油料作物	1613.2	2250.3	2954.8	3065.9	3077.1	100.4
＃花生	636.8	1023.5	1443.7	1434.2	1434.2	100.0
油菜籽	695.8	977.7	1138.1	1318.2	1305.2	99.0
芝麻	46.9	58.3	81.1	70.4	62.5	88.9
胡麻籽	53.5	36.4	34.4	42.6	36.2	85.0
向日葵	133.9	126.9	195.4	155.2	192.8	124.3
三、棉花	450.8	476.8	441.7	632.4	571.4	90.4
四、麻类	109.7	89.7	52.9	107.4	110.5	102.9
＃黄红麻	72.6	37.1	12.6	8.7	8.3	95.3
苎 麻	8.9	14.7	16.1	25.5	27.7	108.7
大 麻	3.2	2.2	1.7	3.6	4.1	115.0
亚 麻	24.2	35.2	21.4	66.9	69.5	103.8
五、糖料	7214.5	7940.1	7635.3	9570.7	9451.9	98.8
甘蔗	5762.0	6542.0	6828.0	8984.9	8663.8	96.4
甜菜	1452.5	1398.4	807.3	585.7	788.1	134.6
六、烟叶	262.7	231.4	255.2	240.6	268.3	111.5
＃烤烟	225.9	207.2	223.8	216.3	243.5	112.6
七、蔬菜				55064.7	56451.5	102.5
八、瓜果类				6946.7	7284.6	104.9

7—16 各地区粮食总产量

单位:万吨

地 区	1990 年	1995 年	2000 年	2004 年	2005 年	2005 年为2004 年百分比(%)
全国总计	**44624.3**	**46661.8**	**46217.5**	**46946.9**	**48402.2**	**103.1**
北 京	264.6	259.8	144.2	70.2	94.9	135.3
天 津	188.9	207.5	124.1	122.8	137.5	112.0
河 北	2276.9	2739.2	2551.1	2480.1	2598.6	104.8
山 西	969.0	917.1	853.4	1062.0	978.0	92.1
内蒙古	973.0	1055.4	1241.9	1505.3	1662.2	110.4
辽 宁	1494.7	1423.5	1140.0	1720.0	1745.8	101.5
吉 林	2046.5	1992.4	1638.0	2510.0	2581.2	102.8
黑龙江	2312.5	2552.1	2545.5	3001.0	3092.0	103.0
上 海	239.5	210.4	174.0	106.3	105.4	99.1
江 苏	3230.8	3286.3	3106.6	2829.1	2834.6	100.2
浙 江	1586.1	1430.9	1217.7	834.9	814.7	97.6
安 徽	2457.2	2580.7	2472.1	2743.0	2605.3	95.0
福 建	879.6	919.7	854.7	736.5	715.2	97.1
江 西	1658.2	1607.4	1614.6	1663.0	1757.0	105.7
山 东	3354.9	4246.4	3837.7	3516.7	3917.4	111.4
河 南	3303.7	3466.5	4101.5	4260.0	4582.0	107.6
湖 北	2475.0	2463.8	2218.5	2100.1	2177.4	103.7
湖 南	2651.4	2691.6	2767.9	2640.0	2678.6	101.5
广 东	1896.9	1734.8	1760.1	1390.0	1395.0	100.4
广 西	1363.1	1508.2	1528.5	1398.5	1487.3	106.3
海 南	169.6	201.8	199.6	190.1	153.0	80.5
重 庆			1106.9	1144.5	1168.2	102.1
四 川	4266.8	4365.0	3372.0	3146.7	3211.1	102.0
贵 州	721.0	948.9	1161.3	1149.6	1152.1	100.2
云 南	1057.2	1188.9	1467.8	1509.5	1514.9	100.4
西 藏	55.5	70.0	96.2	96.0	93.4	97.3
陕 西	1070.7	913.4	1089.1	1040.0	1043.0	100.3
甘 肃	690.7	644.2	713.5	805.8	836.9	103.9
青 海	114.0	114.2	82.7	88.5	93.3	105.4
宁 夏	190.1	203.2	252.7	290.5	299.8	103.2
新 疆	666.2	718.5	783.7	796.5	876.6	110.1

7—17　各地区分季粮食作物产量

单位：万吨

地　区	夏收粮食		早　稻		秋收粮食	
	2004年	2005年	2004年	2005年	2004年	2005年
全国总计	**10114.1**	**10639.9**	**3221.7**	**3187.3**	**33611.2**	**34575.1**
北　京	20.3	26.8			49.9	68.2
天　津	37.8	47.4			85.0	90.1
河　北	1069.0	1166.0			1411.1	1432.6
山　西	240.3	205.5			821.7	772.5
内蒙古					1505.3	1662.2
辽　宁	35.1	38.8			1684.9	1707.0
吉　林					2510.0	2581.2
黑龙江					3001.0	3092.0
上　海	11.7	13.9			94.6	91.5
江　苏	807.2	844.4			2021.8	1990.2
浙　江	36.3	43.2	86.9	79.3	711.7	692.2
安　徽	848.0	865.2	144.3	153.1	1750.7	1587.0
福　建	37.6	38.3	163.5	148.5	535.3	528.4
江　西	9.1	9.1	638.2	666.0	1015.7	1081.9
山　东	1585.0	1801.1			1931.7	2116.3
河　南	2521.0	2609.2			1739.0	1972.8
湖　北	271.2	302.5	198.5	206.9	1630.4	1668.0
湖　南	62.4	63.4	716.4	734.4	1861.2	1880.8
广　东	92.4	94.1	586.5	538.0	711.1	762.9
广　西	16.4	16.9	573.3	572.0	808.8	898.4
海　南	14.6	13.3	74.0	51.4	101.5	88.3
重　庆	167.2	172.9	0.2	0.2	977.1	995.1
四　川	548.2	565.0	2.2	2.2	2596.3	2643.9
贵　州	212.8	214.7	0.2	0.1	936.6	937.3
云　南	236.3	222.3	37.4	35.3	1235.8	1257.3
西　藏					96.0	93.4
陕　西	449.0	436.8			591.0	606.2
甘　肃	336.9	338.0			468.9	498.9
青　海					88.5	93.3
宁　夏	87.7	84.6			202.8	215.2
新　疆	360.5	406.5			436.0	470.1

7—18 各地区分品种粮食作物产量

单位:万吨

地区	谷物		#稻谷		#小麦		#玉米	
	2004年	2005年	2004年	2005年	2004年	2005年	2004年	2005年
全国总计	**41157.2**	**42776.0**	**17908.8**	**18058.8**	**9195.2**	**9744.5**	**13028.7**	**13936.5**
北京	64.8	90.4	0.5	0.5	20.3	26.7	43.5	62.6
天津	117.5	133.1	11.1	12.2	37.8	47.4	68.2	73.2
河北	2319.4	2452.9	47.3	51.6	1053.2	1150.3	1157.6	1193.8
山西	935.7	882.1	1.1	0.9	237.1	202.3	631.9	616.1
内蒙古	1180.4	1342.1	54.5	62.2	110.5	143.6	948.0	1066.2
辽宁	1619.9	1660.3	401.5	416.5	8.9	7.9	1079.7	1135.5
吉林	2285.4	2352.5	437.6	473.3	3.4	2.7	1810.0	1800.7
黑龙江	2202.5	2324.7	1130.0	1121.5	83.0	94.0	939.5	1042.9
上海	102.8	101.3	89.5	85.5	8.0	9.9	2.6	2.8
江苏	2666.0	2696.9	1673.2	1706.7	687.7	728.5	216.6	174.8
浙江	739.3	705.3	686.9	644.8	19.0	21.8	22.5	25.9
安徽	2467.3	2385.8	1292.1	1250.8	790.1	808.1	320.8	264.9
福建	562.6	544.0	545.6	526.6	1.9	2.0	12.7	13.2
江西	1588.3	1677.6	1579.4	1667.2	2.9	2.7	4.8	6.3
山东	3194.6	3650.1	90.6	95.8	1584.5	1800.5	1499.2	1735.4
河南	3938.0	4277.5	358.2	359.8	2480.9	2577.7	1050.0	1298.0
湖北	1873.1	1956.2	1501.7	1535.3	176.3	208.9	179.1	194.9
湖南	2436.9	2452.7	2285.5	2296.2	14.6	13.4	126.6	134.0
广东	1185.7	1185.1	1123.1	1117.0	1.7	1.9	56.1	61.5
广西	1302.9	1384.9	1123.4	1169.1	1.9	1.8	176.1	212.0
海南	151.9	116.0	147.2	110.6			4.7	5.4
重庆	828.2	845.8	509.5	521.5	78.4	78.6	227.8	233.1
四川	2563.0	2581.4	1519.7	1505.7	415.7	427.4	557.4	580.8
贵州	898.7	901.2	477.0	472.8	76.8	73.0	333.9	344.3
云南	1256.8	1259.2	639.4	646.3	121.7	106.9	425.7	449.3
西藏	89.5	89.6	0.6	0.6	26.1	25.6	1.6	1.7
陕西	918.0	963.9	87.0	89.2	410.3	401.2	407.0	459.7
甘肃	597.0	605.4	3.9	4.1	272.3	264.8	245.0	248.5
青海	48.7	49.1			37.1	39.3	1.2	0.9
宁夏	255.8	266.3	52.5	61.1	80.4	79.4	117.7	121.4
新疆	766.6	843.0	39.3	53.8	352.7	396.2	361.5	376.7

7—18 续表　　　　单位:万吨

地　区	豆　类		#大　豆		薯　类		#马铃薯	
	2004 年	2005 年	2004 年	2005 年	2004 年	2005 年	2004 年	2005 年
全国总计	**2232.1**	**2157.7**	**1740.1**	**1634.8**	**3557.7**	**3468.5**	**1444.1**	**1417.4**
北　京	3.2	2.4	3.0	2.3	2.2	2.1		
天　津	4.6	3.9	4.5	3.8	0.7	0.6		
河　北	57.6	51.2	44.3	42.4	103.1	94.5	36.0	32.0
山　西	48.8	36.7	30.8	26.0	77.5	59.3	60.8	46.2
内蒙古	135.1	164.1	103.1	130.9	189.8	156.0	186.4	150.4
辽　宁	55.6	43.6	52.1	38.4	44.5	41.9	26.6	29.3
吉　林	166.9	152.8	152.1	130.2	57.7	75.9	54.4	72.8
黑龙江	693.5	680.0	638.5	629.5	105.0	87.3	103.0	85.0
上　海	2.7	3.2	1.7	2.1	0.8	0.9		
江　苏	93.8	82.4	57.0	48.7	69.3	55.3		
浙　江	41.0	47.4	26.6	29.4	54.6	62.0		
安　徽	119.3	95.5	112.5	88.8	156.4	124.0	3.5	3.1
福　建	24.7	24.7	18.4	18.2	149.2	146.5	29.0	29.5
江　西	23.8	24.9	17.8	17.9	50.9	54.6	2.9	2.1
山　东	76.2	68.2	71.7	65.1	245.9	199.1		
河　南	118.0	74.4	103.5	58.1	204.0	230.1		
湖　北	65.8	65.0	40.5	43.4	161.2	156.2	67.4	68.1
湖　南	56.4	56.7	39.9	40.0	146.7	169.2	34.4	39.2
广　东	24.0	24.4	18.1	18.9	180.3	185.5	17.8	19.2
广　西	37.4	40.3	31.1	32.1	58.2	62.1		
海　南	2.9	2.2	1.3	1.0	35.3	34.8		
重　庆	38.1	42.2	16.5	17.7	278.2	280.3	92.8	101.9
四　川	121.6	131.5	49.1	52.6	462.1	498.2	135.1	144.9
贵　州	40.6	37.8	17.9	16.2	210.3	213.1	142.2	147.5
云　南	61.3	77.2	20.6	17.4	191.4	178.6	154.8	157.9
西　藏	3.1	3.2	0.1	0.1	3.4	0.6	3.4	0.6
陕　西	38.8	37.1	32.4	24.5	83.2	42.0	58.2	29.7
甘　肃	38.0	41.7	14.1	15.0	170.8	189.9	170.8	189.9
青　海	10.8	11.8			29.0	32.5	29.0	32.5
宁　夏	8.3	6.0	1.5	1.1	26.4	27.5	26.4	27.5
新　疆	20.5	25.4	19.6	23.2	9.5	8.2	9.5	8.2

7—19 各地区油料产量

单位:吨

地 区	油料合计		#花 生		#油菜籽	
	2004年	2005年	2004年	2005年	2004年	2005年
全国总计	**30659095**	**30771350**	**14341785**	**14341532**	**13181721**	**13052255**
北 京	28946	24923	28574	24605		
天 津	15531	12943	8463	7962		
河 北	1543152	1527270	1378522	1403277	65183	46700
山 西	282042	212620	35265	28583	12019	7676
内蒙古	1036758	1221690	25173	14476	313344	283448
辽 宁	459299	368411	419110	330103	618	1071
吉 林	381045	544495	203433	286728		
黑龙江	459883	605933	30349	48253	4440	3168
上 海	73941	69350	4133	4000	69441	65121
江 苏	2383807	2159908	691227	554562	1673230	1586655
浙 江	487710	501370	46805	48517	434816	446848
安 徽	2996590	2706748	953706	792898	1904173	1823277
福 建	278167	274243	258796	254715	18021	18007
江 西	745278	761229	317971	316617	400887	416814
山 东	3697080	3638573	3653002	3598959	39203	29795
河 南	4087456	4495997	3063123	3382991	780909	877075
湖 北	3143829	2938995	631948	601916	2351184	2191484
湖 南	1396075	1409841	314464	316909	1069674	1082129
广 东	775137	770122	764714	758596	8851	9956
广 西	583223	631849	514522	551339	62165	63292
海 南	90883	85303	88031	83473		
重 庆	417501	427121	96189	97059	309876	318138
四 川	2262539	2323401	598229	619987	1649625	1687484
贵 州	827109	848888	79102	73388	739343	765125
云 南	334131	362231	55904	57457	262286	290210
西 藏	53993	61318	50	154	53944	61165
陕 西	460630	453545	71841	75751	294460	303254
甘 肃	485043	503056	2175	1843	259554	266363
青 海	288900	318500			282576	315700
宁 夏	138013	122087	240		252	105
新 疆	445404	389390	6724	6414	121647	92195

7—20　各地区棉花和麻类产量

单位:吨

地　区	棉　花		麻类合计		＃黄红麻	
	2004 年	2005 年	2004 年	2005 年	2004 年	2005 年
全国总计	**6323510**	**5714179**	**1073602**	**1104898**	**86920**	**82824**
北　京	7768	2069				
天　津	120330	83546	23		23	
河　北	665369	577000	4329	7262	778	767
山　西	120151	102907	55	38		
内 蒙 古	7373	1765	19225	25360		
辽　宁	4742	2685	606	114		
吉　林	88	1715	3031	6093		
黑 龙 江			392724	361461		
上　海	1773	1774				
江　苏	502834	322660	4308	4748	538	579
浙　江	22768	21566	1355	1211	960	858
安　徽	412000	324634	33019	31887	18154	19425
福　建	68	44	313	360	227	251
江　西	84812	87196	12567	12636	1793	1516
山　东	1097709	846302	6023	2117	5711	1752
河　南	666700	677000	36673	37629	34815	36949
湖　北	395430	374960	51004	48638	5656	3361
湖　南	203000	197511	136471	139805	728	574
广　东			1657	1399	1657	1399
广　西	876	890	10686	10696	9713	9592
海　南			1236	882	1236	882
重　庆	196	167	10209	12362	116	109
四　川	33099	24713	60870	68516	4666	4231
贵　州	623	568	1603	1467	141	85
云　南	274	220	136586	140975	8	6
西　藏						
陕　西	82260	77766	1098	939		488
甘　肃	109965	110516	11450	17423		
青　海				12		
宁　夏	302	5	44	11		
新　疆	1783000	1874000	136437	170857		

7－21 各地区糖料产量

单位:吨

地 区	糖料合计		1.甘 蔗		2.甜 菜	
	2004 年	2005 年	2004 年	2005 年	2004 年	2005 年
全国总计	**95706516**	**94519098**	**89849372**	**86638008**	**5857144**	**7881090**
北 京						
天 津						
河 北	209874	426574			209874	426574
山 西	48006	39617			48006	39617
内 蒙 古	963392	1382759			963392	1382759
辽 宁	27427	62921			27427	62921
吉 林	35526	73519			35526	73519
黑 龙 江	960000	1550000			960000	1550000
上 海	135347	145117	135347	145117		
江 苏	291718	222254	288913	221999	2805	255
浙 江	1062870	899718	1062870	899718		
安 徽	250010	213228	250010	213228		
福 建	1015696	933346	1015696	933346		
江 西	857182	783147	857182	783147		
山 东	4				4	
河 南	223480	251951	223480	251951		
湖 北	462716	428974	462716	428974		
湖 南	1107624	1003998	1107624	1003998		
广 东	11103707	11142489	11103707	11142489		
广 西	50038669	51546892	50038669	51546892		
海 南	4178976	2788983	4178976	2788983		
重 庆	117734	114608	117734	114608		
四 川	1463191	1331543	1461048	1328865	2143	2678
贵 州	657843	677969	657603	677558	240	411
云 南	16888020	14158860	16884864	14154968	3156	3892
西 藏						
陕 西	6714	2950	2933	2167	3781	783
甘 肃	158688	145438			158688	145438
青 海		437				437
宁 夏		592				592
新 疆	3442102	4191214			3442102	4191214

7—22 各地区烟叶和蔬菜产量

单位:吨

地区	烟叶合计		#烤烟		蔬菜	
	2004年	2005年	2004年	2005年	2004年	2005年
全国总计	**2406021**	**2683020**	**2162731**	**2435006**	**550646604**	**564514876**
北京	8	6			4891525	4238928
天津					5854280	5427421
河北	10952	9759	5135	4928	61875265	64676095
山西	6282	6327	6178	6094	9161774	9015370
内蒙古	13414	19703	9379	15162	8755298	10091379
辽宁	26932	34234	24243	31742	20345834	19547841
吉林	53999	59669	22464	24981	6998896	8325587
黑龙江	56000	73500	56000	73500	10680282	11535465
上海					4400265	4090274
江苏	1351	729			36786704	36046916
浙江	4552	3979			17689826	17646019
安徽	28364	26019	27207	24672	16564627	16712338
福建	114628	116643	113088	115077	13698398	14026604
江西	16829	21230	15442	19761	11187371	11459261
山东	82092	75477	80285	73448	88836672	86069793
河南	257463	288398	255236	280632	52375222	58802460
湖北	98221	111398	65553	78805	29962074	29169108
湖南	189291	212951	179526	203879	23053185	23990456
广东	62727	63041	50412	50629	25576549	25960197
广西	28638	32956	15631	19712	19467478	21305904
海南	75	33	75	33	3140428	3121606
重庆	85036	90173	64470	71665	8588851	8904721
四川	144069	181664	93800	132342	26238660	27142923
贵州	325656	368996	299806	344508	7747084	8398695
云南	707502	790909	692371	772193	8851375	9708882
西藏					299858	429225
陕西	54477	59212	53159	58806	7853420	8699348
甘肃	35345	33799	32692	31364	8125670	8669087
青海	678	733			784365	844618
宁夏	568	751	568	751	1664055	1836076
新疆	872	731	11	322	9191313	8622279

7—23　主要农作物单位面积产量

单位:公斤/公顷、%

指　　标	1990年	1995年	2000年	2004年	2005年	2005年为2004年百分比
一、粮食作物	3933	4240	4261	4620	4642	100.5
1.谷物		4659	4753	5187	5225	100.7
稻谷	5726	6025	6272	6311	6260	99.2
小麦	3194	3541	3738	4252	4275	100.6
玉米	4524	4917	4598	5120	5287	103.3
谷子	2008	1982	1700	1980	2100	106.1
高粱	3674	3914	2904	4102	4470	109.0
其它谷物		2129	2019	2526	2455	97.2
2.豆类		1591	1588	1744	1672	95.9
＃大豆	1455	1661	1656	1815	1705	93.9
杂豆		1408	1399	1532	1579	103.1
3.薯类	3008	3428	3497	3762	3650	97.0
＃ 马铃薯	2263	2663	2806	3142	2905	92.5
二、油料作物	1480	1718	1919	2125	2149	101.2
＃花生	2191	2687	2973	3022	3076	101.8
油菜籽	1264	1415	1519	1813	1793	98.9
芝麻	702	908	1034	1128	1054	93.4
胡麻籽	761	586	690	1030	911	88.4
向日葵	1878	1562	1590	1660	1889	113.8
三、棉花	807	879	1093	1111	1129	101.6
四、麻类	2216	2386	2024	3233	3301	102.1
＃黄红麻	2421	2534	2516	2719	2670	98.2
苎 麻	1099	1513	1685	2025	2099	103.7
大 麻	1524	1404	1324	1804	3808	211.1
亚 麻	2782	3115	2229	4374	4405	100.7
五、糖料	42965	43630	50426	61034	60419	99.0
甘蔗	57118	58133	57626	65199	63970	98.1
甜菜	21668	20132	24518	30829	37523	121.7
六、烟叶	1650	1574	1776	1901	1969	103.6
＃烤烟	1683	1584	1763	1889	1956	103.6

7—24 各地区分季粮食作物单位面积产量

单位:公斤/公顷

地 区	夏收粮食		早 稻		秋收粮食	
	2004 年	2005 年	2004 年	2005 年	2004 年	2005 年
全国总计	**4017.4**	**4039.5**	**5417.7**	**5287.4**	**4768.6**	**4808.1**
北 京	5173.6	5011.2			4328.4	4911.4
天 津	4788.6	4796.7			4603.2	4771.2
河 北	4858.1	4827.3			3710.4	3745.5
山 西	3563.5	2753.6			3650.3	3377.4
内 蒙 古					3600.2	3800.4
辽 宁	4415.1	5006.5			5959.6	5738.8
吉 林					5820.9	6010.5
黑 龙 江					3548.1	3574.2
上 海	3600.9	3376.2			7741.7	7323.2
江 苏	4200.0	4232.0			7087.7	6829.3
浙 江	2876.8	2990.0	5639.2	5545.5	6060.9	5658.4
安 徽	3818.2	3814.0	4987.9	5212.8	4604.6	4123.5
福 建	3391.9	3426.0	5577.9	5461.6	4964.5	4996.1
江 西	1287.7	1300.0	5192.8	5185.6	4953.7	5183.6
山 东	5338.2	5491.2			6023.1	6166.8
河 南	5104.6	5190.1			4313.7	4781.3
湖 北	2878.7	2875.1	5653.6	5667.4	6739.8	6646.4
湖 南	2410.2	2610.1	5560.8	5545.2	5803.7	5749.4
广 东	4196.2	4260.0	5715.3	5200.9	4607.7	4982.2
广 西	2024.7	2107.2	5217.0	5056.1	3469.3	3932.2
海 南	3255.3	3306.0	4745.7	4446.8	3745.7	3296.0
重 庆	2722.7	2777.9	5000.0	6451.6	5137.4	5297.4
四 川	3047.8	3133.5	6875.0	6875.0	5554.1	5556.1
贵 州	2037.7	2026.7	6250.0	6250.0	4700.3	4653.3
云 南	2008.3	1869.8	6610.1	5794.5	4224.6	4185.4
西 藏					5339.6	5256.6
陕 西	3388.9	3143.5			3266.6	3234.2
甘 肃	2913.9	2778.3			3401.7	3639.9
青 海					3615.4	3797.7
宁 夏	2552.9	2575.2			4525.2	4810.3
新 疆	5103.3	5315.6			6162.5	6456.7

7—25 各地区分品种粮食作物单位面积产量

单位:公斤/公顷

地 区	谷 物		#稻 谷		#小 麦		#玉 米	
	2004年	2005年	2004年	2005年	2004年	2005年	2004年	2005年
全国总计	**5186.8**	**5224.6**	**6310.6**	**6260.2**	**4251.9**	**4275.3**	**5120.2**	**5287.3**
北 京	4777.0	5120.6	6097.6	5750.0	5175.0	5016.9	4651.5	5228.1
天 津	5058.7	5149.6	8103.9	7293.4	4788.6	4796.7	5061.7	5269.4
河 北	4357.4	4371.3	5659.0	5881.8	4872.6	4839.1	4400.5	4458.9
山 西	4222.0	3780.2	4050.0	3358.2	3654.2	2805.4	5613.4	5205.0
内蒙古	4569.2	4908.2	6736.7	7358.5	2639.1	3117.0	5657.7	5904.3
辽 宁	6653.4	6314.1	7377.8	7327.6	4320.4	3542.6	6753.2	6334.7
吉 林	6358.7	6618.5	7292.5	7236.9	2956.1	2821.1	6238.2	6488.6
黑龙江	5246.5	5384.1	7116.8	6795.7	3254.9	3782.7	4310.6	4697.3
上 海	7089.6	6503.1	8002.5	7583.4	3631.8	3317.7	6139.1	6612.1
江 苏	6184.5	6041.3	7918.8	7725.0	4295.0	4325.0	5565.6	4721.0
浙 江	6313.4	5919.8	6682.0	6268.9	3198.4	3248.9	4124.8	4124.4
安 徽	4956.9	4723.1	6067.2	5820.1	3835.6	3832.9	4843.6	3952.6
福 建	5428.6	5421.1	5539.0	5533.8	3106.8	3316.3	3351.0	3369.1
江 西	5177.4	5298.6	5213.0	5328.2	1537.3	1715.9	3342.6	3785.6
山 东	5704.1	5908.2	7280.4	7996.7	5338.2	5491.6	6106.6	6353.5
河 南	4980.6	5284.9	7044.2	7039.5	5109.0	5194.2	4338.6	5174.8
湖 北	6235.3	6040.1	7547.6	7390.6	2924.2	2916.1	5010.8	5002.7
湖 南	5923.2	5869.8	6149.1	6050.3	1912.0	2039.6	4580.6	4832.3
广 东	5168.6	5171.1	5250.7	5225.4	2850.0	2850.0	4065.0	4500.0
广 西	4390.9	4679.7	4768.3	4953.0	1623.9	1682.2	3002.0	3682.5
海 南	4356.3	3695.5	4396.2	3680.4			3406.3	4181.8
重 庆	5286.9	5502.5	6799.7	6972.4	2795.0	2811.9	4947.9	5064.3
四 川	5420.4	5402.1	7363.6	7213.0	3310.5	3385.8	4753.5	4853.8
贵 州	4672.9	4673.3	6657.3	6551.5	1789.5	1777.8	4726.4	4785.0
云 南	4133.3	4077.8	5886.6	6159.9	2239.6	2007.4	3830.9	3799.3
西 藏	5300.1	5327.7	5238.1	5392.2	6412.4	6083.3	4969.7	4940.1
陕 西	3727.3	3753.6	5967.1	6063.9	3559.5	3311.5	3885.8	4190.1
甘 肃	3409.4	3342.5	7881.9	8058.8	2917.2	2646.2	5023.9	5126.1
青 海	3559.2	3792.2			3631.1	4062.0	7405.1	8165.1
宁 夏	4237.8	4530.4	8148.5	8569.8	2882.1	2877.0	6265.1	6809.7
新 疆	5863.5	6126.5	5887.4	7765.3	5138.8	5374.5	6978.4	7160.8

7—25 续表 单位:公斤/公顷

地　区	豆　类		#大　豆		薯　类		#马铃薯	
	2004 年	2005 年	2004 年	2005 年	2004 年	2005 年	2004 年	2005 年
全国总计	**1744.0**	**1672.4**	**1814.8**	**1704.5**	**3762.0**	**3649.9**	**3141.7**	**2904.6**
北　京	2097.6	1951.2	2186.4	2110.1	5973.0	6363.6		
天　津	1528.0	1379.7	1532.7	1385.8	5696.8	4677.4		
河　北	1600.1	1538.2	1616.2	1664.1	3214.3	3193.2	2396.5	2267.9
山　西	1399.0	1059.1	1458.1	1192.1	2150.6	1674.4	1960.6	1479.4
内蒙古	1263.1	1522.5	1369.4	1642.0	3594.0	2777.2	3576.4	2717.6
辽　宁	1667.2	1480.5	1760.7	1514.8	3213.0	3273.4	3078.7	3329.5
吉　林	2636.0	2414.8	2891.4	2579.2	6807.8	7079.3	6781.8	7213.1
黑龙江	1772.0	1686.5	1795.8	1774.0	3031.2	2899.4	3033.9	2899.0
上　海	3035.5	3397.6	3295.5	3510.3	8817.2	9191.9		
江　苏	2682.1	2387.1	2635.2	2266.3	6069.0	5520.2		
浙　江	2218.0	2266.4	2280.0	2265.0	5535.0	5624.8		
安　徽	1221.1	946.9	1267.2	968.4	4371.5	3532.8	4753.4	4366.2
福　建	2141.9	2182.1	2083.0	2127.1	4509.6	4512.2	3366.2	3389.6
江　西	1496.8	1612.5	1750.4	1808.7	4123.6	4502.9		
山　东	2969.7	2707.5	2971.6	2727.0	7702.3	7061.4		
河　南	1885.5	1207.4	1980.6	1088.3	4661.6	5193.3		
湖　北	2162.5	2241.6	2205.4	2431.0	3989.3	3922.9	3205.0	3165.9
湖　南	2015.7	2048.4	2121.5	2137.9	4073.3	4414.3	3160.7	3522.0
广　东	2222.6	2251.0	2251.5	2251.5	4650.0	4800.2	4095.0	4305.0
广　西	1319.7	1437.7	1416.2	1477.2	2234.2	2421.1		
海　南	2105.3	1884.6	1961.1	1822.6	3228.5	3542.8		
重　庆	1698.8	1797.6	1735.2	1780.8	3833.8	3841.1	3032.3	3191.4
四　川	2150.3	2245.4	2444.0	2472.9	3907.5	4149.3	3636.6	3943.0
贵　州	1249.7	1162.6	1364.1	1236.0	2664.6	2597.2	2578.7	1961.2
云　南	1243.2	1612.8	1377.7	1403.0	3063.9	2597.7	3481.6	3172.2
西　藏	3433.3	3612.0	2142.9	2407.4				
陕　西	1047.5	970.4	1051.6	762.5	2766.0	1339.0	2539.3	1242.2
甘　肃	1621.5	1699.7	1622.4	1593.9	3110.3	3575.5	3110.3	3575.5
青　海	2680.8	2875.0			4281.7	4307.7	4281.7	4307.7
宁　夏	983.5	850.0	722.7	587.6	2550.9	2347.6	2550.9	2347.6
新　疆	2453.3	2587.2	2455.7	2963.6	4097.8	4413.8	4097.8	4413.8

7—26 各地区油料作物单位面积产量

单位:公斤/公顷

地区	油料合计		#花生		#油菜籽	
	2004年	2005年	2004年	2005年	2004年	2005年
全国总计	**2124.6**	**2149.2**	**3022.4**	**3076.1**	**1812.8**	**1793.3**
北京	2675.2	2898.0	2716.2	2964.5		
天津	2553.6	2563.0	3461.8	3431.9		
河北	2644.2	2732.0	3071.2	3198.1	1364.2	1318.5
山西	945.7	777.7	2282.5	1961.8	995.0	758.5
内蒙古	1545.0	1758.7	1772.7	1452.0	1125.3	1108.6
辽宁	1836.5	1812.2	1985.4	1914.8	471.8	1190.0
吉林	1715.6	1887.6	2451.0	2562.4		
黑龙江	1118.7	1476.7	2149.4	2023.2	1614.5	1703.2
上海	2357.8	2161.1	3473.1	3333.3	2301.7	2115.0
江苏	2589.3	2550.4	3162.2	3181.8	2425.5	2402.2
浙江	2055.7	2011.5	2668.5	2676.1	2015.0	1966.8
安徽	2171.1	2077.2	3749.6	3324.0	1897.8	1911.9
福建	2223.6	2240.6	2355.0	2377.0	1301.2	1308.2
江西	1316.2	1319.2	2363.7	2344.1	1001.1	1017.4
山东	3913.2	4043.7	3947.9	4067.5	2336.3	2400.9
河南	2656.0	2799.8	3218.5	3454.4	2089.3	2150.8
湖北	2130.0	2012.7	3652.2	3505.4	1982.3	1859.3
湖南	1590.8	1569.4	2247.5	2305.3	1469.0	1438.5
广东	2451.3	2422.1	2481.8	2451.8	1349.2	1424.3
广西	1906.1	2011.7	2175.8	2262.0	1025.0	1044.8
海南	1917.0	1908.3	2006.2	2016.3		
重庆	1710.2	1692.1	1825.6	1785.8	1782.7	1698.3
四川	2077.9	2124.5	2277.4	2348.9	2025.7	2065.0
贵州	1555.9	1527.4	1866.1	1694.1	1532.5	1515.8
云南	1630.6	1607.8	1353.6	1338.7	1773.6	1716.0
西藏	2216.5	2348.5	1666.7	2562.7	2217.2	2348.0
陕西	1625.9	1638.2	2562.5	2563.3	1700.0	1696.9
甘肃	1458.1	1529.5	1891.3	1722.4	1601.9	1692.9
青海	1807.9	1967.7			1791.9	1976.3
宁夏	1104.3	1259.4			1050.0	1312.5
新疆	2067.1	2099.3	2657.7	2411.3	1801.6	1538.6

7—27 各地区棉花和麻类作物单位面积产量

单位:公斤/公顷

地区	棉花		麻类合计		#黄红麻	
	2004年	2005年	2004年	2005年	2004年	2005年
全国总计	**1110.8**	**1128.9**	**3232.7**	**3300.7**	**2719.2**	**2670.1**
北京	1187.8	1149.4				
天津	1385.2	1364.5				
河北	994.4	1006.2	2061.4	3316.0	2161.1	2324.2
山西	1048.3	1056.0	1100.0	760.0		
内蒙古	1105.4	1117.1	2449.0	2455.0		
辽宁	894.7	958.9	2525.0	1140.0		
吉林	440.0	1665.0	3367.8	3784.5		
黑龙江			3988.3	4266.5		
上海	1611.8	1627.5				
江苏	1227.6	876.2	3214.9	3208.1	3362.5	3216.7
浙江	1213.0	1204.1	2822.9	2691.1	2823.5	2681.3
安徽	1032.8	864.0	2326.9	2483.4	2619.6	2979.3
福建	971.4	880.0	2407.7	2623.9	2837.5	2948.3
江西	1357.0	1364.6	1480.2	1620.0	1559.1	3093.9
山东	1036.4	1000.1	5904.9	3113.2	6416.9	3020.7
河南	700.5	866.2	2805.9	2783.2	2830.5	2780.2
湖北	968.6	960.7	2187.1	2057.4	4158.8	3429.6
湖南	1210.4	1308.6	2563.8	2603.0	2022.2	1979.3
广东			2589.1	2616.6	2589.1	2616.6
广西	515.3	536.1	2031.6	2021.9	2011.0	1981.8
海南			5373.9	4410.0	5373.9	8820.0
重庆	560.0	726.1	1348.6	1463.0	725.0	726.7
四川	924.0	887.7	1738.6	1850.6	2243.3	2288.3
贵州	399.4	397.8	1121.0	1119.0	2350.0	3148.1
云南	428.1	392.9	5935.9	5158.3		
西藏						
陕西	1027.2	1107.4	1450.5	883.3		
甘肃	1609.3	1728.2	2989.6	3987.0		
青海						
宁夏	1510.0	500.0	1466.7	1100.0		
新疆	1568.4	1614.8	4636.0	4760.6		

7—28 各地区糖料作物单位面积产量

单位:公斤/公顷

地区	糖料合计		1. 甘蔗		2. 甜菜	
	2004年	2005年	2004年	2005年	2004年	2005年
全国总计	**61034**	**60419**	**65199**	**63970**	**30829**	**37523**
北京						
天津						
河北	24291	40704			24291	40704
山西	26090	32473			26090	32473
内蒙古	26547	36331			26547	36331
辽宁	22856	29962			22856	29962
吉林	27328	26351			27328	26351
黑龙江	12710	19264			12710	19264
上海	47657	51278	47657	51278		
江苏	58227	53945	59082	54146	23375	12750
浙江	58690	57270	58690	57270		
安徽	38463	37213	38463	37213		
福建	63920	62535	63920	62535		
江西	46135	44271	46135	44271		
山东						
河南	50791	53042	50791	53042		
湖北	46225	43113	46225	43113		
湖南	52074	51329	52074	51329		
广东	73408	75557	73408	75557		
广西	69148	68950	69148	68950		
海南	59785	46483	59785	46483		
重庆	42048	41078	42048	41078		
四川	50577	49467	50766	49692	14287	15216
贵州	35292	34750	35393	34861	4000	5554
云南	60153	55473	60187	55508	15029	16922
西藏						
陕西	27630	29208	36663	36117	24237	19098
甘肃	34423	32683			34423	32683
青海						
宁夏						
新疆	57483	59960			57483	59960

7—29 茶叶、水果产量

单位:万吨

年份	茶叶产量	水果产量	苹果	柑桔	梨	葡萄	香蕉
1952	8.2	244.3	11.8	20.7	39.4	4.8	11.0
1957	11.2	324.7	22.2	32.2	50.4	8.5	7.3
1962	7.4	271.2	22.5	20.6	44.3	8.4	3.5
1965	10.1	323.9	31.8	25.4	51.1	10.0	14.5
1970	13.6	374.5	79.8	24.2	65.4	8.5	16.6
1975	21.1	538.1	158.3	33.6	108.7	12.3	16.5
1978	26.8	657.0	227.5	38.3	151.7	10.4	8.5
1979	27.7	701.5	286.9	55.5	143.8	12.6	7.4
1980	30.4	679.3	236.3	71.3	146.6	11.0	6.1
1981	34.3	780.1	300.6	79.8	159.3	14.8	12.6
1982	39.7	771.3	243.0	93.9	175.5	18.6	20.1
1983	40.1	948.7	354.1	129.6	179.5	24.7	20.7
1984	41.4	984.5	294.1	149.9	210.0	29.4	30.0
1985	43.2	1163.9	361.4	180.8	213.7	36.1	63.1
1986	46.1	1347.7	333.7	254.8	234.8	44.2	125.1
1987	50.8	1667.9	426.4	322.4	248.9	64.1	202.9
1988	54.5	1666.1	434.4	256.0	272.1	79.2	183.0
1989	53.5	1831.9	449.9	456.1	256.5	87.4	140.4
1990	54.0	1874.4	431.9	485.5	235.3	85.9	145.6
1991	54.2	2176.1	454.0	633.3	249.8	91.6	198.1
1992	56.0	2440.1	655.6	516.0	284.6	112.5	245.1
1993	60.0	3011.2	907.0	656.1	321.7	135.5	270.1
1994	58.8	3499.8	1112.9	680.5	404.2	152.2	289.8
1995	58.8	4214.6	1400.8	822.5	494.2	174.2	312.5
1996	59.3	4652.8	1704.7	845.7	580.7	188.3	253.6
1997	61.3	5089.3	1721.9	1010.2	641.5	203.2	289.2
1998	66.5	5452.9	1948.1	859.0	727.5	235.8	351.8
1999	67.6	6237.6	2080.2	1078.7	774.2	270.8	419.4
2000	68.3	6225.1	2043.1	878.3	841.2	328.2	494.1
2001	70.2	6629.2	2001.5	1160.7	879.6	368.0	527.2
2002	74.5	14374.6	1924.1	1199.0	930.9	447.9	555.7
2003	76.8	14517.4	2110.2	1345.4	979.8	517.6	590.3
2004	83.5	15340.9	2367.5	1495.8	1064.2	567.5	605.6
2005	93.5	16120.1	2401.1	1591.9	1132.4	579.4	651.8

注：2002年起，水果产量包括种植业中的瓜果类产量。（后同）

7—30 茶叶、水果主要品种面积和产量及增减情况

指　　标	单　位	1990年	1995年	2000年	2004年	2005年	2005年为2004年百分比(%)
一、茶叶生产情况							
年末实有茶园面积	千公顷	1061.3	1115.3	1089.0	1262.3	1351.9	107.1
茶叶产量	吨	540070	588553	683324	835231	934857	111.9
红毛茶	吨	109680	52003	47294	43689	47941	109.7
绿毛茶	吨	332502	413784	498057	613709	691020	112.6
乌龙毛茶	吨	33411	55372	67608	90168	103820	115.1
紧压茶原料	吨	25026	17476	22558	28195	27653	98.1
其它茶	吨	39451	49918	47807	59469	64423	108.3
二、水果生产情况							
年末果园面积	千公顷	5178.7	8097.6	8931.6	9768.2	10034.8	102.7
#香蕉园	千公顷	108.8	190.2	249.2	264.4	276.3	104.5
苹果园	千公顷	1633.1	2953.1	2254.1	1876.6	1890.4	100.7
柑桔园	千公顷	1061.2	1214.1	1271.8	1627.2	1717.0	105.5
梨 园	千公顷	480.7	859.4	1014.6	1078.6	1112.0	103.1
葡萄园	千公顷	122.6	152.5	283.0	413.5	407.9	98.7
园林水果产量	万吨	1874.4	4214.6	6225.1	8394.1	8835.5	105.3
# 香蕉	万吨	145.6	312.5	494.1	605.6	651.8	107.6
苹果	万吨	431.9	1400.8	2043.1	2367.5	2401.1	101.4
柑桔	万吨	485.5	822.5	878.3	1495.8	1591.9	106.4
梨	万吨	235.3	494.2	841.2	1064.2	1132.4	106.4
葡萄	万吨	85.9	174.2	328.2	567.5	579.4	102.1
菠萝	万吨	46.3	53.9	85.7	80.8	84.9	105.0
红枣	万吨	42.3	78.2	130.6	201.1	248.9	123.7
柿子	万吨	62.5	96.9	159.2	199.8	218.5	109.3

7—31 各地区茶园面积和茶叶产量

单位：千公顷、吨

地区	年末实有茶园面积		本年采摘面积		茶叶产量		红毛茶	
	2004年	2005年	2004年	2005年	2004年	2005年	2004年	2005年
全国总计	**1262.3**	**1351.9**	**971.8**	**1041.2**	**835231**	**934857**	**43689**	**47941**
北京								
天津								
河北								
山西								
内蒙古								
辽宁								
吉林								
黑龙江								
上海								
江苏	23.6	23.9	19.9	19.5	11243	12068	1299	1335
浙江	147.9	154.7	126.4	133.6	138700	144370	139	145
安徽	113.3	117.6	103.2	105.4	55760	59619	2137	2484
福建	145.1	155.2	123.3	132.6	164396	184826	2707	1652
江西	34.3	38.2	25.4	31.1	13451	16691	1842	2687
山东	13.3	14.5	7.9	9.7	4956	6645		
河南	26.4	33.1	22.0	28.2	12132	16902		
湖北	126.3	138.4	91.7	101.6	76235	84976	3009	6546
湖南	77.4	80.1	64.9	67.0	66632	71978	14613	15399
广东	39.0	36.0	31.2	28.8	40400	44465	1565	1562
广西	34.0	36.9	27.9	31.2	22351	26181	186	440
海南	1.9	1.5	1.5		1338	950	227	1
重庆	24.0	25.8	17.6	19.0	16064	16545	3217	3211
四川	139.8	152.0	87.4	98.0	86464	97941	881	996
贵州	52.3	59.7	36.8	40.1	19363	22915	73	61
云南	201.9	218.5	154.0	164.5	95080	115880	11794	11422
西藏	0.1	0.2	0.1	0.1	1	3		
陕西	56.3	59.5	28.9	29.2	10239	11382		
甘肃	5.5	6.3	1.7	1.9	426	520		
青海								
宁夏								
新疆								

7—31 续表 单位:吨

地区	绿毛茶		乌龙毛茶		紧压茶原料		其它茶	
	2004 年	2005 年	2004 年	2005 年	2004 年	2005 年	2004 年	2005 年
全国总计	**613709**	**691020**	**90168**	**103820**	**28195**	**27653**	**59469**	**64423**
北京								
天津								
河北								
山西								
内蒙古								
辽宁								
吉林								
黑龙江								
上海								
江苏	9680	10105					264	628
浙江	137313	142926	125	130	295	307	828	862
安徽	51225	54890					2398	2245
福建	82090	88923	72852	85924	79	10	6668	8317
江西	10810	12503		1501			799	
山东	4956	6645						
河南	12132	16902						
湖北	62219	67221			9229	9432	1778	1777
湖南	32946	35912	506	625	9282	9497	9285	10545
广东	17964	20686	16526	15493	11	6	4334	6718
广西	17118	20695					5047	5046
海南	1061	894					50	55
重庆	9662	10215					3185	3119
四川	61090	73817	147	134	8944	8199	15402	14795
贵州	11041	14123	3	1	225	95	8021	8635
云南	81737	102661	9	12	130	107	1410	1678
西藏								3
陕西	10239	11382						
甘肃	426	520						
青海								
宁夏								
新疆								

7—32 各地区果园面积

单位：千公顷

地区	年末实有果园面积		#香蕉园		#苹果园	
	2004年	2005年	2004年	2005年	2004年	2005年
全国总计	**9768.2**	**10034.8**	**264.4**	**276.3**	**1876.6**	**1890.4**
北京	81.4	75.7			12.9	10.8
天津	36.4	37.1			6.2	6.4
河北	1106.4	1115.1			266.5	263.9
山西	279.1	279.7			152.7	151.4
内蒙古	50.8	52.1			21.4	22.5
辽宁	316.8	317.0			111.8	110.3
吉林	74.0	67.8			20.4	18.6
黑龙江	39.5	39.5			16.1	15.5
上海	28.5	22.3				
江苏	184.9	191.4			38.0	38.4
浙江	294.4	299.8				
安徽	109.8	104.2			16.1	13.9
福建	547.7	550.7	29.4	29.8	0.1	
江西	294.0	295.8				
山东	756.3	767.9			340.5	342.5
河南	400.0	416.6			164.7	165.8
湖北	250.4	265.1			3.6	3.3
湖南	406.2	430.8				
广东	986.7	996.9	126.0	128.4		
广西	844.1	865.2	52.1	54.7		
海南	163.8	163.4	34.9	37.3		
重庆	164.7	179.3	0.2	0.2	1.8	1.9
四川	444.1	462.0	1.2	1.3	26.4	26.6
贵州	110.3	118.9	2.1	2.2	6.0	5.7
云南	225.7	224.8	18.6	22.4	33.1	31.5
西藏	0.8	1.1			0.6	0.7
陕西	788.5	817.5			412.1	426.3
甘肃	335.1	347.6			173.2	183.8
青海	7.1	4.3			5.3	2.8
宁夏	44.9	48.6			18.3	19.1
新疆	396.2	477.0			28.9	28.6

7—32 续表 单位:千公顷

地区	#柑桔园		#梨园		#葡萄园	
	2004年	2005年	2004年	2005年	2004年	2005年
全国总计	**1627.2**	**1717.0**	**1078.6**	**1112.0**	**413.5**	**407.9**
北京			10.9	11.2	3.1	3.2
天津			3.5	3.5	5.6	5.1
河北			213.3	215.0	53.3	54.2
山西			28.5	30.0	14.2	13.2
内蒙古			11.4	10.8	4.9	5.3
辽宁			88.5	91.6	36.8	28.1
吉林			21.4	17.8	10.6	10.2
黑龙江			5.4	5.4	1.6	1.7
上海	11.4	8.7	2.4	2.0	1.7	1.8
江苏	3.6	3.9	44.7	47.3	10.9	11.4
浙江	124.1	123.0	25.7	26.6	9.3	9.8
安徽	2.3	4.0	38.4	38.6	9.1	6.0
福建	165.6	170.3	22.8	23.0	4.8	5.0
江西	217.3	215.1	24.0	26.2	1.9	1.9
山东			70.6	69.9	50.9	46.5
河南	9.5	10.1	36.4	39.2	25.0	26.2
湖北	124.7	143.2	39.7	35.9	5.2	4.8
湖南	276.4	296.2	25.5	27.5	11.7	12.4
广东	175.7	195.5	6.4	7.3		
广西	134.3	141.3	14.3	16.7	8.9	10.0
海南	3.1	3.7				
重庆	98.1	108.9	26.3	28.0	2.1	2.3
四川	201.5	206.9	78.9	83.0	11.7	12.1
贵州	35.5	38.7	33.9	36.5	3.8	4.5
云南	25.9	27.9	38.6	39.7	5.3	5.6
西藏			0.1	0.1		
陕西	18.1	19.7	59.8	59.6	12.7	13.9
甘肃	0.2	0.2	50.0	49.5	9.2	8.9
青海			1.6	1.2	0.1	
宁夏			2.4	2.3	6.9	7.8
新疆			53.3	66.8	92.2	96.2

7—33 各地区水果产量

单位：吨

地区	水果产量		＃香蕉		＃苹果	
	2004 年	2005 年	2004 年	2005 年	2004 年	2005 年
全国总计	**153408820**	**161200949**	**6056148**	**6518128**	**23675473**	**24011081**
北京	1133557	1118792			134753	138447
天津	690492	682417			64721	66039
河北	13463377	13978784			2142882	2202273
山西	3428566	3144485			2021372	1648413
内蒙古	1293440	1787884			59327	62319
辽宁	4301457	4512925			1222119	1299595
吉林	2149955	2353272			241491	252298
黑龙江	3155788	3525577			160003	177432
上海	1114402	1010341			158	114
江苏	6199941	6063510			560871	552794
浙江	6320717	5779644				
安徽	7195714	7115908			283524	278143
福建	5529093	5590814	819928	855398	244	198
江西	2909898	3254344				
山东	24785251	25468354			6690553	6716634
河南	16385873	18421671			2869272	3006245
湖北	5426856	5667685			10934	12437
湖南	4993516	5194909				
广东	9089557	9464636	3209184	3302250		
广西	7023325	7668373	1078347	1173887		
海南	1906369	2203618	733341	913257		
重庆	1372247	1546266	1667	1903	6854	6094
四川	4948310	5271572	15776	17547	240481	242923
贵州	871677	959636	8919	8662	10263	10230
云南	1450580	1696927	188986	245224	141239	159396
西藏	8900	8878			5327	5674
陕西	8581454	9061409			5552054	5601167
甘肃	2456495	2807049			799650	1012568
青海	27993	26021			7198	7316
宁夏	685649	696110			156333	222126
新疆	4508371	5119138			293850	330206

7—33 续表 1

单位:吨

地　区	＃柑　桔		＃梨		＃葡　萄	
	2004 年	2005 年	2004 年	2005 年	2004 年	2005 年
全国总计	**14958302**	**15919149**	**10642287**	**11323514**	**5675318**	**5794411**
北　京			137563	145759	57700	50559
天　津			25182	22553	132084	93229
河　北			3131868	3246220	840916	863938
山　西			197298	246247	116572	119187
内 蒙 古			68425	77602	23339	29119
辽　宁			605679	690345	613683	581711
吉　林			156736	134833	108831	109971
黑 龙 江			47149	48422	27404	20720
上　海	185354	179908	17710	18794	26165	26681
江　苏	47896	52026	542455	556158	164829	153021
浙　江	2009924	1481053	285751	310375	203076	219942
安　徽	12907	12427	601134	638058	165377	173264
福　建	2068187	2153154	142254	147755	67449	59066
江　西	843771	1098239	65685	74538	3868	3741
山　东			1000938	1061389	849718	831401
河　南	35110	35878	544554	654680	382743	412605
湖　北	1308211	1462596	548759	501856	50519	49671
湖　南	1879015	2120228	84435	108417	46153	52255
广　东	1590845	1826814	42097	42963		
广　西	1719595	1876759	97452	120741	106512	119135
海　南	23861	19748				
重　庆	799543	909085	161200	180049	17183	20727
四　川	1987829	2137435	620276	684593	142587	160827
贵　州	158101	172181	108368	123740	17346	21050
云　南	166946	211091	189396	197028	50862	69734
西　藏	289	96	513	836	318	103
陕　西	117530	167573	669327	621224	110842	139372
甘　肃	3388	2858	251516	283345	70002	77506
青　海			5362	5105	102	80
宁　夏			7502	12081	37688	48154
新　疆			285703	367808	1241450	1287642

7—33 续表 2

单位:吨

地　区	#菠　萝		#红　枣		#柿　子	
	2004 年	2005 年	2004 年	2005 年	2004 年	2005 年
全国总计	**808254**	**848902**	**2011217**	**2488506**	**1998214**	**2185041**
北　京			4349	6950	66579	56871
天　津			13560	24691	6301	11402
河　北			666445	807577	323962	333382
山　西			152780	196858	56147	55169
内蒙古						
辽　宁			52167	71883		
吉　林						
黑龙江						
上　海			597	1038	3874	2083
江　苏			7744	9978	108506	120952
浙　江					36751	35973
安　徽			14646	20166	87556	103001
福　建	40942	37731	133	85	152424	160475
江　西			5574	5467	9415	9474
山　东			533978	687372	131631	138997
河　南			246510	268091	214514	258584
湖　北			26252	20182	48386	47699
湖　南			20480	21567	10113	10126
广　东	475114	521002			109400	114772
广　西	65394	65385	24895	22892	393898	441083
海　南	203097	202648				
重　庆			10817	1696	6529	6409
四　川	30	31	6513	8261	35694	42131
贵　州	1	3	1628	1822	12615	13652
云　南	23676	22102	3076	4062	31020	34067
西　藏						
陕　西			131213	188232	140688	173881
甘　肃			58602	75450	12211	14858
青　海						
宁　夏			13418	15566		
新　疆			15840	28620		

7—33 续表 3

单位:吨

地　　区	#瓜果类		#西　瓜		#甜　瓜	
	2004 年	2005 年	2004 年	2005 年	2004 年	2005 年
全国总计	**69467486**	**72845934**	**57515429**	**59893432**	**8064228**	**8825731**
北　　京	389488	357604	361480	337988	22366	16480
天　　津	394673	404540	319180	325968		78512
河　　北	4693852	4793995	3770394	3849215	370867	386465
山　　西	706456	689523	618686	577830	58715	69541
内 蒙 古	1095678	1567552	677831	886476	330033	434111
辽　　宁	1224936	1220251	614245	577460	295908	298928
吉　　林	1466978	1691322	950051	1127794	486386	482269
黑 龙 江	2731466	3063603	1880381	2139983	772226	883254
上　　海	776998	674079	591824	508632	149043	138851
江　　苏	4195102	4040084	3470449	3257324	488260	423631
浙　　江	3018618	2942730	2659987	2554959	118808	134193
安　　徽	5768782	5598707	5103810	4923518	364094	357493
福　　建	840091	797236	655490	658063	86798	95674
江　　西	1886156	1951523	1632377	1694372	73867	91528
山　　东	13229087	13453587	11172122	11308065	1226014	1454864
河　　南	11315211	12864743	10179423	11583735	1072459	1204969
湖　　北	2966935	3059775	2592946	2611891	345722	382325
湖　　南	2683018	2762242	2337471	2433907	322718	302651
广　　东	1211063	1147774	979294	843799	58191	78212
广　　西	1758931	1952618	1631969	1794087	120891	153262
海　　南	471879	578362	369025	443657	23908	31531
重　　庆	243914	258153	220498	237074	5293	5041
四　　川	1093839	1114022	909632	930133	22031	21799
贵　　州	399890	445407	350136	376569	20144	24630
云　　南	295386	330637	247172	258437	5478	10556
西　　藏	467	207	22	202		
陕　　西	1225314	1404016	1015155	1171414	144558	180321
甘　　肃	1046694	1082590	858881	896081	95967	88581
青　　海	13307	11249	11600	10473		
宁　　夏	457124	381292	398765	332837	58040	40247
新　　疆	1866153	2206511	935133	1241489	925443	955812

7—34　主要林产品产量

单位：万吨

年　份	橡　胶	生　漆	油桐籽	油茶籽	乌桕籽	板　栗	核　桃	松　脂
1952			43.5	24.9	11.8			
1957		0.2	51.8	49.4	12.5		10.3	
1962	0.5	0.1	18.3	20.1	8.1		4.0	
1965	1.7	0.2	13.0	33.2			4.8	
1970	4.6	0.1	22.4	35.0			5.1	
1975	6.9	0.2	37.0	42.5	7.7	4.4	6.5	30.3
1978	10.2	0.2	39.1	47.9	8.5	6.2	11.9	33.8
1979	10.8	0.3	32.5	61.7	8.1	4.7	9.0	40.4
1980	11.3	0.2	30.3	49.0	9.3	6.7	11.9	42.1
1981	12.8	0.3	36.0	65.4	9.5	5.1	10.7	56.2
1982	15.3	0.3	33.9	49.4	8.5	5.5	10.3	47.0
1983	17.2	0.3	36.8	43.5	8.5	6.5	11.9	30.4
1984	18.9	0.2	36.2	53.6	8.1	8.3	12.8	36.9
1985	18.8	0.2	37.9	61.9	7.1	8.3	12.2	34.4
1986	20.9	0.3	34.6	43.8	7.0	9.5	13.6	41.6
1987	23.8	0.3	34.2	51.8	6.8	11.5	14.7	52.3
1988	24.0	0.3	35.9	46.3	6.3	10.4	17.7	46.1
1989	24.3	0.3	33.5	66.7	5.6	10.3	16.0	48.7
1990	26.4	0.3	35.1	52.3	5.2	11.5	15.0	43.5
1991	29.6	0.3	32.8	62.1	4.5	13.6	15.2	44.0
1992	30.9	0.3	43.7	62.9	4.3	13.9	16.4	46.9
1993	32.6	0.3	42.1	48.8	4.1	16.2	19.2	58.1
1994	37.4	0.2	43.5	63.1	3.7	22.0	21.0	56.9
1995	42.4	0.3	40.5	62.3	3.9	24.7	23.1	54.8
1996	40.2	0.4	40.8	69.7	4.2	34.0	23.8	58.1
1997	45.2	0.4	45.4	85.7	4.1	37.7	25.0	70.1
1998	46.2	0.5	43.9	72.3	4.1	46.9	26.5	54.3
1999	49.0	0.5	44.8	79.3	3.5	53.5	27.4	57.1
2000	48.0	0.5	45.3	82.3	3.6	59.8	31.0	55.1
2001	47.7	0.5	40.7	82.5	2.9	59.9	25.2	56.4
2002		0.6	38.9	85.5	3.2	70.5	34.0	56.3
2003		0.9	37.3	77.9	2.8	79.2	39.4	62.6
2004		1.0	38.1	87.5	2.3	92.3	43.7	67.3
2005		1.4	36.9	87.5	3.0	103.2	49.9	76.7

7—35 营林面积和主要林产品产量及增减情况

指　　标	单　位	1990 年	1995 年	2000 年	2004 年	2005 年	2005 年为 2004 年百分比(%)
一. 营林情况							
1. 当年造林面积	千公顷	5208.5	4967.2	5105.1	5598.1	3647.9	65.2
按造林方式分：							
当年人工造林面积	千公顷	4353.4	4405.4	4345.0	5018.9	3231.6	64.4
当年飞机播种面积	千公顷	855.1	561.8	760.1	579.2	416.4	71.9
按用途分：							
用材林	千公顷	3156.5	1823.3	1218.5	871.1	607.5	69.7
经济林	千公顷	644.5	1740.3	1350.3	456.7	337.8	74.0
防护林	千公顷	1029.7	1243.0	2430.8	4210.8	2678.2	63.6
薪炭林	千公顷	340.1	143.8	82.3	50.0	16.1	32.1
特种用材林	千公顷	37.7	16.5	23.2	9.5	8.3	87.3
2. 迹地更新面积	千公顷	671.5	729.7	919.8	319.3	407.5	127.6
3. 零星(四旁)植树	万 株	337596.3	326377.6	300504.0	271139.0	214245.5	79.0
4. 育苗面积	千公顷	213.5	206.0	278.6	558.8	545.2	97.6
5. 幼林抚育作业面积	千公顷	13032.6	15834.2	11825.3	14778.9	17327.7	117.2
6. 成林抚育面积	千公顷	4089.9	6563.4	7528.9	7713.0	7827.1	101.5
二. 主要林产品产量							
生 漆	吨	2683	2976	5279	9641	14316	148.5
油桐籽	吨	350770	404929	453461	381428	368688	96.7
油茶籽	吨	523313	623128	823224	874861	875022	100.0
乌桕籽	吨	51947	38834	35775	22542	30466	135.2
五倍籽	吨	5783	10084	8678	11052	20308	183.7
棕 片	吨	39860	52955	61082	64194	60617	94.4
松 脂	吨	435244	548133	551057	673310	767134	113.9
竹笋片	吨	83551	174588	339084	443543	463154	104.4
核 桃	吨	149560	230867	309875	436862	499074	114.2
板栗	吨	115191	247026	598185	922735	1031857	111.8
紫胶(原胶)	吨	1421	3486	1419	5246	1897	36.2

7—36 各地区造林面积

单位：千公顷

地 区	当年造林面积		按造林方式分			
			人工造林面积		飞机播种造林面积	
	2004 年	2005 年	2004 年	2005 年	2004 年	2005 年
全国总计	**5598.1**	**3647.9**	**5018.9**	**3231.6**	**579.2**	**416.4**
北 京	31.5	12.2	23.5	10.2	8.0	2.0
天 津	4.8	3.6	4.8	3.6		
河 北	414.1	304.8	380.1	276.1	34.0	28.7
山 西	317.5	140.3	236.8	112.7	80.7	27.5
内 蒙 古	630.9	383.8	519.1	283.2	111.9	100.6
辽 宁	135.9	126.5	135.9	126.5		
吉 林	57.2	31.0	57.2	31.0		
黑 龙 江	156.2	84.7	156.2	84.7		
上 海	11.3	3.8	11.3	3.8		
江 苏	64.4	54.7	64.4	54.7		
浙 江	20.9	20.3	20.9	20.3		
安 徽	54.4	36.1	54.4	36.1		
福 建	16.3	24.2	16.3	24.2		
江 西	58.1	47.6	58.1	47.6		
山 东	262.7	141.1	262.7	141.1		
河 南	273.9	186.7	260.4	173.4	13.5	13.3
湖 北	162.5	177.9	162.5	177.9		
湖 南	333.8	136.5	333.8	136.5		
广 东	40.0	18.3	40.0	18.3		
广 西	170.7	124.0	170.7	124.0		
海 南	35.4	32.4	35.4	32.4		
重 庆	107.2	109.3	107.2	109.3		
四 川	370.1	241.9	226.6	179.1	143.5	62.7
贵 州	177.1	135.6	170.2	132.2	7.0	3.4
云 南	228.2	207.9	174.3	163.6	53.9	44.3
西 藏	24.8	13.5	24.8	13.5		
陕 西	564.9	198.9	461.0	89.4	103.9	109.5
甘 肃	367.9	247.6	350.8	234.3	17.2	13.3
青 海	52.5	46.7	52.5	46.7		
宁 夏	162.6	112.9	156.9	108.6	5.7	4.3
新 疆	206.0	163.1	206.0	156.4		6.7
大兴安岭		…		…		
军事管理区	84.4	80.0	84.4	80.0		

7—36 续表 1

单位:千公顷

地　　区	按用途分					
	用材林		经济林		防护林	
	2004 年	2005 年	2004 年	2005 年	2004 年	2005 年
全国总计	**871.1**	**607.5**	**456.7**	**337.8**	**4210.8**	**2678.2**
北　京	1.6	0.2	6.8	0.9	21.2	9.3
天　津	0.8	0.7	0.5	0.3	3.5	2.6
河　北	61.4	51.2	31.0	19.9	319.6	232.3
山　西	7.8	0.7	14.2	4.0	295.0	135.4
内蒙古	40.2	8.9	3.3	1.7	585.9	373.2
辽　宁	25.9	20.7	14.3	5.3	88.5	99.6
吉　林	5.0	1.3	1.1	0.4	50.3	28.5
黑龙江	40.6	11.8	1.9	0.5	109.8	71.7
上　海			5.0	0.1	5.2	3.4
江　苏	13.2	9.7	13.6	8.7	37.6	36.3
浙　江	1.8	3.6	4.3	4.3	14.7	12.2
安　徽	16.5	15.0	5.1	4.5	30.0	15.7
福　建	8.1	15.4	1.7	3.2	6.4	5.4
江　西	19.6	20.7	3.6	3.9	33.9	22.1
山　东	134.2	47.5	53.5	42.7	74.4	49.6
河　南	110.8	77.3	38.3	39.0	123.7	69.5
湖　北	59.8	56.8	25.8	31.7	75.3	86.8
湖　南	57.9	30.2	30.7	10.2	244.1	95.1
广　东	31.2	13.1	1.3	0.8	7.3	3.9
广　西	114.6	89.4	17.8	8.2	38.2	26.3
海　南	6.5	23.1	6.0	3.2	22.5	5.8
重　庆	11.5	21.5	6.6	11.9	88.6	74.7
四　川	22.0	31.9	19.1	18.8	327.3	188.8
贵　州	11.3	8.0	4.8	4.2	161.0	123.4
云　南	31.0	34.8	31.0	39.3	149.6	132.5
西　藏		0.3		1.7	24.8	10.4
陕　西	33.0	8.9	18.0	1.8	505.4	187.0
甘　肃	0.9	1.4	7.7	6.6	359.0	239.6
青　海					51.8	46.4
宁　夏			3.1	8.4	158.8	103.1
新　疆	3.9	3.2	81.8	51.7	117.6	107.4
大兴安岭		…				
军事管理区			4.7		79.7	80.0

7—36 续表 2

单位：千公顷

地区	按用途分				迹地更新	
	薪炭林		特种用材林			
	2004 年	2005 年	2004 年	2005 年	2004 年	2005 年
全国总计	**50.0**	**16.1**	**9.5**	**8.3**	**319.3**	**407.5**
北京			1.9	1.8	0.8	0.6
天津						
河北	2.0	1.2	0.2	0.2	5.6	7.8
山西	0.4	0.1				0.2
内蒙古	1.3	…	0.1		16.2	32.1
辽宁	7.1	0.9	0.1			
吉林	0.8	0.5	0.1	0.3	23.5	20.8
黑龙江	1.9	…	2.0	0.7	15.8	0.8
上海			1.1	0.3		
江苏				…	3.3	2.6
浙江	0.1	0.1		0.1	4.5	17.6
安徽	2.0	0.7	0.7	0.1		4.0
福建	0.1	0.2		0.1	56.4	80.5
江西	1.0	0.3	0.1	0.5	1.4	7.2
山东	0.2	0.6	0.3	0.8	6.1	5.1
河南	1.1	0.7		0.2	3.0	0.8
湖北	1.0	1.9	0.5	0.7	2.1	2.3
湖南	0.3	…	0.8	1.0	14.0	22.8
广东		0.6	0.2	…	87.7	95.9
广西			0.1	…	47.4	53.6
海南	0.3	0.2	0.1	…	5.0	7.3
重庆	0.5	1.1			0.2	
四川	1.0	0.8	0.8	1.6	2.9	3.4
贵州				…	0.4	0.3
云南	16.2	1.3	0.4		13.0	13.2
西藏		1.1			0.4	2.0
陕西	8.4	1.1			1.4	0.3
甘肃	0.3	…				
青海	0.6	0.3				
宁夏	0.7	1.4				
新疆	2.6	0.7		0.1	1.9	6.6
大兴安岭					6.4	19.9
军事管理区						

7—36 续表 3

单位：千公顷

地　　区	零星四旁植树(万株)		育苗面积		幼林抚育面积		成林抚育面积	
	2004 年	2005 年	2004 年	2005 年	2004 年	2005 年	2004 年	2005 年
全国总计	**271139**	**214246**	**558.8**	**545.2**	**14778.9**	**17327.7**	**7713.0**	**7827.1**
北　　京	686	489	19.9	15.4	63.2	43.8	102.5	36.0
天　　津	190	359	4.4	5.2	54.4	84.0	47.6	54.6
河　　北	11736	12496	60.8	53.9	780.8	820.7	365.0	377.2
山　　西	13203	10596	33.0	32.6	142.8	268.3	57.2	52.5
内 蒙 古	3953	3159	9.9	8.3	1191.5	1294.5	611.8	717.4
辽　　宁	8287		20.5	14.9				
吉　　林	1484	731	3.8	2.8	555.2	464.4	185.0	188.7
黑 龙 江	3899	1688	17.7	13.7	957.9	1033.7	204.0	223.3
上　　海	387	189	19.7	16.8	83.6	41.4	35.1	37.7
江　　苏	14131	13445	68.7	69.1	275.0	244.4	253.0	251.2
浙　　江	2348	2105	56.4	56.0	82.6	84.3	237.3	221.5
安　　徽	19221	18104	27.1	31.1	995.0	1006.5	468.1	448.2
福　　建	2685	1654	0.5	0.5	210.7	222.7	134.1	151.1
江　　西	7422	5226	9.0	11.2	497.7	582.7	87.1	77.2
山　　东	18684	18962	70.3	71.7	1307.6	1440.7	769.4	836.3
河　　南	28450	30639	33.1	28.7	1033.5	1239.0	874.5	959.9
湖　　北	13948	11186	22.3	24.6	454.4	807.7	471.8	276.8
湖　　南	27067	13009	6.8	16.1	670.4	884.9	209.5	274.9
广　　东	7030	6201	2.9	2.0	178.0	174.6	193.9	122.2
广　　西	2934	2595	2.5	1.9	485.8	513.2	217.7	211.3
海　　南	369	2097	1.1	6.9	39.3	24.3	29.8	
重　　庆	8415	7706	5.3	3.1	319.7	256.0	207.4	177.4
四　　川	27824	18560	7.1	7.5	545.2	980.3	211.5	172.9
贵　　州	1541	1197	2.9	1.8	316.1	573.3	41.7	79.4
云　　南	10990	8314	3.1	3.7	131.6	80.3	30.2	16.5
西　　藏		820		0.2				
陕　　西	13828	12362	16.0	17.2	575.6	805.2	284.3	322.8
甘　　肃	5945	6315	17.4	13.9	444.8	464.6	161.9	172.0
青　　海	1279	1263	3.7	3.0	86.0	95.4	1.8	
宁　　夏	1169	…	4.5	3.4	523.0	538.6	362.4	311.7
新　　疆	11842	2571	8.3	8.0	1749.6	2238.1	820.5	1022.0
大兴安岭军事管理区	192	207	0.1	0.1	27888.0	20.1	37.0	34.5

7—37 各地区主要林产品产量

单位:吨

地区	生漆		油桐籽		油茶籽	
	2004年	2005年	2004年	2005年	2004年	2005年
全国总计	**9641**	**14316**	**381428**	**368688**	**874861**	**875022**
北京						
天津						
河北						
山西						
内蒙古						
辽宁						
吉林						
黑龙江						
上海						
江苏			2		196	170
浙江	7		254	162	34179	43361
安徽	196	220	3062	3208	10673	9743
福建	197	892	20205	20928	67865	72597
江西	739	355	10252	16160	193170	189020
山东						
河南	903	955	48076	45802	7100	8079
湖北	1837	4413	12001	10315	13084	9928
湖南	266	3022	41301	42523	382597	374516
广东		29	4710	5193	29777	30470
广西	59	71	55934	60372	115437	117363
海南						
重庆	1689	794	28365	20041	1679	1991
四川	1091	725	39276	30314	4037	2464
贵州	1326	1328	87024	81669	10112	10558
云南	317	404	18352	18883	4834	4618
西藏						
陕西	964	1047	12113	12577	121	144
甘肃	50	61	501	541		
青海						
宁夏						
新疆						

7—37 续表 1

单位:吨

地　　区	乌柏籽		五倍籽		棕　片	
	2004 年	2005 年	2004 年	2005 年	2004 年	2005 年
全国总计	**22542**	**30466**	**11052**	**20308**	**64194**	**60617**
北　京						
天　津						
河　北						
山　西						
内蒙古						
辽　宁						
吉　林						
黑龙江						
上　海						
江　苏		9				
浙　江	86	13			1234	754
安　徽	346	356	12	5	1877	1683
福　建	398	1145	147	124	11501	12162
江　西	532	268	97	123	4569	5140
山　东						
河　南	2250	2557	1543	1709		
湖　北	9590	10669	675	814	2047	1830
湖　南	1086	6703	954	10298	9532	9282
广　东	96	253			1952	1640
广　西	100	133	147	142	2823	2616
海　南					58	58
重　庆	2502	3032	2979	1461	3060	2735
四　川	1667	1953	1147	1152	8532	6290
贵　州	3450	2948	1702	1943	4664	4733
云　南	194	147	142	153	9283	8901
西　藏						
陕　西	245	280	1398	2289	3037	2761
甘　肃			109	95	25	32
青　海						
宁　夏						
新　疆						

7—37 续表 2

单位:吨

地　　区	松　　脂		竹 笋 片	
	2004 年	2005 年	2004 年	2005 年
全国总计	**673310**	**767134**	**443543**	**463154**
北　　京				
天　　津				
河　　北				
山　　西				
内 蒙 古				
辽　　宁				
吉　　林				
黑 龙 江				
上　　海				
江　　苏	250		1464	686
浙　　江	2119	1940	160677	142267
安　　徽	4351	5433	17027	15865
福　　建	68963	72299	143551	153497
江　　西	75892	93164	6815	6921
山　　东				
河　　南	241	266	30	30
湖　　北	5821	8334	2226	3139
湖　　南	22726	32850	13782	20026
广　　东	116424	154593	16982	17825
广　　西	282455	301943	17733	18770
海　　南	6093	3836	305	803
重　　庆	1030	4795	8166	5354
四　　川	3869	2911	40696	62190
贵　　州	5575	4882	7909	9542
云　　南	77273	79663	5334	5555
西　　藏				
陕　　西	228	225	846	684
甘　　肃				
青　　海				
宁　　夏				
新　　疆				

7—37 续表 3

单位:吨

地 区	核 桃		板 栗		紫 胶	
	2004 年	2005 年	2004 年	2005 年	2004 年	2005 年
全国总计	**436862**	**499074**	**922735**	**1031857**	**5246**	**1897**
北 京	12442	13787	19474	21853		
天 津	412	442	369	312		
河 北	38401	47032	84661	107079		
山 西	48558	53432	527	62		
内蒙古	20					
辽 宁	21092	25576	38719	42326		
吉 林	3046	2888	551	288		
黑龙江						
上 海						
江 苏	251	151	17977	20535		
浙 江			55436	60428		
安 徽	381	6300	68506	68786		
福 建	193	112	45353	49134	105	119
江 西	105	3255	23966	25706	88	2
山 东	14394	20465	202207	218095		
河 南	21652	25339	102343	112351		
湖 北	4078	9051	101613	128099		
湖 南	3458	3761	34567	35545	100	101
广 东			8520	8637	61	342
广 西	274	339	39657	45951		
海 南					3509	
重 庆	4083	3272	4781	5991		
四 川	56731	59272	13206	14105	114	126
贵 州	8298	6840	11591	12286	25	54
云 南	84433	91200	19010	21277	1240	1135
西 藏		622				
陕 西	62453	63790	28417	30778	4	18
甘 肃	28957	29675	1245	2209		
青 海	78	86	40	24		
宁 夏	17	627				
新 疆	23055	31761				

7－38 主要牲畜出栏量和畜产品产量及增长情况

指　　标	单　位	1999年	2000年	2004年	2005年	2005年为2004年百分比(%)
一、牲畜出栏量						
1.大牲畜出栏						
牛	万头	3766.2	3964.8	5018.9	5287.6	105.4
马	万头	136.1	146.1	156.3	156.7	100.3
驴	万头	194.3	201.7	217.6	217.1	99.8
骡	万头	59.2	65.3	63.4	60.2	95.0
骆驼	万头	6.7	6.7	6.6	6.5	99.7
2.猪	万头	50749.0	52673.3	61800.7	66098.6	107.0
3.羊	万只	18820.4	20472.7	28343.0	30804.5	108.7
4.家禽	亿只	74.3	81.0	90.7	98.6	108.8
5.兔	万只	22103.0	25878.2	33985.9	37840.4	111.3
二、肉类总产量	万吨	5820.7	6125.4	7244.8	7743.1	106.9
# 猪牛羊肉产量	万吨	4647.4	4838.2	5776.8	6157.6	106.6
1. 猪肉产量	万吨	3890.7	4031.4	4701.6	5010.6	106.6
平均每头产肉量	公斤/头	76.7	76.5	76.1	75.8	99.6
2. 牛肉产量	万吨	505.4	532.8	675.9	711.5	105.3
平均每头产肉量	公斤/头	134.2	134.4	134.7	134.6	99.9
3. 羊肉产量	万吨	251.3	274.0	399.3	435.5	109.1
平均每只产肉量	公斤/只	13.5	13.4	14.1	14.1	100.1
4. 禽肉产量	万吨	1115.5	1207.5	1351.4	1464.3	108.4
5. 兔肉产量	万吨	31.0	37.0	46.7	51.1	109.4
三、其它畜产品产量						
奶类产量	万吨	806.9	919.1	2368.4	2864.8	121.0
#牛奶产量	万吨	717.6	827.4	2260.6	2753.4	121.8
山羊毛产量	吨	31849	33266	37727	36904	97.8
绵羊毛产量	吨	283152	292502	373902	393172	105.2
#细羊毛	吨	114103	117386	130413	127862	98.0
半细羊毛	吨	73700	84921	119514	123068	103.0
羊绒产量	吨	10180	11057	14515	15435	106.3
蜂蜜产量	万吨	23.0	24.6	29.3	29.3	100.0
禽蛋产量	万吨	2134.7	2243.3	2723.7	2879.5	105.7
蚕茧产量	吨	484702	547613	730551	780202	106.8
#桑蚕茧	吨	447261	500640	676819	713044	105.4
柞蚕茧	吨	37234	46782	53558	67033	125.2

7—39 各地区主要牲畜出栏量

单位:万头、万只

地区	当年出栏猪	当年出栏牛	当年出栏羊	当年出栏家禽
全国总计	**66098.6**	**5287.6**	**30804.5**	**986491.8**
北京	448.7	24.5	256.1	16852.5
天津	481.5	37.8	140.1	9205.6
河北	4510.6	579.3	2542.0	70579.8
山西	627.1	51.6	513.2	3494.2
内蒙古	957.7	218.0	4539.6	14535.9
辽宁	2301.9	278.8	563.0	54757.8
吉林	1272.4	350.0	335.0	47998.0
黑龙江	1392.2	212.9	693.7	15096.3
上海	280.0	0.3	46.6	7700.0
江苏	2974.9	30.7	1569.1	61706.2
浙江	1867.1	9.3	218.0	21624.5
安徽	2629.5	235.6	1171.7	48794.4
福建	1879.0	29.7	150.1	19585.0
江西	2237.8	101.4	103.4	35313.9
山东	4585.7	546.0	3876.9	173620.0
河南	5568.0	689.0	4166.0	69270.0
湖北	3428.4	114.4	381.2	35792.3
湖南	6176.3	167.4	763.4	39209.8
广东	3616.7	67.1	40.3	101019.4
广西	2831.9	188.3	255.0	27111.6
海南	427.5	33.1	97.6	8841.8
重庆	1993.3	54.2	300.5	15038.2
四川	7105.0	262.1	1323.7	47619.8
贵州	1453.6	103.1	280.3	7038.8
云南	2733.6	207.1	568.3	12148.9
西藏	18.9	106.1	483.1	
陕西	930.4	88.2	618.7	6366.0
甘肃	700.1	118.6	778.8	3708.6
青海	121.8	96.1	558.1	264.7
宁夏	163.1	37.6	389.2	1848.1
新疆	384.0	249.4	3081.9	10349.5

注：从2000年开始牲畜出栏使用抽样调查推算数。

7—40 各地区肉类总产量

单位:万吨

地　　区	肉类总产量	#猪牛羊肉	猪　　肉	牛　　肉	羊　　肉
全国总计	**7743.1**	**6157.6**	**5010.6**	**711.5**	**435.5**
北　　京	66.7	39.7	31.3	4.4	4.0
天　　津	57.8	44.9	35.6	6.2	3.0
河　　北	571.9	458.0	337.4	86.9	33.7
山　　西	68.2	62.2	47.9	6.9	7.4
内 蒙 古	229.5	193.6	87.6	33.6	72.4
辽　　宁	347.9	240.6	191.2	42.2	7.1
吉　　林	260.2	163.3	108.2	51.0	4.2
黑 龙 江	173.5	142.3	100.4	31.1	10.7
上　　海	31.3	18.7	18.0	0.1	0.6
江　　苏	352.3	242.1	218.5	5.7	17.9
浙　　江	165.3	130.4	125.1	1.4	3.9
安　　徽	340.1	265.0	215.6	33.0	16.4
福　　建	165.9	138.5	133.5	2.9	2.1
江　　西	237.1	187.7	175.9	10.2	1.6
山　　东	753.9	484.1	367.1	80.7	36.4
河　　南	685.9	588.3	440.8	100.8	46.7
湖　　北	327.3	278.7	256.3	16.3	6.0
湖　　南	523.5	466.8	437.0	18.2	11.6
广　　东	384.3	264.2	256.3	7.2	0.7
广　　西	242.9	206.6	186.0	16.9	3.8
海　　南	58.2	41.3	37.0	3.0	1.3
重　　庆	178.0	153.3	143.8	5.8	3.6
四　　川	653.6	562.2	513.7	28.5	20.0
贵　　州	167.5	154.7	136.7	12.5	5.5
云　　南	298.6	276.0	244.2	21.7	10.1
西　　藏	21.5	21.5	1.2	12.8	7.5
陕　　西	102.8	89.6	68.4	11.9	9.3
甘　　肃	82.1	75.7	50.5	12.8	12.5
青　　海	25.8	25.1	8.6	7.4	9.2
宁　　夏	26.2	22.3	10.7	5.2	6.4
新　　疆	143.3	120.3	26.2	34.2	59.9

注:从 2000 年开始肉类产量使用抽样调查推算数。

7—41 各地区其他畜产品产量

单位:万吨

地区	奶类		#牛奶		蜂蜜		禽蛋	
	2004年	2005年	2004年	2005年	2004年	2005年	2004年	2005年
全国总计	**2368.4**	**2864.8**	**2260.6**	**2753.4**	**29.3**	**29.3**	**2723.7**	**2879.5**
北京	70.1	64.2	70.0	64.2	0.3	0.3	15.9	16.0
天津	54.2	63.4	54.2	63.4	…	…	24.4	23.5
河北	276.9	348.6	266.5	340.3	0.7	0.8	432.9	459.0
山西	63.7	73.8	61.1	71.3	0.3	0.3	52.0	56.9
内蒙古	502.1	696.9	497.9	691.0	0.3	0.5	38.7	46.2
辽宁	62.3	78.8	58.4	74.9	0.2	0.2	192.4	224.0
吉林	26.0	30.0	25.3	29.4	0.7	0.8	95.0	100.0
黑龙江	378.1	444.2	374.5	440.2	1.2	1.1	98.3	102.7
上海	25.2	23.8	25.2	23.8	0.1	…	10.5	8.4
江苏	56.9	57.9	53.6	56.6	0.6	0.7	175.4	182.0
浙江	26.0	26.7	26.0	26.7	7.4	7.9	42.1	44.5
安徽	10.2	11.0	10.2	11.0	1.1	1.1	120.0	122.1
福建	21.1	19.8	20.8	19.4	0.8	0.9	43.4	43.9
江西	11.6	12.5	11.6	12.5	1.0	1.1	40.8	42.1
山东	188.7	221.0	160.9	187.1	0.8	0.8	432.9	441.8
河南	78.9	108.5	74.5	104.0	4.1	2.7	347.4	375.3
湖北	11.7	12.2	11.7	12.2	0.8	0.8	118.1	121.3
湖南	6.7	6.9	6.7	6.9	1.0	1.0	88.1	92.1
广东	11.2	11.9	10.9	11.6	1.2	1.4	31.7	33.2
广西	4.9	5.4	4.8	5.4	0.7	0.8	16.1	17.7
海南	0.1	0.1	0.1	0.1	0.1	0.1	2.7	2.7
重庆	8.6	8.6	8.5	8.6	0.6	0.6	36.6	39.1
四川	53.0	59.0	52.6	58.6	3.3	3.5	145.2	157.2
贵州	3.6	3.8	3.6	3.8	0.2	0.2	9.9	11.1
云南	28.3	32.7	26.9	30.9	0.7	0.6	16.5	19.0
西藏	26.2	27.0	20.3	21.2	…	…	0.3	0.4
陕西	125.5	141.7	96.2	113.3	0.3	0.3	48.4	48.7
甘肃	25.9	31.7	25.5	31.2	0.1	0.1	13.7	14.5
青海	24.1	25.0	22.8	23.6	0.1	0.1	1.4	1.4
宁夏	46.9	57.9	46.1	57.9	0.1	0.1	7.8	7.8
新疆	139.7	159.8	133.3	152.2	0.5	0.5	25.0	25.0

7—42 牲畜年末存栏头数及增减情况

指　　标	单位	1999年	2000年	2004年	2005年	2005年为2004年百分比(%)
一、大牲畜头数	万头	15024.8	15151.5	15737.8	15947.5	101.3
# 役畜	万头	7403.8	7449.8	6742.7	6565.1	97.4
1.牛	万头	12698.3	12866.3	13781.8	14157.5	102.7
# 黄牛	万头	9436.6	9656.5	10137.1	10016.6	98.8
乳牛	万头	442.8	488.9	1108.0	1216.1	109.8
水牛	万头	2258.7	2275.8	2236.1	2216.7	99.1
2.马	万头	891.4	876.6	763.9	740.0	96.9
3.驴	万头	934.8	922.7	791.9	777.2	98.1
4.骡	万头	467.3	453.0	374.0	360.4	96.4
5.骆驼	万头	33.0	32.6	26.2	26.6	101.3
二、猪	万头	43144.2	44681.5	48189.1	50334.8	104.5
三、羊	万只	27925.8	29031.9	36639.1	37265.9	101.7
山羊	万只	14816.3	15715.9	19550.9	19876.1	101.7
绵羊	万只	13109.5	13316.0	17088.2	17389.9	101.8
四、家禽	亿只	45.5	46.4	51.6	53.3	103.3
五、兔	万只	15789.3	17781.7	20216.1	21764.1	107.7

7—43 各地区牲畜年末存栏情况

单位:万头

地区	大牲畜	牛	黄牛	水牛
全国总计	**15947.5**	**14157.5**	**10016.6**	**2216.7**
北京	26.6	24.4	8.0	
天津	49.4	44.4	26.8	
河北	1019.1	826.9	644.7	
山西	312.7	218.6	215.4	
内蒙古	783.3	576.4	307.9	
辽宁	495.9	344.7	320.1	
吉林	634.9	550.0	535.5	
黑龙江	580.8	527.1	416.9	
上海	5.4	5.5	…	0.1
江苏	73.9	64.6	31.6	16.9
浙江	35.6	35.5	18.8	8.7
安徽	433.6	431.8	279.4	81.0
福建	105.9	105.7	64.8	33.3
江西	371.9	371.9	240.2	127.8
山东	1046.5	970.7	899.5	0.6
河南	1508.8	1447.0	1364.2	51.6
湖北	384.3	415.2	196.7	175.6
湖南	595.8	606.5	367.1	221.2
广东	372.4	372.3	170.3	197.1
广西	777.2	735.6	318.9	411.5
海南	143.0	143.0	58.6	84.3
重庆	174.5	167.2	115.7	52.6
四川	1253.8	1150.4	887.2	236.7
贵州	873.8	793.2	528.7	256.3
云南	937.6	802.1	480.4	259.7
西藏	686.2	632.5	111.3	
陕西	340.5	309.0	261.1	1.8
甘肃	614.7	476.9	394.7	
青海	453.5	406.2	387.7	
宁夏	116.3	98.2	75.3	
新疆	739.7	504.2	289.3	

7—43 续表 1

单位:万头

地区	马	驴	骡
全国总计	**740.0**	**777.2**	**360.4**
北京	0.2	1.4	0.6
天津	0.3	3.6	1.1
河北	33.1	104.1	40.5
山西	3.9	32.4	31.1
内蒙古	67.9	86.8	43.6
辽宁	28.2	98.9	24.1
吉林	53.7	16.8	14.5
黑龙江	41.3	7.6	4.8
上海			
江苏	1.4	6.4	1.5
浙江	0.1		…
安徽	0.4	1.1	0.3
福建			
江西			
山东	13.1	54.8	8.1
河南	17.3	29.6	14.2
湖北	1.6	0.4	0.2
湖南	3.9	0.5	0.2
广东	0.1		
广西	39.6	0.1	4.1
海南			
重庆	2.4	0.2	1.2
四川	88.5	8.8	9.6
贵州	78.0	0.2	2.4
云南	78.3	33.3	65.9
西藏	42.0	10.1	1.6
陕西	1.2	21.9	8.5
甘肃	24.5	113.3	61.3
青海	24.5	8.3	13.8
宁夏	0.4	12.8	4.9
新疆	94.2	123.9	2.4

7—43 续表 2 单位:万头、万只

地区	猪	羊	山羊	绵羊
全国总计	**50334.8**	**37265.9**	**19876.1**	**17389.9**
北京	218.8	126.0	28.0	98.1
天津	255.5	84.7	21.6	63.1
河北	3064.4	2482.0	1000.2	1481.8
山西	463.3	1029.3	421.0	608.3
内蒙古	738.7	5420.0	1711.0	3709.0
辽宁	1453.6	995.6	510.7	484.9
吉林	615.2	430.0	65.0	365.1
黑龙江	1316.8	1180.3	408.9	771.4
上海	156.0	30.1	27.6	2.5
江苏	1927.2	1175.0	1155.0	20.0
浙江	1213.2	222.4	105.4	117.0
安徽	2034.0	921.3	918.5	2.8
福建	1330.1	136.0	136.0	
江西	1566.7	105.3	105.3	
山东	3238.7	3404.8	2683.0	721.8
河南	4439.0	3988.0	3509.4	478.6
湖北	2340.3	337.7	337.0	0.7
湖南	4435.0	711.3	711.1	0.1
广东	2143.5	39.2	39.2	
广西	3015.0	260.0	260.0	
海南	393.5	88.9	88.9	
重庆	1756.3	303.6	303.5	0.1
四川	5744.8	1587.3	1276.2	311.1
贵州	1972.9	448.3	428.6	19.7
云南	2601.7	976.9	874.3	102.6
西藏	30.2	1698.3	626.1	1072.2
陕西	764.1	930.9	709.6	221.3
甘肃	650.2	1526.3	338.8	1187.5
青海	105.1	1765.7	330.2	1435.5
宁夏	122.7	505.4	86.4	419.0
新疆	228.5	4355.5	659.8	3695.8

7—44 水产品产量和养殖面积

年 份	水产品总产量（万吨）	内陆水产品（万吨）		海水产品（万吨）		水产品养殖面积（千公顷）	
			#人工养殖		#人工养殖	内陆养殖	海水养殖
1952	166.6	60.6	14.0	106.0	6.0		
1957	311.6	117.9	57.0	193.7	12.0	1054.7	60.0
1962	228.3	78.5	31.0	149.8	9.0	1600.0	50.0
1965	298.4	97.0	51.0	201.4	10.0	1979.3	83.3
1970	318.5	90.4	58.0	228.1	18.0	2721.3	83.3
1975	441.2	106.5	75.0	334.7	28.0	3244.0	112.0
1978	465.3	105.9	76.2	359.5	45.0	2722.8	100.6
1979	430.5	111.6	81.3	318.9	41.6	2737.8	116.5
1980	449.7	124.0	90.1	325.7	44.4	2864.1	133.6
1981	460.6	137.3	101.4	323.2	45.8	2880.3	138.5
1982	515.5	156.2	120.7	359.3	49.5	3050.6	162.5
1983	545.8	184.1	142.8	361.7	54.5	3082.6	186.7
1984	619.3	225.0	181.1	394.4	63.9	3259.5	242.6
1985	705.2	285.4	237.8	419.7	71.2	3687.5	277.0
1986	823.6	348.2	294.4	475.4	85.8	3787.9	325.2
1987	955.3	407.2	347.2	548.2	110.1	3859.3	369.3
1988	1060.9	455.2	389.8	605.7	142.4	3894.9	409.5
1989	1151.7	490.5	417.0	661.2	157.6	3812.3	423.1
1990	1237.0	523.7	445.4	713.3	162.4	3829.8	428.9
1991	1350.8	550.7	459.2	800.1	190.5	3827.5	449.3
1992	1557.1	623.5	533.4	933.7	242.4	3975.7	499.1
1993	1823.0	747.0	644.1	1076.0	308.7	4132.6	586.3
1994	2143.2	901.7	785.0	1241.5	345.7	4429.9	653.5
1995	2517.2	1078.0	940.8	1439.1	412.3	4669.4	715.9
1996	3288.1	1275.2	1099.0	2012.9	763.9	4832.3	822.1
1997	3601.8	1425.4	1236.7	2176.4	791.0	4962.9	937.9
1998	3906.5	1549.8	1321.4	2356.7	860.0	5064.2	1004.4
1999	4122.4	1650.5	1422.7	2471.9	974.3	5182.1	1095.0
2000	4278.5	1739.7	1513.4	2538.7	1061.3	5264.8	1243.2
2001	4381.3	1809.6	1595.0	2571.7	1131.1	5399.4	1286.9
2002	4564.5	1918.2	1693.0	2646.3	1212.8	5509.7	1344.7
2003	4704.6	2018.8	1772.0	2685.7	1253.3	5609.4	1532.2
2004	4901.8	2134.0	1892.0	2767.8	1316.7	5723.3	1623.8
2005	5107.6	2269.3	2010.5	2838.3	1384.8	5863.7	1694.5

7—45 水产品产量和养殖面积及增减情况

指　　标	单位	1990 年	1995 年	2000 年	2004 年	2005 年	2005 年为2004 年百分比(%)
一.水产品总产量	**吨**	**12370203**	**25171794**	**42784845**	**49017671**	**51076437**	**104.2**
1.按海水、内陆分							
海水产品产量	吨	7132915	14391297	25387389	27677907	28383331	102.5
内陆水产品产量	吨	5237288	10780497	17397456	21339764	22693106	106.3
2.按生产性质分							
捕捞产量	吨	6291908	11641237	17038176	16930650	17123330	101.1
养殖产量	吨	6078295	13530557	25746669	32087021	33953107	105.8
3.按品种分							
鱼类	吨	9280816	17767539	26060480	29106894	30695418	105.5
虾蟹类	吨	1165054	2121365	3853954	4657906	4867096	104.5
贝类	吨	1549061	4127896	10849816	11649587	12141715	104.2
藻类	吨	275186	749140	1221988	1505216	1541652	102.4
其它类	吨	100086	405854	798607	2098068	1830556	87.2
二.水产养殖面积	**千公顷**	**4258.7**	**5385.3**	**6508.1**	**7347.1**	**7558.2**	**102.9**
1.海水养殖面积	千公顷	428.9	715.9	1243.2	1623.8	1694.5	104.4
浅海养殖	千公顷		131.8	326.0	659.9	721.8	109.4
港湾养殖	千公顷		159.5	230.8	632.1	677.0	107.1
滩涂养殖	千公顷		424.6	686.5	331.8	295.7	89.1
2.内陆养殖面积	千公顷	3829.8	4669.4	5264.8	5723.3	5863.7	102.5
池塘养殖	千公顷		1857.9	2212.6	2396.0	2469.2	103.1
湖泊养殖	千公顷		824.2	879.1	958.6	956.9	99.8
河沟养殖	千公顷		347.4	379.8	387.5	386.6	99.8
水库养殖	千公顷		1515.7	1620.0	1725.6	1811.8	105.0
其他养殖	千公顷		124.2	173.3	255.5	239.2	93.6

7—46 海水产品和内陆水产品产量

单位:吨

指　　标	1990 年	1995 年	2000 年	2004 年	2005 年	2005 年为2004 年百分比(%)
海水产品产量	**7132915**	**14391297**	**25387389**	**27677907**	**28383331**	**102.5**
一、海洋捕捞产量	5508862	10268373	14774524	14510858	14535484	100.2
鱼类		7436501	9902931	9590111	9860826	102.8
虾蟹类		1732445	2626967	2401850	2409410	100.3
贝类		823691	1779621	867855	929319	107.1
藻类		10637	20429	37671	30367	80.6
其它类		265099	444576	1613371	1305562	80.9
二、海水养殖产量	1624053	4122924	10612865	13167049	13847847	105.2
鱼类		144937	426957	582566	658928	113.1
虾蟹类		115901	343940	722172	828511	114.7
贝类		3099099	8607050	10247151	10674762	104.2
藻类		738503	1201559	1467545	1511285	103.0
其它类		24484	33359	147615	174361	118.1
内陆水产品产量	**5237288**	**10780497**	**17397456**	**21339764**	**22693106**	**106.3**
一、内陆捕捞产量	783046	1372864	2263652	2419792	2587846	106.9
鱼类		1080666	1703586	1724018	1885513	109.4
虾蟹类		137195	254844	308258	327333	106.2
贝类		125496	256281	343449	332631	96.9
其它类		29507	48941	44067	42369	96.1
二、内陆养殖产量	4454242	9407633	15133804	18919972	20105260	106.3
鱼类		9105435	14027006	17210199	18290151	106.3
虾蟹类		135824	628203	1225626	1301842	106.2
贝类		79610	206864	191132	205003	107.3
其它类		86764	271731	293015	308264	105.2

7—47 各地区水产品产量

（按来源分）

单位:吨

地区	水产品总产量		捕捞产量		养殖产量	
	2004年	2005年	2004年	2005年	2004年	2005年
全国总计	**49017671**	**51076437**	**16930650**	**17123330**	**32087021**	**33953107**
北京	66753	64258			66753	64258
天津	310033	338115	49276	50163	260757	287952
河北	923788	989461	393427	396242	530361	593219
山西	35364	37542	2084	1433	33280	36109
内蒙古	77257	82608	29014	29254	48243	53354
辽宁	4025331	4253388	1533461	1562820	2491870	2690568
吉林	119821	118930	27783	24911	92038	94019
黑龙江	430066	445970	53568	50762	376498	395208
上海	344105	353539	136839	153151	207266	200388
江苏	3661285	3886555	902180	911901	2759105	2974654
浙江	4935288	4837669	3311320	3235886	1623968	1601783
安徽	1713259	1775721	357559	378756	1355700	1396965
福建	5912117	6022167	2317846	2306663	3594271	3715504
江西	1563427	1686648	231619	248929	1331808	1437719
山东	7181520	7361381	2805630	2803602	4375890	4557779
河南	426958	516780	28604	34569	398354	482211
湖北	3021300	3182065	393660	450484	2627640	2731581
湖南	1661048	1792164	170303	185190	1490745	1606974
广东	6645646	6952346	1840288	1850739	4805358	5101607
广西	2688879	2841935	909480	958934	1779399	1883001
海南	1358484	1500129	1015153	1104054	343331	396075
重庆	234134	250568	12912	13005	221222	237563
四川	861150	982490	61295	69112	799855	913378
贵州	88475	94589	10855	12250	77620	82339
云南	220498	238488	25370	25844	195128	212644
西藏	548	93	512	92	36	1
陕西	73686	73593	3886	6065	69800	67528
甘肃	14539	15675	880	1270	13659	14405
青海	1477	878	60	62	1417	816
宁夏	56541	58319	398	385	56143	57934
新疆	72239	79320	12733	13749	59506	65571
水产总公司	292655	243053	292655	243053		

7—48 各地区水产品产量

（按类别分）

单位：吨

地区	水产品总产量	鱼类	虾蟹类	贝类	藻类	其他类
全国总计	**51076437**	**30695418**	**4867096**	**12141715**	**1541652**	**1830556**
北京	64258	63739	519			
天津	338115	279497	39810	16243		2565
河北	989461	577946	118753	252246		40516
山西	37542	37441	42			59
内蒙古	82608	77127	4347			1134
辽宁	4253388	1457408	406133	1736414	394558	258875
吉林	118930	117914	822	144		
黑龙江	445970	438486	5936	451		1097
上海	353539	227324	91076	26233		8906
江苏	3886555	2458592	699127	599361	18683	110792
浙江	4837669	2645208	986367	775196	34599	396299
安徽	1775721	1435646	203671	98974		37430
福建	6022167	2470082	392675	2527499	468311	163600
江西	1686648	1528665	69186	53804		34993
山东	7361381	2753617	526659	3153759	538095	389251
河南	516780	497481	14453	1428		3418
湖北	3182065	3008424	112585	42319		18737
湖南	1792164	1725019	26809	23825		16511
广东	6952346	4145796	683408	1889520	39171	194451
广西	2841935	1618547	281049	868712	173	73454
海南	1500129	1127244	189000	67223	48062	68600
重庆	250568	246658	762	2022		1126
四川	982490	964779	5693	5639		6379
贵州	94589	92248	1827	428		86
云南	238488	231483	6267	275		463
西藏	93	93				
陕西	73593	73311	109			173
甘肃	15675	15675				
青海	878	878				
宁夏	58319	57795	11			
新疆	79320	78242				1078
水产总公司	243053	243053				

7—49 各地区海水产品产量

（按来源分）

单位：吨

地区	海水产品产量		海洋捕捞产量		海水养殖产量	
	2004年	2005年	2004年	2005年	2004年	2005年
全国总计	**27677907**	**28383331**	**14510858**	**14535484**	**13167049**	**13847847**
北京						
天津	48606	48953	37975	38038	10631	10915
河北	536902	571808	311120	310753	225782	261055
山西						
内蒙古						
辽宁	3461571	3641624	1491192	1520371	1970379	2121253
吉林						
黑龙江						
上海	134237	150307	132008	149567	2229	740
江苏	1073982	1134311	589404	582813	484578	551498
浙江	4149798	4023680	3220358	3142573	929440	881107
安徽						
福建	5232746	5318809	2233279	2221438	2999467	3097371
江西						
山东	6120970	6261128	2702130	2680834	3418840	3580294
河南						
湖北						
湖南						
广东	3817870	3979516	1710884	1720459	2106986	2259057
广西	1658050	1739581	799488	845786	858562	893795
海南	1150520	1270561	990365	1079799	160155	190762
重庆						
四川						
贵州						
云南						
西藏						
陕西						
甘肃						
青海						
宁夏						
新疆						
水产总公司	292655	243053	292655	243053		

7—50 各地区海水产品产量

（按类别分）

单位：吨

地区	海水产品产量	鱼类	虾蟹类	贝类	藻类	其他类
全国总计	**28383331**	**10519754**	**3237921**	**11604081**	**1541652**	**1479923**
北京						
天津	48953	18362	13506	14907		2178
河北	571808	191613	95057	247257		37881
山西						
内蒙古						
辽宁	3641624	913006	349834	1735305	394558	248921
吉林						
黑龙江						
上海	150307	101093	16625	25525		7064
江苏	1134311	380685	154402	510846	18683	69695
浙江	4023680	2086061	869529	727194	34599	306297
安徽						
福建	5318809	1868474	355546	2478200	468311	148278
江西						
山东	6261128	1730402	468393	3139860	538095	384378
河南						
湖北						
湖南						
广东	3979516	1516699	463135	1811592	39171	148919
广西	1739581	558786	264369	849429	173	66824
海南	1270561	911520	187525	63966	48062	59488
重庆						
四川						
贵州						
云南						
西藏						
陕西						
甘肃						
青海						
宁夏						
新疆						
水产总公司	243053	243053				

7－51 各地区内陆水产品产量

（按来源分）

单位：吨

地区	内陆水产品产量		内陆捕捞产量		内陆养殖产量	
	2004年	2005年	2004年	2005年	2004年	2005年
全国总计	**21339764**	**22693106**	**2419792**	**2587846**	**18919972**	**20105260**
北　京	66753	64258			66753	64258
天　津	261427	289162	11301	12125	250126	277037
河　北	386886	417653	82307	85489	304579	332164
山　西	35364	37542	2084	1433	33280	36109
内蒙古	77257	82608	29014	29254	48243	53354
辽　宁	563760	611764	42269	42449	521491	569315
吉　林	119821	118930	27783	24911	92038	94019
黑龙江	430066	445970	53568	50762	376498	395208
上　海	209868	203232	4831	3584	205037	199648
江　苏	2587303	2752244	312776	329088	2274527	2423156
浙　江	785490	813989	90962	93313	694528	720676
安　徽	1713259	1775721	357559	378756	1355700	1396965
福　建	679371	703358	84567	85225	594804	618133
江　西	1563427	1686648	231619	248929	1331808	1437719
山　东	1060550	1100253	103500	122768	957050	977485
河　南	426958	516780	28604	34569	398354	482211
湖　北	3021300	3182065	393660	450484	2627640	2731581
湖　南	1661048	1792164	170303	185190	1490745	1606974
广　东	2827776	2972830	129404	130280	2698372	2842550
广　西	1030829	1102354	109992	113148	920837	989206
海　南	207964	229568	24788	24255	183176	205313
重　庆	234134	250568	12912	13005	221222	237563
四　川	861150	982490	61295	69112	799855	913378
贵　州	88475	94589	10855	12250	77620	82339
云　南	220498	238488	25370	25844	195128	212644
西　藏	548	93	512	92	36	1
陕　西	73686	73593	3886	6065	69800	67528
甘　肃	14539	15675	880	1270	13659	14405
青　海	1477	878	60	62	1417	816
宁　夏	56541	58319	398	385	56143	57934
新　疆	72239	79320	12733	13749	59506	65571

7—52 各地区内陆水产品产量

（按类别分）

单位：吨

地区	内陆水产品产量	鱼类	虾蟹类	贝类	其他类
全国总计	**22693106**	**20175664**	**1629175**	**537634**	**350633**
北京	64258	63739	519		
天津	289162	261135	26304	1336	387
河北	417653	386333	23696	4989	2635
山西	37542	37441	42		59
内蒙古	82608	77127	4347		1134
辽宁	611764	544402	56299	1109	9954
吉林	118930	117914	822	144	50
黑龙江	445970	438486	5936	451	1097
上海	203232	126231	74451	708	1842
江苏	2752244	2077907	544725	88515	41097
浙江	813989	559147	116838	48002	90002
安徽	1775721	1435646	203671	98974	37430
福建	703358	601608	37129	49299	15322
江西	1686648	1528665	69186	53804	34993
山东	1100253	1023215	58266	13899	4873
河南	516780	497481	14453	1428	3418
湖北	3182065	3008424	112585	42319	18737
湖南	1792164	1725019	26809	23825	16511
广东	2972830	2629097	220273	77928	45532
广西	1102354	1059761	16680	19283	6630
海南	229568	215724	1475	3257	9112
重庆	250568	246658	762	2022	1126
四川	982490	964779	5693	5639	6379
贵州	94589	92248	1827	428	86
云南	238488	231483	6267	275	463
西藏	93	93			
陕西	73593	73311	109		173
甘肃	15675	15675			
青海	878	878			
宁夏	58319	57795	11		
新疆	79320	78242			1078

7—53 各地区水产养殖面积

单位:千公顷

地区	水产品养殖面积		内陆养殖面积		海水养殖面积	
	2004年	2005年	2004年	2005年	2004年	2005年
全国总计	**7347.1**	**7558.2**	**5723.3**	**5863.7**	**1623.8**	**1694.5**
北京	20.1	19.7	20.1	19.7		
天津	40.4	41.7	35.0	36.9	5.4	4.8
河北	158.0	165.1	76.3	74.7	81.7	90.4
山西	18.1	18.3	18.1	18.3		
内蒙古	110.8	120.2	110.8	120.2		
辽宁	557.7	616.5	153.0	167.2	404.8	449.3
吉林	189.6	201.2	189.6	201.2		
黑龙江	394.4	395.2	394.4	395.2		
上海	42.5	41.1	42.2	41.0	0.4	0.1
江苏	800.3	813.6	634.0	640.6	166.3	173.0
浙江	323.4	317.6	205.1	205.2	118.3	112.4
安徽	589.1	598.0	589.1	598.0		
福建	247.8	253.2	100.3	100.5	147.5	152.7
江西	363.8	374.3	363.8	374.3		
山东	676.2	688.7	277.6	281.4	398.7	407.4
河南	203.7	230.0	203.7	230.0		
湖北	662.4	666.7	662.4	666.7		
湖南	465.7	481.7	465.7	481.7		
广东	599.0	604.7	377.8	380.3	221.3	224.4
广西	258.0	265.0	196.1	203.0	61.9	62.0
海南	63.5	64.4	45.8	46.3	17.7	18.1
重庆	68.9	69.7	68.9	69.7		
四川	195.1	200.9	195.1	200.9		
贵州	34.8	43.2	34.8	43.2		
云南	86.2	86.0	86.2	86.0		
西藏						
陕西	26.1	26.7	26.1	26.7		
甘肃	19.4	18.9	19.4	18.9		
青海	42.8	42.8	42.8	42.8		
宁夏	14.3	17.1	14.3	17.1		
新疆	75.0	76.0	75.0	76.0		

7—53 续表 单位：千公顷

地区	海水养殖			内陆养殖				
	浅海养殖	港湾养殖	滩涂养殖	池塘养殖	湖泊养殖	河沟养殖	水库养殖	其他养殖
全国总计	**721.8**	**677.0**	**295.7**	**2469.2**	**956.9**	**386.6**	**1811.8**	**239.2**
北京				5.5			14.1	0.1
天津			4.8	28.7	1.2	0.5	6.5	
河北	31.3	37.9	21.2	33.3	5.0	1.2	34.2	0.9
山西				3.3	1.3	0.4	13.3	0.1
内蒙古				8.4	61.7	1.2	48.9	…
辽宁	301.0	95.8	52.5	46.7	…	2.0	98.5	20.0
吉林				21.4	63.1	0.1	116.0	0.6
黑龙江				120.6	126.4	11.79	115.2	21.3
上海		0.1		23.8	5.1	6.8		5.3
江苏	17.5	131.0	24.5	348.1	107.8	109.3	26.6	48.9
浙江	17.2	56.9	38.3	63.8		44.3	91.9	5.3
安徽				229.3	194.3	72.0	84.5	17.9
福建	61.9	66.6	24.2	39.6	1.2	6.4	49.6	3.7
江西				114.3	83.6	12.1	138.1	26.2
山东	193.6	158.8	55.0	145.8	19.8	7.4	104.4	3.9
河南				103.8	4.1	6.4	114.9	0.8
湖北				326.3	173.8	18.7	104.7	43.2
湖南				256.8	61.7	25.8	114.7	22.7
广东	80.0	87.6	56.8	261.5		3.2	112.0	3.6
广西	17.4	31.5	13.1	79.8		10.5	109.1	3.6
海南	2.0	10.9	5.2	18.0	…	…	27.8	0.5
重庆				32.8		12.1	23.5	1.2
四川				92.5	12.1	24.6	69.5	2.4
贵州				5.3	0.3	1.9	34.9	0.9
云南				29.7	12.0	1.1	43.2	0.1
西藏								
陕西				7.7	5.6	0.1	13.1	0.2
甘肃				2.9	0.1	0.1	15.5	0.3
青海				0.3	4.2		38.2	
宁夏				8.7	6.7	0.3	1.0	0.5
新疆				10.6	5.8	6.5	48.1	5.1

8

农村市场与物价

8—1 农村主要物价总指数

（上年＝100）

年 份	农村居民消费价格指数	农业生产资料价格指数	农产品生产价格总指数
1952			101.7
1957			105.0
1962			99.4
1965			99.2
1970			100.1
1975			102.1
1978		99.9	103.9
1979		100.4	122.1
1980		101.0	107.1
1981		101.7	105.9
1982		101.9	102.2
1983		103.0	104.4
1984		108.9	104.0
1985	107.6	104.8	108.6
1986	106.1	101.1	106.4
1987	106.2	107.0	112.0
1988	117.5	116.2	123.0
1989	119.3	118.9	115.0
1990	104.5	105.5	97.4
1991	102.3	102.9	98.0
1992	104.7	103.7	103.4
1993	113.7	114.1	113.4
1994	123.4	121.6	139.9
1995	117.5	127.4	119.9
1996	107.9	108.4	104.2
1997	102.5	99.5	95.5
1998	99.0	94.5	92.0
1999	98.5	95.8	87.8
2000	99.9	99.1	96.4
2001	100.8	99.1	103.1
2002	99.6	100.5	99.7
2003	101.6	101.4	104.4
2004	104.8	110.6	113.1
2005	102.2	108.3	101.4

注：农产品生产价格总指数 2000 年以前为农副产品收购价格指数。

8—2 各地区农村商品零售价格分类指数

（上年价格=100）

地　　区	总指数	一、食品	1.粮食	2.淀粉及薯类	3.干豆类及豆制品	4.油脂
全国平均	**101.4**	**102.8**	**101.2**	**104.4**	**102.7**	**94.8**
北　京						
天　津						
河　北	101.2	101.5	102.8	109.4	101.8	96.2
山　西	100.7	102.4	103.1	108.8	107.5	94.0
内蒙古	101.4	102.3	103.8	114.3	108.5	97.5
辽　宁	100.9	102.1	102.4	105.3	99.9	86.7
吉　林	101.5	100.1	103.7	101.7	97.4	91.0
黑龙江	102.3	99.9	102.7	99.4	95.5	90.9
上　海						
江　苏	101.1	104.2	100.6	106.5	101.5	93.0
浙　江	100.7	103.1	99.2	101.2	101.3	92.5
安　徽	101.1	103.9	97.0	105.6	102.9	88.4
福　建	101.0	103.6	99.1	104.4	102.8	97.9
江　西	101.4	102.4	96.8	105.9	103.0	96.7
山　东	101.2	104.5	99.8	105.1	105.3	93.2
河　南	101.6	102.9	100.3	101.7	104.1	90.7
湖　北	102.4	104.7	101.0	116.0	108.3	91.4
湖　南	103.0	102.5	101.0	107.4	107.5	99.3
广　东	102.2	104.7	101.6	101.2	102.9	100.7
广　西	101.0	102.2	101.2	106.7	106.1	95.5
海　南	101.5	103.3	99.6	105.6	104.6	98.9
重　庆						
四　川	101.0	101.8	102.3	103.3	102.7	95.3
贵　州	102.8	101.6	99.9	102.5	104.8	90.1
云　南	99.8	99.2	103.6	102.8	104.6	97.8
西　藏	100.4	102.8	104.0	99.3	107.5	100.1
陕　西	100.8	101.5	101.7	109.0	102.9	95.4
甘　肃	100.6	101.0	104.4	104.4	103.0	95.4
青　海	101.0	100.5	101.9	94.3	102.5	95.1
宁　夏	100.1	101.9	106.3	98.3	100.6	98.6
新　疆	99.3	97.5	102.5	106.7	101.7	91.6

8—2 续表 1

地　　区	5.肉禽及其制品	6.蛋	7.水产品	8.菜	9.调味品	10.糖
全国平均	**103.3**	**105.5**	**104.6**	**107.2**	**101.3**	**105.0**
北　京						
天　津						
河　北	102.8	102.7	98.4	96.1	101.1	104.0
山　西	101.4	103.2	105.0	101.9	101.4	105.0
内蒙古	101.9	104.8	100.8	104.9	100.5	102.4
辽　宁	100.9	102.1	107.7	105.8	100.8	100.4
吉　林	102.7	103.7	92.6	95.6	100.6	111.3
黑龙江	100.6	102.0	98.8	97.4	99.9	101.4
上　海						
江　苏	104.5	105.5	106.2	112.6	100.9	104.7
浙　江	102.4	106.8	104.5	109.3	101.2	103.9
安　徽	106.5	110.5	103.3	114.9	100.6	105.3
福　建	105.3	103.7	102.9	112.5	100.2	103.5
江　西	102.2	107.3	99.8	115.4	100.2	108.9
山　东	103.3	107.6	99.9	119.9	106.2	110.3
河　南	102.0	105.2	101.1	113.7	100.3	108.7
湖　北	107.2	104.5	101.3	117.3	113.9	107.1
湖　南	101.4	110.1	108.5	115.3	103.2	102.6
广　东	106.1	104.9	110.1	108.8	100.7	104.3
广　西	105.0	102.7	106.5	104.4	102.8	102.4
海　南	101.6	104.8	106.1	117.5	102.6	108.4
重　庆						
四　川	101.5	106.4	104.2	102.6	101.2	104.5
贵　州	103.8	116.3	104.4	100.7	99.4	109.4
云　南	99.8	107.8	109.8	84.9	101.3	100.6
西　藏	103.7	106.6	102.9	100.2	99.5	103.3
陕　西	101.2	104.9	101.2	97.4	100.4	103.7
甘　肃	104.2	104.4	106.3	94.2	100.1	104.2
青　海	101.4	109.1	103.7	97.5	100.3	103.3
宁　夏	101.1	104.2	96.4	98.2	100.8	104.7
新　疆	98.7	99.5	104.3	90.9	100.7	100.7

8—2 续表 2

地　　区	11. 干鲜瓜果	12. 糕点饼干面包	13. 奶及奶制品	14. 在外用膳食品	15. 其它食品	二、饮料、烟酒
全国平均	**101.2**	**100.9**	**101.5**	**101.7**	**100.7**	**100.6**
北　　京						
天　　津						
河　　北	110.6	100.6	102.0	100.4	99.6	100.0
山　　西	107.1	100.4	100.6	102.7	99.7	101.9
内 蒙 古	99.1	99.7	101.1	101.3	100.5	99.3
辽　　宁	106.5	101.6	101.4	100.0	100.8	99.3
吉　　林	99.6	100.2	100.7	101.6	97.9	99.8
黑 龙 江	99.7	101.4	102.8	101.6	103.7	100.1
上　　海						
江　　苏	102.4	98.9	98.9	105.1	101.9	100.9
浙　　江	100.1	100.3	101.2	100.5	101.9	100.3
安　　徽	100.0	101.1	101.5	101.0	99.6	100.5
福　　建	102.9	99.4	98.8	101.4	101.5	100.3
江　　西	99.7	99.3	100.5	100.8	100.3	100.6
山　　东	103.9	102.9	105.0	102.1	100.8	100.3
河　　南	107.4	100.5	105.0	101.7	100.2	100.7
湖　　北	97.7	101.3	104.0	102.0	100.6	100.3
湖　　南	97.0	100.0	100.6	99.5	99.9	100.0
广　　东	99.1	101.7	99.6	102.4	102.4	101.4
广　　西	87.5	106.4	105.1	100.1	103.4	101.2
海　　南	92.7	100.4	99.5	100.8	100.9	100.0
重　　庆						
四　　川	103.3	101.0	99.2	102.3	99.3	100.4
贵　　州	111.9	96.7	112.3	105.5	99.0	101.3
云　　南	91.5	102.7	101.4	101.9	98.7	103.1
西　　藏	96.0	103.8	109.3	105.2	97.9	102.0
陕　　西	104.9	100.2	102.7	102.8	104.7	100.9
甘　　肃	97.5	98.4	103.5	100.8	98.0	99.3
青　　海	96.3	98.1	104.0	101.6	100.3	98.9
宁　　夏	95.9	99.8	105.8	103.7	103.4	98.5
新　　疆	89.2	102.4	100.2	101.2	99.3	100.2

8—2 续表 3

地　　区	1.茶及饮料	2.烟草	3.酒	三、服装、鞋帽	1.服装	2.鞋袜帽
全国平均	**100.3**	**100.5**	**101.0**	**99.1**	**99.1**	**99.5**
北　　京						
天　　津						
河　　北	100.5	99.5	100.3	100.2	100.8	99.4
山　　西	99.6	101.8	103.4	98.2	97.2	100.3
内 蒙 古	100.7	99.2	98.7	99.6	99.4	100.0
辽　　宁	99.9	100.4	97.7	99.1	97.2	102.1
吉　　林	98.3	101.3	99.6	102.3	101.7	103.9
黑 龙 江	99.8	100.0	100.4	101.2	101.5	100.7
上　　海						
江　　苏	99.9	101.3	100.9	99.2	99.2	99.4
浙　　江	100.1	99.7	101.3	95.2	95.1	95.9
安　　徽	100.1	100.8	100.0	96.3	95.3	98.9
福　　建	100.4	99.7	100.8	98.5	98.7	99.0
江　　西	99.1	101.1	100.7	100.1	98.7	103.0
山　　东	100.3	100.1	100.6	97.1	96.2	98.4
河　　南	99.8	101.5	100.5	98.7	98.7	98.8
湖　　北	98.9	99.2	102.3	100.7	100.7	100.9
湖　　南	100.1	100.0	99.9	101.0	100.8	102.1
广　　东	100.9	101.5	101.8	99.9	100.4	99.5
广　　西	101.8	98.2	104.1	99.1	103.6	88.0
海　　南	99.2	99.5	101.1	96.2	95.2	99.3
重　　庆						
四　　川	99.6	100.3	100.6	100.2	100.4	99.8
贵　　州	114.4	101.1	100.9	100.1	101.2	99.1
云　　南	99.4	103.2	105.6	96.5	94.7	99.3
西　　藏	99.9	102.7	102.5	103.0	104.3	101.0
陕　　西	101.0	100.7	101.0	101.0	100.4	102.7
甘　　肃	99.3	98.2	100.3	103.6	104.4	103.0
青　　海	98.6	98.7	99.1	99.4	99.1	100.0
宁　　夏	100.5	98.3	97.8	100.3	99.1	104.4
新　　疆	102.0	99.1	100.1	100.4	101.4	98.0

8—2 续表 4

地　　区	3.其它	四、纺织品	1.衣着材料	2.床上用品	五、家用电器及音像器材	1.家庭设备
全国平均	**97.5**	**100.4**	**100.8**	**100.0**	**97.3**	**98.8**
北　　京						
天　　津						
河　　北	95.3	102.1	103.6	100.3	96.1	96.8
山　　西	99.0	99.3	99.0	99.9	97.1	99.8
内 蒙 古	99.9	99.6	100.2	99.0	96.3	99.4
辽　　宁	97.8	100.5	101.7	99.3	96.0	98.2
吉　　林	100.0	101.7	101.3	102.3	96.9	96.6
黑 龙 江	101.0	101.2	101.2	101.2	99.0	100.4
上　　海						
江　　苏	98.4	99.5	99.9	99.3	97.9	99.1
浙　　江	93.1	100.4	100.6	100.2	96.3	96.7
安　　徽	96.5	99.7	100.9	98.3	98.4	99.6
福　　建	92.9	100.5	100.6	100.4	96.8	97.9
江　　西	99.3	101.7	103.8	99.9	95.5	97.3
山　　东	99.5	98.8	99.3	98.1	98.3	100.0
河　　南	98.6	100.2	99.8	100.8	97.6	99.6
湖　　北	99.6	100.1	98.5	100.8	98.5	99.8
湖　　南	94.9	101.4	100.6	102.0	97.4	97.5
广　　东	97.0	98.5	99.6	97.9	97.3	99.6
广　　西	99.1	100.3	100.5	100.1	96.3	99.1
海　　南	94.0	98.5	99.4	97.7	98.4	101.7
重　　庆						
四　　川	100.0	101.5	102.0	101.1	97.7	99.3
贵　　州	88.4	105.8	103.8	106.4	98.1	98.8
云　　南	95.3	99.3	100.5	98.5	95.0	93.6
西　　藏	98.4	98.7	98.5	99.0	93.5	97.2
陕　　西	98.9	101.5	101.9	101.0	98.1	100.8
甘　　肃	99.6	100.9	101.0	100.6	96.0	95.4
青　　海	100.0	99.7	99.6	99.8	99.1	98.9
宁　　夏	91.6	99.5	98.6	100.3	96.7	100.5
新　　疆	100.7	101.0	100.9	101.1	98.6	99.6

8—2 续表 5

地　　区	2.文娱用耐用消费品	3.音像器材类	六、文化办公用品	七、日用品	1.日用百货	2.日用杂品
全国平均	**95.6**	**98.1**	**98.2**	**100.2**	**100.1**	**100.9**
北　　京						
天　　津						
河　　北	95.6	98.0	98.8	100.4	100.4	101.3
山　　西	93.8	96.5	96.8	99.9	99.1	101.9
内 蒙 古	92.1	100.0	98.5	100.5	100.6	102.0
辽　　宁	93.3	100.0	97.9	99.3	99.2	100.0
吉　　林	97.0	98.4	97.9	99.9	99.7	101.2
黑 龙 江	97.3	100.0	98.7	100.4	100.6	101.2
上　　海						
江　　苏	96.5	94.7	98.0	99.7	99.2	100.2
浙　　江	95.4	99.9	98.2	101.0	100.8	102.2
安　　徽	96.5	99.7	97.1	99.9	100.7	100.0
福　　建	95.2	98.3	98.8	99.5	99.0	100.3
江　　西	93.6	99.8	100.0	100.5	100.7	101.1
山　　东	96.3	99.0	98.7	99.3	99.0	99.0
河　　南	94.4	100.0	99.2	99.7	99.7	100.1
湖　　北	96.1	98.9	99.6	99.7	99.3	100.7
湖　　南	97.4	93.7	99.5	101.1	100.8	103.1
广　　东	95.3	96.5	96.1	100.2	100.4	99.7
广　　西	91.9	98.4	95.1	102.4	101.0	104.1
海　　南	94.5	92.0	97.6	99.8	101.7	100.0
重　　庆						
四　　川	95.7	99.5	98.7	100.2	99.1	101.4
贵　　州	97.1	99.8	99.9	101.3	100.9	100.0
云　　南	96.5	97.6	97.7	99.1	98.7	99.2
西　　藏	89.1	98.3	97.4	100.4	100.8	98.7
陕　　西	94.9	99.1	98.9	100.7	101.0	101.0
甘　　肃	95.2	103.3	99.7	99.1	99.4	98.5
青　　海	99.3	99.9	100.1	99.4	99.1	99.3
宁　　夏	92.8	91.5	97.9	100.7	102.0	101.1
新　　疆	97.5	99.0	98.7	99.6	99.1	100.3

8—2 续表 6

地　区	3.洗涤用品	4.其它日用品	八、体育娱乐用品	1.体育用品	2.娱乐用品	九、交通、通信用品
全国平均	**100.4**	**99.7**	**99.1**	**99.7**	**98.7**	**94.0**
北　京						
天　津						
河　北	101.1	99.1	99.6	100.3	98.9	94.6
山　西	101.2	98.3	98.0	99.1	97.2	93.5
内蒙古	99.5	100.3	98.6	97.0	99.8	92.6
辽　宁	99.6	97.8	98.2	99.2	97.2	93.6
吉　林	99.2	100.1	100.1	99.5	100.6	98.9
黑龙江	100.4	99.8	101.8	103.8	99.1	94.2
上　海						
江　苏	100.4	98.7	98.1	97.8	98.4	92.4
浙　江	100.0	101.5	99.6	99.7	99.5	95.6
安　徽	99.5	98.7	98.4	96.0	100.6	94.6
福　建	99.6	99.5	98.6	99.4	97.9	90.3
江　西	100.6	99.4	99.2	99.4	99.1	92.5
山　东	99.7	99.5	99.7	99.7	99.7	94.0
河　南	99.5	99.7	100.0	100.5	99.4	94.7
湖　北	99.8	99.4	98.8	98.0	99.5	95.4
湖　南	100.8	100.4	99.3	100.0	98.6	95.7
广　东	100.4	100.1	99.5	100.6	98.3	92.5
广　西	104.2	100.5	100.7	104.0	97.0	91.3
海　南	101.1	97.4	100.2	100.4	99.9	91.1
重　庆						
四　川	100.4	99.8	99.5	99.5	99.5	95.3
贵　州	103.9	99.0	109.6	112.6	102.3	100.4
云　南	101.9	96.4	93.0	92.5	93.5	92.5
西　藏	102.1	99.1	95.2	96.2	94.5	97.2
陕　西	100.9	99.9	98.7	99.9	97.4	94.4
甘　肃	98.6	100.2	100.1	100.2	100.1	93.3
青　海	99.6	99.6	98.1	97.8	98.3	97.6
宁　夏	102.2	95.7	98.2	99.4	97.3	88.4
新　疆	99.9	99.5	98.4	97.7	99.1	95.2

8—2 续表 7

地　区	1.交通运输机械	2.通　讯器材类	十、家具	十一、化妆品	十二、金　银珠　宝	十三、中西药品及医疗保健用品
全国平均	**97.1**	**90.4**	**100.1**	**99.5**	**104.1**	**97.4**
北　京						
天　津						
河　北	98.2	89.8	100.9	99.8	103.5	98.3
山　西	96.0	86.8	99.8	99.5	101.1	96.9
内蒙古	99.0	87.7	100.0	99.4	103.7	97.9
辽　宁	97.9	86.4	95.8	98.4	106.8	96.3
吉　林	101.0	97.0	99.0	100.8	105.8	95.9
黑龙江	100.4	91.0	99.1	99.4	105.1	99.5
上　海						
江　苏	97.4	88.3	100.0	98.2	102.9	96.9
浙　江	97.3	91.2	99.7	99.3	106.1	96.5
安　徽	98.8	86.9	102.2	100.6	100.5	95.8
福　建	95.8	84.4	99.9	100.2	106.3	96.6
江　西	99.9	85.2	98.8	99.8	105.1	93.0
山　东	97.8	89.5	100.2	99.1	102.4	99.2
河　南	98.0	91.3	99.0	99.5	103.8	96.0
湖　北	97.7	93.9	99.2	99.5	102.3	97.8
湖　南	94.2	97.1	99.6	100.5	100.3	98.2
广　东	93.8	91.2	101.2	99.2	105.8	99.1
广　西	94.8	86.1	101.5	98.7	109.2	95.1
海　南	94.2	87.7	100.7	100.0	105.7	96.9
重　庆						
四　川	98.3	91.6	100.0	103.7	103.1	97.7
贵　州	100.5	99.9	101.1	108.2	102.2	98.6
云　南	96.5	86.0	97.5	96.6	106.1	95.8
西　藏	101.5	93.3	99.6	96.9	99.6	100.9
陕　西	100.3	89.2	99.8	99.6	103.2	96.3
甘　肃	98.9	89.3	100.9	101.2	102.2	97.8
青　海	99.9	95.5	98.1	96.6	104.1	98.9
宁　夏	98.5	78.2	94.4	94.3	106.4	95.6
新　疆	99.2	90.8	97.1	97.2	103.4	98.6

8—2续表8

地　区	1.医疗器具及用品	2.中药材及中成药	3.西药	4.保健器具及用品	十四、书报杂志及电子出版物	1.教材及参考书	2.书报杂志
全国平均	**98.0**	**96.3**	**97.8**	**98.9**	**100.3**	**100.5**	**100.5**
北　京							
天　津							
河　北	97.3	97.2	99.1	98.3	100.2	100.9	100.0
山　西	98.0	93.7	99.0	97.8	103.2	105.7	101.6
内蒙古	92.1	98.9	97.5	99.5	100.1	101.1	100.0
辽　宁	82.7	102.2	93.7	99.6	100.4	101.0	100.3
吉　林	94.9	92.7	97.7	100.2	101.5	103.3	100.7
黑龙江	99.9	100.3	99.0	98.4	99.9	100.3	99.2
上　海							
江　苏	96.7	95.4	97.7	98.3	100.5	101.5	100.4
浙　江	99.6	94.4	96.6	100.2	99.8	99.3	100.2
安　徽	96.7	94.6	95.7	100.4	99.7	98.9	100.3
福　建	96.8	96.1	96.6	98.5	100.3	101.5	100.3
江　西	92.2	89.7	94.5	98.2	101.0	101.9	100.5
山　东	98.7	98.9	99.2	100.1	100.0	99.5	101.3
河　南	97.7	93.5	97.3	98.7	99.7	99.7	100.1
湖　北	95.4	97.2	97.9	101.0	102.1	103.1	99.8
湖　南	99.2	95.8	99.1	101.0	100.8	100.5	101.1
广　东	102.2	98.7	99.3	98.5	100.9	101.1	102.0
广　西	92.9	94.3	96.0	95.7	100.5	100.5	100.4
海　南	99.9	95.4	97.9	95.6	103.2	107.0	99.9
重　庆							
四　川	100.2	96.5	97.6	100.5	98.9	98.6	99.7
贵　州	106.7	100.1	98.0	97.9	98.9	96.4	102.2
云　南	93.8	97.1	95.1	96.2	99.7	102.3	96.1
西　藏	100.0	99.7	102.6	99.1	99.8	101.4	100.3
陕　西	93.8	96.3	96.3	97.8	99.1	97.6	100.5
甘　肃	97.9	95.0	99.5	99.5	98.7	102.8	100.0
青　海	102.2	94.8	102.0	96.8	100.4	99.0	103.0
宁　夏	101.1	98.2	92.7	98.7	100.8	102.3	99.9
新　疆	103.1	97.6	98.3	97.2	100.3	98.1	104.8

8—2 续表 9

地　区	3.电子音像制品	十五、燃料	1.煤炭及制　品	2.石油及制　品	十六、建筑材料及五金电料	1.建筑装璜材料	2.五　金电　料
全国平均	**99.1**	**117.4**	**122.7**	**114.6**	**102.5**	**102.8**	**101.3**
北　京							
天　津							
河　北	99.1	114.5	112.6	115.8	101.8	102.1	100.6
山　西	100.4	118.1	122.8	115.3	102.5	102.3	103.4
内蒙古	98.4	126.2	140.0	115.7	101.5	101.7	100.9
辽　宁	99.4	119.1	126.8	114.7	102.8	103.8	100.2
吉　林	99.7	124.5	137.2	116.3	104.2	104.4	103.4
黑龙江	100.0	121.1	125.9	115.5	108.7	109.5	107.0
上　海							
江　苏	99.0	113.8	109.9	114.6	101.1	101.3	100.1
浙　江	99.8	113.6	110.7	114.7	102.6	102.8	102.1
安　徽	100.1	113.7	117.3	111.9	102.8	103.6	100.3
福　建	98.1	120.3	135.9	116.1	101.4	101.4	101.7
江　西	99.0	121.5	132.4	114.5	101.8	101.6	102.3
山　东	98.8	113.5	111.0	115.3	102.5	102.8	101.3
河　南	98.7	117.9	120.5	114.8	102.9	103.5	100.8
湖　北	103.0	113.9	117.9	112.7	100.9	100.7	101.1
湖　南	100.6	131.4	152.6	115.0	108.2	109.4	98.8
广　东	98.7	117.2	125.1	115.6	100.5	100.5	100.8
广　西	100.8	113.9	119.6	113.1	102.7	102.6	103.3
海　南	100.0	114.6	107.1	115.0	106.5	106.7	106.0
重　庆							
四　川	99.4	117.2	124.8	109.4	101.8	102.1	100.4
贵　州	99.4	122.1	131.4	114.5	103.3	103.6	100.3
云　南	100.8	115.3	120.3	112.3	104.3	105.1	101.7
西　藏	97.9	103.7	100.3	105.3	101.0	102.4	98.5
陕　西	100.1	116.8	124.9	113.8	102.0	102.1	101.9
甘　肃	91.7	110.3	109.3	111.3	104.6	105.4	103.3
青　海	99.7	114.4	113.7	114.9	100.3	100.1	100.7
宁　夏	93.7	115.0	114.5	115.4	98.4	97.6	100.1
新　疆	98.8	109.7	104.3	115.4	104.2	105.5	101.0

8—3 各地区农村居民消费价格分类指数

（以上年价格为100）

地　区	居民消费价格指数	一、食品	1. 粮食	2. 淀粉及薯类	3. 干豆类及豆制品	4. 油脂
全国平均	**102.2**	**102.5**	**101.3**	**104.7**	**103.0**	**94.4**
北　京						
天　津						
河　北	102.2	101.6	103.0	106.2	101.6	96.6
山　西	103.7	102.2	103.1	109.7	106.9	93.6
内蒙古	103.3	102.4	104.5	114.2	109.5	97.5
辽　宁	104.0	101.7	102.6	107.0	100.0	86.9
吉　林	101.9	99.9	104.0	99.9	99.1	92.5
黑龙江	102.3	101.4	102.6	99.1	95.5	96.9
上　海						
江　苏	102.4	104.5	100.7	106.4	100.9	93.1
浙　江	101.2	102.4	98.4	103.6	102.7	96.1
安　徽	101.9	103.0	96.7	106.7	102.7	90.4
福　建	102.8	103.7	99.6	103.2	102.9	96.2
江　西	102.2	102.5	98.8	104.7	103.2	97.8
山　东	102.4	103.5	100.0	107.6	102.6	93.0
河　南	102.1	102.4	101.3	100.9	103.4	90.9
湖　北	103.3	102.9	101.5	110.1	103.5	91.0
湖　南	102.8	100.9	102.1	104.6	108.7	96.0
广　东	102.7	104.6	101.1	100.1	103.9	100.3
广　西	101.6	102.2	100.8	104.3	108.4	92.7
海　南	101.7	102.1	100.3	107.0	104.4	94.7
重　庆						
四　川	101.6	101.5	101.8	102.8	103.1	94.1
贵　州	102.1	101.7	100.6	96.3	103.0	85.0
云　南	101.0	98.7	102.7	104.5	104.5	98.3
西　藏	100.9	101.6	102.9	97.6	105.2	101.1
陕　西	101.8	101.8	102.2	106.0	101.4	98.4
甘　肃	103.0	101.1	103.2	94.3	100.8	97.9
青　海	103.1	100.5	102.2	94.6	104.1	92.6
宁　夏	101.2	101.6	105.7	103.1	100.5	97.2
新　疆	101.2	97.9	103.4	106.4	101.8	93.1

8—3 续表 1

地　区	5.肉禽及其制品	(1)食用畜肉及副产品	(2)禽	(3)加工肉禽制品	6.蛋	7.水产品
全国平均	**103.1**	**100.6**	**108.4**	**105.4**	**105.4**	**105.5**
北　京						
天　津						
河　北	103.0	101.4	107.6	104.4	103.3	99.3
山　西	101.4	97.9	107.1	106.6	103.1	104.9
内蒙古	101.8	100.4	102.0	105.0	103.5	99.3
辽　宁	100.4	98.3	106.6	106.4	102.6	106.6
吉　林	103.1	101.7	108.3	105.3	102.9	94.1
黑龙江	101.6	99.2	97.6	106.0	106.0	98.9
上　海						
江　苏	104.7	102.9	110.4	104.8	105.7	107.0
浙　江	102.7	99.4	108.0	106.7	107.1	105.7
安　徽	108.0	107.6	111.6	105.2	109.9	103.5
福　建	105.3	101.8	114.9	103.8	103.8	105.1
江　西	103.8	102.0	107.0	104.2	107.4	100.7
山　东	100.4	98.4	104.3	104.5	104.6	102.6
河　南	102.4	101.1	103.5	105.1	105.2	101.0
湖　北	106.4	103.1	110.5	107.5	108.7	103.0
湖　南	100.3	96.4	114.0	107.6	110.9	109.0
广　东	106.0	103.8	111.2	106.1	104.0	110.7
广　西	103.9	100.9	107.3	108.4	102.5	105.8
海　南	100.9	94.7	116.9	104.1	104.8	106.1
重　庆						
四　川	101.1	98.4	106.6	103.4	106.8	104.1
贵　州	105.1	101.1	105.5	109.0	106.0	100.5
云　南	98.9	96.0	103.8	106.3	107.6	109.9
西　藏	102.9	103.3	99.0	103.8	108.5	101.3
陕　西	102.1	100.4	101.7	103.9	104.4	102.0
甘　肃	102.3	99.5	102.7	105.0	107.1	107.7
青　海	100.6	100.0	98.1	105.8	105.1	104.3
宁　夏	100.9	100.5	102.4	103.4	104.3	95.9
新　疆	97.3	95.1	103.6	106.8	100.4	106.8

8—3 续表 2

地 区	(1)鱼	(2)其它水产品	8. 菜	9. 调味品	10. 糖	11. 茶及饮料
全国平均	**104.7**	**108.2**	**106.8**	**101.5**	**105.6**	**100.2**
北 京						
天 津						
河 北	98.4	103.5	94.4	100.4	102.4	100.3
山 西	104.3	107.1	101.3	101.5	105.2	99.1
内 蒙 古	98.2	106.2	103.7	100.3	103.2	100.4
辽 宁	106.1	110.8	104.9	101.0	100.5	100.1
吉 林	92.1	102.3	93.1	100.2	110.0	98.8
黑 龙 江	97.4	105.6	103.3	99.9	102.0	99.8
上 海						
江 苏	104.3	114.4	113.5	101.0	105.1	99.8
浙 江	103.5	110.2	108.3	100.8	102.9	99.6
安 徽	103.4	105.1	112.4	100.8	105.4	100.6
福 建	107.3	101.0	111.5	100.2	103.8	100.9
江 西	99.7	103.4	118.3	100.3	107.9	99.4
山 东	101.5	106.5	121.3	106.7	106.5	100.5
河 南	99.8	106.4	109.4	100.1	109.5	99.7
湖 北	101.6	109.3	109.4	106.6	108.0	101.0
湖 南	108.2	118.3	107.5	102.5	103.0	100.1
广 东	111.7	106.0	110.7	100.4	104.3	100.5
广 西	103.3	112.3	105.8	104.4	103.3	101.5
海 南	106.8	103.9	116.1	102.2	107.7	100.6
重 庆						
四 川	103.6	107.1	100.7	100.9	107.0	99.7
贵 州	99.6	104.2	96.6	99.1	107.3	104.5
云 南	110.4	105.1	84.7	101.9	100.5	99.4
西 藏	101.7	100.3	96.8	100.1	102.7	100.8
陕 西	101.7	103.6	98.9	101.1	104.3	101.1
甘 肃	107.8	106.5	98.0	98.0	103.9	98.3
青 海	101.2	107.5	98.2	99.0	104.5	98.5
宁 夏	94.9	100.8	98.7	101.3	105.2	100.5
新 疆	103.2	114.5	90.0	104.5	100.4	100.7

8—3 续表 3

地　　区	(1)茶叶	(2)饮料	12. 干鲜瓜果	13. 面包糕点饼干	14. 奶及奶制品	15. 在外用膳食品
全国平均	**100.7**	**99.8**	**100.6**	**101.2**	**101.9**	**101.7**
北　　京						
天　　津						
河　　北	100.0	100.4	112.6	101.4	102.2	100.4
山　　西	99.9	98.6	106.4	100.0	100.9	102.8
内 蒙 古	99.4	101.1	98.9	99.8	99.4	101.7
辽　　宁	100.3	100.0	107.9	101.4	101.8	100.3
吉　　林	97.6	99.2	98.4	99.9	100.9	101.5
黑 龙 江	99.7	99.8	102.3	101.8	101.9	101.7
上　　海						
江　　苏	102.1	98.8	102.4	99.2	100.7	104.6
浙　　江	100.5	99.4	98.4	100.3	100.7	100.7
安　　徽	100.9	99.8	100.1	101.4	102.1	101.1
福　　建	102.4	99.8	103.4	99.6	99.4	101.9
江　　西	98.0	100.2	101.3	99.3	100.0	101.0
山　　东	100.8	100.3	105.2	103.9	107.0	102.2
河　　南	100.1	99.5	107.6	100.3	104.8	101.8
湖　　北	102.4	100.0	99.2	100.9	105.4	101.2
湖　　南	100.2	100.0	98.5	99.7	100.7	99.6
广　　东	101.4	99.9	97.1	101.6	99.7	102.9
广　　西	100.5	102.0	92.0	105.0	104.3	101.5
海　　南	102.8	100.0	93.2	100.9	100.0	100.6
重　　庆						
四　　川	101.1	98.7	104.2	100.1	99.5	102.3
贵　　州	109.9	100.7	106.9	101.3	111.0	104.4
云　　南	97.5	100.7	89.9	103.2	101.2	101.6
西　　藏	103.4	98.1	94.2	101.8	108.9	103.3
陕　　西	103.2	99.7	104.5	100.0	102.4	102.9
甘　　肃	97.7	98.7	105.8	99.9	100.9	103.6
青　　海	99.3	97.8	100.9	98.4	106.9	101.8
宁　　夏	99.5	101.3	97.1	99.0	102.9	104.2
新　　疆	101.8	99.7	90.7	103.3	99.0	101.3

8—3 续表 4

地　　区	16.其它食品及加工服务费	二、烟酒及饮料	1.烟草	2.酒	3.吸烟、饮酒用品	三、衣着
全国平均	**101.0**	**100.5**	**100.4**	**100.8**	**99.8**	**99.1**
北　　京						
天　　津						
河　　北	99.3	99.9	99.6	100.3	98.7	99.6
山　　西	99.8	101.4	100.6	104.3	100.5	98.4
内 蒙 古	100.1	99.2	99.0	99.3	99.4	100.2
辽　　宁	101.1	99.5	100.8	97.9	101.4	99.6
吉　　林	98.0	100.4	101.7	99.1	103.5	102.2
黑 龙 江	103.0	100.2	100.0	100.4	100.0	102.6
上　　海						
江　　苏	106.0	101.1	101.1	101.3	99.2	99.4
浙　　江	100.2	100.1	99.6	101.1	100.9	95.9
安　　徽	99.5	100.4	100.5	100.3	97.6	96.6
福　　建	98.9	100.1	99.7	100.6	101.2	98.2
江　　西	100.0	100.4	100.7	100.2	99.9	100.3
山　　东	101.8	100.3	100.3	100.7	98.1	96.4
河　　南	100.8	101.4	102.1	100.5	99.9	98.4
湖　　北	98.6	101.1	100.2	103.0	100.6	101.3
湖　　南	99.8	99.7	99.6	99.8	99.6	101.9
广　　东	106.8	102.0	101.6	102.8	101.1	100.4
广　　西	101.2	100.3	98.9	103.4	98.4	98.1
海　　南	100.3	100.2	99.7	101.1	100.3	96.6
重　　庆						
四　　川	100.0	100.4	100.3	100.6	99.2	100.3
贵　　州	130.8	100.1	100.6	98.1	107.2	100.5
云　　南	98.5	104.5	103.9	107.5	100.0	96.7
西　　藏	100.3	102.7	102.2	103.3	104.4	100.8
陕　　西	101.2	100.7	100.8	100.5	99.9	100.9
甘　　肃	97.1	98.4	98.5	98.0	101.1	105.5
青　　海	100.2	98.8	98.3	99.4	97.6	99.8
宁　　夏	102.2	97.8	98.5	95.9	100.6	100.9
新　　疆	99.0	99.5	98.6	100.7	95.8	100.4

8—3续表5

地　　区	1.服装	(1)男式服装	(2)女式服装	(3)儿童服装	2.衣着材料	3.鞋袜帽
全国平均	**98.7**	**98.2**	**98.7**	**99.6**	**100.4**	**99.4**
北　　京						
天　　津						
河　　北	99.7	99.6	99.9	99.6	100.6	99.2
山　　西	97.3	97.1	97.2	98.1	99.1	100.6
内 蒙 古	100.1	100.4	100.2	99.7	100.9	100.2
辽　　宁	97.8	98.2	97.0	99.1	101.5	102.5
吉　　林	101.3	101.4	101.4	100.8	101.4	104.3
黑 龙 江	102.6	100.4	101.0	106.9	101.5	103.2
上　　海						
江　　苏	99.4	100.1	99.0	98.5	99.7	99.2
浙　　江	95.6	95.3	96.1	94.9	100.7	95.5
安　　徽	95.5	93.6	96.4	97.0	100.4	97.4
福　　建	97.5	99.1	98.3	93.8	101.0	99.3
江　　西	98.8	97.8	98.1	100.5	103.2	102.9
山　　东	95.2	94.2	95.4	97.3	99.7	97.0
河　　南	98.0	99.2	98.4	95.7	99.6	98.8
湖　　北	101.2	98.4	101.3	103.8	101.0	101.7
湖　　南	101.5	101.6	101.7	101.1	100.9	102.8
广　　东	100.7	99.4	101.0	102.4	100.2	99.9
广　　西	100.2	97.4	102.7	98.9	99.1	92.4
海　　南	95.7	96.1	95.5	95.4	99.6	98.9
重　　庆						
四　　川	100.2	101.0	99.4	100.6	102.3	100.0
贵　　州	103.1	94.6	101.0	114.3	104.7	96.6
云　　南	95.3	95.4	96.1	92.8	100.5	98.7
西　　藏	103.5	103.1	102.8	105.6	94.3	99.4
陕　　西	100.4	99.7	99.9	101.8	102.8	101.7
甘　　肃	104.5	101.2	99.6	114.2	101.4	108.8
青　　海	99.7	99.6	99.6	100.0	99.7	100.0
宁　　夏	99.5	98.5	99.5	101.9	98.1	104.3
新　　疆	101.1	100.0	98.9	108.3	100.2	98.7

8—3续表6

地　　区	(1)鞋	(2)袜子	(3)帽子	4.衣着加工服务费	四、家庭设备用品及维修服务	1.耐　用消费品
全国平均	**99.1**	**100.7**	**100.5**	**101.1**	**100.3**	**99.3**
北　　京						
天　　津						
河　　北	99.3	98.8	97.8	103.1	99.4	98.3
山　　西	101.2	98.8	99.5	102.6	100.8	99.4
内 蒙 古	99.8	101.0	101.8	102.3	100.5	100.0
辽　　宁	102.8	101.9	95.9	96.1	98.9	97.0
吉　　林	105.1	97.3	107.4	101.8	100.2	98.7
黑 龙 江	100.8	112.9	100.0	99.4	100.8	99.7
上　　海						
江　　苏	99.2	99.3	100.2	101.6	100.2	99.4
浙　　江	94.7	98.9	99.2	102.1	100.3	98.4
安　　徽	97.0	101.0	100.5	99.6	101.0	101.0
福　　建	99.1	100.2	99.7	103.5	100.3	99.1
江　　西	102.5	104.2	102.3	106.4	99.6	97.7
山　　东	96.4	100.5	99.3	99.6	100.2	100.3
河　　南	98.8	98.7	99.2	100.1	100.0	99.5
湖　　北	102.3	100.6	98.0	100.0	100.0	99.0
湖　　南	103.1	100.7	103.4	100.0	101.1	98.6
广　　东	99.9	100.7	100.8	100.4	100.4	100.4
广　　西	91.8	94.7	100.1	109.1	100.4	99.0
海　　南	98.7	100.0	100.0	104.2	100.1	100.2
重　　庆						
四　　川	99.2	102.4	102.1	102.0	100.4	100.1
贵　　州	95.5	101.2	94.9	98.3	100.4	98.7
云　　南	98.4	99.3	99.8	97.3	99.6	96.2
西　　藏	99.9	99.8	97.0	92.4	100.7	96.8
陕　　西	102.7	98.4	99.2	97.5	100.2	99.2
甘　　肃	110.0	100.8	122.5	109.0	100.4	99.4
青　　海	100.0	100.0	100.0	100.0	99.2	99.1
宁　　夏	105.8	96.0	98.3	101.7	99.0	96.6
新　　疆	98.6	98.9	100.0	100.2	99.4	98.9

8—3续表7

地　区	(1)家具	(2)家庭设备	2.室内装饰品	3.床上用品	4.家庭日用杂品	5.家庭服务及加工维修服务费
全国平均	**99.9**	**98.7**	**100.2**	**100.0**	**100.5**	**104.9**
北　京						
天　津						
河　北	99.9	96.2	99.4	100.2	100.1	102.9
山　西	99.4	99.5	99.0	99.9	101.0	111.5
内蒙古	100.3	99.8	98.8	99.0	100.8	107.4
辽　宁	94.4	98.4	98.2	99.9	99.8	99.5
吉　林	99.6	97.9	98.2	103.5	101.1	100.4
黑龙江	99.0	100.2	96.8	101.7	100.8	104.1
上　海						
江　苏	99.9	99.2	99.7	99.5	100.2	104.4
浙　江	99.7	97.8	102.5	100.4	101.5	105.6
安　徽	101.8	100.0	104.8	98.9	100.1	103.3
福　建	100.4	98.0	100.0	100.0	100.0	107.8
江　西	98.2	97.2	97.8	99.7	100.7	103.0
山　东	100.4	99.7	99.5	98.2	99.6	104.6
河　南	99.1	100.0	99.2	100.9	100.1	100.7
湖　北	98.8	99.3	98.8	100.7	100.3	103.3
湖　南	99.7	97.8	100.5	103.3	102.6	110.2
广　东	101.6	99.4	101.6	98.8	100.7	100.4
广　西	100.2	98.0	96.0	94.8	101.7	110.2
海　南	100.3	100.2	98.7	98.3	100.3	101.7
重　庆						
四　川	100.2	99.8	98.5	100.9	100.7	101.4
贵　州	99.1	98.0	98.9	102.0	100.7	104.9
云　南	98.1	94.2	99.7	98.5	98.2	126.5
西　藏	96.6	96.9	102.6	98.8	97.1	100.2
陕　西	98.8	99.6	100.4	100.8	99.8	106.1
甘　肃	101.4	96.4	99.1	97.2	100.7	109.3
青　海	99.0	99.0	99.2	99.8	98.9	100.0
宁　夏	95.0	98.3	106.8	99.0	101.2	101.6
新　疆	98.1	99.3	99.4	100.6	99.4	101.4

8—3 续表 8

地　　区	五、医疗保健和个人用品	1. 医疗保健	(1)医疗器具及用品	(2)中药材及中成药	(3)西药	(4)保健器具及用品
全国平均	**100.5**	**100.1**	**97.1**	**96.0**	**97.7**	**99.8**
北　　京						
天　　津						
河　　北	99.4	99.0	96.5	97.7	99.1	97.5
山　　西	100.6	99.6	96.2	92.7	98.8	98.4
内 蒙 古	112.0	115.7	91.9	98.1	98.1	99.6
辽　　宁	99.6	99.3	90.0	102.2	94.4	99.3
吉　　林	98.9	97.4	93.7	94.3	98.0	100.4
黑 龙 江	100.3	99.9	98.7	101.0	99.4	97.6
上　　海						
江　　苏	99.9	98.9	98.1	95.8	97.5	98.1
浙　　江	100.9	100.4	99.2	92.4	96.1	100.9
安　　徽	99.8	98.9	91.1	93.7	96.5	97.8
福　　建	99.0	98.0	94.5	96.6	96.2	99.3
江　　西	102.4	99.6	92.6	86.4	93.2	97.8
山　　东	100.0	99.9	97.7	97.9	99.0	99.9
河　　南	98.5	98.0	97.2	93.4	97.4	98.5
湖　　北	99.0	98.5	96.7	94.9	98.2	100.2
湖　　南	99.3	98.0	100.3	96.5	98.7	101.2
广　　东	100.0	99.9	101.6	99.0	99.6	99.8
广　　西	98.4	97.4	91.9	88.8	96.5	95.6
海　　南	99.1	99.0	99.9	95.8	98.0	96.4
重　　庆						
四　　川	101.9	102.3	99.9	97.6	98.4	100.4
贵　　州	102.8	107.0	101.9	92.8	97.2	99.7
云　　南	100.4	100.8	96.8	97.5	94.6	97.9
西　　藏	100.5	101.4	92.9	100.5	103.2	100.4
陕　　西	98.7	97.8	94.6	94.2	96.1	97.1
甘　　肃	102.0	100.5	93.6	96.6	100.1	100.2
青　　海	102.9	103.3	102.4	96.3	103.3	99.3
宁　　夏	97.9	96.3	100.1	97.9	93.2	97.4
新　　疆	111.1	115.8	100.5	97.8	98.7	96.2

8—3 续表 9

地　　区	(5)医疗保健服务费	2.个人用品及服务	(1)化妆美容用品	(2)卫生用品	(3)个人饰品	(4)个人服务
全国平均	**105.6**	**101.2**	**100.0**	**99.4**	**101.2**	**102.6**
北　京						
天　津						
河　北	100.1	100.1	99.6	99.1	100.1	100.4
山　西	107.1	101.8	99.0	95.4	101.3	104.2
内蒙古	152.6	104.4	99.3	100.9	102.2	107.1
辽　宁	101.4	100.2	95.8	99.7	99.6	102.0
吉　林	99.7	102.0	100.3	95.6	104.7	106.8
黑龙江	100.1	102.1	100.8	92.9	104.9	104.5
上　海						
江　苏	102.9	102.1	99.2	100.6	102.2	105.0
浙　江	112.9	101.7	99.6	99.8	103.0	103.5
安　徽	101.3	100.9	101.2	100.5	97.5	102.6
福　建	100.9	100.3	100.7	99.0	101.0	100.3
江　西	115.8	106.7	101.7	98.0	101.3	119.4
山　东	102.3	100.3	99.7	98.9	100.5	101.0
河　南	100.5	99.9	99.1	97.0	101.6	102.0
湖　北	99.7	100.2	101.3	100.0	100.3	97.6
湖　南	98.3	101.3	101.8	101.5	100.7	101.3
广　东	100.9	100.3	99.6	99.3	101.8	100.7
广　西	110.2	100.5	98.2	100.6	99.5	102.6
海　南	100.5	99.4	100.0	100.0	97.8	100.3
重　庆						
四　川	109.0	101.1	99.4	100.6	102.4	100.7
贵　州	117.7	99.7	119.7	101.3	100.8	97.0
云　南	119.3	98.8	102.7	95.5	98.9	97.2
西　藏	102.5	98.5	100.5	96.5	98.7	99.1
陕　西	103.1	100.9	99.8	99.5	100.8	101.7
甘　肃	103.7	105.1	98.6	99.0	101.1	108.7
青　海	105.5	101.6	99.5	96.4	101.4	104.4
宁　夏	99.9	103.6	101.7	98.5	96.6	111.9
新　疆	156.8	101.0	99.8	99.1	100.3	104.7

8—3续表10

地　区	六、交通和通信	1.交通	(1)交通工具	(2)车用燃料及零配件	(3)车辆使用及维修费	(4)市内公共交通费
全国平均	**100.3**	**102.0**	**98.4**	**109.5**	**101.5**	**103.6**
北　京						
天　津						
河　北	99.8	100.8	99.6	112.4	102.3	104.7
山　西	100.9	101.9	99.3	111.7	102.5	114.3
内蒙古	100.4	101.9	99.8	106.9	101.8	102.4
辽　宁	99.5	100.3	98.6	106.5	100.3	100.1
吉　林	99.9	99.5	99.6	108.5	100.5	95.9
黑龙江	101.3	102.4	101.1	107.3	102.0	96.3
上　海						
江　苏	99.0	100.6	98.6	109.7	100.0	100.6
浙　江	99.5	101.3	97.8	111.1	102.4	102.5
安　徽	101.5	103.5	99.9	108.1	100.8	106.7
福　建	98.7	100.5	97.8	109.3	100.0	100.6
江　西	101.5	104.9	100.4	109.5	100.4	116.8
山　东	100.6	102.3	98.4	110.3	102.0	102.2
河　南	101.7	102.8	98.9	110.3	102.8	106.0
湖　北	103.4	104.5	98.9	110.6	99.1	102.2
湖　南	100.9	101.6	96.8	108.7	110.2	102.3
广　东	98.6	100.3	95.1	109.7	100.0	103.6
广　西	102.0	104.8	95.8	110.7	101.8	125.9
海　南	100.6	101.4	97.4	108.4	100.9	99.6
重　庆						
四　川	101.0	102.2	99.3	107.9	101.2	99.8
贵　州	100.3	100.7	100.2	107.1	99.7	100.6
云　南	97.6	100.7	97.0	109.7	101.7	103.7
西　藏	99.9	102.5	97.2	105.6	100.0	99.6
陕　西	103.3	105.7	99.2	105.8	100.1	106.6
甘　肃	98.2	103.0	99.1	104.5	100.5	102.4
青　海	101.3	101.5	100.2	108.4	104.4	103.2
宁　夏	101.9	108.2	99.7	112.4	102.9	118.5
新　疆	101.1	103.4	98.7	109.0	102.3	112.2

8—3续表11

地　　区	(5)城市间交通费	2.通信	(1)通信工具	(2)通信服务	七、娱乐教育文化用品及服务	1.文娱用耐用消费品及服务
全国平均	**104.3**	**97.7**	**91.1**	**99.6**	**103.8**	**95.9**
北　　京						
天　　津						
河　　北	101.5	98.7	90.6	100.0	108.3	95.8
山　　西	106.3	98.8	85.0	100.5	115.5	95.6
内 蒙 古	104.7	97.1	93.4	98.8	101.0	95.2
辽　　宁	101.4	98.7	94.0	99.5	120.3	93.4
吉　　林	101.3	100.3	97.5	101.3	103.5	97.6
黑 龙 江	105.1	99.2	95.7	100.0	97.0	96.6
上　　海						
江　　苏	99.2	97.5	89.0	99.6	103.2	96.4
浙　　江	101.8	97.4	89.2	100.0	100.5	95.9
安　　徽	104.5	98.6	96.1	99.8	102.1	95.9
福　　建	102.7	96.8	89.6	98.5	105.9	96.0
江　　西	104.5	97.7	86.5	100.0	100.9	95.0
山　　东	109.5	98.0	90.8	100.0	105.1	96.2
河　　南	105.5	99.4	93.4	101.0	102.0	95.3
湖　　北	109.1	100.0	93.3	101.4	107.8	96.5
湖　　南	101.9	99.1	97.4	99.9	103.8	96.4
广　　东	99.2	96.8	87.4	100.0	102.2	95.7
广　　西	102.0	98.1	90.8	100.0	103.0	93.9
海　　南	102.1	97.4	85.5	100.1	102.6	97.5
重　　庆						
四　　川	104.4	97.4	95.4	98.0	100.7	96.7
贵　　州	108.4	99.8	99.3	100.0	100.4	95.9
云　　南	104.1	94.9	85.2	97.7	105.1	92.1
西　　藏	104.7	96.3	90.2	97.5	96.8	88.6
陕　　西	114.1	97.9	92.6	99.2	101.3	96.4
甘　　肃	110.3	88.3	89.5	88.1	106.3	96.2
青　　海	101.2	100.3	97.8	101.1	112.3	98.4
宁　　夏	109.7	95.0	81.4	100.1	100.4	93.4
新　　疆	98.1	97.5	93.5	98.4	100.0	97.3

8—3 续表 12

地　区	2. 教育	(1)教材及参考书	(2)学　杂托幼费	3. 文化娱乐用品	(1)文化娱乐	(2)书报杂志
全国平均	**106.0**	**100.8**	**106.3**	**100.6**	**99.9**	**100.7**
北　京						
天　津						
河　北	110.9	101.6	111.3	100.2	100.2	99.9
山　西	123.1	101.4	127.3	100.3	98.8	101.7
内 蒙 古	101.9	98.9	102.0	99.8	99.8	100.0
辽　宁	127.5	101.5	129.0	98.6	98.1	100.6
吉　林	106.3	101.4	107.2	104.4	99.3	100.6
黑 龙 江	96.7	99.2	96.2	99.9	100.0	99.4
上　海						
江　苏	105.3	100.9	105.5	100.3	99.9	100.8
浙　江	101.7	99.1	101.9	100.9	99.7	100.3
安　徽	103.0	99.5	103.1	99.7	99.5	101.2
福　建	109.2	101.3	109.8	100.1	100.0	100.2
江　西	101.5	102.4	101.3	100.3	100.9	100.5
山　东	107.1	99.5	107.3	100.8	100.0	101.4
河　南	103.3	99.6	103.7	100.0	100.0	100.1
湖　北	109.5	103.6	109.6	101.6	102.7	99.3
湖　南	105.9	103.0	106.1	100.5	100.4	101.4
广　东	104.5	102.1	105.1	100.3	99.2	102.0
广　西	107.2	101.3	107.7	102.0	99.3	100.6
海　南	104.0	107.1	103.8	99.9	99.8	99.9
重　庆						
四　川	101.6	98.4	101.7	100.0	99.5	99.8
贵　州	101.4	97.5	101.7	101.0	99.8	100.6
云　南	112.5	101.6	114.6	100.4	99.3	99.1
西　藏	101.0	101.5	100.9	102.2	102.8	100.5
陕　西	102.0	97.7	102.3	100.6	100.4	100.3
甘　肃	107.7	102.1	107.8	101.5	101.7	101.8
青　海	116.5	100.9	116.7	100.5	100.1	103.0
宁　夏	101.7	103.0	101.5	103.1	99.2	99.8
新　疆	100.8	98.6	100.9	102.1	99.3	103.6

8—3 续表 13

地　区	(3)文娱费	4.旅　游及外出	八、居住	1.建 房 及装修材料	2.租房	3.自有住房	4.水电燃料
全国平均	**102.0**	**100.5**	**105.2**	**102.7**	**103.3**	**102.0**	**110.3**
北　京							
天　津							
河　北	101.3	99.5	104.5	102.2	100.0	100.2	109.6
山　西	101.8	101.6	103.9	102.1	109.9	100.2	107.2
内 蒙 古	100.0	95.2	105.6	101.6	102.9	100.0	112.8
辽　宁	101.1	100.4	106.4	103.9	107.6	104.3	111.5
吉　林	112.6	100.0	110.5	103.3	100.2	103.0	115.5
黑 龙 江	100.2	99.0	110.7	109.9	101.4	93.4	115.6
上　海							
江　苏	100.5	101.8	102.7	101.8	101.1	101.2	105.0
浙　江	102.0	100.1	103.9	102.8	100.2	100.1	107.4
安　徽	99.4	99.1	103.8	101.2	101.6	107.0	108.3
福　建	100.3	101.1	107.5	101.5	99.9	99.7	118.9
江　西	99.9	100.9	105.2	101.3	117.8	104.5	111.9
山　东	102.9	99.4	105.0	102.4	108.7	103.6	110.3
河　南	98.6	100.0	107.0	103.1	100.5	102.7	113.5
湖　北	102.8	99.5	104.3	100.9	100.0	104.9	110.7
湖　南	97.0	99.3	109.1	106.0	102.4	100.9	117.8
广　东	100.1	102.2	104.4	101.2	100.1	102.9	108.1
广　西	105.9	92.8	103.5	103.5	97.9	105.3	103.5
海　南	100.0	99.6	105.0	104.8	102.4	106.7	105.3
重　庆							
四　川	101.2	100.4	104.1	102.1	100.8	100.2	111.0
贵　州	121.7	98.5	106.2	101.5	136.0	99.8	113.9
云　南	104.3	97.8	107.5	107.1	112.1	106.7	107.6
西　藏	104.2	95.6	102.1	101.8	107.1	100.4	100.7
陕　西	102.0	100.9	105.6	102.3	108.2	104.2	111.8
甘　肃	99.9	102.7	107.8	105.1	109.4	107.2	110.6
青　海	100.5	100.8	104.2	100.5	100.0	104.0	110.4
宁　夏	110.9	104.5	104.3	98.2	117.5	102.0	110.8
新　疆	103.7	97.8	105.6	108.7	102.4	92.1	108.9

8—4 各地区农业生产资料价格分类指数

（上年价格=100）

地　　区	农业生产资料价格指数	一、小农具	二、饲料	三、产品畜	四、役畜
全国平均	**108.3**	**105.1**	**103.9**	**106.5**	**105.5**
北　　京					
天　　津					
河　　北	106.8	100.5	99.2	106.2	99.7
山　　西	113.3	125.8	109.0	114.0	102.4
内 蒙 古	108.3	100.7	103.4	109.5	100.9
辽　　宁	110.0	106.4	106.4	114.7	104.8
吉　　林	109.2	98.8	107.2	104.9	99.1
黑 龙 江	108.6	109.1	108.4	111.2	103.0
上　　海					
江　　苏	106.9	101.2	98.9	101.2	105.1
浙　　江	105.8	104.3	102.7	105.1	102.3
安　　徽	108.3	111.1	107.6	114.7	110.1
福　　建	108.1	107.2	102.8	102.5	103.8
江　　西	107.9	106.2	101.3	110.3	106.1
山　　东	106.2	103.4	102.0	103.2	100.9
河　　南	107.9	103.0	101.3	108.0	104.2
湖　　北	115.1	111.4	116.7	101.2	121.8
湖　　南	111.2	109.1	108.3	108.0	109.9
广　　东	105.8	102.4	104.2	105.6	105.0
广　　西	110.5	106.1	108.9	102.6	123.3
海　　南	108.9	100.6	103.7	105.5	110.8
重　　庆					
四　　川	107.2	107.4	103.7	111.5	101.4
贵　　州	110.2	109.5	106.9	132.7	117.5
云　　南	105.9	101.5	104.5	96.4	106.9
西　　藏	100.6	103.7	99.1	101.5	101.6
陕　　西	107.2	102.8	106.2	105.1	104.5
甘　　肃	109.0	105.7	100.3	113.6	113.6
青　　海	106.5	101.9	95.8	103.2	99.4
宁　　夏	109.3	100.9	107.5	106.6	100.1
新　　疆	105.3	104.9	101.3	89.4	97.3

8—4 续表 1

地　　区	五、半机械化农具	六、机械化农具	七、化学肥料	八、农药及农药械	
					化学农药
全国平均	**102.3**	**102.3**	**112.8**	**104.1**	**104.5**
北　　京					
天　　津					
河　　北	99.9	101.3	112.0	101.2	101.4
山　　西	101.8	101.4	115.9	129.7	133.2
内 蒙 古	102.4	100.7	118.3	99.0	99.3
辽　　宁	101.6	98.6	117.0	102.5	102.3
吉　　林	107.8	104.2	115.4	103.5	103.4
黑 龙 江	100.2	102.4	115.3	107.7	108.9
上　　海					
江　　苏	98.7	103.7	111.3	102.5	102.7
浙　　江	102.2	103.3	110.0	103.7	103.8
安　　徽	105.0	106.2	109.0	103.9	104.4
福　　建	100.0	103.0	114.1	108.5	109.4
江　　西	102.2	102.7	113.7	104.4	105.1
山　　东	100.3	100.9	110.0	105.8	106.5
河　　南	104.2	101.9	110.7	107.0	107.1
湖　　北	101.8	105.8	120.2	103.9	103.5
湖　　南	104.4	102.6	115.2	105.3	106.6
广　　东	102.3	102.0	108.0	101.7	101.4
广　　西	107.4	103.7	112.6	106.0	105.5
海　　南	99.6	107.3	111.1	101.1	100.9
重　　庆					
四　　川	104.7	103.2	107.6	101.1	101.2
贵　　州	107.8	104.0	111.5	100.0	107.8
云　　南	100.9	100.6	109.6	106.9	108.5
西　　藏	103.2	98.7	98.7	100.7	100.1
陕　　西	102.2	103.0	110.0	103.9	103.8
甘　　肃	100.8	96.9	114.3	103.6	104.4
青　　海	101.2	102.9	110.1	103.2	104.1
宁　　夏	104.6	103.7	115.8	113.9	116.7
新　　疆	100.9	102.5	110.2	102.8	102.7

8—4 续表 2

地　　区	农药器械	九、农用机油	十、其他农业生产资料	农用种子	其　　它
全国平均	**101.7**	**111.1**	**109.4**	**110.7**	**107.5**
北　　京					
天　　津					
河　　北	100.2	116.6	108.6	111.2	103.0
山　　西	116.0	109.5	116.4	121.8	103.4
内 蒙 古	97.8	109.9	105.7	104.9	106.7
辽　　宁	105.3	115.6	108.6	110.5	104.4
吉　　林	103.8	105.4	104.9	103.6	107.4
黑 龙 江	99.0	117.1	96.2	87.3	107.7
上　　海					
江　　苏	100.4	108.0	113.0	115.8	109.7
浙　　江	102.5	107.7	105.3	104.5	106.6
安　　徽	99.6	107.9	110.1	113.4	104.2
福　　建	104.3	110.2	105.3	102.7	110.2
江　　西	101.5	110.4	110.4	113.2	105.9
山　　东	101.4	109.1	109.9	109.7	110.2
河　　南	104.4	110.9	114.2	117.6	106.7
湖　　北	107.6	110.6	109.7	115.6	103.7
湖　　南	98.5	109.9	118.6	125.6	107.7
广　　东	103.7	107.7	110.7	111.9	108.9
广　　西	109.3	114.4	122.5	133.4	109.4
海　　南	105.6	113.0	130.3	145.9	109.3
重　　庆					
四　　川	100.4	106.9	112.3	111.9	112.7
贵　　州	87.5	110.7	103.2	101.4	114.6
云　　南	100.7	111.1	106.5	106.6	106.4
西　　藏	102.6	99.1	101.3	99.6	103.6
陕　　西	104.1	107.6	112.4	114.9	109.5
甘　　肃	99.2	115.1	106.6	102.9	108.5
青　　海	99.4	113.2	114.7	116.9	111.6
宁　　夏	101.5	109.4	114.0	115.4	111.3
新　　疆	103.5	111.0	105.5	101.1	108.3

8—5 农产品生产价格指数

指　标	2002 年	2003 年	2004 年	2005 年
农产品生产价格总指数	**99.6**	**104.4**	**113.1**	**101.4**
种植业产品	100.0	107.4	115.9	101.5
谷物	95.8	102.3	128.1	99.2
小麦	98.1	103.0	131.2	96.4
稻谷	97.2	99.9	136.3	101.6
玉米	91.5	104.6	116.9	98.0
豆类	98.9	120.6	120.2	95.7
油料	104.8	119.4	116.6	91.3
棉花	103.4	135.3	79.5	111.8
糖料	86.0	90.5	104.9	111.6
蔬菜	95.1	110.4	105.2	107.2
水果	109.9	102.0	97.4	107.4
林业产品	98.3	107.0	104.6	104.8
牧业产品	100.2	101.8	111.1	100.5
猪(毛重)	98.0	102.9	112.8	97.6
牛(毛重)	91.4	101.7	103.9	101.7
羊(毛重)	140.0	96.3	103.7	101.7
家禽(毛重)	106.1	101.0	111.3	105.6
蛋类	102.8	101.1	112.6	106.4
奶类	99.7	103.7	103.7	99.6
渔业产品	95.9	100.3	110.2	104.7
海水鱼类	104.9	104.0	109.2	104.2
淡水鱼类	93.1	98.7	111.5	106.2

8－6　各地区农产品生产价格指数

地　　区	总指数	一、种植业产品	二、林业产品	三、畜牧业产品	四、渔业产品
全　　国	**101.4**	**101.5**	**104.8**	**100.5**	**104.7**
北　　京	103.5	107.2	108.3	101.2	98.4
天　　津	103.4	103.5	102.0	103.2	103.2
河　　北	102.5	103.9	100.6	100.4	107.1
山　　西	103.5	104.2	102.2	102.6	102.3
内 蒙 古	103.2	103.1	103.2	103.5	100.2
辽　　宁	101.5	100.3	101.7	103.3	107.3
吉　　林	100.3	100.8	106.1	98.9	100.2
黑 龙 江	101.0	100.5	99.6	102.0	101.0
上　　海	105.7	108.2	0.0	102.1	104.9
江　　苏	100.3	100.3	104.8	98.5	102.6
浙　　江	105.9	109.6	101.3	103.2	104.9
安　　徽	98.7	97.3	107.4	99.7	105.6
福　　建	103.9	105.1	104.0	100.9	103.8
江　　西	100.5	98.9	108.1	98.4	105.0
山　　东	102.9	103.4	101.0	102.8	103.3
河　　南	100.7	99.8	104.9	102.0	103.0
湖　　北	100.3	97.9	104.8	100.5	109.1
湖　　南	99.5	103.4	99.8	96.5	105.4
广　　东	103.5	104.5	103.9	100.8	104.6
广　　西	100.0	107.4	98.4	94.5	97.9
海　　南	102.2	101.0	106.8	98.8	105.0
重　　庆	100.0	102.2	100.6	98.8	105.7
四　　川	103.2	103.9	102.0	102.3	106.5
贵　　州	101.8	102.5	102.8	101.0	102.7
云　　南	104.0	103.9	115.3	100.9	111.3
西　　藏					
陕　　西	104.9	108.5	96.9	96.5	95.4
甘　　肃	103.1	103.3	99.7	102.7	101.4
青　　海	103.3	102.2		104.1	
宁　　夏	103.3	103.0	0.0	103.5	106.3
新　　疆	108.3	118.4	87.3	92.7	96.1

8—7 各地区主要农产品分品种生产价格指数

地区	一、种植业产品	谷物				豆类
			小麦	稻谷	玉米	
全国	**101.5**	**99.2**	**96.4**	**101.6**	**98.0**	**95.7**
北京	107.2	90.4	86.4	83.3	94.1	103.0
天津	103.5	99.4	95.7	106.7	100.4	94.0
河北	103.9	98.0	100.3	107.0	95.9	92.7
山西	104.2	102.2	105.8	0.0	101.0	102.2
内蒙古	103.1	101.3	109.3	110.3	99.5	101.1
辽宁	100.3	99.6	0.0	106.2	97.4	95.5
吉林	100.8	101.8	0.0	107.0	99.8	97.7
黑龙江	100.5	101.8	98.4	105.3	99.5	98.8
上海	108.2	108.8	96.7	110.1	0.0	100.0
江苏	100.3	98.8	94.0	102.4	97.6	97.2
浙江	109.6	105.6	99.6	104.7	104.1	102.3
安徽	97.3	95.4	91.5	99.0	97.0	88.6
福建	105.1	97.7	0.0	95.9	122.8	97.1
江西	98.9	95.2	0.0	95.2	0.0	102.1
山东	103.4	97.3	96.9	103.9	96.3	96.3
河南	99.8	96.5	97.4	97.5	94.4	88.8
湖北	97.9	92.6	84.5	96.8	97.9	87.0
湖南	103.4	97.4	0.0	97.4	96.1	89.7
广东	104.5	99.7	0.0	99.8	94.6	107.1
广西	107.4	97.6	0.0	99.8	97.0	93.9
海南	101.0	101.2	0.0	101.2	101.6	99.9
重庆	102.2	101.3	102.7	101.2	101.7	99.3
四川	103.9	102.0	99.8	103.8	98.7	105.0
贵州	102.5	101.6	105.7	101.3	101.0	97.9
云南	103.9	102.9	102.4	102.4	104.1	101.7
陕西	108.5	95.4	94.8	93.1	96.2	105.8
甘肃	103.3	105.1	106.4	0.0	101.4	101.1
青海	102.2	105.6	104.1			104.4
宁夏	103.0	106.6	108.5	108.9	99.4	93.0
新疆	118.4	102.2	98.4	99.5	106.3	95.6

8—7续表1

地　区	大　豆	薯　类	油　料	花　生	油菜籽	棉　花	糖　料
全　国	**94.2**	**106.1**	**91.3**	**97.6**	**87.0**	**111.8**	**111.6**
北　京	103.0	105.6	0.0	0.0	0.0	0.0	0.0
天　津	94.0	0.0	93.4	0.0	0.0	94.3	0.0
河　北	92.6	111.5	98.8	96.8	106.4	104.9	0.0
山　西	102.9	108.4	106.9	100.8	111.1	99.7	0.0
内蒙古	98.3	116.1	102.3	100.5	101.9	0.0	105.7
辽　宁	95.2	134.2	97.4	97.4	0.0	0.0	0.0
吉　林	97.2	101.6	95.2	95.6	0.0	0.0	0.0
黑龙江	98.8	100.1	99.7	0.0	0.0	0.0	103.2
上　海	100.0	106.1	0.0	0.0	0.0	0.0	0.0
江　苏	96.0	106.0	92.8	95.1	88.8	117.7	100.0
浙　江	98.5	118.5	97.9	106.5	99.9	108.6	106.8
安　徽	88.7	103.0	89.2	89.8	85.9	109.5	129.3
福　建	93.4	107.0	106.3	106.4	0.0	0.0	106.1
江　西	101.4	99.9	102.2	102.2	94.3	112.1	104.5
山　东	96.3	98.0	95.8	95.8	91.2	92.8	0.0
河　南	88.8	111.5	97.0	97.1	87.3	100.4	0.0
湖　北	85.5	112.1	93.1	95.5	92.2	107.7	112.7
湖　南	89.5	106.3	95.2	92.6	83.5	105.7	107.0
广　东	105.8	103.2	102.9	102.9	120.0	0.0	107.3
广　西	93.9	110.0	96.2	96.3	77.7	0.0	112.4
海　南	98.2	103.2	95.2	95.0	0.0	0.0	118.3
重　庆	97.4	101.6	93.1	103.1	86.6	0.0	0.0
四　川	100.8	105.5	99.5	100.4	99.0	101.9	96.9
贵　州	97.9	102.6	96.4	103.1	95.4	0.0	100.7
云　南	103.1	103.4	94.3	108.0	92.1	0.0	106.6
陕　西	90.5	122.9	97.6	106.5	96.1	121.9	0.0
甘　肃	100.0	105.4	101.1		97.3	98.2	0.0
青　海		105.4	97.1		97.1		
宁　夏	85.3	109.3	99.9	0.0	0.0	0.0	0.0
新　疆	95.0	75.1	109.7	136.0	99.4	122.6	103.8

8—7 续表 2

地 区	麻 类	烟 叶	蔬 菜	水 果	茶 叶
全 国	**104.8**	**103.3**	**107.2**	**107.4**	**110.2**
北 京	0.0	0.0	109.3	113.7	0.0
天 津	0.0	0.0	108.0	111.7	0.0
河 北	0.0	0.0	106.0	113.3	0.0
山 西	0.0	0.0	108.5	104.5	0.0
内蒙古	0.0	87.7	106.0	103.0	0.0
辽 宁	0.0	112.5	101.5	100.6	0.0
吉 林	0.0	119.1	102.6	95.2	0.0
黑龙江	0.0	104.5	110.6	0.0	0.0
上 海	0.0	0.0	112.9	105.8	0.0
江 苏	100.0	100.0	106.9	100.3	87.8
浙 江	0.0	0.0	110.3	119.6	121.5
安 徽	0.0	0.0	102.9	112.2	112.4
福 建	0.0	101.8	107.6	110.6	101.3
江 西	0.0	108.7	110.3	0.0	81.2
山 东	0.0	125.7	106.8	113.9	0.0
河 南	0.0	104.3	111.3	118.0	0.0
湖 北	107.8	104.4	105.5	108.4	99.0
湖 南	98.5	95.3	113.1	115.8	115.1
广 东	102.4	86.7	108.0	103.1	104.7
广 西	143.3	102.4	107.2	92.4	106.4
海 南	0.0	0.0	96.2	102.9	0.0
重 庆	108.5	105.3	103.8	103.4	0.0
四 川	112.4	105.1	107.2	106.1	115.6
贵 州	0.0	104.8	104.7	102.7	105.3
云 南	73.3	105.1	102.7	103.8	116.6
陕 西	0.0	100.3	100.7	115.5	0.0
甘 肃	0.0	92.4	101.6	107.0	0.0
青 海			103.9		
宁 夏	0.0	0.0	93.4	105.7	0.0
新 疆	0.0	0.0	73.7	106.5	0.0

8—7 续表 3

地　区	二、林产品	三、畜产品	＃猪	＃家禽	＃禽蛋	＃奶类
全　国	**104.8**	**100.5**	**97.6**	**105.6**	**106.4**	**99.6**
北　京	108.3	101.2	93.6	99.4	103.8	98.2
天　津	102.0	103.2	104.6	98.2	105.0	101.3
河　北	100.6	100.4	98.5	103.9	103.1	100.1
山　西	102.2	102.6	102.3	100.5	102.3	98.3
内蒙古	103.2	103.5	104.0	102.2	103.1	99.9
辽　宁	101.7	103.3	101.8	104.3	103.8	93.1
吉　林	106.1	98.9	97.4	100.7	106.9	98.7
黑龙江	99.6	102.0	97.7	106.7	105.6	0.0
上　海	0.0	102.1	96.9	103.8	114.8	101.9
江　苏	104.8	98.5	96.9	99.2	100.4	99.5
浙　江	101.3	103.2	101.1	114.9	109.5	96.6
安　徽	107.4	99.7	91.4	103.5	110.7	98.9
福　建	104.0	100.9	97.4	104.0	106.1	99.6
江　西	108.1	98.4	97.5	111.7	106.1	0.0
山　东	101.0	102.8	97.2	106.7	106.6	105.0
河　南	104.9	102.0	96.4	98.8	104.9	0.0
湖　北	104.8	100.5	98.3	103.9	108.7	0.0
湖　南	99.8	96.5	94.9	112.0	112.8	100.0
广　东	103.9	100.8	98.1	105.3	115.2	100.0
广　西	98.4	94.5	93.8	104.0	108.5	0.0
海　南	106.8	98.8	94.0	104.4	102.0	0.0
重　庆	100.6	98.8	97.7	104.3	103.9	0.0
四　川	102.0	102.3	100.3	106.5	105.3	74.3
贵　州	102.8	101.0	100.0	104.1	101.8	86.5
云　南	115.3	100.9	100.3	104.6	103.0	99.9
陕　西	96.9	96.5	98.9	97.9	94.6	95.8
甘　肃	99.7	102.7	103.0	103.6	103.6	102.2
青　海		104.1	102.0	103.2	108.5	102.5
宁　夏	0.0	103.5	104.9	123.9	109.1	97.7
新　疆	87.3	92.7	113.7	104.6	103.0	98.4

8—7 续表 4

地　区	四、渔业产品	海水水产品	#海水鱼类	内陆水域水产品	#淡水鱼类
全　国	**104.7**	**104.1**	**104.2**	**107.9**	**106.2**
北　京	98.4	0.0	0.0	98.4	94.4
天　津	103.2	99.2	0.0	103.7	102.0
河　北	107.1	110.6	0.0	100.3	100.3
山　西	102.3	0.0	0.0	102.3	102.3
内蒙古	100.2	0.0	0.0	100.2	100.2
辽　宁	107.3	111.0	113.3	100.2	100.2
吉　林	100.2	0.0	0.0	100.2	100.2
黑龙江	101.0	0.0	0.0	101.0	101.0
上　海	104.9	103.4	103.3	105.5	108.4
江　苏	102.6	107.5	107.2	102.7	103.7
浙　江	104.9	101.3	98.8	109.8	112.9
安　徽	105.6	0.0	0.0	105.6	104.9
福　建	103.8	102.4	99.7	107.9	109.4
江　西	105.0	0.0	0.0	105.0	105.0
山　东	103.3	104.4	103.8	98.1	98.1
河　南	103.0	0.0	0.0	103.0	103.0
湖　北	109.1	0.0	0.0	109.1	108.1
湖　南	105.4	0.0	0.0	105.4	108.0
广　东	104.6	103.4	99.7	104.8	104.3
广　西	97.9	96.5	92.9	98.3	98.3
海　南	105.0	105.1	105.0	103.7	103.4
重　庆	105.7	0.0	0.0	105.7	105.7
四　川	106.5	0.0	0.0	106.5	106.4
贵　州	102.7	0.0	0.0	102.7	102.7
云　南	111.3	0.0	0.0	111.3	111.3
陕　西	95.4	0.0	0.0	95.4	95.4
甘　肃	101.4	0.0	0.0	101.4	101.4
青　海					
宁　夏	106.3	0.0	0.0	106.3	106.3
新　疆	96.1	0.0	0.0	96.1	96.1

8—8 主要农产品集贸市场价格指数

(以上年为100)

指　标	2001年	2003年	2004年	2005年
籼　稻	104.7	103.6	140.4	99.5
优质籼稻	105.1	107.5	137.9	99.6
粳　稻	102.9	104.1	143.3	103.8
小　麦	107.1	107.6	133.3	99.5
玉　米	122.8	111.3	122.6	93.3
大　豆	96.4	124.5	131.0	92.6
棉花(籽棉)	106.7	143.2	116.6	91.0
花生仁		129.6	120.7	97.7
油菜籽		125.1	119.0	93.6
活　猪	105.3	109.9	138.0	95.4
仔　猪	106.8	107.2	153.6	101.7
猪　肉	105.3	108.5	130.6	95.9
牛　肉	102.6	109.7	108.1	107.1
羊　肉	100.1	106.6	105.0	107.0
活　鸡		104.9	114.7	103.6
鸡　蛋	104.3	98.9	119.1	103.3
草　鱼	99.8	102.1	125.7	103.6
鲤　鱼	97.3	102.5	127.0	97.4
带　鱼		104.3	108.5	103.7
大白菜		134.0	98.7	119.4
黄　瓜		114.1	98.1	113.8
西红柿		117.1	98.9	109.7
红富士苹果		114.2	103.8	100.5
香　蕉		107.0	112.2	94.2

9

农产品进出口

9—1 海关出口主要农产品数量

单位:万头、万吨

年份	活猪	大米	棉花(原棉)	蔬菜	水果	水产品
1980	316	109	1.0	34	24.2	11.2
1981	318	59		47	19.9	11.6
1982	324	47		51	20.8	10.3
1983	321	58	6.0	54	19.6	10.5
1984	308	116	19.0	52	17.4	12.4
1985	296	101	35.0	51	21.4	12.0
1986	310	95	56.0	64	22.4	16.7
1987	302	102	75.0	64	24.4	21.8
1988	303	70	47.0	77	29.8	28.7
1989	297	32	27.0	82	25.2	29.4
1990	300	33	17.0	98	22.6	35.8
1991	285	69	20.0	104	16.0	37.8
1992	290	95	14.0	138	14.6	44.0
1993	272	143	15.0	137	32.0	48.0
1994	270	152	11.0	154	39.2	57.0
1995	253	5	2.0	158	39.8	61.0
1996	240	26	0.4	167	56.0	64.0
1997	227	94	0.1	167	68.0	72.0
1998	219	375	4.5	201	66.0	79.0
1999	196	271	23.6	225	73.0	109.0
2000	203	295	29.2	245	82.0	120.0
2001	196	186	5.2	298	81.0	154.0
2002	188	199	15.0	360	113.0	163.0
2003	188	262	11.2	432	146.0	158.0
2004	197	91	0.9	470	175.0	177.0
2005	176	69	0.5	520	200.0	176.0

注:水果1996年及以后为干、鲜水果及坚果数据。

9—2 海关进口主要农产品数量

单位:万吨

年 份	小 麦	玉 米	大 豆	棉花(原棉)	食用植物油
1980	1057	163.8	56.5	88.5	9.2
1981	1300	67.6	56.8	80.1	4.4
1982	1380	156.9	36.2	47.3	5.6
1983	1111	211.0	…	23.0	3.5
1984	987	5.5	…	4.0	1.4
1985	541	9.1	0.1	…	3.5
1986	611	58.8	29.1	…	19.8
1987	1320	154.2	27.3	0.6	51.1
1988	1455	10.9	15.2	3.5	21.4
1989	1488	6.8	0.1	51.9	105.6
1990	1253	36.9	0.1	41.7	112.3
1991	1237	0.1	0.1	37.1	61.2
1992	1058	…	12.1	28.0	42.0
1993	642	…	9.9	1.0	24.0
1994	730	0.1	5.2	50.0	163.0
1995	1159	518.1	29.4	74.0	213.0
1996	825	44.1	111.4	65.0	263.1
1997	186	…	280.1	75.0	274.6
1998	149	25.1	319.7	20.0	205.5
1999	45	7.0	431.7	5.0	208.0
2000	88	…	1041.6	4.7	179.0
2001	69	…	1394.0	6.0	165.0
2002	63	1.0	1131.0	18.0	319.0
2003	45	…	2074.0	87.0	541.0
2004	726	…	2023.0	191.0	676.0
2005	354	…	2659.0	257.0	621.0

9—3 海关出口农副产品及加工品数量

指　　标	单位	1995 年	2000 年	2004 年	2005 年	2005 年为 2004 年百分比(%)
活猪	万头	253	203	197	176	89.6
活家禽	万只	5263	4890	1926	2502	129.9
鲜、冻牛肉	万吨	2	2	2	2	122.5
鲜、冻猪肉	万吨	15	5	29	25	86.0
冻鸡	万吨	24.9	35.7	7.3	9.0	123.5
鲜、冻兔肉	吨	20187	22563	6396	8925	139.5
鲜蛋	百万个	358	757	1047	921	88.0
水产品	万吨	61	120	177	176	99.5
谷物及谷物粉	万吨	64	1378	473	1014	214.1
其中:大米	万吨	5	295	91	69	75.5
小麦	万吨	1159	88	109	60	55.0
玉米	万吨	11	1047	232	864	371.9
棉花(原棉)	万吨	2.2	29.2	0.9	0.5	54.6
蔬菜	万吨	158	245	470	520	110.7
鲜、干水果及坚果	万吨	49	82	175	200	114.5
其中:橘、橙	万吨	13.2	19.1	33.3	42.6	127.9
鲜苹果	万吨	10.9	29.8	77.4	82.4	106.4
食糖	万吨	48	41.4	8.5	35.8	420.6
天然蜂蜜	万吨	8.7	10.3	8.1	8.8	108.8
茶叶	万吨	16.7	22.8	28.0	28.7	102.3
辣椒干	万吨	3.6	5.4	7.3	7.0	96.0
猪肉罐头	万吨	6.4	3.8	5.4	5.2	96.2
蘑菇罐头	万吨	19.0	20.4	29.8	32.3	108.1
烤烟	万吨	5.7	9.4	13.5	11.2	82.9
生丝	万吨	1.3	1.3	1.1	1.1	97.2
山羊绒	吨	1829	3123	4159	3662	88.1
兔毛	吨	4395	4990	2970	1988	67.0
猪鬃	吨	10511	12398	11178		
肠衣	吨	44971	52316	62228	63094	101.4
填充用羽毛羽绒	吨	23345	36882	37590	36466	97.0
药材	万吨	13.7	17.6	17.0	20.3	119.5
食用油籽	万吨	121	76	86	102	118.4
其中:大豆	万吨	38	21	33	40	118.5
花生和花生仁	万吨	39	40	40	45	112.7
食用植物油	万吨	51	11.2	6.5	22.8	349.6

注:1995 年鲜、干水果及坚果仅包括鲜、干水果。

9—4 海关出口农副产品及加工品金额

单位:万美元

指　　标	1995 年	2000 年	2004 年	2005 年	2005 年为2004 年百分比(%)
活猪	27771	23045	23965	22686	94.7
活家禽	12534	10411	3333	3740	112.2
鲜、冻牛肉	3391	2353	3033	4150	136.8
鲜、冻猪肉	24535	6862	45954	40612	88.4
冻鸡	55656	51302	9245	11145	120.6
鲜冻兔肉	4765	4581	1007	2106	209.1
鲜蛋	1667	1712	4028	4352	108.1
水产品	208728	226755	405231	434677	107.3
谷物及谷物粉		169417	82766	151856	183.5
其中:大米	1624	56105	23944	23234	97.0
玉米		105170	32571	110753	340.0
棉花(原棉)	4680	30579	1574	791	50.2
蔬菜	157130	157691	278114	330200	118.7
鲜、干水果及坚果	18175	34836	77154	90489	117.3
#橘、橙	5570	4537	9745	12834	131.7
鲜苹果	4530	9656	27441	30631	111.6
食糖	18710	8359	2579	11077	429.4
天然蜂蜜	8748	8412	8901	8763	98.4
茶叶	27475	34717	43685	48431	110.9
辣椒干	5872	3446	11437	10041	87.8
猪肉罐头	11853	5845	7929	8397	105.9
烤烟	7732	13206	22148	21776	98.3
生丝	30055	27159	21360	24455	114.5
山羊绒	13987	252266	23574	24765	105.1
兔毛	7109	6177	4387	3714	84.6
猪鬃	6541	8396	6920		0.0
肠衣		31508	50411	50816	100.8
填充用羽毛羽绒	28142	30710	34776	35784	102.9
药材	43610	20795	26639	28745	107.9
食用油籽	39460	39428	55277	66246	119.8
其中:大豆		6414	14493	16958	117.0
花生和花生仁	25687	23175	29867	31959	107.0
食用植物油	20935	6702	6327	17207	272.0
松香及树脂酸	13491	13877			

注:鲜、干水果及坚果 1990、1995 年为水果数据。

9—5 海关进口农副产品及加工品数量

指　　标	单位	1990年	1995年	2000年	2004年	2005年	2005年为2004年百分比(%)
冻鱼	万吨			89	131	158	120.5
鲜、干水果及坚果	万吨				112	116	103.8
其中：香蕉	万吨			59	38	36	93.4
谷物及谷物粉	万吨			315	974	627	64.4
其中：玉米	万吨				…		
小麦	万吨	1253	1159	88	726	354	48.8
＃小麦粉	万吨				3	3	112.0
大麦	万吨	65	127	197	171	218	127.7
稻谷和大米	万吨			24	76	52	68.6
大豆	万吨	…	29	1042	2023	2659	131.4
食用植物油	万吨	112	213	179	676	621	91.9
＃豆油	万吨				252	169	67.3
棕榈油	万吨				239	284	118.7
菜子油和芥子油	万吨				35	18	50.3
其他植物油	万吨	119	160	23	34	42	125.8
食糖	万吨	113	295	64	121	139	114.4
饲料用鱼粉	万吨				112	158	140.7
豆饼、豆粕	吨				55451	202562	365.3
配制的动物饲料	吨				142444	107328	75.3
纸烟	万条				1280	1340	104.6
天然橡胶(包括胶乳)	万吨				128	141	109.5
合成橡胶(包括胶乳)	万吨				109	109	99.5
原木	万立方米				2631	2937	111.6
锯材	万立方米				601	597	99.4
纸浆	万吨				732	759	103.7
羊毛(包括羊毛条)	万吨	3	28	30	25	27	109.4
棉花(原棉)	万吨	42	74	5	191	257	134.9
肥料	万吨	1626	1991	1189	1240	1397	112.6
化肥	万吨				437	410	93.9
尿素	万吨				4	7	186.7
氮磷钾复合肥料	万吨				205	229	111.6
磷酸氢二胺	万吨				229	175	76.4
氯化钾	万吨				718	883	123.0
硫酸钾	万吨				17	19	112.4
农药	吨				27623	36752	133.0

9—6 海关进口农副产品及加工品金额

单位:万美元

指　标	1990 年	1995 年	2000 年	2004 年	2005 年	2005 年为 2004 年百分比(%)
冻鱼			68437	151866.5	219428.5	144.5
鲜、干水果及坚果				59462	62690.8	105.4
其中:香蕉			16926	9345.5	9996.8	107.0
谷物及谷物粉	235297	358153	59375	222887.6	140887.2	63.2
其中:玉米				101.5	147.7	145.5
小麦	215653	202639	14737	164960.6	77286.7	46.9
＃小麦粉				918.9	1073.2	116.8
大麦	10909	24054	31330	32065	42944.1	133.9
稻谷和大米			11271	25344.8	19944.6	78.7
大豆	32	7549	227024	697916.7	777879.2	111.5
食用植物油	52829	145482	62714	366534.5	281507.7	76.8
＃豆油				154897.3	90776.9	58.6
棕榈油				117165.3	119927	102.4
菜子油和芥子油				21784.2	10420.6	47.8
其他植物油	41904	97673	12773	22553.5	28039.6	124.3
食糖	37880	89758	11533	27557.7	38327.2	139.1
饲料用鱼粉				76091	108264.8	142.3
豆饼、豆粕				1460.2	4931.5	337.7
配制的动物饲料				12225.9	12106.6	99.0
纸烟				5115.7	5185.5	101.4
天然橡胶(包括胶乳)				152426.6	185465.8	121.7
合成橡胶(包括胶乳)				141423	179810.3	127.1
原木				280431.8	324356.2	115.7
锯材				138255.5	150778.8	109.1
纸浆				356771.5	372550.6	104.4
羊毛(包括羊毛条)	14606	94414	103731	120714.7	131797.1	109.2
棉花(原棉)	71079	137782	7411	317623.9	319709.3	100.7
肥料	260313	374150	173006	228768.5	305143.3	133.4
化肥				99257.2	103904.8	104.7
尿素				548.7	1271.5	231.7
氮磷钾复合肥料				41143.1	52895.8	128.6
磷酸氢二胺				57565.4	49737.5	86.4
氯化钾				115859.5	182413.7	157.4
硫酸钾				3001.8	4331.1	144.3
农药				14680.3	18221.6	124.1

9—7 各地区出口农产品数量

单位:吨

地区	大米	小麦及粉	玉米	大豆	棉花(原棉)	食用植物油	食糖
全国合计	**685840**	**604638**	**8642047**	**413434**	**4962**	**228139**	**358290**
北京	31333	201	220499	3937		2442	101
天津		7539		4771	38	10772	349
河北	3295	7606	111983	18454	1	2799	
山西				76			
内蒙古	3926	25373	925882	8992		34	19518
辽宁	118227	38696	1308402	80718	6	55521	166
吉林	57094	11301	4905952	65264		3092	118
黑龙江	338075	250314	1145433	206630		2034	10
上海		5946		331	1164	149	1
江苏	11738	16051	1	4498		11261	
浙江	1	2		161		145	50
安徽	34914	24248	55	1689		681	
福建	580	1297		75		71	41259
江西	55939						
山东	412	69482	23740	6371	362	88381	30
河南		9245		2032		1752	
湖北	1149	5	35	155		581	16
湖南	734		32	17			16
广东	5195	135523	33	7129	416	43383	290141
广西	2831	756		1125		3546	1045
海南	131						
重庆	340					6	1
四川	10005			42		1	
贵州							
云南	100	633		319			2403
西藏							
陕西		141		484		163	1
甘肃				20			
青海							
宁夏				145			
新疆	9823	280			2974	1323	3066

9—8 各地区进口农产品数量

单位：吨

地　区	大　米	小麦及粉	玉　米	大　豆	棉花（原棉）	食用植物油	食　糖
全国合计	**521732**	**3538495**	**4017**	**26590649**	**2567950**	**6213230**	**1389671**
北　京	23940	1315648	46	892197	343687	360379	205103
天　津	1512	6210		636820	178422	1174555	9159
河　北		295527	3	1542590	95907	178806	5541
山　西			5	103787	1554	3255	4500
内蒙古					505	3354	26391
辽　宁	1075	371671	69	1583409	21694	76149	47132
吉　林		31500	13	79	4647	2	519
黑龙江		54		60	9048	31734	5693
上　海	661	3177	240	300612	268131	244371	7569
江　苏	560	323749		6196466	245094	1675763	72185
浙　江	3708	37931	431	1462653	130659	198768	6569
安　徽		2			45487	17746	1021
福　建	23814	74451		2370939	20956	155885	151334
江　西					6451	13698	184
山　东		448852	48	3995334	930065	614725	243302
河　南	1247			816955	38723	18852	
湖　北	786			35757	51408	43483	
湖　南	6111			61587	1419	40933	1271
广　东	414366	628126	13	3980358	133664	1068515	541796
广　西	940			1998974	7144	116060	47500
海　南	128					50558	98
重　庆				377986		16899	
四　川	1677			118605	5484	44831	
贵　州						5262	
云　南	41208		3139		533	22776	12795
西　藏		1596			1500	4413	10
陕　西				115482	11775	16677	
甘　肃						2110	
青　海					180	520	
宁　夏							
新　疆			9		13811	12151	

10

农产品成本与收益

10—1 平均每一农业劳动力生产的主要农产品

单位:公斤

年 份	粮 食	棉 花	油 料	鲜 蛋	水产品
1952	947	7.5	24.2		9.6
1955	1001	8.3	26.3		12.7
1960	862	6.4	11.7		18.3
1965	842	9.1	15.7		12.9
1970	874	8.3	13.7		11.6
1975	970	8.1	15.4		15.0
1978	1059	7.5	18.1		16.2
1979	1163	7.7	22.5		15.1
1980	1106	9.3	26.5		15.5
1981	1095	10.0	34.4		15.5
1982	1161	11.8	38.7	8.9	16.9
1983	1251	15.0	34.1	10.4	17.6
1984	1311	20.1	38.3	13.4	19.9
1985	1221	13.4	50.8	16.9	22.7
1986	1255	11.3	47.2	17.8	26.4
1987	1281	13.5	48.6	18.8	30.4
1988	1232	13.0	41.3	21.8	33.2
1989	1245	11.6	40.5	22.0	35.2
1990	1325	13.4	47.9	23.6	36.7
1991	1260	16.4	47.4	26.7	38.8
1992	1269	12.9	47.0	29.2	44.6
1993	1357	11.1	53.6	35.1	54.2
1994	1350	13.2	60.3	44.9	65.0
1995	1435	14.7	69.2	51.5	77.4
1996	1562	13.0	68.4	60.8	87.1
1997	1528	14.2	66.7	65.7	111.3
1998	1574	13.8	71.1	62.0	120.1
1999	1551	11.7	79.4	65.1	125.8
2000	1407	13.4	89.9	68.3	130.2
2001	1387	16.3	87.8	72.0	134.3
2002	1419	15.3	89.9	76.4	141.7
2003	1362	15.4	88.9	82.4	148.8
2004	1518	20.4	99.1	88.1	158.5
2005	1598	18.9	101.6	95.1	168.6

10—2 各地区平均每一农业劳动力生产的主要农产品

单位:公斤

地　　区	粮　食	棉　花	油　料	糖　料	猪牛羊肉	水产品
全国总计	**1598.2**	**18.9**	**101.6**	**312.1**	**203.3**	**168.6**
北　京	1630.0	3.6	42.8		681.0	110.3
天　津	1717.8	104.4	16.2		561.1	422.4
河　北	1648.2	36.6	96.9	27.1	290.5	62.8
山　西	1530.8	16.1	33.3	6.2	97.4	5.9
内蒙古	3157.1	0.3	232.0	262.6	367.8	15.7
辽　宁	2544.5	0.4	53.7	9.2	350.7	619.9
吉　林	5168.9	0.3	109.0	14.7	327.1	23.8
黑龙江	4408.3		86.4	221.0	202.8	63.6
上　海	1695.7	2.9	111.6	233.6	300.8	569.0
江　苏	2585.0	29.4	197.0	20.3	220.8	354.4
浙　江	1009.8	2.7	62.1	111.5	161.7	599.6
安　徽	1463.0	18.2	152.0	12.0	148.8	99.7
福　建	1010.9		38.8	131.9	195.7	851.2
江　西	1837.9	9.1	79.6	81.9	196.3	176.4
山　东	1853.9	40.1	172.2		229.1	348.4
河　南	1440.3	21.3	141.3	7.9	184.9	16.2
湖　北	1972.7	34.0	266.3	38.9	252.5	288.3
湖　南	1363.9	10.1	71.8	51.1	237.7	91.3
广　东	912.2		50.4	728.6	172.8	454.6
广　西	985.2	0.1	41.9	3414.6	136.9	188.3
海　南	796.6		44.4	1452.0	214.8	781.0
重　庆	1481.8		54.2	14.5	194.4	31.8
四　川	1370.9	1.1	99.2	56.8	240.0	41.9
贵　州	901.2		66.4	53.0	121.0	7.4
云　南	895.4		21.4	836.8	163.1	14.1
西　藏	1094.2		71.8		251.4	0.1
陕　西	1094.3	8.2	47.6	0.3	94.0	7.7
甘　肃	1097.9	14.5	66.0	19.1	99.4	2.1
青　海	715.8		244.5		193.0	0.7
宁　夏	2106.7		85.8		156.5	41.0
新　疆	2565.2	548.4	113.9	1226.5	352.0	23.2

10—3 全国种植业产品成本与收益

指　　标	单位	三种粮食平均		稻　　谷	
		2004年	2005年	2004年	2005年
每亩					
主产品产量	公斤	404.80	393.10	450.90	431.00
产值合计	元	591.95	547.60	739.73	686.02
主产品产值	元	572.60	529.48	719.80	669.40
副产品产值	元	19.35	18.12	19.93	16.62
总成本	元	395.45	425.02	454.64	493.31
生产成本	元	341.38	363.00	397.68	426.99
物质与服务费用	元	200.12	211.63	226.24	242.45
人工成本	元	141.26	151.37	171.44	184.54
家庭用工折价	元	129.33	140.00	150.29	162.49
雇工费用	元	11.93	11.37	21.15	22.05
土地成本	元	54.07	62.02	56.96	66.32
流转地租金	元	5.96	5.80	7.64	9.56
自营地折租	元	48.11	56.22	49.32	56.76
净利润	元	196.50	122.58	285.09	192.71
现金成本	元	218.01	228.80	255.03	274.06
现金收益	元	373.94	318.80	484.70	411.96
成本利润率	%	49.69	28.84	62.71	39.06
每50公斤主产品					
平均出售价格	元	70.73	67.35	79.82	77.66
总成本	元	47.25	52.27	49.06	55.84
生产成本	元	40.79	44.65	42.91	48.34
净利润	元	23.48	15.08	30.76	21.82
现金成本	元	26.05	28.14	27.52	31.02
现金收益	元	44.68	39.21	52.30	46.64
附：					
每亩用工数量	日	9.97	9.59	11.85	11.39
每亩主产品出售数量	公斤	190.50	186.20	183.60	175.40
每亩主产品出售产值	元	259.24	241.44	292.53	274.06
商品率	%	53.00	55.90	46.50	50.70
每亩补贴收入	元	8.33	9.84	13.08	12.83
每亩成本外支出	元	4.68	2.76	5.98	4.03

10—3 续表 1

指　　标	单位	小　　麦		玉　　米	
		2004 年	2005 年	2004 年	2005 年
每亩					
主产品产量	公斤	339.80	325.80	423.60	422.60
产值合计	元	525.50	468.96	510.64	487.82
主产品产值	元	506.11	449.68	491.90	469.35
副产品产值	元	19.39	19.28	18.74	18.47
总成本	元	355.92	389.61	375.70	392.28
生产成本	元	312.12	337.69	314.26	324.46
物质与服务费用	元	200.28	216.35	173.77	176.08
人工成本	元	111.84	121.34	140.49	148.38
家庭用工折价	元	109.05	118.73	128.64	138.92
雇工费用	元	2.79	2.61	11.85	9.46
土地成本	元	43.80	51.92	61.44	67.82
流转地租金	元	3.47	2.27	6.77	5.58
自营地折租	元	40.33	49.65	54.67	62.24
净利润	元	169.58	79.35	134.94	95.54
现金成本	元	206.54	221.23	192.39	191.12
现金收益	元	318.96	247.73	318.25	296.70
成本利润率	%	47.65	20.37	35.92	24.36
每 50 公斤主产品					
平均出售价格	元	74.47	69.01	58.06	55.53
总成本	元	50.44	57.33	42.72	44.65
生产成本	元	44.23	49.69	35.73	36.93
净利润	元	24.03	11.68	15.34	10.88
现金成本	元	29.27	32.56	21.87	21.76
现金收益	元	45.20	36.45	36.19	33.77
附：					
每亩用工数量	日	8.10	7.91	9.97	9.49
每亩主产品出售数量	公斤	141.50	134.00	246.30	249.10
每亩主产品出售产值	元	209.56	182.82	275.62	267.43
商品率	%	46.00	47.30	66.60	69.70
每亩补贴收入	元	5.21	8.32	6.70	8.36
每亩成本外支出	元	4.16	2.44	3.90	1.81

10—3 续表 2

指　　标	单位	高　　粱		大　　豆	
		2004 年	2005 年	2004 年	2005 年
每亩					
主产品产量	公斤	398.80	432.70	130.20	132.20
产值合计	元	463.65	496.63	380.11	352.02
主产品产值	元	446.55	477.12	367.21	339.42
副产品产值	元	17.10	19.51	12.90	12.60
总成本	元	328.18	351.61	253.05	270.54
生产成本	元	247.18	253.14	190.91	195.32
物质与服务费用	元	145.65	151.49	116.75	113.79
人工成本	元	101.53	101.65	74.16	81.53
家庭用工折价	元	86.72	94.71	65.49	72.98
雇工费用	元	14.81	6.94	8.67	8.55
土地成本	元	81.00	98.47	62.14	75.22
流转地租金	元	7.90	13.16	12.57	12.99
自营地折租	元	73.10	85.31	49.57	62.23
净利润	元	135.47	145.02	127.06	81.48
现金成本	元	168.36	171.59	137.99	135.33
现金收益	元	295.29	325.04	242.12	216.69
成本利润率	%	41.28	41.24	50.21	30.12
每 50 公斤主产品					
平均出售价格	元	55.99	55.13	141.02	128.37
总成本	元	39.63	39.03	93.88	98.66
生产成本	元	29.85	28.10	70.83	71.23
净利润	元	16.36	16.10	47.14	29.71
现金成本	元	20.33	19.05	51.19	49.35
现金收益	元	35.66	36.08	89.83	79.02
附：					
每亩用工数量	日	6.98	6.50	5.18	5.11
每亩主产品出售数量	公斤	289.70	325.70	104.00	106.30
每亩主产品出售产值	元	312.96	348.56	282.11	268.46
商品率	%	93.90	85.80	86.00	85.20
每亩补贴收入	元	11.25	12.03	7.67	8.64
每亩成本外支出	元	4.28	1.83	2.99	1.10

10—3 续表 3

指　　标	单位	两种油料平均		花　　生		油 菜 籽	
		2004 年	2005 年	2004 年	2005 年	2004 年	2005 年
每亩							
主产品产量	公斤	173.80	163.70	213.00	199.80	134.60	127.50
产值合计	元	570.09	486.06	767.01	677.33	373.16	294.78
主产品产值	元	556.38	474.83	747.41	663.34	365.35	286.31
副产品产值	元	13.71	11.23	19.60	13.99	7.81	8.47
总成本	元	368.76	384.58	448.82	473.74	288.52	295.31
生产成本	元	325.92	335.45	398.02	415.88	253.65	254.92
物质与服务费用	元	169.12	166.62	224.62	225.28	113.45	107.86
人工成本	元	156.80	168.83	173.40	190.60	140.20	147.06
家庭用工折价	元	152.62	162.64	168.24	181.15	137.00	144.13
雇工费用	元	4.18	6.19	5.16	9.45	3.20	2.93
土地成本	元	42.84	49.13	50.80	57.86	34.87	40.39
流转地租金	元	3.23	3.15	3.54	2.93	2.92	3.37
自营地折租	元	39.61	45.98	47.26	54.93	31.95	37.02
净利润	元	201.33	101.48	318.19	203.59	84.64	—0.53
现金成本	元	176.53	175.96	233.32	237.66	119.57	114.16
现金收益	元	393.56	310.10	533.69	439.67	253.59	180.62
成本利润率	%	54.60	26.39	70.89	42.98	29.34	—0.17
每 50 公斤主产品							
平均出售价格	元	160.06	145.03	175.45	166.00	135.72	112.28
总成本	元	103.53	114.75	102.67	116.10	104.94	112.48
生产成本	元	91.51	100.09	91.05	101.92	92.25	97.10
净利润	元	56.53	30.28	72.78	49.90	30.78	—0.20
现金成本	元	49.56	52.50	53.37	58.25	43.49	43.48
现金收益	元	110.50	92.53	122.08	107.75	92.23	68.80
附：							
每亩用工数量	日	11.37	10.91	12.56	12.27	10.17	9.55
每亩主产品出售数量	公斤	113.00	95.90	134.30	108.10	91.60	83.70
每亩主产品出售产值	元	354.97	267.26	467.37	348.40	242.57	186.11
商品率	%	70.70	68.80	69.60	63.50	71.70	74.00
每亩补贴收入	元	0.20	1.20	0.20	1.57	0.20	0.82
每亩成本外支出	元	4.42	3.52	3.64	1.42	5.20	5.62

10—3 续表 4

指　　标	单位	棉　　花		烤　　烟	
		2004 年	2005 年	2004 年	2005 年
每亩					
主产品产量	公斤	76.30	74.80	130.50	133.70
产值合计	元	966.15	1122.86	1259.41	1393.67
主产品产值	元	832.16	977.70	1252.90	1387.74
副产品产值	元	133.99	145.16	6.51	5.93
总成本	元	743.10	791.50	1071.99	1255.21
生产成本	元	652.58	692.92	1000.03	1172.12
物质与服务费用	元	297.80	295.49	445.47	539.11
人工成本	元	354.78	397.43	554.56	633.01
家庭用工折价	元	319.76	361.54	522.52	597.62
雇工费用	元	35.02	35.89	32.04	35.39
土地成本	元	90.52	98.58	71.96	83.09
流转地租金	元	17.89	7.16	8.25	8.73
自营地折租	元	72.63	91.42	63.71	74.36
净利润	元	223.05	331.36	187.42	138.46
现金成本	元	350.71	338.54	485.76	583.23
现金收益	元	615.44	784.32	773.65	810.44
成本利润率	%	30.02	41.86	17.48	11.03
每 50 公斤主产品					
平均出售价格	元	545.32	653.54	480.04	518.98
总成本	元	419.42	460.68	408.60	467.42
生产成本	元	368.33	403.30	381.17	436.48
净利润	元	125.90	192.86	71.44	51.56
现金成本	元	197.95	197.04	185.15	217.19
现金收益	元	347.37	456.50	294.89	301.79
附：					
每亩用工数量	日	24.63	24.86	39.87	40.67
每亩主产品出售数量	公斤	67.40	69.00	126.40	132.50
每亩主产品出售产值	元	734.66	902.84	1230.02	1377.34
商品率	%	94.80	96.00	97.90	99.30
每亩补贴收入	元	0.04	1.67	16.81	137.25
每亩成本外支出	元	9.98	5.53	4.13	2.67

10—3 续表 5

指　　标	单位	熟红麻		苎　　麻	
		2004 年	2005 年	2004 年	2005 年
每亩					
主产品产量	公斤	191.30	111.10	153.80	153.40
产值合计	元	565.60	342.18	1382.04	1332.97
主产品产值	元	515.60	314.35	1371.82	1313.53
副产品产值	元	50.00	27.83	10.22	19.44
总成本	元	477.31	351.57	809.44	863.88
生产成本	元	443.69	317.95	771.64	832.55
物质与服务费用	元	224.49	119.51	238.13	132.96
人工成本	元	219.20	198.44	533.51	699.59
家庭用工折价	元	219.20	198.44	501.15	683.91
雇工费用	元	0.00	0.00	32.36	15.68
土地成本	元	33.62	33.62	37.80	31.33
流转地租金	元	0.00	0.00	1.56	1.81
自营地折租	元	33.62	33.62	36.24	29.52
净利润	元	88.29	−9.39	572.60	469.09
现金成本	元	224.49	119.51	272.05	150.45
现金收益	元	341.11	222.67	1109.99	1182.52
成本利润率	%	18.50	−2.66	70.74	54.30
每 50 公斤主产品					
平均出售价格	元	134.76	141.47	445.98	428.14
总成本	元	113.72	145.35	261.20	277.47
生产成本	元	105.71	131.45	249.01	267.41
净利润	元	21.04	−3.88	184.78	150.67
现金成本	元	53.49	49.41	87.79	48.32
现金收益	元	81.27	92.06	358.19	379.82
附：					
每亩用工数量	日	16.00	12.97	38.08	45.29
每亩主产品出售数量	公斤	183.30	105.70	153.10	149.40
每亩主产品出售产值	元	493.67	299.03	1365.26	1280.46
商品率	%	98.70	95.30	100.00	100.00
每亩补贴收入	元	0.00	0.00	0.00	0.00
每亩成本外支出	元	0.00	0.00	0.18	0.82

10—3 续表 6

指　标	单位	甘　蔗		甜　菜	
		2004 年	2005 年	2004 年	2005 年
每亩					
主产品产量	公斤	4652.50	4612.00	2492.60	2665.80
产值合计	元	894.10	1220.44	637.02	721.81
主产品产值	元	870.33	1198.42	624.66	707.82
副产品产值	元	23.77	22.02	12.36	13.99
总成本	元	805.42	827.33	435.24	485.65
生产成本	元	712.63	726.87	353.82	393.86
物质与服务费用	元	374.80	361.29	211.47	228.08
人工成本	元	337.83	365.58	142.35	165.78
家庭用工折价	元	234.54	231.34	115.35	119.03
雇工费用	元	103.29	134.24	27.00	46.75
土地成本	元	92.79	100.46	81.42	91.79
流转地租金	元	6.72	7.74	11.19	15.83
自营地折租	元	86.07	92.72	70.23	75.96
净利润	元	88.68	393.11	201.78	236.16
现金成本	元	484.81	503.27	249.66	290.66
现金收益	元	409.29	717.17	387.36	431.15
成本利润率	%	11.01	47.52	46.36	48.63
每 50 公斤主产品					
平均出售价格	元	9.35	12.99	12.53	13.28
总成本	元	8.42	8.81	8.56	8.94
生产成本	元	7.45	7.74	6.96	7.25
净利润	元	0.93	4.18	3.97	4.34
现金成本	元	5.07	5.36	4.91	5.35
现金收益	元	4.28	7.63	7.62	7.93
附：					
每亩用工数量	日	22.62	21.44	9.57	9.57
每亩主产品出售数量	公斤	4411.20	4550.90	2462.30	2643.30
每亩主产品出售产值	元	840.61	1177.46	617.39	700.75
商品率	%	97.70	98.90	96.70	100.00
每亩补贴收入	元	0.73	3.78	8.65	7.40
每亩成本外支出	元	4.00	2.25	3.74	1.41

10—3 续表 7

指　　标	单位	桑蚕茧		绿毛茶		苹　果	
		2004 年	2005 年	2004 年	2005 年	2004 年	2005 年
每亩							
主产品产量	公斤	114.70	106.80	96.10	51.40	1952.30	1826.50
产值合计	元	1851.75	2098.27	1483.16	1544.27	2283.03	2817.55
主产品产值	元	1806.70	2055.08	1482.82	1537.79	2274.76	2815.18
副产品产值	元	45.05	43.19	0.34	6.48	8.27	2.37
总成本	元	1284.96	1372.40	1054.11	1258.89	1340.29	1283.69
生产成本	元	1196.00	1277.82	932.75	1161.98	1248.73	1163.82
物质与服务费用	元	432.74	447.65	388.27	555.11	636.55	559.15
人工成本	元	763.26	830.17	544.48	606.87	612.18	604.67
家庭用工折价	元	746.38	801.26	106.86	184.82	492.79	501.53
雇工费用	元	16.88	28.91	437.62	422.05	119.39	103.14
土地成本	元	88.96	94.58	121.36	96.91	91.56	119.87
流转地租金	元	8.65	11.89	12.15	10.52	5.82	2.84
自营地折租	元	80.31	82.69	109.21	86.39	85.74	117.03
净利润	元	566.79	725.87	429.05	285.38	942.74	1533.86
现金成本	元	458.27	488.45	838.04	987.68	761.76	665.13
现金收益	元	1393.48	1609.82	645.12	556.59	1521.27	2152.42
成本利润率	%	44.11	52.89	40.70	22.67	70.34	119.49
每 50 公斤主产品							
平均出售价格	元	787.58	962.12	771.50	1495.90	58.26	77.06
总成本	元	546.51	629.29	548.32	1219.46	34.20	35.11
生产成本	元	508.68	585.92	485.19	1125.58	31.87	31.83
净利润	元	241.07	332.83	223.18	276.44	24.06	41.95
现金成本	元	194.91	223.97	435.93	956.74	19.44	18.19
现金收益	元	592.67	738.15	335.57	539.16	38.82	58.87
附：							
每亩用工数量	日	55.50	53.87	27.07	30.43	42.70	39.82
每亩主产品出售数量	公斤	114.30	105.30	63.20	49.30	1794.20	1652.30
每亩主产品出售产值	元	1801.52	2031.60	1409.15	1458.69	2118.11	2554.15
商品率	%	99.80	100.00	97.70	97.30	93.60	91.80
每亩补贴收入	元	0.43	3.36	0.05	0.02	1.15	0.14
每亩成本外支出	元	7.25	5.21	1.53	0.32	2.09	0.52

10—4　全国饲养业产品成本与收益

指　　标	单位	生猪平均		规模养猪平均		农户散养生猪	
		2004 年	2005 年	2004 年	2005 年	2004 年	2005 年
每头（百只、亩）							
主产品产量	公斤	104.20	105.90	101.00	103.40	107.40	108.40
产值合计	元	939.87	814.38	922.07	814.52	957.66	814.24
主产品产值	元	924.24	798.18	909.09	801.87	939.38	794.49
副产品产值	元	15.63	16.20	12.98	12.65	18.28	19.75
总成本	元	786.25	773.90	768.50	743.77	803.76	803.79
生产成本	元	783.85	772.61	763.81	741.20	803.66	803.78
物质与服务费用	元	679.98	661.13	707.74	685.51	652.14	636.67
人工成本	元	103.87	111.48	56.07	55.69	151.52	167.11
家庭用工折价	元	91.52	100.52	31.37	33.97	151.52	166.92
雇工费用	元	12.35	10.96	24.70	21.72	0.00	0.19
土地成本	元	2.40	1.29	4.69	2.57	0.10	0.01
净利润	元	153.62	40.48	153.57	70.75	153.90	10.45
成本利润率	%	19.54	5.23	19.98	9.51	19.15	1.30
耗粮数量	公斤	181.30	183.00	184.80	182.90	177.70	183.00
每 50 公斤主产品							
平均出售价格	元	443.49	376.86	450.04	387.75	437.33	366.46
总成本	元	371.00	358.13	375.09	354.07	367.05	361.76
生产成本	元	369.87	357.53	372.80	352.85	367.00	361.75
净利润	元	72.49	18.73	74.95	33.68	70.28	4.70
耗粮数量	公斤	86.97	86.38	91.50	88.43	82.72	84.40
附：							
每核算单位用工数量	日	7.31	7.11	3.55	3.29	11.06	10.92
平均饲养天数	日	165.00	158.00	143.00	142.00	186.00	174.00

10—4 续表 1

指　　标	单位	蛋鸡平均		肉鸡平均	
		2004 年	2005 年	2004 年	2005 年
每头(百只、亩)					
主产品产量	公斤	1505.60	1544.20	227.10	196.90
产值合计	元	8950.84	8956.77	1819.67	1504.32
主产品产值	元	7800.54	7782.03	1803.83	1488.02
副产品产值	元	1150.30	1174.74	15.84	16.30
总成本	元	7706.41	8219.68	1494.22	1441.93
生产成本	元	7699.59	8211.77	1488.86	1436.92
物质与服务费用	元	7312.21	7772.92	1412.85	1364.71
人工成本	元	387.38	438.85	76.01	72.21
家庭用工折价	元	314.42	360.47	53.57	50.03
雇工费用	元	72.96	78.38	22.44	22.18
土地成本	元	6.82	7.91	5.36	5.01
净利润	元	1244.43	737.09	325.45	62.39
成本利润率	%	16.15	8.97	21.78	4.33
耗粮数量	公斤	2636.50	2670.10	381.20	335.40
每 50 公斤主产品					
平均出售价格	元	259.05	251.98	397.14	377.86
总成本	元	223.03	231.24	326.11	362.19
生产成本	元	222.84	231.02	324.94	360.93
净利润	元	36.02	20.74	71.03	15.67
耗粮数量	公斤	87.55	86.46	83.93	85.16
附：					
每核算单位用工数量	日	26.21	26.86	5.05	4.16
平均饲养天数	日	352.00	352.00	69.00	65.00

10—4 续表 2

指　　标	单位	奶牛平均		淡水鱼农户精养	
		2004 年	2005 年	2004 年	2005 年
每头(百只、亩)					
主产品产量	公斤	5356.90	5243.60	698.80	704.40
产值合计	元	11044.74	10864.74	4823.34	5215.66
主产品产值	元	9974.94	9829.59	4807.23	5007.20
副产品产值	元	1069.80	1035.15	16.11	208.46
总成本	元	8669.40	8751.91	3782.38	4174.34
生产成本	元	8630.84	8721.91	3605.12	3900.04
物质与服务费用	元	7685.90	7729.76	3112.83	3357.89
人工成本	元	944.94	992.15	492.29	542.15
家庭用工折价	元	533.48	561.51	451.97	484.71
雇工费用	元	411.46	430.64	40.32	57.44
土地成本	元	38.56	30.00	177.26	274.30
净利润	元	2375.34	2112.83	1040.96	1041.32
成本利润率	%	27.40	24.14	27.52	24.95
耗粮数量	公斤	1981.60	1919.30	611.00	604.80
每 50 公斤主产品					
平均出售价格	元	93.10	93.73	343.96	355.42
总成本	元	73.08	75.50	269.73	284.46
生产成本	元	72.75	75.24	257.09	265.77
净利润	元	20.02	18.23	74.23	70.96
耗粮数量	公斤	18.50	18.30	43.72	42.93
附：					
每核算单位用工数量	日	55.12	51.96	25.08	24.84
平均饲养天数	日	365.00	365.00	281.00	282.00

11

农村居民收入与消费

11—1 农村居民纯收入

单位:元/人

年 份	纯收入合计	工资性收入	家庭经营纯收入	财产性纯收入	转移性纯收入
1949	43.8				
1952	57.0				
1954	64.1	2.4	56.4		5.3
1956	72.9	45.5	17.0		10.4
1957	73.0	43.4	21.5		8.1
1962	99.1	52.3	38.2		8.7
1963	101.3	54.6	35.7		11.1
1964	102.3	55.1	35.7		11.5
1965	107.2	63.2	33.3		10.7
1976	113.1	78.4	26.2		8.5
1977	117.1	76.1	32.8		8.2
1978	133.6	88.3	35.8		9.5
1979	160.2	100.7	44.0		15.5
1980	191.3	106.4	62.6		22.4
1981	223.4	113.8	84.5		25.1
1982	270.1	142.9	102.8		24.5
1983	309.8	57.5	227.7		24.6
1984	355.3	66.5	261.7		27.2
1985	397.6	72.2	296.0		29.5
1986	423.8	81.6	313.3		28.9
1987	462.6	95.5	345.5		21.6
1988	544.9	117.8	403.2		24.0
1989	601.5	136.5	434.6		30.5
1990	686.3	138.8	518.6		29.0
1991	708.6	151.9	523.6		33.0
1992	784.0	184.4	561.6		38.0
1993	921.6	194.5	678.5	7.0	41.6
1994	1221.0	263.0	881.9	28.6	47.6
1995	1577.7	353.7	1125.8	41.0	57.3
1996	1926.1	450.8	1362.5	42.6	70.2
1997	2090.1	514.6	1472.7	23.6	79.3
1998	2162.0	573.6	1466.0	30.4	92.0
1999	2210.3	630.3	1448.4	31.6	100.2
2000	2253.4	702.3	1427.3	45.0	78.8
2001	2366.4	771.9	1459.6	47.0	87.9
2002	2475.6	840.2	1486.5	50.7	98.2
2003	2622.2	918.4	1541.3	65.8	96.8
2004	2936.4	998.5	1745.8	76.6	115.5
2005	3254.9	1174.5	1844.5	88.5	147.4

注:1992 年以前的转移性收入包括财产性收入。

11－2 农村居民生活消费支出

单位:元/人

年份	生活消费支出	食品支出	衣着支出	居住支出	家庭设备用品及服务支出	交通和通讯支出	文教娱乐用品及服务支出	医疗保健支出	其他支出
1954	59.6	40.9	7.8	7.2					
1956	66.6	45.4	8.8	6.4					
1957	70.9	46.6	9.5	8.6					
1962	92.2	56.1	7.7	17.3					
1963	93.9	59.4	8.8	14.9					
1964	93.6	62.8	8.6	12.5					
1965	95.1	65.1	10.0	10.6					
1978	116.1	78.6	14.7	12.0					
1979	134.5	86.0	17.6	16.0					
1980	162.2	100.2	20.0	22.5	4.1	0.6	8.3	3.4	3.2
1981	190.8	114.1	23.8	31.6	4.2	0.6	10.1	4.2	2.2
1982	220.2	133.5	25.0	35.6	9.4	0.6	7.5	4.7	4.0
1983	248.3	147.6	28.0	42.0	14.0	3.6	5.7	4.4	3.0
1984	273.8	162.3	28.9	48.4	14.8	3.4	8.2	5.0	2.7
1985	317.4	183.4	30.8	57.9	16.2	5.6	12.4	7.7	3.6
1986	357.0	201.5	33.0	70.3	19.6	6.2	14.4	8.7	3.3
1987	398.3	222.1	34.2	79.8	21.5	8.2	18.5	10.7	3.4
1988	476.7	257.4	41.1	96.3	30.0	8.9	25.7	13.4	3.9
1989	535.4	293.4	44.5	105.2	32.4	8.5	30.6	16.4	4.3
1990	584.6	343.8	45.4	101.4	30.9	8.4	31.4	19.0	4.3
1991	619.8	357.1	51.1	102.3	35.3	10.3	36.4	22.3	5.0
1992	659.0	379.3	52.5	104.9	36.7	12.2	43.8	24.2	5.5
1993	769.7	446.8	55.3	106.8	44.7	17.4	58.4	27.2	13.1
1994	1016.8	598.5	70.3	142.3	55.5	24.0	75.1	32.1	19.0
1995	1310.4	768.2	89.8	182.2	68.5	33.8	102.4	42.5	23.1
1996	1572.1	885.5	113.8	219.1	84.2	47.1	132.5	58.3	31.7
1997	1617.2	890.3	109.4	233.2	85.4	53.9	148.2	62.5	34.3
1998	1590.3	849.6	98.1	239.6	81.9	60.7	159.4	68.1	32.9
1999	1577.4	829.0	92.0	232.7	82.3	68.7	168.3	70.0	34.3
2000	1670.1	820.5	96.0	258.3	75.5	93.1	186.7	87.6	52.5
2001	1741.1	830.7	98.7	279.1	77.0	110.0	192.6	96.6	56.4
2002	1834.3	848.4	105.0	300.2	80.4	128.5	210.3	103.9	57.7
2003	1943.3	886.0	110.3	308.4	81.7	162.5	235.7	115.8	43.0
2004	2184.7	1031.9	120.2	324.3	89.2	192.6	247.6	130.6	48.3
2005	2555.4	1162.2	148.6	370.2	111.4	245.0	295.5	168.1	54.5

注:1979 年以前生活消费支出中的各细项均为其中项。

11—3 农村居民主要食品消费量

单位:公斤/人

年份	粮食合计	细粮	粗粮	蔬菜	食用油	植物油	动物油
1954	221.7	95.1	126.7	70.7	1.3	1.1	0.2
1956	246.5	126.0	120.5	91.0	1.5	1.3	0.3
1957	227.0	110.1	116.9	102.3	1.6	1.3	0.3
1962	189.3	91.7	97.6	199.7	1.0	0.8	0.2
1963	208.0	94.4	113.6	134.9	1.2	0.9	0.3
1964	212.7	106.0	106.7	126.4	1.3	0.9	0.4
1965	226.5	113.0	113.5	130.0	1.5	1.1	0.4
1977	234.7	113.4	121.3	134.0	1.8	1.2	0.7
1978	247.8	122.5	125.3	141.5	2.0	1.3	0.7
1979	256.7	139.4	117.3	131.2	2.4	1.5	0.9
1980	257.2	162.9	94.2	127.2	2.5	1.4	1.1
1981	256.1	172.4	83.7	124.0	3.1	1.9	1.2
1982	260.0	191.8	68.1	132.0	3.4	2.1	1.4
1983	259.9	196.3	63.6	131.0	3.5	2.2	1.3
1984	266.5	209.1	57.5	140.0	4.0	2.5	1.5
1985	257.5	208.8	48.6	131.1	4.0	2.6	1.4
1986	259.3	212.2	47.1	133.7	4.2	2.6	1.6
1987	259.4	211.4	48.0	130.4	4.7	3.1	1.6
1988	259.5	210.7	48.8	130.1	4.8	3.3	1.5
1989	262.3	213.5	48.8	133.4	4.8	3.3	1.5
1990	262.1	215.0	47.1	134.0	5.2	3.5	1.6
1991	255.6	213.8	41.8	127.0	5.7	3.9	1.8
1992	250.5	210.6	39.9	129.1	5.9	4.1	1.8
1993	251.8	221.0	30.8	107.4	5.7	4.1	1.6
1994	257.6	212.0	45.6	107.9	5.7	4.1	1.6
1995	256.1	210.7	45.3	104.6	5.8	4.3	1.6
1996	256.2	206.5	49.7	106.3	6.1	4.5	1.6
1997	250.7	208.9	41.8	107.2	6.2	4.7	1.4
1998	248.9	209.0	39.9	109.0	6.1	4.6	1.5
1999	247.5	206.2	41.3	108.9	6.2	4.6	1.6
2000	250.2	207.1	43.1	106.7	7.1	5.5	1.6
2001	238.6	199.7	38.9	109.3	7.0	5.5	1.5
2002	236.5	199.4	37.1	110.6	7.5	5.8	1.8
2003	222.4	192.5	29.9	107.4	6.3	5.3	1.0
2004	218.3	189.8	28.5	106.6	5.3	4.3	1.0
2005	208.9	181.8	27.1	102.3	6.0	4.9	1.1

11—3 续表　　单位:公斤/人

年　份	猪牛羊肉	猪　肉	牛羊肉	家　禽	禽蛋及制品	水产品	食　糖	酒
1954	4.6	3.7	0.9		0.8	1.4	0.4	0.8
1956	4.2	3.1	1.1		0.7	1.2	0.5	0.5
1957	4.5	3.5	1.1		0.8	1.1	0.5	0.5
1962	2.7	1.8	0.9		0.5	1.4	0.6	0.6
1963	4.2	3.0	1.2		0.8	1.4	0.4	0.5
1964	4.4	3.5	0.9		0.9	1.3	0.7	0.6
1965	4.8	3.8	1.0		0.9	1.3	0.7	0.6
1977	5.3	4.8	0.5	0.2	0.7	0.8	0.7	1.2
1978	5.8	5.2	0.6	0.3	0.8	0.8	0.7	1.2
1979	6.5	6.1	0.4	0.3	0.9	0.7	0.8	1.4
1980	7.7	7.3	0.5	0.7	1.2	1.1	1.1	1.9
1981	8.7	8.2	0.5	0.7	1.3	1.3	1.1	2.3
1982	9.1	8.4	0.7	0.8	1.4	1.3	1.2	2.7
1983	10.0	9.3	0.7	0.8	1.6	1.6	1.3	3.2
1984	10.6	9.9	0.7	0.9	1.8	1.7	1.3	3.5
1985	11.0	10.3	0.7	1.0	2.1	1.6	1.5	4.4
1986	11.8	11.1	0.7	1.1	2.1	1.9	1.6	5.0
1987	11.7	11.0	0.7	1.2	2.3	2.0	1.7	5.5
1988	10.7	10.1	0.7	1.3	2.3	1.9	1.4	5.9
1989	11.0	10.3	0.7	1.3	2.4	2.1	1.5	6.0
1990	11.3	10.5	0.8	1.3	2.4	2.1	1.5	6.1
1991	12.2	11.2	1.0	1.3	2.7	2.2	1.4	6.4
1992	11.8	10.9	1.0	1.5	2.9	2.3	1.5	6.6
1993	11.7	10.9	0.8	1.6	2.9	2.8	1.4	6.5
1994	11.0	10.2	0.8	1.6	3.0	3.0	1.3	6.0
1995	11.3	10.6	0.7	1.8	3.2	3.4	1.3	6.5
1996	12.9	11.9	1.1	1.9	3.4	3.7	1.4	7.1
1997	12.7	11.5	1.3	2.4	4.1	3.8	1.4	7.1
1998	13.2	11.9	1.3	2.3	4.1	3.7	1.4	7.0
1999	13.9	12.7	1.2	2.5	4.3	3.8	1.5	7.0
2000	14.4	13.3	1.1	2.8	4.8	3.9	1.3	7.0
2001	14.5	13.4	1.2	2.9	4.7	4.1	1.4	7.1
2002	14.9	13.7	1.2	2.9	4.7	4.4	1.6	7.5
2003	15.0	13.8	1.3	3.2	4.8	4.3	1.2	7.7
2004	14.8	13.5	1.3	3.1	4.6	4.5	1.1	7.8
2005	17.1	15.6	1.5	3.7	4.7	4.9	1.1	9.6

11—4 农村居民家庭基本情况

指 标	单位	1990 年	1995 年	2000 年	2004 年	2005 年	2005 年为下列各年%	
							1990 年	2004 年
调查户数	户	66960	67340	68116	68190	68190	101.8	100.0
调查户常住人口	人	321429	301878	286162	278234	277759	86.4	99.8
平均每户常住人口	人	4.80	4.48	4.20	4.08	4.07	84.9	99.8
平均每户劳动力	人	2.92	2.88	2.76	2.82	2.82	96.6	100.0
平均每人经营耕地面积	亩	2.10	2.17	1.98	2.00	2.08	99.0	104.0
平均每人经营山地面积	亩	0.42	0.44	0.28	0.21	0.32	76.2	152.4
平均每户生产性固定资产原值	元	1258.06	2774.27	4673.06	5956.18	7155.55	568.8	120.1
平均每人全年收入								
总收入	元	990.38	2337.87	3146.21	4039.60	4631.21	467.6	114.6
#工资性收入	元	138.80	353.70	702.30	998.46	1174.53	846.2	117.6
家庭经营收入	元	815.79	1877.42	2251.28	2804.51	3164.43	387.9	112.8
纯收入	元	686.31	1577.74	2253.42	2936.40	3254.93	474.3	110.8
#工资性收入	元	138.80	353.70	702.30	998.46	1174.53	846.2	117.6
家庭经营收入	元	518.55	1125.79	1427.27	1745.79	1844.53	355.7	105.7
现金收入	元	676.67	1595.56	2381.60	3234.16	3915.51	578.6	121.1
#工资性收入	元	136.43	352.88	700.41	997.56	1173.09	859.8	117.6
家庭经营收入	元	481.19	1116.73	1498.81	2019.83	2472.34	513.8	122.4
平均每人全年支出								
总支出	元	903.47	2138.33	2652.42	3430.10	4126.91	456.8	120.3
#家庭经营费用支出	元	241.09	621.71	654.27	923.92	1189.70	493.5	128.8
税费支出	元	38.66	88.65	95.52	37.49	13.08	33.8	34.9
生活消费支出	元	584.63	1310.36	1670.13	2184.65	2555.40	437.1	117.0
财产性和转移性支出	元	18.80	55.28	168.60	176.30	237.60	1263.8	134.8
现金支出	元	639.06	1545.81	2140.37	2862.54	3567.31	558.2	124.6
#家庭经营费用现金支出	元	162.90	454.74	544.49	788.55	1052.53	646.1	133.5
税费支出	元	33.37	76.96	89.81	36.91	12.91	38.7	35.0
生活消费现金支出	元	374.74	859.43	1284.74	1754.46	2134.58	569.6	121.7
财产性和转移性支出	元	47.59	92.36	157.42	174.88	236.16	496.2	135.0

11—5 农村居民总收入和纯收入

单位:元/人

指 标	1990年	1995年	2000年	2004年	2005年	2005年为下列各年%	
						1990年	2004年
一、总收入	990.38	2337.87	3146.21	4039.60	4631.21	467.6	114.6
工资性收入	138.80	353.70	702.30	998.46	1174.53	846.2	117.6
家庭经营收入	815.79	1877.42	2251.28	2804.51	3164.43	387.9	112.8
财产性收入		40.98	45.04	76.61	88.45		115.5
转移性收入	35.79	65.77	147.59	160.03	203.81	569.5	127.4
二.纯收入	686.31	1577.74	2253.42	2936.40	3254.93	474.3	110.8
(一)工资性收入	138.80	353.70	702.30	998.46	1174.53	846.2	117.6
(二)家庭经营纯收入	518.55	1125.79	1427.27	1745.79	1844.53	355.7	105.7
1.第一产业收入	456.04	956.46	1090.67	1398.05	1469.60	322.3	105.1
农业收入	344.59	799.44	833.93	1056.50	1097.71	318.6	103.9
林业收入	7.53	13.52	22.44	34.13	45.77	607.8	134.1
牧业收入	96.81	127.81	207.35	271.08	283.60	292.9	104.6
渔业收入	7.11	15.69	26.95	36.34	42.52	598.0	117.0
2. 第二产业收入	21.33	48.16	99.40	108.21	108.26	507.5	100.0
工业收入	9.15	13.63	52.67	58.65	61.13	668.1	104.2
建筑业收入	12.18	34.53	46.73	49.56	47.12	386.9	95.1
3. 第三产业收入	41.18	121.17	237.20	239.53	266.67	647.6	111.3
交通、运输和邮电业收入	13.45	27.76	63.63	72.90	84.19	625.9	115.5
批发零售贸易、餐饮业收入	12.69	34.26	78.54	94.07	108.55	855.4	115.4
社会服务业收入	6.55	17.18	28.09	31.26	32.61	497.9	104.3
文教卫生业收入			6.86	8.35	10.13		121.3
其他家庭经营收入	8.49	41.97	60.08	32.94	31.19	367.4	94.7
(三)财产性和转移性收入	28.96	98.25	123.85	192.15	235.87	814.5	122.8

11—6 各地区农村居民纯收入

单位:元/人

地区	1990年	1995年	2000年	2004年	2005年	2005年为下列各年%	
						1990年	2004年
全国合计	**686.31**	**1577.74**	**2253.42**	**2936.40**	**3254.93**	**474.3**	**110.8**
北京	1297.05	3223.65	4604.55	6170.33	7346.26	566.4	119.1
天津	1069.04	2406.38	3622.40	5019.53	5579.87	522.0	111.2
河北	621.67	1668.73	2478.86	3171.06	3481.64	560.0	109.8
山西	603.51	1208.30	1905.60	2589.60	2890.66	479.0	111.6
内蒙古	607.15	1208.38	2038.20	2606.37	2988.87	492.3	114.7
辽宁	836.17	1756.50	2355.59	3307.14	3690.21	441.3	111.6
吉林	803.52	1609.60	2022.50	2999.62	3263.99	406.2	108.8
黑龙江	759.86	1766.27	2148.22	3005.18	3221.27	423.9	107.2
上海	1907.32	4245.61	5596.38	7066.33	8247.77	432.4	116.7
江苏	959.06	2456.86	3595.09	4753.85	5276.29	550.2	111.0
浙江	1099.04	2966.19	4253.67	5944.06	6659.95	606.0	112.0
安徽	539.16	1302.82	1934.57	2499.33	2640.96	489.8	105.7
福建	764.41	2048.59	3230.48	4089.38	4450.36	582.2	108.8
江西	669.90	1537.36	2135.30	2786.78	3128.89	467.1	112.3
山东	680.18	1715.09	2659.20	3507.43	3930.55	577.9	112.1
河南	526.95	1231.97	1985.82	2553.15	2870.58	544.8	112.4
湖北	670.80	1511.22	2268.59	2890.01	3099.20	462.0	107.2
湖南	664.24	1425.16	2197.16	2837.76	3117.74	469.4	109.9
广东	1043.03	2699.24	3654.48	4365.87	4690.49	449.7	107.4
广西	639.45	1446.14	1864.51	2305.22	2494.67	390.1	108.2
海南	696.22	1519.71	2182.26	2817.62	3004.03	431.5	106.6
重庆			1892.45	2510.41	2809.32		111.9
四川	557.76	1158.29	1903.60	2518.93	2802.78	502.5	111.3
贵州	435.14	1086.62	1374.16	1721.55	1876.96	431.3	109.0
云南	540.86	1010.97	1478.60	1864.19	2041.79	377.5	109.5
西藏	649.71	1200.31	1330.81	1861.31	2077.90	319.8	111.6
陕西	530.80	962.89	1443.86	1866.52	2052.63	386.7	110.0
甘肃	430.98	880.34	1428.67	1852.22	1979.88	459.4	106.9
青海	559.78	1029.77	1490.49	1957.65	2151.46	384.3	109.9
宁夏	578.13	998.75	1724.30	2320.05	2508.89	434.0	108.1
新疆	683.47	1136.45	1618.08	2244.93	2482.15	363.2	110.6

11－7 各地区农村居民纯收入

（按收入来源分）

单位:元/人

地区	纯收入	工资性收入	家庭经营纯收入	财产性收入	转移性收入
全国合计	**3254.93**	**1174.53**	**1844.53**	**88.45**	**147.42**
北　京	7346.26	4524.25	1778.33	588.04	455.64
天　津	5579.87	2720.85	2626.46	152.88	79.68
河　北	3481.64	1293.50	1988.58	93.74	105.81
山　西	2890.66	1177.94	1563.52	62.70	86.49
内蒙古	2988.87	504.46	2223.26	73.05	188.10
辽　宁	3690.21	1212.20	2163.49	113.24	201.28
吉　林	3263.99	510.96	2395.50	148.35	209.19
黑龙江	3221.27	464.31	2363.92	230.63	162.41
上　海	8247.77	6159.70	774.60	457.52	855.95
江　苏	5276.29	2786.11	2124.97	150.44	214.76
浙　江	6659.95	3238.77	2789.40	278.92	352.86
安　徽	2640.96	1010.05	1499.25	44.91	86.75
福　建	4450.36	1650.65	2365.02	98.73	335.96
江　西	3128.89	1227.94	1786.41	25.78	88.76
山　东	3930.55	1437.57	2258.05	102.80	132.13
河　南	2870.58	853.95	1913.66	35.85	67.13
湖　北	3099.20	941.64	2049.04	16.81	91.71
湖　南	3117.74	1228.79	1713.35	42.05	133.55
广　东	4690.49	2562.39	1731.97	167.25	228.88
广　西	2494.67	907.36	1516.36	18.30	52.66
海　南	3004.03	473.06	2345.56	55.58	129.83
重　庆	2809.32	1088.80	1541.48	30.69	148.35
四　川	2802.78	954.89	1681.63	41.59	124.65
贵　州	1876.96	583.28	1153.36	35.51	104.81
云　南	2041.79	348.31	1530.13	75.52	87.84
西　藏	2077.90	565.18	1187.13	217.22	108.37
陕　西	2052.63	756.71	1118.91	56.92	120.09
甘　肃	1979.88	586.71	1263.42	20.57	109.18
青　海	2151.46	560.52	1359.56	61.99	169.40
宁　夏	2508.89	702.10	1561.94	48.62	196.24
新　疆	2482.15	195.51	2140.76	33.87	112.01

11—8 农村居民生活消费支出及构成

指　　标	1990年	1995年	2000年	2004年	2005年	2005年为下列各年%	
						1990年	2004年
生活消费支出(元/人)	584.63	1310.36	1670.13	2184.65	2555.40	437.1	117.0
一、食品支出	343.76	768.19	820.52	1031.91	1162.16	338.1	112.6
二、衣着支出	45.44	89.79	95.95	120.16	148.57	327.0	123.6
三、居住支出	101.37	182.21	258.34	324.25	370.16	365.2	114.2
四、家庭设备、用品及服务支出	30.90	68.48	75.45	89.23	111.44	360.6	124.9
五、交通和通讯支出	8.42	33.76	93.13	192.63	244.98	2909.5	127.2
六、文教娱乐用品及服务支出	31.38	102.39	186.71	247.63	295.48	941.6	119.3
七、医疗保健支出	19.02	42.48	87.57	130.56	168.09	883.8	128.7
八、其他商品及服务支出	4.34	23.06	52.46	48.27	54.52	1256.2	112.9
生活消费支出构成(%)	100.00	100.00	100.00	100.00	100.00		
一、食品支出	58.80	58.62	49.13	47.23	45.48		
二、衣着支出	7.77	6.85	5.75	5.50	5.81		
三、居住支出	17.34	13.91	15.47	14.84	14.49		
四、家庭设备、用品及服务支出	5.29	5.23	4.52	4.08	4.36		
五、交通和通讯支出	1.44	2.58	5.58	8.82	9.59		
六、文教娱乐用品及服务支出	5.37	7.81	11.18	11.33	11.56		
七、医疗保健支出	3.25	3.24	5.24	5.98	6.58		
八、其他商品及服务支出	0.74	1.76	3.14	2.21	2.13		

11—9 农村居民生活消费现金支出及构成

指　　标	1990 年	1995 年	2000 年	2004 年	2005 年	2005 年为下列各年%	
						1990 年	2004 年
生活消费现金支出(元/人)	374.74	859.43	1284.74	1754.46	2134.58	569.6	121.7
一、食品支出	155.85	353.22	464.26	629.88	770.69	494.5	122.4
二、衣着支出	44.03	88.66	95.18	119.55	147.94	336.0	123.7
三、居住支出	81.15	147.86	231.06	297.16	342.33	421.8	115.2
四、家庭设备、用品及服务支出	30.74	68.08	74.37	88.98	110.92	360.8	124.7
五、交通和通讯支出	8.41	33.73	93.13	192.63	244.98	2913.0	127.2
六、文教娱乐用品及服务支出	31.33	102.35	186.71	247.63	295.48	943.1	119.3
七、医疗保健支出	18.98	42.47	87.57	130.56	168.09	885.6	128.7
八、其他商品及服务支出	4.25	23.06	52.46	48.07	54.14	1273.9	112.6
生活消费现支出构成(%)	100.00	100.00	100.00	100.00	100.00		
一、食品支出	41.59	41.10	36.14	35.90	36.10		
二、衣着支出	11.75	10.32	7.41	6.81	6.93		
三、居住支出	21.66	17.20	17.98	16.94	16.04		
四、家庭设备、用品及服务支出	8.20	7.92	5.79	5.07	5.20		
五、交通和通讯支出	2.24	3.92	7.25	10.98	11.48		
六、文教娱乐用品及服务支出	8.36	11.91	14.53	14.11	13.84		
七、医疗保健支出	5.06	4.94	6.82	7.44	7.87		
八、其他商品及服务支出	1.13	2.68	4.08	2.74	2.54		

11—10 各地区农村居民生活消费支出

单位:元/人

地　区	生活消费支出	服务性支出	1.食品支出	2.衣着支出	3.居住支出
全国合计	**2555.40**	**756.52**	**1162.16**	**148.57**	**370.16**
北　京	5315.71	1929.09	1735.95	378.66	854.35
天　津	3035.96	887.37	1171.39	257.26	614.29
河　北	2165.72	604.40	888.37	155.52	398.90
山　西	1877.70	537.08	830.48	202.35	200.56
内蒙古	2446.17	689.70	1054.26	150.01	334.69
辽　宁	2805.94	827.56	1127.23	221.02	378.21
吉　林	2305.98	579.95	1003.22	168.21	256.66
黑龙江	2544.65	688.32	923.59	184.11	526.99
上　海	7277.94	2359.38	2683.89	366.44	1319.76
江　苏	3567.11	1168.12	1569.27	191.15	512.47
浙　江	5432.95	1809.74	2061.44	318.86	914.06
安　徽	2196.23	600.53	999.79	117.41	344.86
福　建	3292.63	989.40	1517.60	186.70	457.26
江　西	2483.70	744.05	1220.53	124.52	326.20
山　东	2735.77	880.02	1087.65	159.73	445.71
河　南	1891.57	509.96	858.97	132.36	317.97
湖　北	2430.19	694.12	1192.26	125.01	310.27
湖　南	2756.43	913.48	1433.01	127.89	307.28
广　东	3707.73	1166.19	1789.42	143.50	530.30
广　西	2349.60	761.53	1186.71	79.48	379.65
海　南	1969.09	527.33	1134.75	66.35	146.00
重　庆	2142.12	622.16	1130.35	95.96	231.15
四　川	2274.17	609.32	1244.36	116.35	234.05
贵　州	1552.39	345.80	819.87	79.59	235.50
云　南	1789.00	458.78	975.72	80.33	225.79
西　藏	1723.76	111.91	1185.23	182.45	84.24
陕　西	1896.48	626.67	812.93	124.36	211.71
甘　肃	1819.58	495.52	858.89	92.33	240.74
青　海	1976.03	432.92	893.32	156.11	329.33
宁　夏	2094.48	526.56	922.54	143.09	345.93
新　疆	1924.41	552.11	803.82	171.40	333.19

11—10续表 单位:元/人

地区	4.家庭设备用品及服务支出	5.交通和通讯支出	6.文教娱乐用品及服务支出	7.医疗保健支出	8.其他支出
全国合计	**111.44**	**244.98**	**295.48**	**168.09**	**54.52**
北京	326.89	615.49	796.99	504.20	103.18
天津	117.11	327.58	328.86	179.18	40.29
河北	101.49	221.96	225.79	134.77	38.92
山西	68.93	160.27	279.54	102.90	32.66
内蒙古	84.41	293.32	309.40	176.44	43.64
辽宁	100.42	300.71	376.93	233.53	67.90
吉林	81.92	284.86	261.09	193.57	56.44
黑龙江	73.77	256.58	277.00	253.52	49.09
上海	458.11	747.54	936.51	561.72	203.97
江苏	167.97	363.76	478.94	198.56	84.98
浙江	260.45	618.26	722.95	415.63	121.31
安徽	106.36	196.72	256.80	133.68	40.61
福建	154.42	365.60	356.54	154.03	100.47
江西	96.36	229.59	276.26	154.68	55.57
山东	136.54	294.37	377.16	188.48	46.13
河南	82.69	159.73	177.66	123.41	38.76
湖北	110.04	223.16	271.86	135.37	62.23
湖南	114.31	218.96	329.28	168.19	57.50
广东	152.12	411.64	360.73	203.85	116.17
广西	95.47	214.07	226.38	123.39	44.45
海南	92.28	178.00	198.70	93.00	60.00
重庆	95.78	163.05	249.71	142.65	33.48
四川	102.13	171.50	225.16	144.45	36.18
贵州	61.69	99.22	160.91	71.79	23.82
云南	67.03	99.81	182.62	122.33	35.37
西藏	81.24	79.26	28.20	44.44	38.70
陕西	83.61	163.17	297.33	165.82	37.55
甘肃	74.09	155.03	257.88	113.96	26.65
青海	83.96	208.43	109.53	152.33	43.03
宁夏	77.16	178.47	177.90	198.84	50.55
新疆	68.03	183.00	159.32	169.28	36.38

11—11 各地区农村居民生活消费支出构成

单位：%

地 区	生活消费支出	食品支出	衣着支出	居住支出	家庭设备用品及服务支出	交通和通讯支出	文教娱乐用品及服务支出	医疗保健支出	其他支出
全国合计	**100**	**45.48**	**5.81**	**14.49**	**4.36**	**9.59**	**11.56**	**6.58**	**2.13**
北 京	100	32.66	7.12	16.07	6.15	11.58	14.99	9.49	1.94
天 津	100	38.58	8.47	20.23	3.86	10.79	10.83	5.90	1.33
河 北	100	41.02	7.18	18.42	4.69	10.25	10.43	6.22	1.80
山 西	100	44.23	10.78	10.68	3.67	8.54	14.89	5.48	1.74
内蒙古	100	43.10	6.13	13.68	3.45	11.99	12.65	7.21	1.78
辽 宁	100	40.17	7.88	13.48	3.58	10.72	13.43	8.32	2.42
吉 林	100	43.51	7.29	11.13	3.55	12.35	11.32	8.39	2.45
黑龙江	100	36.30	7.24	20.71	2.90	10.08	10.89	9.96	1.93
上 海	100	36.88	5.03	18.13	6.29	10.27	12.87	7.72	2.80
江 苏	100	43.99	5.36	14.37	4.71	10.20	13.43	5.57	2.38
浙 江	100	37.94	5.87	16.82	4.79	11.38	13.31	7.65	2.23
安 徽	100	45.52	5.35	15.70	4.84	8.96	11.69	6.09	1.85
福 建	100	46.09	5.67	13.89	4.69	11.10	10.83	4.68	3.05
江 西	100	49.14	5.01	13.13	3.88	9.24	11.12	6.23	2.24
山 东	100	39.76	5.84	16.29	4.99	10.76	13.79	6.89	1.69
河 南	100	45.41	7.00	16.81	4.37	8.44	9.39	6.52	2.05
湖 北	100	49.06	5.14	12.77	4.53	9.18	11.19	5.57	2.56
湖 南	100	51.99	4.64	11.15	4.15	7.94	11.95	6.10	2.09
广 东	100	48.26	3.87	14.30	4.10	11.10	9.73	5.50	3.13
广 西	100	50.51	3.38	16.16	4.06	9.11	9.63	5.25	1.89
海 南	100	57.63	3.37	7.41	4.69	9.04	10.09	4.72	3.05
重 庆	100	52.77	4.48	10.79	4.47	7.61	11.66	6.66	1.56
四 川	100	54.72	5.12	10.29	4.49	7.54	9.90	6.35	1.59
贵 州	100	52.81	5.13	15.17	3.97	6.39	10.37	4.62	1.53
云 南	100	54.54	4.49	12.62	3.75	5.58	10.21	6.84	1.98
西 藏	100	68.76	10.58	4.89	4.71	4.60	1.64	2.58	2.25
陕 西	100	42.86	6.56	11.16	4.41	8.60	15.68	8.74	1.98
甘 肃	100	47.20	5.07	13.23	4.07	8.52	14.17	6.26	1.46
青 海	100	45.21	7.90	16.67	4.25	10.55	5.54	7.71	2.18
宁 夏	100	44.05	6.83	16.52	3.68	8.52	8.49	9.49	2.41
新 疆	100	41.77	8.91	17.31	3.54	9.51	8.28	8.80	1.89

11—12 各地区农村居民生活消费现金支出

单位:元/人

地区	生活消费现金支出	服务性支出	1.食品支出	2.衣着支出	3.居住支出
全国合计	**2134.58**	**756.52**	**770.69**	**147.94**	**342.33**
北京	5273.62	1929.09	1697.31	378.53	853.21
天津	2956.11	887.37	1092.20	256.60	614.29
河北	1916.94	604.40	640.06	155.25	398.90
山西	1636.83	537.08	596.81	202.29	193.57
内蒙古	1992.06	689.70	645.74	147.19	293.95
辽宁	2491.54	827.56	837.49	220.15	354.44
吉林	1990.22	579.95	736.86	168.06	207.45
黑龙江	2295.17	688.32	751.02	184.11	450.08
上海	7091.46	2359.38	2497.42	366.44	1319.75
江苏	3137.88	1168.12	1155.59	191.15	497.99
浙江	5178.56	1809.74	1835.27	318.46	886.38
安徽	1797.66	600.53	638.93	117.21	310.20
福建	2928.89	989.40	1211.73	186.69	402.89
江西	1946.19	744.05	727.55	124.43	281.99
山东	2470.39	880.02	826.92	158.67	442.75
河南	1520.18	509.96	533.67	131.94	272.55
湖北	1813.40	694.12	611.09	121.77	278.56
湖南	2178.48	913.48	873.14	127.73	289.36
广东	3224.28	1166.19	1369.96	143.49	466.47
广西	1860.36	761.53	750.52	79.48	326.66
海南	1523.85	527.33	719.64	66.35	115.88
重庆	1494.18	622.16	509.51	95.95	204.16
四川	1623.02	609.32	623.61	116.01	208.05
贵州	1095.55	345.80	375.37	79.59	224.22
云南	1256.84	458.78	485.96	80.28	183.70
西藏	969.45	111.91	447.00	177.25	74.97
陕西	1642.78	626.67	562.25	124.19	208.85
甘肃	1295.65	495.52	347.30	92.13	228.92
青海	1445.35	432.92	406.48	154.63	294.85
宁夏	1648.53	526.56	484.11	143.05	338.45
新疆	1582.17	552.11	476.09	166.90	324.04

11—12 续表

单位:元/人

地　区	4.家庭设备用品及服务支出	5.交通和通讯支出	6.文教娱乐用品及服务支出	7.医疗保健支出	8.其他支出
全国合计	**110.92**	**244.98**	**295.48**	**168.09**	**54.14**
北　京	326.34	615.49	796.99	504.20	101.56
天　津	117.10	327.58	328.86	179.18	40.29
河　北	101.47	221.96	225.79	134.77	38.74
山　西	68.92	160.27	279.54	102.90	32.53
内蒙古	84.36	293.32	309.40	176.44	41.66
辽　宁	100.39	300.71	376.93	233.53	67.90
吉　林	81.89	284.86	261.09	193.57	56.44
黑龙江	73.77	256.58	277.00	253.52	49.09
上　海	458.11	747.54	936.51	561.72	203.97
江　苏	166.90	363.76	478.94	198.56	84.98
浙　江	260.42	618.26	722.95	415.63	121.19
安　徽	103.63	196.72	256.80	133.68	40.49
福　建	154.42	365.60	356.54	154.03	96.98
江　西	96.34	229.59	276.26	154.68	55.35
山　东	136.54	294.37	377.16	188.48	45.51
河　南	82.62	159.73	177.66	123.41	38.59
湖　北	109.36	223.16	271.86	135.37	62.23
湖　南	114.31	218.96	329.28	168.19	57.50
广　东	151.96	411.64	360.73	203.85	116.17
广　西	95.47	214.07	226.38	123.39	44.39
海　南	92.28	178.00	198.70	93.00	60.00
重　庆	95.68	163.05	249.71	142.65	33.48
四　川	98.25	171.50	225.16	144.45	35.99
贵　州	61.66	99.22	160.91	71.79	22.79
云　南	66.97	99.81	182.62	122.33	35.17
西　藏	79.68	79.26	28.20	44.44	38.63
陕　西	83.61	163.17	297.33	165.82	37.55
甘　肃	73.80	155.03	257.88	113.96	26.63
青　海	82.63	208.43	109.53	152.33	36.48
宁　夏	77.16	178.47	177.90	198.84	50.55
新　疆	67.17	183.00	159.32	169.28	36.38

11—13 农村居民家庭年末主要耐用消费品拥有量

（平均每百户）

指　标	单位	1990年	1995年	2000年	2004年	2005年	2005年为下列各年%	
							1990年	2004年
洗衣机	台	9.1	16.9	28.6	37.3	40.2	440.8	107.7
电风扇	台	41.4	89.0	122.6	141.9	146.3	353.7	103.1
电冰箱	台	1.2	5.2	12.3	17.8	20.1	1647.5	113.2
抽油烟机	台		0.6	2.8	4.8	6.0		124.7
吸尘器	台		0.3	0.4	0.6	0.8		125.0
自行车	辆	118.3	147.0	120.5	118.2	98.4	83.2	83.3
摩托车	辆	0.9	4.9	21.9	36.2	40.7	4573.0	112.6
彩色电视机	台	4.7	16.9	48.7	75.1	84.0	1779.7	111.9
黑白电视机	台	39.7	63.8	53.0	37.9	21.8	54.9	57.5
录放像机	台		1.1	3.3	3.7	3.0		82.2
收录机	台	17.8	28.3	21.6	18.0	11.0	61.7	61.2
照相机	部	0.7	1.4	3.1	3.7	4.0	571.4	108.7

11—14 农村居民家庭新建房屋和居住情况

指　标	单位	1990年	1995年	2000年	2004年	2005年	2005年为下列各年%	
							1990年	2004年
一、年内新建房屋情况								
年内新建房屋面积	平方米/人	0.82	0.78	0.87	0.60	0.83	101.2	138.3
#砖木结构	平方米/人	0.47	0.37	0.36	0.21	0.29	61.7	138.1
钢筋混凝土结构	平方米/人	0.23	0.33	0.47	0.36	0.51	221.7	141.7
新建房屋造价	元/平方米	92.32	200.30	260.23	339.27	373.31	404.4	110.0
二、年末居住情况								
住房面积	平方米/人	17.83	21.01	24.82	27.90	29.68	166.5	106.4
#砖木结构	平方米/人	9.84	11.91	13.61	14.09	14.12	143.5	100.2
钢筋混凝土结构	平方米/人	1.22	3.10	6.15	9.17	11.17	915.6	121.8
住房价值	元/平方米	44.60	101.64	187.41	226.13	267.76	600.4	118.4

注：2002年以后各年年内新建房屋面积为新建住房面积；年内新建房屋造价为新建住房造价，后同。

11—15 各地区农村居民家庭年末主要耐用消费品拥有量

（平均每百户）

地　区	自行车(辆)		摩托车(辆)		洗衣机(台)	
	2004年	2005年	2004年	2005年	2004年	2005年
全国合计	**118.15**	**98.37**	**36.15**	**40.70**	**37.32**	**40.20**
北　京	208.67	196.00	42.93	45.33	94.93	97.07
天　津	191.17	182.83	49.00	53.50	88.17	94.17
河　北	202.71	174.38	46.62	58.17	70.74	74.17
山　西	134.86	102.81	35.57	39.29	59.38	69.29
内蒙古	79.22	60.97	43.16	49.56	31.07	36.12
辽　宁	123.92	104.29	35.45	45.40	58.68	63.71
吉　林	84.13	67.50	37.31	43.75	60.75	59.06
黑龙江	84.29	72.59	26.79	34.02	56.12	65.22
上　海	202.17	173.50	90.67	72.00	79.67	85.67
江　苏	185.38	162.15	45.24	52.74	61.47	67.88
浙　江	161.63	130.89	52.70	62.63	45.56	51.70
安　徽	133.52	114.32	23.71	34.65	22.52	32.71
福　建	86.43	68.13	71.92	75.22	48.08	46.21
江　西	115.39	96.90	33.80	43.39	6.65	7.02
山　东	176.81	169.26	55.31	65.21	31.88	40.90
河　南	151.67	133.38	26.24	39.14	41.43	55.67
湖　北	102.48	79.09	31.42	39.15	21.58	26.39
湖　南	78.27	50.03	21.46	29.86	22.19	27.30
广　东	139.22	109.65	77.07	86.88	29.02	29.49
广　西	118.23	86.06	36.15	57.14	4.46	6.80
海　南	51.53	48.06	76.11	77.22	8.19	3.89
重　庆	16.89	14.06	9.67	12.56	18.83	21.50
四　川	47.23	42.98	18.13	24.85	25.98	40.85
贵　州	10.13	7.46	11.16	14.02	19.69	29.91
云　南	42.58	30.96	11.71	16.25	23.29	21.25
西　藏	57.29	32.29	3.33	12.71	4.17	6.46
陕　西	132.88	110.00	25.18	35.81	44.50	53.38
甘　肃	125.01	102.50	29.00	37.06	38.56	39.06
青　海	52.67	39.33	39.33	52.83	28.00	44.00
宁　夏	168.50	120.33	50.67	63.50	48.33	44.50
新　疆	122.19	80.97	33.48	45.42	27.23	28.26

11—15 续表 1

地　　区	黑白电视机(台)		彩色电视机(台)		收录机(台)	
	2004 年	2005 年	2004 年	2005 年	2004 年	2005 年
全国合计	**37.92**	**21.77**	**75.09**	**84.00**	**17.97**	**10.98**
北　　京	5.73	4.40	120.67	130.67	29.33	22.40
天　　津	6.50	1.33	107.83	116.50	18.17	18.67
河　　北	40.60	14.60	83.98	102.14	18.55	11.10
山　　西	37.38	21.86	77.67	82.33	25.38	17.10
内 蒙 古	32.33	14.76	70.05	87.09	32.14	16.17
辽　　宁	21.59	9.05	91.69	102.28	16.88	8.94
吉　　林	21.56	10.38	87.63	97.94	18.75	9.63
黑 龙 江	24.64	11.70	83.71	97.01	13.17	10.22
上　　海	42.67	21.33	137.17	157.33	34.83	27.00
江　　苏	49.59	31.41	84.32	104.71	19.72	11.76
浙　　江	33.74	20.89	116.70	133.63	22.96	14.89
安　　徽	53.45	32.23	67.58	84.65	14.26	7.68
福　　建	25.88	13.85	100.11	109.67	10.22	6.76
江　　西	59.67	35.39	62.20	82.33	9.27	3.92
山　　东	34.71	19.21	80.38	90.98	19.19	12.00
河　　南	47.07	26.52	63.12	81.69	10.52	6.33
湖　　北	47.55	27.42	67.97	83.18	7.67	4.59
湖　　南	52.73	33.59	57.30	73.62	9.59	5.05
广　　东	12.70	8.28	96.13	103.91	15.20	9.77
广　　西	53.77	29.22	53.90	80.91	12.68	5.54
海　　南	8.89	3.47	76.53	77.36	18.61	11.39
重　　庆	41.06	24.94	63.22	79.22	4.39	3.72
四　　川	46.10	30.93	63.65	81.80	11.30	6.73
贵　　州	27.81	12.99	47.19	66.79	7.81	2.41
云　　南	20.67	15.46	63.42	70.46	15.13	8.33
西　　藏	7.29	2.50	32.29	48.54	71.25	49.17
陕　　西	39.73	22.48	72.48	88.20	21.62	7.12
甘　　肃	28.06	19.67	75.83	86.44	37.67	31.44
青　　海	31.00	12.67	63.33	81.17	52.33	35.17
宁　　夏	27.67	22.50	91.00	92.67	31.83	17.00
新　　疆	52.39	35.16	51.35	61.81	60.39	41.55

11—15 续表 2

地区	照相机(架)		电风扇(台)		电冰箱(台)	
	2004 年	2005 年	2004 年	2005 年	2004 年	2005 年
全国合计	**3.68**	**4.05**	**141.91**	**146.35**	**17.75**	**20.10**
北京	34.27	33.07	153.73	153.47	100.67	100.00
天津	6.33	10.00	147.83	136.50	61.33	78.67
河北	4.36	3.50	165.69	161.00	27.86	30.64
山西	3.00	4.81	52.38	58.19	12.62	14.43
内蒙古	2.62	2.82	12.33	17.52	11.17	12.86
辽宁	4.39	6.14	52.59	58.73	19.52	28.04
吉林	2.38	2.56	19.94	20.81	9.00	14.44
黑龙江	3.21	2.63	20.45	19.33	12.05	16.34
上海	13.67	18.00	346.83	306.17	85.00	89.00
江苏	5.62	6.71	230.53	241.50	31.24	36.03
浙江	8.59	9.22	294.67	294.07	56.59	66.48
安徽	2.48	3.06	197.87	202.84	15.45	21.71
福建	5.49	5.49	196.48	194.34	33.46	38.13
江西	2.00	1.84	168.94	176.41	6.45	10.53
山东	6.02	7.00	168.36	175.50	24.38	28.60
河南	1.38	2.14	162.21	170.57	9.00	13.48
湖北	2.18	1.88	178.27	179.36	11.06	14.82
湖南	1.22	1.89	192.49	199.68	9.59	13.73
广东	5.98	6.52	305.20	289.77	20.35	24.73
广西	1.21	1.60	206.45	241.52	4.33	6.67
海南	1.67	1.53	121.03	125.28	10.14	7.36
重庆	1.00	1.28	148.67	156.28	10.22	13.56
四川	1.58	2.58	152.15	170.45	9.03	12.33
贵州	1.21	0.63	32.86	44.73	3.88	8.79
云南	2.83	1.83	10.50	8.71	5.46	6.92
西藏	1.04	2.50		0.42	3.13	4.58
陕西	2.03	1.98	85.23	88.74	6.53	8.02
甘肃	3.06	2.78	26.78	26.33	5.67	7.06
青海	2.67	2.50	3.67	4.00	7.00	18.00
宁夏	5.67	3.17	26.83	25.50	10.00	10.17
新疆	2.32	3.23	17.29	17.03	15.87	20.13

11—15 续表 3

地　区	录放像机(台)		抽油烟机(台)		吸尘器(台)	
	2004 年	2005 年	2004 年	2005 年	2004 年	2005 年
全国合计	**3.65**	**3.00**	**4.81**	**5.98**	**0.64**	**0.82**
北　京	20.40	8.80	37.60	42.00	7.33	5.47
天　津	12.33	4.33	14.50	19.83	4.00	6.17
河　北	2.86	2.83	3.12	3.81	0.43	0.48
山　西	3.29	1.95	2.29	2.57	0.19	0.24
内蒙古	0.68	0.68	0.73	1.55	0.10	0.24
辽　宁	6.83	4.44	3.17	7.35	0.63	1.48
吉　林	1.50	1.88	1.75	1.06		0.13
黑龙江	2.41	1.16	3.30	5.31	0.27	0.22
上　海	12.67	13.50	51.17	60.00	12.50	20.83
江　苏	6.38	6.76	10.12	12.65	2.59	3.00
浙　江	9.70	10.52	30.70	37.41	3.37	4.11
安　徽	2.13	2.35	1.10	2.19		0.03
福　建	7.03	3.96	10.00	9.62	0.49	0.93
江　西	3.51	2.20	0.69	1.80	0.12	0.04
山　东	3.83	2.95	5.05	6.00	0.31	0.43
河　南	1.43	0.88	0.71	0.48		0.10
湖　北	1.67	0.82	2.00	3.12		0.15
湖　南	1.78	0.89	0.97	1.51		0.08
广　东	5.70	5.00	13.28	15.94	0.47	0.55
广　西	1.26	0.48	0.35	1.08		0.00
海　南	7.08	8.06	0.69	0.97	0.14	0.14
重　庆	2.00	1.83	0.72	1.33	0.17	0.33
四　川	2.05	2.60	0.48	0.88	0.28	0.05
贵　州	1.03	0.58	0.04	1.07	0.04	0.18
云　南	2.83	2.38	1.83	0.75	0.21	0.04
西　藏	3.13	3.13				
陕　西	0.81	0.95	0.68	0.63	0.05	0.09
甘　肃	2.78	1.50	1.61	0.78	0.06	0.06
青　海	1.00	2.17	0.17	1.33	0.00	
宁　夏	0.67		0.33	1.17	0.00	
新　疆	9.42	9.29	1.55	1.23	0.19	0.06

11—16 各地区农村居民年内新建住房情况

地区	年内新建住房造价（元/平方米）		新建住房面积（平方米/人）					
					砖木结构		钢筋混凝土结构	
	2004年	2005年	2004年	2005年	2004年	2005年	2004年	2005年
全国合计	**339.27**	**373.31**	**0.60**	**0.83**	**0.21**	**0.29**	**0.36**	**0.51**
北京	602.34	1140.51	0.38	0.98	0.22	0.34	0.16	0.51
天津	770.99	1035.38	0.31	0.73	0.17	0.39	0.14	0.34
河北	446.71	415.49	0.43	0.74	0.25	0.36	0.17	0.38
山西	363.54	357.70	0.14	0.42	0.06	0.16	0.09	0.26
内蒙古	348.98	324.01	0.24	0.41	0.23	0.35	0.02	0.04
辽宁	420.97	518.50	0.39	0.36	0.25	0.27	0.15	0.09
吉林	349.85	460.04	0.33	0.47	0.30	0.45		0.02
黑龙江	387.05	497.54	0.50	0.53	0.40	0.49	0.07	0.03
上海	1771.60	811.61	1.13	0.73	0.11	0.05	1.03	0.68
江苏	463.33	662.14	0.78	0.85	0.38	0.19	0.40	0.66
浙江	546.08	627.70	0.62	1.04	0.14	0.09	0.46	0.93
安徽	340.72	372.12	0.65	1.03	0.14	0.19	0.49	0.84
福建	329.65	378.74	0.92	0.93	0.15	0.21	0.77	0.68
江西	225.53	260.64	0.71	1.48	0.15	0.10	0.56	1.39
山东	331.60	369.36	0.75	1.03	0.32	0.62	0.44	0.41
河南	289.32	324.65	0.75	1.48	0.23	0.48	0.51	1.00
湖北	231.86	292.04	0.70	0.97	0.06	0.19	0.63	0.78
湖南	238.15	261.30	1.00	0.82	0.52	0.41	0.47	0.41
广东	436.77	459.57	0.64	0.57	0.00	0.02	0.64	0.55
广西	243.50	296.05	0.90	1.10	0.03	0.03	0.87	1.04
海南	321.02	460.39	0.45	0.76		0.34	0.19	0.42
重庆	246.91	237.88	0.39	0.45	0.26	0.18	0.26	0.27
四川	275.74	291.15	0.44	0.57	0.13	0.19	0.34	0.35
贵州	230.76	236.55	0.51	0.69	0.09	0.22	0.30	0.47
云南	304.69	299.37	0.32	0.26	0.19	0.08	0.16	0.10
西藏	252.48	212.08	0.14	0.59	0.08	0.16		
陕西	258.85	313.54	0.72	0.75	0.30	0.17	0.35	0.51
甘肃	301.82	314.17	0.30	0.53	0.14	0.29	0.07	0.18
青海	212.05	312.55	0.51	0.86	0.18	0.63	0.02	0.18
宁夏	271.85	277.71	0.75	1.03	0.39	0.84	0.15	0.07
新疆	190.74	225.89	0.73	1.37	0.52	1.04		0.08

11—17 各地区农村居民居住情况

地　区	年末住房价值（元/平方米）		年末住房面积(平方米/人)					
					砖木结构		钢筋混凝土结构	
	2004年	2005年	2004年	2005年	2004年	2005年	2004年	2005年
全国合计	**226.13**	**267.76**	**27.90**	**29.68**	**14.09**	**14.12**	**9.17**	**11.17**
北　京	763.60	650.32	34.19	36.43	25.61	28.00	8.55	7.68
天　津	524.62	659.85	24.94	26.03	22.79	22.84	2.09	3.19
河　北	248.98	294.58	26.08	28.35	20.95	21.10	3.85	6.11
山　西	208.88	276.96	23.26	24.15	16.26	16.24	4.22	5.52
内蒙古	163.63	167.29	18.89	19.65	10.82	11.79	0.04	0.15
辽　宁	285.22	343.42	23.94	25.09	20.44	20.46	3.27	4.30
吉　林	262.86	270.28	19.78	20.10	16.20	16.06	0.40	0.63
黑龙江	256.00	331.97	20.35	20.37	13.46	13.90	0.73	1.06
上　海	549.92	988.82	59.84	56.56	14.37	24.68	45.29	31.63
江　苏	301.76	400.65	36.49	38.59	20.13	16.63	15.43	21.58
浙　江	362.11	416.14	51.29	56.65	20.88	18.09	28.55	36.86
安　徽	206.35	238.86	24.90	27.02	12.91	14.04	11.10	12.37
福　建	279.15	315.69	38.18	40.00	11.44	11.42	18.61	21.23
江　西	164.22	188.38	31.35	34.10	12.83	11.52	15.25	19.94
山　东	232.88	283.98	26.92	29.64	19.52	20.72	5.87	7.45
河　南	182.29	213.83	25.91	27.21	16.26	15.72	8.69	10.37
湖　北	148.59	171.74	33.68	36.05	14.42	14.46	16.04	18.32
湖　南	166.08	177.85	36.55	38.38	21.74	22.77	13.11	13.56
广　东	319.58	376.90	25.48	25.71	6.98	5.28	16.81	19.06
广　西	154.09	205.78	26.92	28.67	7.95	6.48	13.65	18.15
海　南	227.52	269.64	19.48	21.82	14.49	16.18	4.40	5.48
重　庆	151.53	170.26	32.49	32.91	16.19	15.86	9.79	9.75
四　川	149.09	173.44	29.54	34.61	12.41	14.81	7.83	11.44
贵　州	120.47	142.95	22.05	23.50	12.39	11.43	4.20	7.32
云　南	166.53	179.47	23.53	25.24	4.94	4.73	4.18	3.99
西　藏	159.63	189.70	21.30	19.14	0.03	1.87		0.35
陕　西	188.70	216.13	26.85	26.01	11.80	10.29	9.14	9.45
甘　肃	172.46	182.43	17.88	18.71	6.18	6.56	0.90	1.07
青　海	106.97	157.84	17.29	17.95	1.62	4.71	0.49	0.99
宁　夏	157.14	185.76	21.38	21.03	10.72	11.15	0.56	0.95
新　疆	146.00	160.97	19.10	21.13	4.89	6.48	0.64	0.98

11－18　农村居民主要实物消费量

指　标	单位	1990 年	1995 年	2000 年	2004 年	2005 年	2005 年为下列各年百分比(%)	
							1990 年	2004 年
粮食(原粮)	公斤/人	262.08	256.07	250.23	218.27	208.85	79.7	95.7
＃细粮	公斤/人	215.02	210.74	207.10	189.79	181.80	84.6	95.8
食用油	公斤/人	5.17	5.80	7.06	5.29	6.01	116.2	113.6
蔬菜及制品	公斤/人	134.00	104.62	106.74	106.61	102.28	76.3	95.9
猪 肉	公斤/人	10.54	10.58	13.28	13.46	15.62	148.2	116.0
牛 肉	公斤/人	0.41	0.36	0.52	0.48	0.64	156.1	133.3
羊 肉	公斤/人	0.39	0.35	0.61	0.82	0.83	212.8	101.2
家 禽	公斤/人	1.25	1.83	2.81	3.13	3.67	293.6	117.3
蛋及蛋制品	公斤/人	2.41	3.22	4.77	4.59	4.71	195.4	102.6
奶及奶制品	公斤/人	1.08	0.64	1.06	1.98	2.86	264.8	144.4
水产品	公斤/人	2.13	3.36	3.92	4.49	4.94	231.9	110.0
食 糖	公斤/人	1.50	1.28	1.28	1.11	1.13	75.3	101.8
卷 烟	盒/人	27.98	24.60	23.86	21.59	24.98	89.3	115.7
酒	公斤/人	6.14	6.53	7.02	7.84	9.59	156.2	122.3

11—19 各地区农村居民主要食品消费量

单位:公斤/人

地区	粮食(原粮)		食用植物油		蔬菜及制品		猪肉	
	2004年	2005年	2004年	2005年	2004年	2005年	2004年	2005年
全国合计	**218.27**	**208.85**	**4.31**	**4.90**	**106.61**	**102.28**	**13.46**	**15.62**
北京	114.58	128.61	8.32	9.18	86.44	92.41	10.99	13.20
天津	151.67	152.65	9.44	9.11	81.31	79.00	8.58	9.85
河北	214.80	200.00	4.51	6.28	57.89	57.70	6.13	7.15
山西	221.24	214.90	4.99	5.41	82.91	80.72	5.01	5.08
内蒙古	203.70	207.43	3.24	3.89	75.39	76.93	18.57	20.75
辽宁	204.04	195.35	6.52	6.43	173.72	173.58	16.19	16.91
吉林	200.26	175.02	5.75	6.35	141.17	138.09	10.79	13.22
黑龙江	190.59	183.03	8.22	9.06	110.47	112.64	6.40	8.72
上海	170.48	145.49	7.90	8.45	66.78	70.59	14.16	17.92
江苏	232.94	207.22	5.27	4.61	117.12	108.87	10.57	12.77
浙江	204.40	184.28	4.39	4.51	81.40	82.03	14.09	16.74
安徽	208.92	213.46	3.38	5.25	81.46	78.70	7.96	10.12
福建	229.17	190.36	3.09	3.08	96.62	90.48	15.32	18.41
江西	264.20	243.94	6.38	5.62	135.52	136.40	12.68	15.31
山东	227.23	194.20	5.77	6.94	118.71	72.86	6.33	7.86
河南	237.43	210.91	3.52	4.25	92.39	100.75	8.47	5.46
湖北	221.31	214.80	2.87	2.98	147.73	152.47	17.49	20.63
湖南	247.05	237.95	5.48	4.29	145.68	140.07	16.72	20.12
广东	229.57	228.28	6.07	5.35	131.02	122.02	21.46	20.42
广西	202.73	189.45	2.00	3.02	106.31	101.68	12.57	15.22
海南	206.16	188.79	1.59	1.40	67.44	71.19	12.50	17.84
重庆	212.04	215.62	1.95	3.39	166.85	152.33	27.85	30.08
四川	216.33	220.98	2.45	3.75	173.01	155.89	28.60	31.03
贵州	195.71	186.35	1.54	2.17	136.27	135.51	27.38	30.21
云南	189.75	192.17	1.12	1.84	97.66	98.30	25.13	27.92
西藏	245.61	262.02	2.68	4.51	14.51	23.03	2.09	38.95
陕西	200.37	205.22	5.24	6.31	54.88	54.01	6.22	7.58
甘肃	251.27	261.64	1.96	3.56	40.55	43.57	8.85	14.87
青海	219.69	232.46	1.70	3.27	47.54	43.63	10.97	9.94
宁夏	226.73	233.26	4.49	4.66	79.82	82.68	7.42	7.74
新疆	232.10	235.37	8.83	10.79	68.33	67.89	0.89	0.67

11—19 续表 1

单位:公斤/人

地　区	牛、羊肉		家　禽		蛋类及其制品		鱼虾贝蟹	
	2004 年	2005 年	2004 年	2005 年	2004 年	2005 年	2004 年	2005 年
全国合计	**1.30**	**1.47**	**3.13**	**3.67**	**4.59**	**4.71**	**4.12**	**4.56**
北　京	3.86	4.21	1.86	2.93	9.24	9.32	3.67	4.63
天　津	1.97	2.21	0.85	0.65	10.18	8.94	7.09	7.21
河　北	0.74	0.84	0.53	0.75	6.00	6.27	2.09	2.35
山　西	0.66	0.46	0.27	0.41	6.42	5.74	0.50	0.56
内蒙古	6.69	5.50	1.61	2.25	3.90	4.29	1.39	1.47
辽　宁	0.99	0.95	1.99	2.08	9.77	8.58	4.31	5.24
吉　林	0.77	1.20	4.06	4.29	8.53	8.60	3.22	3.84
黑龙江	0.71	0.86	2.63	3.32	5.77	5.74	2.78	3.63
上　海	1.12	1.55	5.12	8.90	5.62	7.66	13.49	16.85
江　苏	0.93	1.30	4.54	5.65	6.56	6.38	8.40	9.41
浙　江	0.92	1.03	5.36	6.45	5.37	4.59	12.63	13.32
安　徽	0.41	0.58	3.73	4.64	4.62	4.69	4.71	5.01
福　建	0.39	0.47	4.97	6.16	3.46	3.40	11.41	12.10
江　西	0.22	0.30	2.84	3.75	3.12	3.50	4.22	4.98
山　东	0.56	0.62	2.63	2.66	9.61	10.44	3.67	4.19
河　南	0.70	0.97	1.24	1.57	7.49	8.48	1.18	1.23
湖　北	0.36	0.44	2.48	3.02	3.99	4.14	7.01	7.86
湖　南	0.35	0.45	4.16	4.61	3.39	3.38	5.16	5.91
广　东	0.35	0.49	10.17	10.08	2.63	2.76	11.96	13.19
广　西	0.15	0.22	7.24	9.19	1.09	1.05	3.33	3.98
海　南	0.75	0.64	9.09	10.02	1.28	1.23	15.62	14.56
重　庆	0.11	0.21	2.78	3.82	6.10	6.53	2.06	2.21
四　川	0.39	0.55	3.88	4.40	4.84	4.84	1.81	2.06
贵　州	0.38	0.33	1.36	1.69	1.22	1.28	0.29	0.31
云　南	0.54	0.60	2.58	2.93	1.41	1.67	1.10	1.03
西　藏	8.53	15.92	0.01	0.09	0.43	0.64	0.01	0.01
陕　西	0.34	0.44	0.36	0.43	2.06	2.21	0.26	0.32
甘　肃	1.19	1.69	0.83	0.81	1.76	1.66	0.23	0.19
青　海	11.56	10.83	0.44	0.56	0.53	0.54	0.51	0.31
宁　夏	4.42	5.50	2.37	2.50	2.05	2.17	0.31	0.43
新　疆	10.81	11.55	1.55	1.70	1.02	1.00	0.32	0.40

11—19 续表 2

单位:公斤/人

地　区	食　糖		卷烟(盒)		酒	
	2004年	2005年	2004年	2005年	2004年	2005年
全国合计	**1.11**	**1.13**	**21.59**	**24.98**	**7.84**	**9.59**
北　京	1.04	1.27	37.15	37.55	14.71	21.25
天　津	0.69	0.41	27.45	29.26	10.42	10.81
河　北	0.73	0.77	18.86	20.59	7.64	9.16
山　西	1.03	0.96	27.37	28.98	2.72	3.40
内蒙古	1.08	1.08	24.59	26.42	11.43	13.53
辽　宁	0.66	0.70	15.11	20.59	10.30	13.73
吉　林	0.66	0.72	18.82	21.29	13.72	14.83
黑龙江	0.73	0.84	16.75	21.33	14.88	17.45
上　海	1.80	1.92	43.79	49.44	16.23	18.23
江　苏	1.22	1.19	22.62	27.69	9.14	11.24
浙　江	1.89	1.64	34.97	37.50	23.63	25.16
安　徽	1.37	1.16	22.83	27.77	10.89	12.72
福　建	2.04	1.95	28.54	29.95	16.66	18.56
江　西	1.00	1.02	22.06	26.35	7.44	9.72
山　东	0.48	0.57	24.30	24.41	11.58	17.25
河　南	1.10	1.06	18.25	21.95	4.56	5.97
湖　北	0.86	0.97	25.72	30.53	8.20	10.17
湖　南	1.04	1.19	22.09	28.61	4.17	5.18
广　东	1.98	1.89	20.87	24.87	3.12	3.72
广　西	1.09	1.18	10.03	15.90	5.71	7.33
海　南	1.23	1.10	14.35	20.83	4.29	4.82
重　庆	2.27	1.95	29.66	31.93	8.50	10.40
四　川	1.34	1.45	23.53	26.18	7.01	8.29
贵　州	0.87	0.85	21.52	23.79	5.49	6.26
云　南	1.16	1.21	23.25	26.86	5.04	6.72
西　藏	1.57	3.18	9.05	12.93	1.18	1.24
陕　西	0.82	0.75	23.32	28.19	2.43	3.57
甘　肃	0.80	0.75	19.79	22.25	3.59	4.88
青　海	1.34	1.51	16.53	15.40	2.98	2.96
宁　夏	1.56	1.38	14.68	15.25	2.12	2.97
新　疆	0.38	0.45	2.11	3.19	0.99	1.27

11－20　各地区农村居民家庭纯收入构成

（按人均纯收入分组）

单位：%

地　　区	全年纯收入	一、工资性收入	二、家庭经营纯收入	三、财产性纯收入	四、转移性纯收入
全国总计	**100**	**36.08**	**56.67**	**2.72**	**4.53**
4000元以上地区	100	52.03	38.84	3.76	5.37
上　海	100	74.68	9.39	5.55	10.38
北　京	100	61.59	24.21	8.00	6.20
浙　江	100	48.63	41.88	4.19	5.30
天　津	100	48.76	47.07	2.74	1.43
江　苏	100	52.80	40.27	2.85	4.07
广　东	100	54.63	36.93	3.57	4.88
福　建	100	37.09	53.14	2.22	7.55
3000－4000元地区	100	32.45	61.21	2.50	3.84
山　东	100	36.57	57.45	2.62	3.36
辽　宁	100	32.85	58.63	3.07	5.45
河　北	100	37.15	57.12	2.69	3.04
吉　林	100	15.65	73.39	4.55	6.41
黑龙江	100	14.41	73.38	7.16	5.04
江　西	100	39.25	57.09	0.82	2.84
湖　南	100	39.41	54.95	1.35	4.28
湖　北	100	30.38	66.12	0.54	2.96
海　南	100	15.75	78.08	1.85	4.32
2000－3000元地区	100	30.47	63.48	1.97	4.08
内蒙古	100	16.88	74.38	2.44	6.29
山　西	100	40.75	54.09	2.17	2.99
河　南	100	29.75	66.66	1.25	2.34
重　庆	100	38.76	54.87	1.09	5.28
四　川	100	34.07	60.00	1.48	4.45
安　徽	100	38.25	56.77	1.70	3.28
宁　夏	100	27.98	62.26	1.94	7.82
广　西	100	36.37	60.78	0.73	2.11
新　疆	100	7.88	86.25	1.36	4.51
青　海	100	26.05	63.19	2.88	7.87
西　藏	100	27.20	57.13	10.45	5.22
陕　西	100	36.87	54.51	2.77	5.85
云　南	100	17.06	74.94	3.70	4.30
2000元以下地区	100	30.39	62.56	1.49	5.55
甘　肃	100	29.63	63.81	1.04	5.51
贵　州	100	31.08	61.45	1.89	5.58

11—21 四大地区农村居民家庭基本情况

指　　标	单位	全国合计	东部地区	中部地区	西部地区	东　　北
一、常住人口	人/户	4.07	3.93	4.10	4.32	3.58
整、半劳动力	人/户	2.82	2.75	2.89	2.86	2.66
平均每个劳动力负担人口	人	1.45	1.43	1.42	1.51	1.35
整、半劳动力占常住人口比重	%	69.18	70.05	70.64	66.15	74.22
二、年末生产性固定资产原值	元/户	7155.55	8164.29	4955.33	7391.89	9689.87
三、年内新建住房面积	平方米/人	0.83	0.84	1.08	0.69	0.46
＃砖木结构	平方米/人	0.29	0.28	0.28	0.28	0.41
钢筋混凝土结构	平方米/人	0.51	0.55	0.79	0.34	0.05
楼房	平方米/人	0.48	0.47	0.82	0.32	0.01
年末住房面积	平方米/人	29.68	34.51	31.41	25.70	21.76
＃砖木结构	平方米/人	14.12	16.90	16.04	9.57	16.55
钢筋混凝土结构	平方米/人	11.17	15.98	13.44	7.03	1.94
四、总收入	元/人	4631.21	6226.58	4051.78	3646.02	5783.68
纯收入	元/人	3254.93	4720.28	2956.60	2378.91	3378.98
现金收入	元/人	3915.51	5679.68	3288.39	2806.89	5124.74
五、总支出	元/人	4126.91	5095.32	3518.26	3447.80	5578.19
＃家庭经营费用支出	元/人	1189.70	1274.13	940.53	1111.88	2140.33
购置生产性固定资产支出	元/人	131.14	103.42	99.36	136.16	341.61
税费支出	元/人	13.08	20.82	13.05	7.25	8.37
生活消费支出	元/人	2555.40	3408.97	2276.90	2022.88	2557.30
现金支出	元/人	3567.31	4707.16	2963.98	2709.74	5120.81
六、主要食品消费量						
粮食	公斤/人	208.85	196.59	222.09	214.23	184.56
蔬菜	公斤/人	102.28	85.96	116.11	97.71	138.74
食用油	公斤/人	6.01	6.75	5.93	5.02	7.91
肉禽及其制品	公斤/人	22.42	22.20	17.58	27.43	18.30

11—22 按人均纯收入五等分分组的农村居民收入与消费

指　　标	单位	低收入户	中下收入户	中等收入户	中上收入户	高收入户
一、纯收入	元/人	1067.22	2018.31	2850.95	4003.33	7747.35
工资性收入	元/人	321.72	672.22	1043.14	1538.84	3096.99
家庭经营收入	元/人	662.60	1230.66	1651.88	2230.97	3965.85
财产性收入	元/人	21.93	32.35	46.41	80.90	304.03
转移性收入	元/人	60.97	83.09	109.52	152.63	380.48
二、现金收入	元/人	1538.81	2312.43	3266.32	4659.38	9408.66
三、生活消费支出	元/人	1548.30	1913.07	2327.69	2879.06	4593.05
四、主要耐用消费品拥有量						
彩电	台/百户	73.33	81.93	87.23	94.83	112.56
冰箱	台/百户	10.21	12.42	16.51	23.68	46.40
洗衣机	台/百户	30.08	36.55	40.46	47.46	61.23

12

农村文化、教育、卫生及其他事业

12—1 农村普通中学和小学的学生与教师数

指　标	单位	1995 年	2000 年	2002 年	2003 年	2004 年	2005 年
一、高　中							
学校数	所	3112	2629	2312	2288	2454	2180
班　数	万个	2.3	2.9	3.2	3.6	4.3	4.0
毕业生数	万人	33.1	39.2	39.8	47.8	62.1	65.7
招生数	万人	44.7	64.4	77.6	81.4	96.0	88.0
学生数	万人	113.2	157.8	186.6	210.4	255.1	233.7
专任教师	万人	9.4	10.4	10.5	11.4	13.6	12.4
二、初　中							
学校数	所	45626	39313	37423	37251	38095	36405
班　数	万个	50.9	60.1	53.8	54.5	54.7	49.5
毕业生数	万人	684.6	903.8	877.7	937.4	1015.2	975.1
招生数	万人	1017.3	1265.9	1080.9	1063.6	1024.3	882.5
学生数	万人	2659.8	3428.5	3108.8	3160.4	3168.3	2784.7
专任教师	万人	149.9	168.2	154.2	157.8	163.3	153.4
三、小　学							
学校数	万所	55.9	44.0	38.4	36.0	33.7	31.7
班　数	万个	309.4	274.6	260.0	245.8	235.1	222.6
毕业生数	万人	1328.7	1567.6	1576.7	1523.4	1456.2	1331.0
招生数	万人	1791.1	1253.7	1294.7	1192.4	1130.3	1067.9
学生数	万人	9306.2	8503.7	8141.7	7689.2	7378.6	6947.8
教职工数	万人	419.9	398.3	399.5	391.5	390.9	383.3
其中:专任教师	万人	382.7	367.8	371.8	364.6	363.8	356.9

注:高中包括完全中学在内。

12—2　农民成人教育基本情况

指　　标	单位	1995年	2000年	2002年	2003年	2004年	2005年
一、农民高等学校							
学校数	所	4	3	3	2	3	3
毕业生数	人	203	400	300	316	474	26
招生数	人	484	400	500		2053	978
学生数	人	966	800	1000	1000	2136	3086
专任教师	人	146	100	200	200	171	130
二、农民中等专业学校							
学校数	所	453	381	221			
毕业生数	人	55670	69926	29764			
招生数	人	87020	58742	43025			
学生数	人	191769	164793	92056			
专任教师	人	10055	11673	5420			
三、农民技术培训学校							
学校数	万所	38.5	48.6	37.9	21.5	19.2	16.7
毕业生数	万人	7035.4	9047.1	7681.8	5765.5	5127.2	4793.2
招生数	万人	5437.3	7744.7	6508.4			
在校学生	万人	4948.7	6209.6	5752.6	4549.4	4684.2	3729.3
专任教师	万人	13.6	14.6	10.9	11	10.6	10.9
四、农民中学							
学校数	所	3821	2622	2304	2760	2502	2582
毕业生数	万人	38.4	19.5	23.1	70.2	73.5	75.1
招生数	万人	34.1	18.6	25.2			
学生数	万人	40.7	25.2	36.5	63.3	57.9	53.7
专任教师	万人	0.9	0.8	0.7	0.8	0.8	0.8
五、农民小学							
学校数	万所	16.7	16.0	10.5	8.2	6.8	6.1
毕业生数	万人	754.0	493.5	481.2	385.5	355.3	297.7
招生数	万人	669.4	442.6	425.6			
学生数	万人	763.7	473.5	459.7	375	380.1	307.5
专任教师	万人	5.6	4.5	3.5	4.7	4.3	4.4

12—3 农村乡(镇)卫生院、床位和卫生人员

指　标	单位	1995年	2000年	2002年	2003年	2004年	2005年
一、乡(镇)卫生院	个	51797	49229	44992	44279	41626	40907
中心卫生院	个	10098	9631	10022	10031	10003	10025
乡卫生院	个	41699	39598	34970	34248	31623	30882
二、床　位	张	733064	734807	671295	672741	668863	678240
中心卫生院	张	289581	285638	268624	272340	274431	281456
乡卫生院	张	443483	449169	402671	400401	394432	396784
三、人　员	人	1051752	1169826	1065276	1057463	1026099	1012006
中心卫生院	人	373601	422753	416194	418502	415707	415474
乡卫生院	人	678151	747073	649082	638961	610392	596532
人员中：							
卫生技术人员	人	918870	1026244	914089	905984	881142	870500

12—4 村卫生室及人员数

指　标	1985年	1990年	1995年	2000年	2001年	2004年	2005年
行政村数(万个)	94.1	74.3	73.7	73.5	67.9	65.3	62.9
设置卫生室的村数占行政村%	87.4	86.2	88.9	89.8	77.6	80.7	85.8
村卫生室数(万个)	77.8	80.4	80.4	70.9	51.5	55.2	58.3
村　办	30.6	26.6	29.7	30.1	27.7	29.8	31.4
联　营	8.9	8.7	9.1	9.0	3.6	2.7	3.9
乡卫生院设点	3.0	3.0	3.6	4.7	2.6	4.2	3.2
私人办	32.4	38.2	35.5	25.5	15.8	16.7	18.0
其　他	3.0	3.9	2.3	1.6	1.8	1.9	1.8
乡村医生和卫生员数(万人)	129.3	123.2	133.1	131.9	86.8	88.3	91.7
其中：乡村医生	64.3	77.7	95.6	102.0	79.2	82.6	86.4
平均每村乡村医生和卫生员(人)	1.80	1.64	1.81	1.81	1.25	1.37	1.46
每千农业人口乡村医生和卫生员(人)	1.55	1.38	1.48	1.44	0.98	1.02	1.05
农村接生员(万人)	51.4	47.1	35.9	25.6	…	…	…

12—5 各地区乡(镇)卫生院、床位数和卫生人员数

地　区	卫生院(个)	床位(张)	卫生人员数(人)
全国总计	**40907**	**678240**	**1012006**
北　京	150	3366	5572
天　津	184	2236	5028
河　北	1966	35560	42702
山　西	1599	21362	29009
内蒙古	1330	13116	19774
辽　宁	1021	21899	24155
吉　林	801	11981	24588
黑龙江	922	12425	21784
上　海	100	9712	8230
江　苏	1442	53494	77208
浙　江	2174	20569	40621
安　徽	1980	36873	50909
福　建	929	18033	22621
江　西	1506	19045	30764
山　东	1688	52866	78954
河　南	2088	52609	82279
湖　北	1156	31764	69626
湖　南	2472	36663	64505
广　东	1391	37621	68438
广　西	1294	20944	33301
海　南	307	4025	7405
重　庆	1077	16269	25537
四　川	5163	57235	70064
贵　州	1445	14061	18809
云　南	1483	24139	24503
西　藏	666	1986	1891
陕　西	1725	18621	26123
甘　肃	1352	12707	14973
青　海	405	2059	2707
宁　夏	266	2056	3434
新　疆	825	12944	16492

12—6 各地区村卫生室和人员情况

(2006年)

地区	村卫生室(个)	设置卫生室的村占总村数%	乡村医生和卫生员(人)	每千农业人口乡村医生和卫生员数(人)
全国总计	**583209**	**85.8**	**916532**	**1.05**
北京	2718	68.7	4003	1.33
天津	2322	60.5	4932	1.30
河北	49160	99.1	67641	1.35
山西	20102	75.0	31645	1.39
内蒙古	12366	100.0	16966	1.20
辽宁	17759	100.0	21843	1.01
吉林	8940	95.1	13137	0.90
黑龙江	12463	100.0	22326	1.15
上海	1667	89.0	2890	1.37
江苏	17921	100.0	53165	1.29
浙江	16355	47.5	14188	0.43
安徽	22847	96.7	46523	0.90
福建	18222	100.0	30384	1.31
江西	20989	100.0	34436	1.07
山东	54706	66.8	99117	1.63
河南	58986	100.0	96238	1.22
湖北	21136	81.1	34417	0.96
湖南	35141	80.7	38547	0.75
广东	22274	100.0	30114	0.79
广西	22056	100.0	36172	0.91
海南	1951	77.0	2238	0.44
重庆	11506	100.0	19878	0.85
四川	48565	96.5	70467	1.06
贵州	18805	93.9	24320	0.75
云南	13474	100.0	35153	0.99
西藏	3584	62.4	2452	1.09
陕西	21938	77.3	31210	1.13
甘肃	13482	81.5	17223	0.86
青海	4214	100.0	4956	1.40
宁夏	2767	100.0	3542	0.94
新疆	4793	53.7	6409	0.57

注:北京、天津、浙江等地区部分村的基本医疗服务由社区卫生服务站和诊所提供。

12—7 农村文化机构

指　　标	单位	1995 年	2000 年	2002 年	2003 年	2004 年	2005 年
一、乡镇文化站	个	41633	39348	36054	35138	34879	34593
二、农村集镇文化中心	个	12484	22171	21706	21621	31864	19866
三、群众业余演出团(队)	个	35429	36151	34103	37659	49080	68641
四、文化专业户	万户	22.8	18.0	15.7	13.9	38.9	39.4
五、民间职业剧团	个	7191	2940	1810	2600	3184	2773

12—8 农村老年收养性福利机构情况

指　　标	单位	1995 年	2000 年	2002 年	2003 年	2004 年	2005 年
一、老年收养性福利机构个数	个	23201	25576	25697	24343	26442	29681
工作人员数	人	60651	74142	83229	81263	82016	88745
二、年末收养人数	人	316713	428108	493548	503506	594417	679037
#老人	人	296034	412465	475966	485146	573235	658783

12—9 农村社会救济费和自然灾害救济费

指　　标	单位	1995 年	2000 年	2002 年	2003 年	2004 年	2005 年
一、农村社会救济费	万元	30425	87321	141819	238222	378803	798604
二、自然灾害救济费	万元	234755	352024	399927	529365	511066	625798
生活救济费	万元	170602	274826	339374	398350	320901	375322
灾民抢救转移安置费	万元	18504	30560	46587	110125	35301	49638
救灾储备	万元	22676	9735	13966	20891	38594	41057
灾民倒房重建	万元						159781
三、占民政事业费支出总额比重							
农村社会救济费	%	2.9	4.0	3.6	4.1	6.6	11.1
自然灾害救济费	%	22.7	15.0	10.2	10.6	8.9	8.7

12—10 各地区农村文化机构

地 区	乡镇文化站(个)	集镇文化中心(个)	农村文化专业户(户)
全国总计	**34593**	**19866**	**394232**
北 京	190	104	3360
天 津	138	84	1308
河 北	1833	1121	42091
山 西	1111	575	8678
内蒙古	1101	408	4501
辽 宁	1024	500	22844
吉 林	624	294	3305
黑龙江	789	661	5502
上 海	146	237	7729
江 苏	1197	1342	15391
浙 江	1210	850	21005
安 徽	1378	339	4885
福 建	924	874	10992
江 西	1393	932	19764
山 东	1585	1336	35307
河 南	2042	2070	14643
湖 北	937	368	11105
湖 南	2275	1074	18975
广 东	1277	793	14671
广 西	1127	694	18279
海 南	213	117	1559
重 庆	978	341	6950
四 川	4304	1970	36591
贵 州	1265	317	7017
云 南	1494	780	13772
西 藏	167	49	42
陕 西	1528	541	11494
甘 肃	1010	438	21204
青 海	181	33	1320
宁 夏	194	86	3380
新 疆	958	538	6568

12—11 各地区农村老年人供养情况

地　区	老年收养性福利机构	年在院总人天数	年末在院人数		
				女性	老人
全国总计	**29681**	**233938802**	**679037**	**174235**	**658783**
北　京	147	2122052	7074	2340	6560
天　津	131	775752	2230	523	2184
河　北	1347	7532309	22310	3425	22011
山　西	579	1261627	4252	404	4183
内蒙古	608	3707063	10637	629	10252
辽　宁	903	8860511	34518	5069	31665
吉　林	485	4681784	16293	2959	14885
黑龙江	614	7189079	25613	4208	23844
上　海	214	3968499	15646	8610	14716
江　苏	681	6627080	20777	5491	20428
浙　江	965	12505648	43098	10992	42656
安　徽	1093	7593915	22642	6934	21925
福　建	521	1437620	5003	1116	4930
江　西	1337	11450883	56036	18397	53253
山　东	1615	27021671	78221	23355	77656
河　南	2051	11487396	35501	7860	34925
湖　北	1613	63659815	81375	23258	78956
湖　南	1424	6580518	30364	8923	29896
广　东	1211	8279156	26149	9577	25994
广　西	5461	12180864	50939	9287	50877
海　南	171	240205	1601	865	1567
重　庆	996	7513698	27483	6377	26484
四　川	2230	8585809	30024	5036	29160
贵　州	810	2004565	6759	1207	6444
云　南	613	1760887	6631	2047	6398
西　藏	97	275210	753	381	743
陕　西	504	1411603	4763	1028	4523
甘　肃	634	877048	3680	966	3606
青　海	139	766270	2543	1391	2535
宁　夏	103	294649	1102	206	1004
新　疆	384	1285616	5020	1374	4523

12—12 各地区农村社会救济费和自然灾害救济费

单位：万元

地 区	农村社会救济	农村最低生活保障线救济费	自然灾害生活救助
全国合计	**798604.1**	**253188.7**	**625797.7**
部本级	0.0	0.0	24511.5
北 京	17102.7	5477.5	1952.5
天 津	4779.5	1338.4	1170.0
河 北	14428.8	4711.9	15567.0
山 西	24615.4	4587.5	11270.5
内蒙古	8540.0	1894.8	17937.0
辽 宁	35330.0	14875.0	16791.6
吉 林	13865.0	6395.1	19349.1
黑龙江	8453.9	26.4	13062.9
上 海	30804.0	8449.5	4776.5
江 苏	81336.0	34855.6	14999.1
浙 江	72403.7	40089.6	26457.3
安 徽	30643.5	3594.9	26156.8
福 建	37712.2	31728.0	26297.7
江 西	35528.3	0.0	27691.0
山 东	26698.0	12002.4	17354.6
河 南	59295.7	8034.6	31849.8
湖 北	34379.9	2381.8	25520.4
湖 南	36487.0	8647.5	28171.5
广 东	83453.4	42049.1	35257.9
广 西	11677.9	768.4	30898.9
海 南	5051.6	1649.4	8288.6
重 庆	16138.4	316.1	14801.8
四 川	41901.3	8035.0	33472.6
贵 州	27815.1	1764.2	20220.2
云 南	12751.0	644.3	39562.7
西 藏	613.4	26.6	5373.4
陕 西	14259.6	8288.1	18113.4
甘 肃	3471.4	170.9	18095.5
青 海	2436.3	0.0	8681.0
宁 夏	1324.4	87.2	8277.0
新 疆	5306.7	298.9	33867.9

13

国营农场

13—1 农垦系统国营农场基本情况

指标	单位	2003年	2004年	2005年	2005年比2004年增加	
					绝对数	%
一、农场数	个	1967	1928	1923	－5.0	－0.3
二、职工人数	万人	353.7	339.6	335.9	－3.7	－1.1
三、耕地面积	千公顷	4690.1	4820.1	5038.1	218.0	4.5
四、农用机械总动力	亿瓦	129.9	136.4	146.3	9.9	7.3
大中型农用拖拉机	万台	7.0	7.4	8.0	0.6	8.4
小型及手扶拖拉机	万台	24.5	26.4	27.0	0.6	2.5
农用排灌动力机械	万台	17.7	18.6	19.2	0.6	3.4
联合收割机	万台	1.8	1.9	2.0	0.1	6.8
农用化肥施用量(折纯量)	万吨	143.9	152.19	159.6	7.4	4.9
农场用电量	亿千瓦小时	64.2	65.9	72.4	6.5	9.8
五、农业总产值						
按当年价格计算	亿元	846.3	977.9	1118.6	140.7	8.3
六、主要农产品产量						
粮食总产量	万吨	1342.6	1666.2	1859.0	192.8	11.6
棉花总产量	万吨	103.4	116.3	124.7	8.4	7.2
油料总产量	万吨	71.9	65.2	66.9	1.7	2.6
肉类总产量	万吨	108.4	125.3	145.8	20.5	16.3

13—2 各地区农垦系统国营农场基本情况

地 区	农场数(个)		职工人数(万人)		耕地面积(千公顷)	
	2004年	2005年	2004年	2005年	2004年	2005年
全国总计	**1928**	**1923**	**339.6**	**335.9**	**4820.1**	**5038.1**
北 京	13	13	1.6	1.5	1.8	1.8
天 津	15	15	0.7	0.6	3.2	3.0
河 北	30	30	7.9	7.3	79.8	80.3
山 西	25	26	0.5	0.5	7.6	7.6
内蒙古	104	105	12.4	14.2	559.2	599.9
辽 宁	120	120	23.0	24.1	128.3	134.2
吉 林	122	112	8.8	7.9	75.2	86.5
黑龙江	107	107	42.4	40.5	2124.1	2269.3
上 海	16	16	3.9	3.0	22.0	21.9
江 苏	23	23	8.2	7.9	63.1	65.1
浙 江	63	63	0.8	0.5	4.8	4.8
安 徽	25	25	4.9	4.8	33.1	33.0
福 建	116	115	3.8	3.6	10.3	10.4
江 西	143	154	29.1	29.0	44.6	49.1
山 东	18	18	0.7	0.7	10.3	10.3
河 南	96	96	3.9	3.7	23.7	23.5
湖 北	52	52	40.2	40.3	131.0	132.5
湖 南	78	78	15.3	14.7	59.5	60.6
广 东	50	50	7.3	6.9	34.8	33.7
广 西	49	48	4.5	3.9	27.5	27.9
海 南	92	92	21.6	21.2	37.5	37.3
重 庆	16	14	0.5	0.5	0.4	0.4
四 川	54	51	0.5	0.5	0.9	0.9
贵 州	47	47	0.7	0.7	2.0	2.0
云 南	46	46	9.0	10.6	12.1	12.1
陕 西	11	11	1.3	1.3	9.3	9.0
甘 肃	17	16	3.1	3.0	43.8	42.9
青 海	20	19	0.7	0.7	19.7	14.8
宁 夏	17	18	3.1	3.0	37.9	38.4
新 疆	343	343	79.1	79.2	1212.5	1225.1

13—2 续表 1

地　区	农业机械总动力(万千瓦)		大中型拖拉机(台)		农用载重汽车(辆)	
	2004 年	2005 年	2004 年	2005 年	2004 年	2005 年
全国总计	**1364.0**	**1463.1**	**73849**	**79976**	**54954**	**57299**
北　京	1.6	1.5	67	61	6	5
天　津	1.2	1.1	28	31	17	30
河　北	50.5	50.9	984	1046	4917	6240
山　西	1.7	1.7	50	52	92	100
内蒙古	98.1	113.6	3722	4991	4691	5488
辽　宁	62.1	67.9	1611	1653	10585	12401
吉　林	38.2	49.6	1325	1356	667	1156
黑龙江	401.7	434.0	23935	26780	2659	2613
上　海	7.2	7.4	728	744	15	13
江　苏	37.3	37.3	2215	2237	532	619
浙　江	3.9	4.0	84	81	76	48
安　徽	30.0	31.6	1418	1765	1146	1063
福　建	7.7	7.7	105	104	574	609
江　西	19.5	19.7	530	403	930	675
山　东	4.5	5.0	238	218	198	187
河　南	17.0	17.2	594	648	347	256
湖　北	93.5	95.3	3254	3517	4760	4807
湖　南	61.7	70.6	1920	1831	1593	
广　东	12.0	12.1	463	461	346	357
广　西	12.9	15.1	686	740	358	557
海　南	30.4	30.8	600	575	14	14
重　庆	0.1	0.1				
四　川	0.1	0.1				3
贵　州	3.3	3.3	67	52	122	132
云　南	24.6	23.6	607	456	36	803
陕　西	3.1	3.3	110	78	297	358
甘　肃	15.4	16.4	531	806	2061	1624
青　海	6.1	5.8	288	189	484	271
宁　夏	15.5	16.1	1166	1369	1557	1402
新　疆	303.4	320.3	26523	27732	15874	15468

13—2 续表 2

地　区	化肥施用量(万吨)		现价农业总产值(万元)	
	2004 年	2005 年	2004 年	2005 年
全国总计	**152.2**	**159.6**	**9778752**	**11185718**
北　京			58721	62226
天　津	0.1	0.1	28353	32638
河　北	1.9	2.2	268916	335053
山　西	0.2	0.2	11093	11888
内蒙古	5.8	7.6	323595	466104
辽　宁	7.0	5.3	580300	636403
吉　林	4.0	3.7	99556	114489
黑龙江	30.1	31.1	2348438	2801293
上　海	0.9	1.0	103065	100099
江　苏	5.1	5.7	255301	262191
浙　江	1.5	0.7	71531	71226
安　徽	2.1	2.1	102004	102785
福　建	3.6	3.5	125126	133183
江　西	3.6	4.0	167753	191378
山　东	0.7	0.6	28558	31679
河　南	1.6	1.7	57105	58044
湖　北	12.0	12.4	646602	705633
湖　南	8.5	7.7	347464	383371
广　东	5.5	6.6	252662	281238
广　西	3.3	4.1	126014	188905
海　南	8.5	8.6	654785	667535
重　庆			1491	1963
四　川			8154	7852
贵　州	0.2	0.3	12743	15928
云　南	1.8	2.1	206314	244415
陕　西	0.2	0.6	15208	17933
甘　肃	0.1	1.7	53440	63501
青　海	0.2	0.3	9604	9604
宁　夏	2.2	2.5	78154	90857
新　疆	41.4	43.6	2736702	3096304

13—3 农垦系统国营农场种植业生产情况

指 标	单位	2000年	2003年	2004年	2005年	2005年比2004年增加	
						绝对数	%
农作物总播种面积	千公顷	4755.8	4674.7	5019.0	5145.0	126.0	2.5
一、粮食播种面积	千公顷	3163.9	2831.1	3199.0	3375.8	176.8	5.5
每公顷产量	公斤	4631.0	4743.0	5209.0	5507.0	298.0	5.7
总产量	万吨	1465.2	1342.6	1666.2	1859.0	192.8	11.6
1.谷物	万吨	1252.1	1116.3	1417.5	1614.1	196.6	13.9
其中:稻谷	万吨	818.6	679.0	838.7	907.7	69.0	8.2
小麦	万吨	255.0	142.3	197.3	256.5	59.2	30.0
玉米	万吨	147.4	243.7	337.0	389.4	52.4	15.5
2.豆类	万吨	200.6	212.9	226.3	224.5	−1.8	−0.8
其中:大豆	万吨	184.8	190.8	202.4	194.4	−8.0	−4.0
3.薯类	万吨	12.6	13.4	22.4	20.4	−2.0	−8.8
二、棉花播种面积	千公顷	527.3	627.6	666.4	649.4	−17.0	−2.6
每公顷产量	公斤	1577.0	1648.0	1760.0	1920.0	160.0	9.1
总产量	吨	831595	1034225	1162787	1246856	84069	7.2
三、油料播种面积	千公顷	461.2	446.9	394.6	371.2	−23.4	−5.9
每公顷产量	公斤	1545.0	1610.0	1653.0	1803.0	150.0	9.1
总产量	吨	712461	719318	652104	669441	17337	2.7
四、糖料播种面积	千公顷	103.6	115.1	101.7	100.5	−1.2	−1.2
每公顷产量	公斤	56927.0	62714.0	67744.0	66416.0	−1328.0	−2.0
总产量	吨	5894802	7217487	6887232	6675180	−212052	−3.1
五、麻类播种面积	千公顷	9.4	67.0	69.6	53.6	−16.0	−23.0
每公顷产量	公斤	3175.3	2891.0	3833.0	4566.0	733.0	19.1
总产量	吨	29689	193668	266825	244871	−21954	−8.2

13—4 各地区农垦系统国营农场农作物主要产品产量

地区	粮食（万吨）	棉花（吨）	油料（吨）	糖料（吨）	麻类（吨）
全国总计	**1859.0**	**1246856**	**669441**	**6675180**	**244871**
北京	0.2				
天津	0.8	2558	9		
河北	33.9	25133	983	383	
山西	2.4	188	428	24	
内蒙古	122.1	1224	212127	29072	4738
辽宁	99.5		3236	2211	
吉林	52.7		13398	680	
黑龙江	1026.7		113547	516002	214731
上海	15.9	729	124		
江苏	69.0	8749	7728		
浙江	1.2	74	102		
安徽	23.4	8730	7258		
福建	7.3		3814	40336	
江西	37.0	5225	16498	6235	
山东	4.3	4936	306		
河南	15.9	4221	12818		8
湖北	61.4	70208	90326	5598	244
湖南	31.3	40097	16019	288509	4538
广东	4.4		6583	1784857	
广西	0.9		2424	1815209	
海南	10.7		6140	307759	71
重庆			11		
四川			20		
贵州	0.6		498	35332	
云南	3.2		230	417937	
陕西	4.2	7314	2904		
甘肃	11.8	6515	8312	1247	2913
青海	0.8		8236		
宁夏	23.5		9824	577	
新疆	193.8	1060955	125538	1423212	17628

13—5 农垦系统国营农场茶、桑、果、林业生产情况

指　　标	单位	2000 年	2003 年	2004 年	2005 年	2005 年比 2004 年增加	
						绝对数	%
一、年末实有茶园面积	千公顷	34.1	29.6	30.6	30.3	−0.3	−1.0
茶叶总产量	万吨	3.9	3.8	3.9	4.6	0.7	19.0
二、年末实有桑园面积	千公顷	3.9	2.6	2.1	1.6	−0.5	−22.3
三、年末实有果园面积	千公顷	193.6	224.4	231.3	241.3	10.0	4.3
水果总产量	万吨	118.6	146.4	163.1	178.8	15.7	9.6
其中：苹果	万吨	24.1	21.7	22.6	25.4	2.8	12.4
梨	万吨	27.1	23.7	24.3	28.7	4.4	18.2
柑桔	万吨	11.8	21.1	22.9	20.6	−2.3	−10.2
四、年末实有橡胶园面积	千公顷	382.3	404.3	412.4	424.2	11.8	2.9
当年橡胶平均开割面积	千公顷		300.4	302.5	312.2	9.7	3.2
每公顷产干胶	公斤	1172.0	1315.5	1150.0	1024.5	−125.5	−10.9
全年干胶总产量	万吨	34.7	39.5	39.0	32.0	−7.0	−18.0
五、当年造林面积	千公顷	75.8	259.4	126.2	84.5	−41.7	−33.0
用材林	千公顷	21.4	62.1	31.9	19.6	−12.3	−38.5
经济林	千公顷	6.1	20.9	15.1	10.4	−4.7	−31.0
防护林	千公顷	47.3	170.8	76.5	51.0	−25.5	−33.4
薪炭林	千公顷	0.3	1.7	1.5	3.0	1.5	94.8
特种用材林	千公顷	0.7	3.9	1.1	0.4	−0.7	−64.7

13—6 各地区农垦系统国营农场茶、果、干胶、林业生产情况

地　区	茶叶（吨）	水果（吨）	苹果（吨）	梨（吨）	干胶（吨）	造林面积（公顷）
全国总计	**46418**	**1787932**	**254474**	**286808**	**319851**	**84452**
北　京		4199	3319	4		
天　津		853	185	111		
河　北		21762	5240	3019		8011
山　西		2588	1839	283		50
内蒙古		11023	3471	4418		8133
辽　宁		72067	37657	8697		6962
吉　林		14853	1761	9074		2164
黑龙江		6252		237		7616
上　海	4	767		20		103
江　苏	10	2517	20	231		772
浙　江	5077	12192		2989		1
安　徽	10460	16776		15616		319
福　建	4808	93521		1267		494
江　西	2301	27095		1943		3930
山　东		800	39			164
河　南	8	22548	8800	9768		374
湖　北	2956	102460	808	45022		3612
湖　南	2369	50541		4948		4815
广　东	1737	236175			21307	1429
广　西	2910	102078		189	678	1036
海　南	918	231192			163524	1199
重　庆	6	1067	1	93		33
四　川	488	1735	542	189		
贵　州	3642	6741		733		79
云　南	8724	82717	13	71	134342	24
陕　西		7596	3248	420		77
甘　肃		30024	10202	14267		1604
青　海						2444
宁　夏		39864	25071	1808		855
新　疆		585929	152258	161391		28152

13－7 农垦系统国营农场畜牧业、渔业生产情况

指 标	单位	2000年	2003年	2004年	2005年	2005年比2004年增加	
						绝对数	%
一、大牲畜年末头数	万头	214.6	260.2	281.9	305.0	23.1	8.2
# 役畜	万头	55.0	37.3	49.0	29.1	－19.9	－40.6
牛	万头	173.1	224.0	248.4	270.7	22.3	9.0
# 良种及改良奶牛	万头	51.0	74.8	93.2	109.5	16.3	17.5
马	万匹	25.8	22.2	19.8	19.9	0.1	0.6
驴	万头	9.8	8.9	9.2	9.1	－0.1	－1.5
骡	万头	1.8	1.4	1.3	1.8	0.5	41.7
骆驼	万头	4.1	3.7	3.3	3.5	0.2	6.4
二、猪年末头数	万头	478.1	588.3	652.3	722.8	70.5	10.8
三、羊年末只数	万只	1104.7	1509.6	1575.8	1591.6	15.8	1.0
山羊	万只	216.3	431.8	420.9	371.0	－49.9	－11.8
绵羊	万只	888.4	1077.7	1154.9	1220.6	65.7	5.7
四、家禽年末只数	万只	4918.2	6412.6	6396.5	6360.1	－36.4	－0.6
五、兔年末只数	万只	74.3	125.7	110.4	105.7	－4.7	－4.3
六、畜产品产量							
肉猪出栏头数	万头	643.5	826.1	957.3	1126.7	169.4	17.7
猪牛羊肉产量	万吨	68.3	87.7	102.2	121.4	19.2	18.8
其中:猪肉产量	万吨	51.1	64.2	74.1	88.2	14.1	19.1
牛奶产量	万吨	116.5	176.8	210.2	245.5	35.3	16.8
禽蛋产量	万吨	20.4	21.3	21.4	22.4	1.0	4.4
鹿茸产量	吨	41.5	69.4	72.7	78.6	5.9	8.2
羊毛产量	吨	20866	23577	27356	29179	1823	6.7
七、水产品产量	万吨	49.1	65.7	70.8	79.5	8.7	12.3

13－8 各地区农垦系统国营农场畜牧业、渔业生产情况

地区	大牲畜年末头数（万头）	牛年末头数（万头）	其中:奶牛	猪年末头数（万头）	羊年末只数（万只）	家禽年末只数（万只）
全国总计	**305.0**	**270.7**	**109.5**	**722.8**	**1591.6**	**6360.1**
北京	3.1	3.1	3.1	2.7		45.6
天津	2.2	2.2	2.2			22.6
河北	8.3	8.1	7.3	20.0	10.2	167.2
山西	1.1	1.0	1.0	0.2	2.9	26.3
内蒙古	33.7	30.4	17.7	19.1	256.5	144.9
辽宁	9.9	7.5	2.4	50.7	9.2	940.0
吉林	4.3	3.4	1.0	11.5	12.5	193.6
黑龙江	80.7	80.2	30.6	174.5	168.7	1109.3
上海	2.3	2.3	2.3	8.1		12.0
江苏	0.6	0.6	0.5	4.2	1.5	415.1
浙江	0.3	0.3	0.3	31.4		4.3
安徽	1.0	1.0	0.7	2.0	0.6	61.7
福建	1.7	1.7	0.3	28.2	1.1	196.5
江西	2.9	2.9	0.3	32.4	1.2	222.8
山东	0.2	0.2	0.2	0.3	2.1	28.8
河南	0.7	0.7	0.1	13.4	1.8	43.9
湖北	9.1	9.1	1.6	57.5	4.5	590.0
湖南	4.2	4.2	0.2	22.9	7.3	346.2
广东	3.4	3.4	1.0	61.4		286.5
广西	1.1	1.1	0.2	36.9	0.2	114.1
海南	11.8	11.8		37.4	20.3	533.7
重庆						6.2
四川	10.8	10.2	8.6	0.3	2.7	0.4
贵州	1.2	1.1	0.7	0.4	0.6	34.0
云南	2.1	2.0	1.0	7.2	0.5	69.6
陕西	0.3	0.3	0.2	1.2	1.7	4.0
甘肃	0.9	0.9	0.1	0.9	17.3	26.3
青海	1.3	1.0	0.4	0.6	13.1	0.4
宁夏	2.0	2.0	1.5	3.6	15.4	26.2
新疆	103.8	77.8	24.2	94.0	1039.7	688.0

13—8 续表

地　区	肉猪出栏头数（万头）	肉类总产量（吨）	奶产量（吨）	水产品产量（吨）
全国总计	**1126.8**	**1457573**	**2454891**	**794752**
北　京	4.4	14852	142850	77
天　津		1054	79585	6877
河　北	38.5	42800	208148	68933
山　西	0.1	255	34142	3
内蒙古	19.2	59390	313540	3681
辽　宁	63.7	102164	87914	181620
吉　林	24.2	28353	9843	1308
黑龙江	268.6	326045	833290	19064
上　海	12.3	9003	105528	11811
江　苏	15.2	37983	16651	24918
浙　江	45.2	30276	15882	5972
安　徽	3.5	5556	18982	3431
福　建	37.1	31444	7867	26133
江　西	51.7	43496	6190	23924
山　东	0.4	1133	4751	6879
河　南	20.8	15861	1461	4053
湖　北	105.0	102276	55380	230686
湖　南	155.9	132371	3221	74828
广　东	38.5	42117	30767	22286
广　西	41.1	40061	3562	10351
海　南	45.7	69605		34432
重　庆	0.0	1091	565	209
四　川	0.1	1784	1561	721
贵　州	0.4	563	26335	154
云　南	6.2	6527	24716	4962
陕　西	0.7	662	6160	49
甘　肃	1.3	2748	1070	
青　海	0.4	1260	4767	16
宁　夏	4.1	6006	50530	5366
新　疆	122.3	300837	359633	22008

14

区域农村经济

14—1—1 黄淮海地区农村经济情况

指　标	单位	2000年	2003年	2004年	2005年	2005年为2004年%
县个数	个	318	318	318	318	100.0
年末总人口	万人	21175	21444	21382	21511	100.6
其中:乡村人口	万人	18704	18778	18694	18746	100.3
乡村从业人员数	万人	10052	10156	10181	10275	100.9
农业机械总动力	万千瓦	18924	22056	22467	24233	107.9
有效灌溉面积	千公顷	13870	13816	13930	14036	100.8
化肥使用量(折纯量)	万吨	1124	1198	1232	1276	103.6
农村用电量	亿千瓦时	409	519	597	704	117.8
农作物总播种面积	千公顷	31671	31045	31036	32139	103.6
粮食作物播种面积	千公顷	22064	19767	19874	21599	108.7
粮食总产量	万吨	11037	9218	11061	11860	107.2
棉花播种面积	千公顷	1670	2527	2768	2339	84.5
棉花产量	万吨	179	198	279	247	88.4
油料播种面积	千公顷	3016	2912	2788	2698	96.8
油料产量	万吨	925	759	892	874	98.0
第一产业增加值	亿元	3357	3670	4483	4925	109.9

注:黄淮海地区包括北京市、天津市、河北省、江苏省、安徽省、山东省、河南省等7个省、市的318个县(市)。

14—1—2 长江中下游地区农村经济情况

指　　标	单位	2000年	2003年	2004年	2005年	2005年为2004年%
县个数	个	446	446	446	446	100.0
年末总人口	万人	25948	26009	26021	26076	100.2
其中:乡村人口	万人	21882	21978	21873	22059	100.9
乡村从业人员数	万人	11433	11583	11659	11836	101.5
农业机械总动力	万千瓦	9126	10217	10836	11721	108.2
有效灌溉面积	千公顷	12000	11936	12558	12198	97.1
化肥使用量(折纯量)	万吨	952	987	1033	1057	102.3
农村用电量	亿千瓦时	583	899	1048	1237	118.1
农作物总播种面积	千公顷	33839	31738	33562	33416	99.6
粮食作物播种面积	千公顷	20623	17785	19848	20083	101.2
粮食总产量	万吨	11417	9365	11302	11498	101.7
棉花播种面积	千公顷	895	1000	1009	975	96.6
棉花产量	万吨	97	104	130	112	86.3
油料播种面积	千公顷	4713	4583	4484	4486	100.0
油料产量	万吨	846	810	925	908	98.2
第一产业增加值	亿元	3976	4361	4989	5452	109.3

注:长江中下游地区包括上海市、江苏省、浙江省、安徽省、福建省、江西省、河南省、湖北省、湖南省、广东省、广西自治区等11个省、区、市的446个县(市)。

14—1—3　黄土高原地区农村经济情况

指　　标	单位	2000年	2003年	2004年	2005年	2005年为2004年%
县个数	个	212	212	212	212	100.0
年末总人口	万人	6879	6942	6957	6958	100.0
其中:乡村人口	万人	5980	6014	6011	6031	100.3
乡村从业人员数	万人	2883	3007	3037	3076	101.3
农业机械总动力	万千瓦	3256	3815	4169	4420	106.0
有效灌溉面积	千公顷	2378	2375	2387	2406	100.8
化肥使用量(折纯量)	万吨	230	249	252	262	104.0
农村用电量	亿千瓦时	112	126	128	126	98.4
农作物总播种面积	千公顷	9805	9266	9410	9528	101.3
粮食作物播种面积	千公顷	7959	6972	7089	7316	103.2
粮食总产量	万吨	2171	2267	2544	2479	97.4
棉花播种面积	千公顷	75	140	169	138	81.7
棉花产量	万吨	7	13	17	15	88.5
油料播种面积	千公顷	774	828	809	740	91.4
油料产量	万吨	93	107	115	112	97.4
第一产业增加值	亿元	511	617	756	838	110.8

注:黄土高原地区包括河北省、山西省、河南省、陕西省、甘肃省、宁夏自治区等6个省、区、市的212个县(市)。

14—1—4 民族地区农村经济情况

指　　标	单位	2000年	2003年	2004年	2005年	2005年为2004年%
县个数	个	636	636	636	636	100.0
年末总人口	万人	15197	15403	15538	15635	100.6
其中:乡村人口	万人	12298	12511	12574	12547	99.8
乡村从业人员数	万人	6354	6606	6732	6779	100.7
农业机械总动力	万千瓦	5841	6691	7291	7754	106.4
有效灌溉面积	千公顷	9032	8055	8259	8757	106.0
化肥使用量(折纯量)	万吨	480	510	551	590	107.0
农村用电量	亿千瓦时	119	131	143	155	108.4
农作物总播种面积	千公顷	25671	24001	25001	25805	103.2
粮食作物播种面积	千公顷	16838	15034	15691	16118	102.7
粮食总产量	万吨	6167	6033	6517	6929	106.3
棉花播种面积	千公顷	1100	606	781	908	116.3
棉花产量	万吨	175	93	130	163	125.1
油料播种面积	千公顷	2394	2095	2047	2023	98.8
油料产量	万吨	340	312	323	344	106.4
第一产业增加值	亿元	2062	2387	2767	3089	111.7

注:民族地区包括河北省、内蒙古自治区、辽宁省、吉林省、黑龙江省、浙江省、湖北省、湖南省、广东省、广西自治区、海南省、重庆市、四川省、贵州省、云南省、西藏自治区、甘肃省、青海省、宁夏回族自治区、新疆维吾尔自治区等20个省、区、市的636个县(市、旗)。

14—1—5　扶贫工作重点县农村经济情况

指　　标	单位	2000年	2003年	2004年	2005年	2005年为2004年%
县个数	个	582	582	582	582	100.0
年末总人口	万人	21642	22048	22177	22344	100.8
其中:乡村人口	万人	19210	19444	19519	19613	100.5
乡村从业人员数	万人	9892	10172	10317	10465	101.4
农业机械总动力	万千瓦	7109	8610	9172	9942	108.4
有效灌溉面积	千公顷	7989	8053	8170	8701	106.5
化肥使用量(折纯量)	万吨	612	676	705	747	106.0
农村用电量	亿千瓦时	139	165	179	203	113.6
农作物总播种面积	千公顷	33772	32268	33388	34126	102.2
粮食作物播种面积	千公顷	24518	22076	23261	23876	102.6
粮食总产量	万吨	8126	7676	8989	9236	102.7
棉花播种面积	千公顷	562	587	640	569	88.9
棉花产量	万吨	59	47	64	64	100.1
油料播种面积	千公顷	3482	3342	3237	3310	102.3
油料产量	万吨	474	460	527	551	104.5
第一产业增加值	亿元	2086	2394	2893	3207	110.8

注:扶贫工作重点县包括河北省、山西省、内蒙古自治区、吉林省、黑龙江省、安徽省、江西省、河南省、湖北省、湖南省、广西自治区、海南省、重庆市、四川省、贵州省、云南省、陕西省、甘肃省、青海省、宁夏回族自治区、新疆维吾尔自治区等21个省、区、市的582个县(市、旗)。

14—1—6　丘陵地区农村经济情况

指　　标	单位	2000年	2003年	2004年	2005年	2005年为2004年%
县个数	个	529	529	529	529	100.0
年末总人口	万人	27970	28107	28185	28195	100.0
其中:乡村人口	万人	23565	23578	23589	23758	100.7
乡村从业人员数	万人	12003	12179	12334	12517	101.5
农业机械总动力	万千瓦	11018	12672	13459	14566	108.2
有效灌溉面积	千公顷	10865	11014	11107	11598	104.4
化肥使用量(折纯量)	万吨	994	1053	1102	1147	104.1
农村用电量	亿千瓦时	404	557	621	733	118.1
农作物总播种面积	千公顷	39668	37820	40288	40851	101.4
粮食作物播种面积	千公顷	28168	25288	28006	28743	102.6
粮食总产量	万吨	12634	11338	13611	14117	103.7
棉花播种面积	千公顷	360	336	351	307	87.4
棉花产量	万吨	36	31	38	34	89.4
油料播种面积	千公顷	4245	4334	4166	4063	97.5
油料产量	万吨	759	781	860	853	99.2
第一产业增加值	亿元	4041	4516	5351	5861	109.5

注:丘陵地区包括北京市、天津市、河北省、山西省、内蒙古自治区、辽宁省、吉林省、黑龙江省、江苏省、浙江省、安徽省、福建省、江西省、山东省、河南省、湖北省、湖南省、广东省、广西自治区、海南省、重庆市、四川省、贵州省、云南省、西藏自治区、陕西省、甘肃省、新疆维吾尔自治区等28个省、区、市的529个县(市、旗)。

14—1—7 山区县农村经济情况

指　　标	单位	2000年	2003年	2004年	2005年	2005年为2004年%
县个数	个	895	895	895	895	100.0
年末总人口	万人	29608	30008	30128	30310	100.6
其中:乡村人口	万人	25391	25888	25936	26043	100.4
乡村从业人员数	万人	13161	13562	13736	13905	101.2
农业机械总动力	万千瓦	9208	10782	11368	12409	109.2
有效灌溉面积	千公顷	8904	8724	9380	9119	97.2
化肥使用量(折纯量)	万吨	793	856	895	927	103.6
农村用电量	亿千瓦时	287	369	420	474	112.7
农作物总播种面积	千公顷	38198	36016	37500	37566	100.2
粮食作物播种面积	千公顷	26931	23816	24890	25120	100.9
粮食总产量	万吨	10609	9543	10389	10622	102.2
棉花播种面积	千公顷	81	79	90	85	94.2
棉花产量	万吨	7	8	10	10	97.9
油料播种面积	千公顷	3445	3360	3417	3441	100.7
油料产量	万吨	545	578	628	641	102.2
第一产业增加值	亿元	3627	4110	4690	5185	110.6

注:山区地区包括北京市、河北省、山西省、内蒙古自治区、辽宁省、吉林省、黑龙江省、浙江省、安徽省、福建省、江西省、山东省、河南省、湖北省、湖南省、广东省、广西自治区、海南省、重庆市、四川省、贵州省、云南省、西藏自治区、陕西省、甘肃省、青海省、宁夏回族自治区、新疆维吾尔自治区等28个省、区、市的895个县(市、旗)。

14－1－8　平原地区农村经济情况

指　　标	单位	2000 年	2003 年	2004 年	2005 年	2005 年为 2004 年%
县个数	个	646	646	646	646	100.0
年末总人口	万人	36590	36750	36808	37011	100.6
其中:乡村人口	万人	30698	30799	30755	30788	100.1
乡村从业人员数	万人	15914	16126	16259	16451	101.2
农业机械总动力	万千瓦	24084	27413	28474	30727	107.9
有效灌溉面积	千公顷	25333	24200	24392	25202	103.3
化肥使用量(折纯量)	万吨	1811	1891	1948	2018	103.6
农村用电量	亿千瓦时	941	1290	1497	1673	111.8
农作物总播种面积	千公顷	57198	54574	56038	57462	102.5
粮食作物播种面积	千公顷	38160	33898	36148	38096	105.4
粮食总产量	万吨	19057	17174	20497	21700	105.9
棉花播种面积	千公顷	3413	3946	4389	4060	92.5
棉花产量	万吨	429	380	522	507	97.0
油料播种面积	千公顷	5959	5498	5094	5093	100.0
油料产量	万吨	1339	1113	1244	1242	99.8
第一产业增加值	亿元	5845	6588	7831	8547	109.1

注:丘陵地区包括北京市、天津市、河北省、山西省、内蒙古自治区、辽宁省、吉林省、黑龙江省、上海市、江苏省、浙江省、安徽省、福建省、江西省、山东省、河南省、湖北省、湖南省、广东省、广西自治区、海南省、重庆市、四川省、贵州省、陕西省、甘肃省、宁夏回族自治区、新疆维吾尔自治区等 28 个省、区、市的 646 个县(市、旗)。

14—1—9 陆地边境县农村经济情况

指　　标	单位	2000 年	2003 年	2004 年	2005 年	2005 年为 2004 年%
县个数	个	129	129	129	129	100.0
年末总人口	万人	1931	1958	1965	1976	100.5
其中:乡村人口	万人	1292	1342	1355	1370	101.1
乡村从业人员数	万人	651	685	700	723	103.2
农业机械总动力	万千瓦	973	1057	1263	1279	101.2
有效灌溉面积	千公顷	1662	1367	1381	1443	104.5
化肥使用量(折纯量)	万吨	56	58	63	70	110.4
农村用电量	亿千瓦时	19	20	21	24	112.7
农作物总播种面积	千公顷	3992	3657	3910	4084	104.4
粮食作物播种面积	千公顷	2674	2355	2652	2794	105.3
粮食总产量	万吨	980	842	972	1060	109.1
棉花播种面积	千公顷	113	73	81	84	103.7
棉花产量	万吨	17	11	13	14	109.0
油料播种面积	千公顷	448	372	356	324	90.9
油料产量	万吨	68	51	49	54	108.8
第一产业增加值	亿元	293	351	408	457	111.8

注:陆地边境县包括内蒙古自治区、辽宁省、吉林省、黑龙江省、广西自治区、云南省、西藏自治区、甘肃省、新疆维吾尔自治区等 9 个省、区 129 个县(市、旗)。

14—1—10 沿海开放县农村经济情况

指　　标	单位	2000 年	2003 年	2004 年	2005 年	2005 年为 2004 年%
县个数	个	198	198	198	198	100.0
年末总人口	万人	14320	14071	14161	14298	101.0
其中:乡村人口	万人	11972	11890	11992	12055	100.5
乡村从业人员数	万人	6044	6059	6193	6322	102.1
农业机械总动力	万千瓦	7039	7531	7736	8200	106.0
有效灌溉面积	千公顷	6141	6013	6052	6168	101.9
化肥使用量(折纯量)	万吨	591	596	613	621	101.3
农村用电量	亿千瓦时	702	1097	1317	1495	113.5
农作物总播种面积	千公顷	15029	13609	14269	13929	97.6
粮食作物播种面积	千公顷	9876	7882	8472	8579	101.3
粮食总产量	万吨	5313	4333	4764	4857	101.9
棉花播种面积	千公顷	232	355	408	360	88.1
棉花产量	万吨	27	37	55	38	70.0
油料播种面积	千公顷	1425	1418	1426	1335	93.7
油料产量	万吨	378	384	409	391	95.6
第一产业增加值	亿元	2807	3057	3454	3668	106.2

注:沿海开放县包括天津市、河北省、辽宁省、上海市、江苏省、浙江省、福建省、山东省、广东省、广西自治区、海南省等 11 个省、区、市的 198 个县(市)。

14—1—11 粮食生产大县农村经济情况

指　　标	单位	2000 年	2003 年	2004 年	2005 年	2005 年为 2004 年%
县个数	个	453	453	453	453	100.0
年末总人口	万人	32281	32555	32399	32381	99.9
其中:乡村人口	万人	27278	27440	27307	27211	99.6
乡村从业人员数	万人	14122	14343	14416	14503	100.6
农业机械总动力	万千瓦	16782	19123	20062	21598	107.7
有效灌溉面积	千公顷	17401	17304	17531	18036	102.9
化肥使用量(折纯量)	万吨	1429	1517	1556	1619	104.1
农村用电量	亿千瓦时	697	994	1110	1261	113.6
农作物总播种面积	千公顷	48820	47214	49251	50362	102.3
粮食作物播种面积	千公顷	34734	31941	34993	36347	103.9
粮食总产量	万吨	17454	15918	19618	20603	105.0
棉花播种面积	千公顷	597	778	812	676	83.3
棉花产量	万吨	61	64	87	71	81.0
油料播种面积	千公顷	5338	5324	4981	4993	100.2
油料产量	万吨	1067	1008	1133	1133	99.9
第一产业增加值	亿元	5101	5752	6781	7397	109.1

注:粮食生产大县包括除西藏自治区以外的 30 个省、区、市的 453 个县(市、旗)。

14—2—1 西部大开发12省(区、市)农村基层组织和乡村从业人员

指　　标	单位	1990年	1995年	2000年	2004年	2005年
一、农村基层组织						
乡镇个数	个	23472	18804	18089	16059	15227
乡个数	个	20678	13814	11966	6571	9488
镇个数	个	2794	4990	6123	9488	6463
村民委员会个数	个	216788	217093	215024	190301	186207
二、乡村户数和人口						
乡村户数	万户	6329.0	6711.2	7030.5	7252.3	7309.4
乡村人口数	万人	26707.2	27434.7	27992.3	28397.9	28523.2
三、乡村从业人员	万人	12928.2	14075.7	14772.4	15368.3	15551.7
1.按性别分组						
男	万人	6738.7	7442.4	7821.6	8186.0	8290.4
女	万人	6189.5	6633.6	6950.8	7182.3	7261.3
2.按行业分组						
农林牧渔业	万人	11372.8	11397.4	11079.7	10610.7	10493.6
工业	万人	414.4	538.1	550.4	713.9	786.0
建筑业	万人	287.5	468.4	622.4	824.7	892.3
交通运输、仓储及邮电通讯业	万人	119.0	191.2	247.8	310.7	326.7
批发零售贸易、餐饮业	万人	146.6	244.3	374.8	583.5	634.8
其他非农行业	万人	587.9	1236.9	1897.3	2324.9	2418.3

注:西部大开发12省(区、市)包括内蒙古自治区、广西壮族自治区、重庆市、四川省、贵州省、云南省、西藏自治区、陕西省、甘肃省、青海省、宁夏回族自治区、新疆维吾尔自治区。

14—2—2　西部大开发12省(区、市)农业机械拥有量

指　　标	单位	1990年	1995年	1999年	2000年	2004年	2005年
农用机械总动力合计	万千瓦	5906.2	7534.3	10106.9	10706.6	13448.0	14509.7
大中型拖拉机	万混合台	20.3	16.3	19.1	19.4	27.1	35.2
	万千瓦	727.2	630.3	700.7	720.1	896.6	1100.4
小型拖拉机	万台	152.3	192.8	233.4	234.5	270.5	271.5
	万千瓦	1469.4	1913.2	2415.0	2443.1	2826.9	2918.7
大中型拖拉机配套农具	万部	20.0	22.6	29.0	30.2	39.7	46.8
小型拖拉机配套农具	万部	108.9	165.2	238.2	253.0	330.1	350.1
农用排灌柴油机	万台	38.6	48.3	77.3	84.5	110.5	122.8
	万千瓦	306.6	345.6	513.9	542.4	741.1	790.5
农用排灌电动机	万台	44.6	54.7	84.5	89.8	130.0	144.8
	万千瓦	580.6	632.8	733.4	759.1	861.0	932.5
农用水泵	万台	78.0	97.9	139.5	164.9	248.6	264.6
喷滴管灌机械	万套	2.4	2.8		7.1	9.4	9.9
联合收割机	万台	0.8	1.2	2.2	2.5	3.6	4.0
	万千瓦	38.0	53.8	89.8	98.9	135.3	156.0
机动收割机	万台	0.2	0.1	0.4	0.6		
	万千瓦	4.0	1.7	2.1	2.6		
机动脱粒机	万台	34.7	56.9	101.5	115.7	179.2	210.7
农用载重汽车	万辆	14.3	19.2	22.8	22.5		
	万千瓦	1102.2	1573.0	1889.8	1842.3		
农用运输车	万辆	5.3	13.9	30.3	39.1		

14—2—3 西部大开发12省(区、市)农村电力和农田水利建设情况

指　　标	单位	1990年	1995年	1999年	2000年	2004年	2005年
一、乡村办水电站	个	4897	15320	11045	10381	6786	6249
装机容量	万千瓦	102.5	161.7	177.1	179.5	213.8	238.0
发电量	亿千瓦		48.4	61.9	63.5	77.3	90.2
二、农村用电量	亿千瓦小时	145.7	237.6	308.0	331.4	446.6	462.8
三、农田水利建设情况							
有效灌溉面积	千公顷	12685.9	13639.3	14824.5	15174.6	15581.3	15841.5
旱涝保收面积	千公顷	8865.1	9371.5	10072.3	10255.9	10519.6	10696.7
机电排灌面积	千公顷	3558.1	4503.6	5227.9	5348.2	5445.7	5740.2

14—2—4 西部大开发12省(区、市)农用化肥、农膜、柴油和农药使用量

指　　标	单位	1990年	1995年	1999年	2000年	2004年	2005年
一、化肥施用量							
(按折纯法计算)	万吨	570.8	825.4	983.4	1008.6	1155.7	1210.1
氮肥	万吨	371.1	472.4	539.0	541.0	584.7	601.9
磷肥	万吨	105.5	161.2	176.7	182.6	196.1	206.4
钾肥	万吨	28.8	54.3	74.4	79.6	105.6	113.1
复合肥	万吨	65.4	137.8	187.1	205.4	261.9	288.3
二、农用塑料薄膜使用量	吨		219243	375940	396198	476750	505467
# 地膜使用量	吨		167323	292663	304539	350305	364878
地膜覆盖面积	千公顷		2573.7	4824.4	4983.7	5202.2	5526.4
三、农用柴油使用量	万吨		253.2	265.9	288.2	318.0	344.2
四、农药使用量	万吨		15.4	20.1	20.5	21.8	23.4

14—2—5 西部大开发12省(区、市)自然灾害情况

指　　标	单位	1990年	1995年	1999年	2000年	2004年	2005年
一、受灾面积	千公顷	11692.0	14531.0	17504.5	15773.0	10405.8	12786.1
旱灾	千公顷	7209.3	8552.0	10869.0	11225.0	6167.7	8248.3
水灾	千公顷	2174.0	3182.0	2871.5	2509.0	3021.6	3119.9
风雹灾	千公顷	1560.7	1487.0	1321.0	1104.0	1780.1	1119.0
霜冻灾	千公顷	748.0	964.0	2437.0	935.0	2133.3	750.3
二、成灾面积	千公顷	5484.0	7680.0	9213.7	9358.0	6846.1	7211.2
旱灾	千公顷	3350.7	4573.0	5864.0	7032.0	3761.8	4621.3
水灾	千公顷	1080.0	1793.0	1534.1	1492.0	1460.8	1728.8
风雹灾	千公顷	652.0	755.0	734.0	536.0	732.4	601.7
霜冻灾	千公顷		496.0	1077.0	298.0	891.1	233.3
三、成灾面积占受灾							
面积的比重	%	46.9	52.9	52.6	59.3	65.8	56.4

14—2—6　西部大开发12省(区、市)农作物播种面积及构成

单位:千公顷

指　　标	1990年	1995年	1999年	2000年	2004年	2005年
农作物总播种面积	43507.7	45890.4	49540.6	49345.9	48923.7	49957.8
一、粮食作物	33668.5	33920.3	35891.3	34528.8	32179.7	32806.6
1.谷物		26225.8	27032.9	25756.1	23240.0	23665.8
稻谷	7823.5	7467.6	7430.3	7452.3	7335.6	7345.0
小麦	9302.8	9019.6	8834.5	7999.1	6133.5	6320.7
玉米	6458.5	6678.5	8185.6	7542.1	7958.6	8231.3
谷子	603.5	400.1	414.8	320.8	238.0	223.4
高粱	318.2	292.6	288.0	257.3	199.2	185.8
2.豆类		3407.1	3771.8	3617.6	3782.8	3827.7
♯大豆	1333.0	1593.2	1922.0	1960.1	2044.4	2093.7
杂豆		1813.9	1849.7	1657.6	1738.4	1734.0
3.薯类	3743.9	4287.6	5086.6	5155.0	5156.9	5313.1
♯马铃薯	1847.9	2181.3	2843.9	2920.0	3169.4	3471.8
二、油料作物	3300.3	3687.7	4059.9	4410.4	4187.0	4212.0
♯花生	415.1	496.3	576.9	652.0	681.5	691.6
油菜籽	1820.0	2132.3	2262.1	2520.9	2542.6	2576.5
芝　麻	39.9	38.6	47.5	61.7	48.0	41.6
胡麻籽	500.4	443.6	379.7	323.0	295.3	272.1
向日葵籽	312.5	404.1	609.6	609.2	487.7	536.2
三、棉花	682.8	981.1	1156.7	1154.3	1332.2	1328.0
四、麻类	102.1	85.0	53.9	55.2	114.2	131.1
♯黄红麻	56.9	34.4	15.0	12.7	7.1	7.3
五、糖料	693.9	932.0	1056.0	945.4	1155.8	1164.6
甘蔗	492.6	673.5	887.5	818.8	1054.4	1051.6
甜菜	201.3	258.8	168.5	126.6	101.4	113.0
六、烟叶	761.7	942.8	790.7	814.4	757.6	823.3
♯ 烤烟	631.1	856.6	703.6	719.6	687.5	755.8
七、药材	59.4	119.2	165.8	256.2	557.0	528.3
八、蔬菜、瓜类	1766.7	2538.1	3440.4	3929.9	4722.8	4986.9
九、其他农作物	2039.4	2684.5	2925.9	3252.5	3917.4	3977.0

14—2—6续表　　（以农作物总播种面积为100）　　单位:%

指　　标	1990年	1995年	1999年	2000年	2004年	2005年
农作物总播种面积	100.0	100.0	100.0	100.0	100.0	100.0
一、粮食作物	77.4	73.9	72.4	70.0	65.8	65.7
1.谷物		57.1	54.6	52.2	47.5	47.4
稻谷	18.0	16.3	15.0	15.1	15.0	14.7
小麦	21.4	19.7	17.8	16.2	12.5	12.7
玉米	14.8	14.6	16.5	15.3	16.3	16.5
谷子	1.4	0.9	0.8	0.7	0.5	0.4
高粱	0.7	0.6	0.6	0.5	0.4	0.4
2.豆类		7.4	7.6	7.3	7.7	7.7
#大豆	3.1	3.5	3.9	4.0	4.2	4.2
杂豆		4.0	3.7	3.4	3.6	3.5
3.薯类	8.6	9.3	10.3	10.4	10.5	10.6
#马铃薯	4.2	4.8	5.7	5.9	6.5	6.9
二、油料作物	7.6	8.0	8.2	8.9	8.6	8.4
#花　生	1.0	1.1	1.2	1.3	1.4	1.4
油菜籽	4.2	4.6	4.6	5.1	5.2	5.2
芝　麻	0.1	0.1	0.1	0.1	0.1	0.1
胡麻籽	1.2	1.0	0.8	0.7	0.6	0.5
向日葵籽	0.7	0.9	1.2	1.2	1.0	1.1
三、棉花	1.6	2.1	2.3	2.3	2.7	2.7
四、麻类	0.2	0.2	0.1	0.1	0.2	0.3
#黄红麻	0.1	0.1	0.0	0.0	0.0	0.0
五、糖料	1.6	2.0	2.1	1.9	2.4	2.3
甘蔗	1.1	1.5	1.8	1.7	2.2	2.1
甜菜	0.5	0.6	0.3	0.3	0.2	0.2
六、烟叶	1.8	2.1	1.6	1.7	1.5	1.6
#烤烟	1.5	1.9	1.4	1.5	1.4	1.5
七、药材	0.1	0.3	0.3	0.5	1.1	1.1
八、蔬菜、瓜类	4.1	5.5	6.9	8.0	9.7	10.0
九、其他农作物	4.7	5.8	5.9	6.6	8.0	8.0

14—2—7 西部大开发12省(区、市)主要农作物产量

单位:万吨

指　　标	1990年	1995年	1999年	2000年	2004年	2005年
一、粮食作物	11168.3	11729.9	13375.9	12896.3	12971.3	13438.7
1.谷物		10135.3	11479.5	10920.3	10705.5	11131.7
稻谷	4506.9	4498.0	4783.2	4735.7	4506.7	4586.3
小麦	2512.2	2463.0	2516.0	2307.1	1983.9	2037.8
玉米	2372.9	2589.8	3661.3	3351.1	3802.9	4094.6
谷子	87.3	38.1	51.6	34.3	32.2	35.7
高粱	99.3	82.7	88.0	70.0	63.9	66.9
2.豆类		437.4	489.8	460.0	553.6	618.2
#大豆	166.6	187.2	242.8	250.4	305.9	330.7
杂豆		250.2	247.0	209.6	247.7	287.4
3.薯类	854.4	1157.3	1406.6	1516.0	1712.3	1688.9
#马铃薯	370.2	560.9	680.3	811.6	1008.6	990.9
二、油料作物	433.3	508.6	598.5	671.3	733.3	766.3
#花　生	64.0	84.8	112.4	134.6	145.0	149.8
油菜籽	239.6	296.4	314.3	366.5	434.9	444.6
芝　麻	2.1	2.4	3.8	5.4	4.8	4.3
胡麻籽	41.3	28.1	33.8	27.7	33.2	30.1
向日葵籽	67.0	83.9	116.6	116.5	98.4	124.1
三、棉花	67.1	117.1	149.8	160.5	201.8	209.1
四、麻类	17.0	12.9	9.4	10.5	38.8	44.9
#黄红麻	10.9	5.7	2.8	2.3	1.5	1.5
五、糖料	3013.1	4528.1	5551.8	5047.5	7373.6	7355.3
甘蔗	2423.7	3818.4	4972.9	5600.9	6916.3	6782.5
甜菜	589.4	709.7	578.8	446.6	457.4	572.8
六、烟叶	117.7	143.3	136.0	142.8	139.6	158.0
#烤烟	99.9	131.5	121.4	126.6	126.2	144.7
七、茶叶	13.8	16.5	18.6	19.1	25.0	29.1
八、水果	462.9	1070.3	1602.6	1613.4	3322.8	3664.9

14—2—8 西部大开发12省(区、市)主要农作物单位面积产量

单位:公斤/公顷

指　　标	1990年	1995年	1999年	2000年	2004年	2005年
一、粮食作物	3317.1	3458.1	3726.8	3734.9	4030.9	4096.3
1.谷物		3864.6	4246.5	4239.9	4606.5	4703.7
稻谷	5760.7	6023.4	6437.5	6354.7	6143.6	6244.1
小麦	2700.5	2730.7	2847.9	2884.2	3234.5	3224.0
玉米	3674.1	3877.8	4472.9	4443.2	4778.3	4974.5
谷子	1446.5	952.3	1244.7	1068.4	1354.2	1596.6
高粱	3120.7	2826.4	3056.0	2719.4	3206.5	3600.6
2.豆类		1283.8	1298.5	1271.7	1463.3	1614.9
＃大豆	1249.8	1175.0	1263.3	1277.6	1496.1	1579.5
杂豆		1379.3	1335.1	1264.6	1424.9	1657.7
3.薯类	2282.1	2699.2	2765.4	2940.8	3320.3	3178.7
＃马铃薯	2003.4	2571.4	2392.1	2779.4	3182.2	2854.1
二、油料作物	1313.0	1379.1	1474.1	1522.0	1751.4	1819.3
＃花　生	1543.1	1709.2	1949.2	2063.7	2127.7	2165.8
油菜籽	1316.4	1389.9	1389.3	1454.0	1710.5	1725.8
芝　麻	538.0	615.4	806.0	886.3	1000.3	1045.1
胡麻籽	825.0	634.1	889.6	857.4	1124.6	1106.7
向日葵籽	2142.7	2076.9	1912.2	1912.8	2016.9	2314.5
三、棉花	982.6	1193.5	1294.9	1390.2	1514.7	1574.3
四、麻类	1669.7	1520.1	1752.8	1902.1	3400.1	3422.3
＃黄红麻	1916.5	1654.3	1867.9	1840.0	2050.7	1982.6
五、糖料	43425.3	48584.8	52574.1	53392.3	63797.2	63157.6
甘蔗	49202.2	56695.1	56031.9	56192.8	65592.6	64494.7
甜菜	29286.2	27422.1	34358.3	35276.4	45123.2	50709.6
六、烟叶	1544.7	1520.0	1719.9	1753.4	1843.0	1918.7
＃烤烟	1583.4	1535.1	1725.8	1759.4	1835.5	1914.3

14—2—9　西部大开发12省(区、市)林业生产情况

单位：千公顷、吨

指　　标	1990年	1995年	2000年	2003年	2004年	2005年
一、营林情况						
1. 当年造林面积	2144.9	2183.7	2849.0	5173.8	3062.8	1985.1
按造林方式分：						
当年人工造林面积	1761.5	1894.0	2342.7	4680.3	2619.9	1640.3
当年飞机播种面积	383.4	289.7	506.3	493.4	443.0	344.9
按用途分：						
用材林	1262.0	785.9	540.3	412.9	268.4	208.5
经济林	278.3	710.1	711.5	369.4	193.3	154.3
防护林	500.5	623.8	1549.2	4394.3	2568.0	1612.9
薪炭林	88.5	60.1	40.6	12.6	31.8	7.8
特种用材林	15.7	4.1	7.4	1.4	1.5	1.7
2. 迹地更新面积	160.5	173.4	422.4	84.8	83.9	111.3
3. 零星(四旁)植树	155269	124739	101350	139064.3	89720.0	64863.0
4. 育苗面积	55.1	49.8	79.8	111.3	80.9	72.1
5. 幼林抚育作业面积	3634.1	3953.7	3370.0	5583.4	6369.0	7839.4
6. 成林抚育面积	1173.2	2281.6	2399.7	2429.7	2951.2	3203.4
二、主要林产品产量						
生　漆	2076	2332	3786	4588	5496	4430
油桐籽	248892	294051	298754	249301	241565	224397
油茶籽	73923	103202	137637	120745	136220	137138
乌桕籽	16729	14959	9698	13184	8158	8493
五倍籽	3989	7977	4854	6124	7624	7235
棕　片	21170	30428	29879	19878	31424	28068
松　脂	184434	286008	278360	341718	370430	394419
竹笋片	9402	19771	34752	60439	80684	102095
核　桃	94811	139110	179831	253577	268399	287484
板　栗	16919	38062	75498	104315	117947	132621
紫胶(原胶)	798	2031	759	1349	1383	1333
三、村及村以下竹木采伐						
木材(万立方米)	1155.4	1244.5	835.1	782.5	1237.8	1304.1
竹材(万根)	35230.9	34864.0	61035.0	77428.6	44866.5	37724.5

14—2—10 西部大开发12省(区、市)畜牧业生产情况

指　　标	单位	1999年	2000年	2002年	2003年	2004年	2005年
一、牲畜出栏量							
1.大牲畜出栏							
牛	万头	1071.1	1171.0	1295.3	1428.7	1579.8	1728.8
马	万头	67.6	74.4	75.3	78.3	81.8	82.9
驴	万头	65.6	68.1	77.2	79.2	86.0	78.1
骡	万头	14.4	16.5	17.8	19.3	19.7	18.3
骆驼	万头	6.7	6.7	6.9	6.5	6.6	6.5
2.猪	万头	15371.9	16111.1	16859.9	17202.4	17833.8	19393.4
3.羊	万只	7228.5	7890.7	8945.1	10314.1	11717.8	13177.1
4.家禽	万只	120780.6	136585.6	109109.5	118768.7	126901.79	146030.0
5.兔	万只	6845.0	8226.0	10863	12834.1	14717.6	16924.6
二、肉类总产量	万吨	1639.2	1737.5	1806.0	1882.4	1991.6	2171.6
#猪牛羊肉产量	万吨	1434.7	1504.0	1594.5	1660.9	1748.9	1900.9
猪肉产量	万吨	1194.0	1239.4	1300.5	1327.4	1370.1	1477.5
牛肉产量	万吨	123.0	135.7	148.5	167.1	184.2	203.3
羊肉产量	万吨	117.7	128.8	145.5	166.4	194.5	220.1
禽肉产量	万吨	183.3	207.0	175.6	180.2	197.1	222.3
兔肉产量	万吨	9.2	11.1	15.3	18.0	20.5	23.4
三、其他畜产品产量							
奶类产量	万吨	320.1	356.7	521.1	735.5	988.8	1249.4
#牛奶产量	万吨	281.0	315.7	472.9	681.2	938.4	1197.7
山羊毛产量	吨	11718	12955	14792	15685	16999	18223
绵羊毛产量	吨	182044	183782	189293	208624	237855	253942
#细羊毛	吨	74101	74432	71584	76085	85510	86535
半细羊毛	吨	35706	38780	44654	48646	52876	56100
羊绒产量	吨	6984	7138	8177	9260	9825	10402
蜂蜜产量	万吨	5.0	5.1	6.0	6.6	6.8	7.2
禽蛋产量	万吨	244.4	264.9	308.5	338.3	359.7	388.2

14—2—11　西部大开发12省(区、市)牲畜年末存栏量

指　　标	单位	1997年	2000年	2002年	2003年	2004年	2005年
一、大牲畜头数	万头	6814.4	7070.6	7120.3	7326.1	7529.3	3158.5
1.牛	万头	5489.9	5770.4	5879.4	6099.0	6317.3	6651.6
黄牛	万头	3716.9	3865.6	3900.3	3956.4	4082.5	4158.1
水牛	万头	1161.2	1223.6	1235.2	1212.7	1226.8	1218.5
2.马	万头	595.1	583.7	555.4	551.3	546.7	541.5
3.驴	万头	450.7	445.5	427.9	424.3	420.0	419.6
4.骡	万头	237.5	238.5	231.2	225.1	219.1	219.2
5.骆驼	万头	35.0	32.6	26.4	26.5	26.2	26.6
二、猪	万头	14788.5	16322.7	16953.9	16786.1	17222.7	17730.1
三、羊	万只	14797.0	15699.6	16739.7	17746.4	19218.9	19778.1
山羊	万只	5692.9	6081.2	6950.0	6925.0	7356.6	7604.5
绵羊	万只	9104.1	9618.4	10149.7	10821.4	11862.4	12173.7
四、家禽	万只	50701.6	63932.1	69815.8	87921.8	93663.0	99470.5

14—2—12　西部大开发12省(区、市)渔业生产情况

指　　标	单位	1990年	1995年	2000年	2003年	2004年	2005年
一、水产品总产量	吨	716131	1730062	3587609	4191794	4389423	4718556
1. 按海水、内陆分							
海水产品产量	吨	202672	645706	1594505	1687366	1658050	1739581
内陆水产品产量	吨	513459	1084356	1993104	2504428	2731373	2978975
2.按生产性质分							
捕捞产量	吨	283759	632198	1100582	1104572	1067395	1130022
养殖产量	吨	432372	1097864	2487027	3087222	3322028	3588534
3.按品种分							
鱼类	吨	673010	1459932	2509894	3033532	3166273	3456836
虾蟹类	吨	30234	81959	197308	229891	259355	300065
贝类	吨	12286	178552	820903	869518	864506	877076
藻类	吨	7	110	15	628	689	173
其它类	吨	594	9509	59489	58235	98600	83893
二、水产养殖面积	千公顷	602.2	723.9	823.3	906.1	931.3	966.6
1.海水养殖面积	千公顷	5.4	41.0	61.4	62.3	61.9	62.0
浅海养殖	千公顷		16.4	16.5		18.0	17.4
港湾养殖	千公顷		4.0	3.4		34.1	31.5
滩涂养殖	千公顷		20.6	41.5		9.9	13.1
2.内陆养殖面积	千公顷	596.8	682.9	761.9	843.8	869.4	904.6
池塘养殖	千公顷		226.2	262.2	272.6	273.1	278.7
湖泊养殖	千公顷		88.4	102.7	101.9	103.0	108.4
河沟养殖	千公顷		21.9	35.9	51.8	58.1	58.3
水库养殖	千公顷		340.2	354.1	406.9	421.8	444.9
其他养殖	千公顷		6.2	7.0	10.6	13.5	14.3
3.稻田养殖	千公顷		561.7	577.8	665.7	693.4	699.4

14—2—13　西部大开发12省(区、市)按人口平均的主要农产品产量

单位:公斤/人

指　　标	1990年	1995年	1999年	2000年	2004年	2005年
一、粮食作物	348.0	342.1	374.8	363.0	350.3	374.7
(一)谷物		295.6	321.7	307.3	289.1	310.4
＃稻谷	140.4	131.2	134.0	133.3	121.7	127.9
小麦	78.3	71.8	70.5	64.9	53.6	56.8
玉米	73.9	75.5	102.6	94.3	102.7	114.2
谷子	2.7	1.1	1.4	1.0	0.9	1.0
高粱	3.1	2.4	2.5	2.0	1.7	1.9
(二)豆类		12.8	13.7	12.9	15.0	17.2
＃大豆	5.2	5.5	6.8	7.0	8.3	9.2
杂豆		7.3	6.9	5.9	6.7	8.0
(三)薯类	26.6	33.8	39.4	42.7	46.2	47.1
＃马铃薯	11.5	16.4	19.1	22.8	27.2	27.6
二、油料作物	13.5	14.8	16.8	18.9	19.8	21.4
＃花　生	2.0	2.5	3.2	3.8	3.9	4.2
油菜籽	7.5	8.6	8.8	10.3	11.7	12.4
芝　麻	0.1	0.1	0.1	0.2	0.1	0.1
胡麻籽	1.3	0.8	0.9	0.8	0.9	0.8
向日葵籽	2.1	2.4	3.3	3.3	2.7	3.5
三、棉花	2.1	3.4	4.2	4.5	5.5	5.8
四、麻类	0.5	0.4	0.3	0.3	1.0	1.3
＃黄红麻	0.3	0.2	0.1	0.1	0.0	0.0
五、糖料	93.9	132.1	155.6	142.1	199.2	205.1
(一)甘蔗	75.5	111.4	139.3	157.6	186.8	189.1
(二)甜菜	18.4	20.7	16.2	12.6	12.4	16.0
六、水果	14.4	31.2	44.9	45.4	89.7	102.2
七、烟叶	3.7	4.2	3.8	4.0	3.8	4.4
＃烤烟	3.1	3.8	3.4	3.6	3.4	4.0

14—2—14　西部大开发12省(区、市)按人口平均的畜产品、水产品产量

单位:公斤/人

指　　标	1990年	1995年	2000年	2003年	2004年	2005年
一、猪牛羊肉产量	37.3	39.2	41.5	45.1	47.2	53.0
猪肉	31.4	32.8	34.6	36.1	37.0	41.2
牛肉	3.1	3.3	3.6	4.5	5.0	5.7
羊肉	2.8	3.1	3.4	4.5	5.3	6.1
二、奶类产量	7.5	8.5	9.3	20.0	26.7	34.8
＃牛奶产量	6.5	7.4	8.1	18.5	25.3	33.4
三、禽蛋产量	6.3	6.4	7.1	9.2	9.7	10.8
四、水产品产量	8	9.0	10.4	11.4	11.8	13.2
鱼类	5.7	6.3	7.3	7.6	8.6	9.6
虾蟹类	0.4	0.5	0.6	0.6	0.7	0.8

14－2－15　西部大开发12省(区、市)农林牧渔业总产值及构成

(按当年价计算)

指　　标	1995年	2000年	2002年	2003年	2004年	2005年
一、绝对数(亿元)						
农林牧渔业总产值合计	4690.6	5753.0	5970.6	7099.4	8654.9	9571.8
#农业	2890.8	3478.8	3525.3	3823.1	4582.1	5048.6
林业	177.4	242.8	238.8	350.3	365.5	394.4
牧业	1516.5	1848.9	2012.7	2507.5	3239.6	3609.1
渔业	105.9	182.5	193.8	226.1	267.0	300.5
二、构成(%)						
(以农林牧渔业合计为100)	100.00	100.00	100.00	100.00	100.00	100.00
#农业	61.63	60.47	59.04	55.35	52.94	52.75
林业	3.78	4.22	4.00	5.07	4.22	4.12
牧业	32.33	32.14	33.71	36.30	37.43	37.71
渔业	2.26	3.17	3.25	3.27	3.08	3.14
三、占全国的比重(%)						
农林牧渔业总产值合计	23.06	23.10	23.15	23.91	23.88	24.26
#农业	24.32	25.10	24.63	25.71	25.26	25.74
林业	24.10	25.90	26.03	28.26	27.54	27.67
牧业	24.68	25.00	25.91	26.29	26.61	27.11
渔业	6.22	6.73	6.88	7.21	7.40	7.48

注：自2003年起农林牧渔业总产值执行新国民经济行业分类标准，包括农林牧渔服务业产值。

14—2—16 西部大开发12省(区、市)农林牧渔业中间消耗及构成

(按当年价格计算)

指 标	1995年	2000年	2002年	2003年	2004年	2005年
一、绝对数(亿元)						
农林牧渔业合计	1728.4	2081.3	2316.4	2619.0	3230.2	3610.9
#农业	937.2	1148.8	1216.6	1222.5	1462.8	1640.1
林业	44.2	64.6	79.5	107.0	107.0	112.5
牧业	716.4	813.7	959.4	1130.5	1482.6	1661.0
渔业	30.6	54.3	60.8	67.6	82.1	92.1
二、构成(%)						
(以农林牧渔业合计为100)	100.00	100.00	100.00	100.00	100.00	100.00
#农业	54.22	55.20	52.52	46.68	45.29	45.42
林业	2.56	3.10	3.43	4.09	3.31	3.11
牧业	41.45	39.10	41.42	43.17	45.90	46.00
渔业	1.77	2.60	2.62	2.58	2.54	2.55

14—2—17 西部大开发12省(区、市)农林牧渔业增加值及构成

(按当年价格计算)

指 标	1995年	2000年	2002年	2003年	2004年	2005年
一、绝对数(亿元)						
农林牧渔业合计	2962.17	3671.6	3798.2	4480.5	5424.7	5960.8
#农业	1953.57	2330.1	2353.3	2600.6	3119.3	3408.5
林业	133.21	178.2	175.1	243.3	258.5	282.0
牧业	800.05	1035.2	1133.6	1377.0	1757.0	1948.1
渔业	75.34	128.1	136.3	158.5	184.9	208.4
二、构成(%)						
(以农林牧渔业合计为100)	100.00	100.00	100.00	100.00	100.00	100.00
#农业	65.95	63.46	61.96	58.04	57.50	57.18
林业	4.50	4.86	4.61	5.43	4.77	4.73
牧业	27.01	28.19	29.84	30.73	32.39	32.68
渔业	2.54	3.49	3.59	3.54	3.41	3.50

14—2—18 西部大开发12省(区、市)农村住户基本情况

指　标	单位	1990年	1995年	2000年	2004年	2005年
调查户常住人口	人/户	5.10	4.80	4.49	4.34	4.32
#整、半劳动力人数	人/户	3.02	2.99	2.83	2.88	2.86
劳动力负担人口	人/劳动力	1.69	1.61	1.59	1.51	1.51
劳动力文化状况：						
不识字或识字很少	人/百劳动力	28.63	20.21	13.97	12.19	10.42
小学程度	人/百劳动力	39.67	39.43	37.57	35.1	33.42
初中程度	人/百劳动力	26.34	33.20	39.69	43.04	45.92
高中程度	人/百劳动力	5.00	6.47	7.08	7.72	7.78
中专程度	人/百劳动力	0.32	0.59	1.36	1.47	1.82
大专及大专以上	人/百劳动力	0.04	0.10	0.33	0.48	0.64
年内新建房屋面积	平方米/人	0.57	0.67	0.78	0.51	0.69
年内新建房屋造价	元/平方米	57.39	158.57	208.81	254.54	278.13
年末住房面积	平方米/人	15.37	18.29	21.62	24.11	25.70
#砖木结构面积	平方米/人	4.29	6.12	8.30	9.21	9.57
年末住房价值	元/平方米	25.32	57.13	130.46	155.30	179.18
经营耕地面积	亩/人	2.42	2.54	2.23	2.20	2.29
经营山地面积	亩/人	0.49	0.62	0.38	0.23	0.37
农产品出售量：						
粮食	公斤/人	107.81	107.13	158.06	169.00	212.35
棉花	公斤/人	2.17	4.63	8.11	19.50	19.55
油料	公斤/人	16.44	11.94	18.12	18.31	20.39
糖料	公斤/人	101.01	105.75	172.30	214.59	187.41
蔬菜及制品	公斤/人	57.68	61.38	97.80	108.35	134.06
水果	公斤/人	11.13	21.22	38.26	47.72	59.75
猪肉	公斤/人	15.21	24.17	27.07	27.51	31.86
牛羊肉	公斤/人	2.27	2.11	7.21	9.27	10.95
奶及奶制品	公斤/人	2.19	3.12	5.00	12.73	19.11
家禽	公斤/人	1.88	2.06	2.40	3.74	4.25
禽蛋	公斤/人	1.40	1.64	3.33	2.63	3.54

14—2—19 西部大开发12省(区、市)农村居民收入及构成

指　　标	1990年	1995年	2000年	2004年	2005年
一、总收入(元/人)	810.9	1789.3	2496.4	3196.0	3646.0
工资性收入	70.5	149.4	390.9	590.4	674.5
家庭经营收入	709.0	1554.2	1976.0	2446.8	2770.9
财产性收入		29.6	31.2	43.8	49.3
转移性收入	31.4	56.2	98.3	115.0	151.3
二、纯收入(元/人)	552.7	1116.8	1661.0	2157.9	2378.9
工资性收入	70.5	149.4	390.9	590.4	674.5
家庭经营收入	457.5	889.6	1182.4	1434.0	1537.8
财产性收入		29.6	31.2	43.8	49.3
转移性收入	24.7	48.3	56.4	89.7	117.3
三、现金收入(元/人)	494.7	1147.5	1722.5	2334.9	2806.9
工资性收入	70.2	149.1	390.3	588.8	673.8
家庭经营收入	373.4	891.8	1210.6	1605.6	1947.0
财产性收入		35.0	26.2	34.5	39.5
转移性收入	51.1	71.6	95.4	105.9	146.6
一、总收入构成(%)	100.0	100.0	100.0	100.0	100.0
工资性收入	8.7	8.3	15.7	18.5	18.5
家庭经营收入	87.4	86.9	79.2	76.6	76.0
财产性收入		1.7	1.3	1.4	1.4
转移性收入	3.9	3.1	3.9	3.6	4.2
二、纯收入构成(%)	100.0	100.0	100.0	100.0	100.0
工资性收入	12.8	13.4	23.5	27.4	28.4
家庭经营收入	82.7	79.7	71.2	66.5	64.6
财产性收入		2.6	1.9	2.0	2.1
转移性收入	4.5	4.3	3.4	4.2	4.9
三、现金收入构成(%)	100.0	100.0	100.0	100.0	100.0
工资性收入	14.2	13.0	22.7	25.2	24.0
家庭经营收入	75.5	77.7	70.3	68.8	69.4
财产性收入		3.1	1.5	1.5	1.4
转移性收入	10.3	6.2	5.5	4.5	5.2

14—2—20 西部大开发12省(区、市)农村居民支出及构成

指　　标	1990年	1995年	2000年	2004年	2005年
一、总支出(元/人)	742.33	1745.51	2211.35	2884.87	3447.80
家庭经营费用支出	210.39	564.32	643.59	884.74	1111.88
购置生产性固定资产支出	20.58	62.60	63.64	112.90	134.79
建造生产性固定资产雇工支出				1.18	1.38
税费支出	23.01	59.01	79.45	33.31	7.25
生活消费支出	475.17	1022.95	1325.85	1732.70	2022.88
财产性和转移性支出	13.18	36.63	98.82	120.04	169.63
二、现金支出(元/人)	461.86	1144.43	1621.29	2180.96	2709.74
家庭经营费用支出	126.65	385.96	483.47	663.90	876.40
购买生产性固定资产支出	20.66	62.60	63.64	112.90	134.79
建造生产性固定资产雇工支出				1.18	1.38
税费支出	20.74	52.52	74.40	32.39	7.00
生活消费现金支出	263.12	586.90	907.03	1251.76	1521.48
财产性和转移性支出	30.69	56.45	92.75	118.83	168.70
一、总支出构成(%)	100.0	100.0	100.0	100.0	100.0
家庭经营费用支出	28.3	32.3	29.1	30.7	32.2
购置生产性固定资产支出	2.8	3.6	2.9	3.9	3.9
建造生产性固定资产雇工支出					0.0
税费支出	3.1	3.4	3.6	1.2	0.2
生活消费支出	64.0	58.6	60.0	60.1	58.7
财产性和转移性支出	1.8	2.1	4.4	4.2	4.9
二、现金支出构成(%)	100.0	100.0	100.0	100.0	100.0
家庭经营费用支出	27.4	33.7	29.8	29.8	32.3
购买生产性固定资产支出	4.5	5.5	3.9	3.9	5.0
建造生产性固定资产雇工支出					0.1
税费支出	4.5	4.6	4.6	4.6	0.3
生活消费现金支出	57.0	51.3	55.9	55.9	56.1
财产性和转移性支出	6.6	4.9	5.7	5.7	6.2

14—2—21 西部大开发12省(区、市)农村居民生活消费支出

指　　标	1990年	1995年	2000年	2004年	2005年
生活消费支出(元/人)	475.17	1022.95	1325.85	1732.70	2022.88
一、食品支出	300.41	649.35	709.99	886.96	1007.17
二、衣着支出	37.64	67.75	73.93	91.36	112.76
三、居住支出	68.18	120.81	186.01	237.36	265.54
四、家庭设备、用品及服务支出	21.38	48.19	53.67	64.69	82.55
五、交通和通讯支出	6.53	20.47	53.47	131.22	167.54
六、文教娱乐用品及服务支出	23.73	70.25	144.76	186.93	216.46
七、医疗保健支出	14.07	32.36	67.83	104.9	134.64
八、其他商品及服务支出	3.24	13.78	36.19	29.28	36.21
生活消费支出构成(%)	100.0	100.0	100.0	100.0	100.0
一、食品支出	63.2	63.5	53.5	51.2	49.8
二、衣着支出	7.9	6.6	5.6	5.3	5.6
三、居住支出	14.3	11.8	14.0	13.7	13.1
四、家庭设备、用品及服务支出	4.5	4.7	4.0	3.7	4.1
五、交通和通讯支出	1.4	2.0	4.0	7.6	8.3
六、文教娱乐用品及服务支出	5.0	6.9	10.9	10.8	10.7
七、医疗保健支出	3.0	3.2	5.1	6.1	6.7
八、其他商品及服务支出	0.7	1.3	2.7	1.7	1.8

14—2—22 西部大开发12省(区、市)农村居民生活消费现金支出

单位:元/人

指　　标	1990年	1995年	2000年	2004年	2005年
生活消费现金支出	263.12	586.90	907.03	1251.76	1521.48
一、食品支出	106.24	239.67	314.19	432.02	532.98
二、衣着支出	37.63	67.10	73.59	90.49	111.88
三、居住支出	50.52	95.24	163.37	212.87	240.60
四、家庭设备、用品及服务支出	21.21	48.03	53.62	64.35	81.71
五、交通和通讯支出	6.52	20.47	53.47	131.22	167.54
六、文教娱乐用品及服务支出	23.70	70.25	144.76	186.93	216.46
七、医疗保健支出	14.06	32.36	67.83	104.90	134.64
八、其他商品及服务支出	3.22	13.78	36.19	28.98	35.67

14—2—23　西部大开发12省(区、市)农村居民主要食品消费量

单位:公斤/人

指　标	1990年	1995年	2000年	2004年	2005年
粮食	244.10	254.53	240.77	212.44	214.23
蔬菜	122.77	95.93	103.02	101.40	97.71
食用油	4.54	5.09	6.18	3.87	5.01
# 植物油	2.49	3.25	4.36	2.99	4.10
水果	5.98	9.62	14.79	11.51	10.61
猪肉	12.32	12.40	15.79	17.18	20.66
牛羊肉	1.51	1.27	2.09	2.53	2.77
奶及制品	3.11	1.55	2.30	3.01	3.97
家禽	0.96	1.25	1.98	2.52	3.05
蛋及制品	1.42	1.58	2.24	2.46	2.57
水产品	0.39	0.69	1.07	1.25	1.39
卷烟(盒/人)	20.99	20.94	21.13	19.24	22.26
食糖	1.50	1.06	1.20	1.12	1.18
酒	6.27	4.18	4.72	5.26	6.51
相当于全国平均水平(%)					
粮食	93.1	99.4	96.2	97.3	102.6
蔬菜	91.6	91.7	96.5	95.1	95.5
食用油	87.8	87.8	87.5	73.0	83.4
# 植物油	70.3	76.5	80.0	69.5	83.6
水果	101.5	73.9	80.8	67.7	88.2
猪肉	116.9	117.2	118.9	127.3	132.3
牛羊肉	188.8	178.9	171.3	194.6	188.2
奶及制品	288.0	242.2	217.0	150.5	138.6
家禽	76.2	68.3	70.5	81.3	83.3
蛋及制品	58.9	49.1	47.0	53.5	54.6
水产品	18.3	20.5	27.3	27.8	28.2
卷烟	75.0	85.1	88.6	89.1	89.1
食糖	74.0	81.5	93.8	101.8	104.6
酒	102.1	64.1	67.2	67.4	67.9

14—2—24　西部大开发12省(区、市)农村居民耐用消费品拥有量

(平均每百户)

指　标	1990年	1995年	2000年	2001年	2004年	2005年
自行车(辆)	79.81	131.71	77.20	76.01	74.80	57.94
电风扇(台)	12.87	39.15	64.97	68.98	79.77	89.16
洗衣机(台)	5.10	9.50	18.49	19.49	25.85	31.69
电冰箱(台)	0.08	0.92	4.63	5.08	7.72	10.55
摩托车(辆)	0.57	2.18	12.33	14.26	24.07	32.59
黑白电视机(台)	26.91	54.98	50.86	48.64	37.15	22.43
彩色电视机(台)	2.72	10.55	36.60	42.02	62.57	78.40
收录机(台)	15.83	27.21	25.14	24.90	22.51	13.45
照相机(架)	0.41	0.64	1.76	1.97	2.04	2.13

14—2—25 西部大开发12省(区、市)扶贫工作重点县基本情况及占全部扶贫工作重点县的比重

指标	单位	2000年	2003年	2004年	2005年
县个数	个	366	366	366	366
年末总人口	万人	11605	11810	11902	11982
行政区域土地面积	万平方公里				189
年末实有耕地面积	千公顷	13317	12312	11020	11390
农业机械总动力	万千瓦	2949	3669	3891	4228
农村用电量	亿千瓦时	65	74	80	90
第一产业增加值	亿元	1026	1216	1423	1570
农业	亿元	639	695	801	864
林业	亿元	71	96	97	104
牧业	亿元	303	384	471	542
渔业	亿元	14	16	20	22
农作物总播种面积	千公顷	18439	17658	18138	18447
粮食作物播种面积	千公顷	13770	12363	12690	12935
粮食总产量	万吨	4060	4164	4419	4457
棉花播种面积	千公顷	204	151	173	163
棉花产量	万吨	24	19	23	23
油料播种面积	千公顷	1413	1407	1442	1444
油料产量	万吨	155	183	206	208
糖料播种面积	千公顷	257	290	288	277
糖料产量	万吨	1115	1463	1519	1435
肉类总产量	万吨	530	640	698	770
奶类产量	万吨	64	134	198	268
水产品产量	万吨	23	32	35	39
普通中学专任教师数	万人	28	33	35	37
小学专任教师数	万人	59	60	60	60
普通中学在校学生数	万人	502	675	710	728
小学在校学生数	万人	1460	1388	1361	1319
医院、卫生院数	所	10508	8686	8388	8364
医院、卫生院床位数	床	153164	158212	160063	163293
医院、卫生院技术人员数	人	201185	192917	189466	188461
地方财政预算内收入	亿元	125	162	190	231
财政支出	亿元	387	694	833	1019
年末金融机构各项贷款余额	亿元	1781	2191	2351	2587

14—2—25 续表 单位:%

指　　标	2000 年	2003 年	2004 年	2005 年
县个数	62.9	62.9	62.9	62.9
年末总人口	53.6	53.6	53.7	53.6
行政区域土地面积				77.9
年末实有耕地面积	56.9	57.3	53.8	54.3
农业机械总动力	41.5	42.6	42.4	42.5
农村用电量	46.9	44.8	44.6	44.2
第一产业增加值	49.2	50.8	49.2	49.0
农业	50.6	53.2	49.8	49.0
林业	46.8	49.5	49.8	49.1
牧业	50.7	49.9	50.6	51.6
渔业	18.4	19.5	20.6	19.9
农作物总播种面积	54.6	54.7	54.3	54.1
粮食作物播种面积	56.2	56.0	54.6	54.2
粮食总产量	50.0	54.2	49.2	48.3
棉花播种面积	36.3	25.8	27.1	28.6
棉花产量	40.7	40.0	36.0	36.5
油料播种面积	40.6	42.1	44.6	43.6
油料产量	32.7	39.9	39.1	37.8
糖料播种面积	80.7	84.3	87.4	87.6
糖料产量	88.4	92.1	92.5	91.9
肉类总产量	50.9	52.5	53.4	54.4
奶类产量	70.4	60.5	62.8	63.8
水产品产量	15.4	19.0	19.5	19.8
普通中学专任教师数	47.9	49.6	49.2	50.8
小学专任教师数	53.5	54.7	55.1	55.6
普通中学在校学生数	45.8	49.5	50.1	51.0
小学在校学生数	55.9	56.5	57.6	57.8
医院、卫生院数	64.5	60.7	62.4	62.8
医院、卫生院床位数	52.0	52.9	53.3	53.6
医院、卫生院技术人员数	49.2	49.2	48.7	48.3
地方财政预算内收入	50.1	54.0	56.5	58.2
财政支出	58.6	59.5	59.3	58.5
年末金融机构各项贷款余额	46.5	47.9	48.6	50.3

14—2—26 西部大开发12省(区、市)牧区、半牧区县基本情况及占全部牧区、半牧区县的比重

指　　标	单位	2000年	2003年	2004年	2005年
县个数	个	228	228	228	228
年末总人口	万人	2828	2868	2887	2928
行政区域土地面积	万平方公里				527
年末实有耕地面积	千公顷	7486	6430	6215	6853
农业机械总动力	万千瓦	1607	1852	1999	2202
农村用电量	亿千瓦时	33	31	34	40
第一产业增加值	亿元	438	535	638	713
农业	亿元	238	268	319	358
林业	亿元	19	29	29	26
牧业	亿元	178	230	270	305
渔业	亿元	4	4	5	5
农作物总播种面积	千公顷	6669	6202	6660	6934
粮食作物播种面积	千公顷	4678	4159	4568	4692
粮食总产量	万吨	1326	1390	1601	1823
棉花播种面积	千公顷	183	150	175	185
棉花产量	万吨	29	26	30	33
油料播种面积	千公顷	902	677	634	625
油料产量	万吨	110	92	91	108
糖料播种面积	千公顷	69	54	46	46
糖料产量	万吨	282	248	206	230
肉类总产量	万吨	206	244	275	307
奶类产量	万吨	129	196	265	325
水产品产量	万吨	6	6	6	8
普通中学专任教师数	万人	9	10	10	10
小学专任教师数	万人	18	18	18	17
普通中学在校学生数	万人	122	171	156	158
小学在校学生数	万人	296	283	278	276
医院、卫生院数	所	4616	4364	4128	4368
医院、卫生院床位数	床	61677	62745	61283	65189
医院、卫生院技术人员数	人	81746	79285	75976	78604
地方财政预算内收入	亿元	60	77	96	143
财政支出	亿元	165	313	400	500
年末金融机构各项贷款余额	亿元	850	983	1171	1298

14—2—26 续表

单位:%

指　　标	2000年	2003年	2004年	2005年
县个数	86.4	86.4	86.4	86.4
年末总人口	66.6	66.4	66.6	66.8
行政区域土地面积				96.9
年末实有耕地面积	63.5	61.1	59.6	60.9
农业机械总动力	67.0	65.6	65.4	63.7
农村用电量	70.8	64.1	62.7	63.3
第一产业增加值	70.8	66.7	67.5	65.9
农业	70.5	66.3	67.2	63.5
林业	75.8	74.5	74.2	67.6
牧业	73.0	68.0	67.7	69.2
渔业	31.3	33.1	35.0	35.2
农作物总播种面积	61.7	60.6	60.5	60.7
粮食作物播种面积	59.6	59.0	57.0	57.2
粮食总产量	60.8	53.0	52.5	48.5
棉花播种面积	98.9	98.9	99.0	99.0
棉花产量	99.7	99.6	99.4	99.2
油料播种面积	65.6	56.5	62.1	58.3
油料产量	73.3	58.6	64.8	61.5
糖料播种面积	50.9	60.6	69.4	64.7
糖料产量	75.7	82.5	83.0	75.9
肉类总产量	67.8	64.3	63.6	62.1
奶类产量	66.4	58.0	59.1	58.9
水产品产量	23.9	25.1	27.2	30.3
普通中学专任教师数	62.3	65.4	66.3	67.4
小学专任教师数	67.5	69.9	69.6	70.5
普通中学在校学生数	59.6	65.5	64.5	65.2
小学在校学生数	69.2	72.8	73.9	74.6
医院、卫生院数	81.4	82.5	82.4	83.3
医院、卫生院床位数	68.5	70.2	68.9	69.8
医院、卫生院技术人员数	65.4	67.8	66.1	67.1
地方财政预算内收入	76.9	74.0	79.5	82.3
财政支出	76.5	78.7	79.6	78.7
年末金融机构各项贷款余额	56.9	57.7	62.5	65.7

14－2－27 西部大开发12省(区、市)民族县基本情况及占全部民族县的比重

指　　标	单位	2000年	2003年	2004年	2005年
县个数	个	574	574	574	574
年末总人口	万人	13118	13325	13459	13520
行政区域土地面积	万平方公里				765
年末实有耕地面积	千公顷	18085	15768	15189	16140
农业机械总动力	万千瓦	5175	5935	6469	6814
农村用电量	亿千瓦时	100	106	115	124
第一产业增加值	亿元	1769	2063	2391	2673
农业	亿元	1139	1208	1365	1517
林业	亿元	101	145	148	156
牧业	亿元	474	627	762	866
渔业	亿元	55	56	63	69
农作物总播种面积	千公顷	22461	21065	22028	22694
粮食作物播种面积	千公顷	14636	13054	13640	13959
粮食总产量	万吨	5391	5182	5554	5890
棉花播种面积	千公顷	994	603	777	906
棉花产量	万吨	153	93	130	163
油料播种面积	千公顷	2106	1797	1806	1778
油料产量	万吨	300	269	285	304
糖料播种面积	千公顷	769	946	946	921
糖料产量	万吨	4199	6082	6156	5947
肉类总产量	万吨	756	908	1006	1104
奶类产量	万吨	224	449	618	804
水产品产量	万吨	131	154	164	172
普通中学专任教师数	万人	36	41	42	44
小学专任教师数	万人	69	70	69	69
普通中学在校学生数	万人	648	784	791	796
小学在校学生数	万人	1497	1392	1359	1324
医院、卫生院数	所	11451	10669	10223	10734
医院、卫生院床位数	床	231120	241200	244356	255473
医院、卫生院技术人员数	人	294104	283478	281625	290913
地方财政预算内收入	亿元	243	311	359	452
财政支出	亿元	555	976	1166	1429
年末金融机构各项贷款余额	亿元	3033	3883	4382	4794

14—2—27 续表 单位:%

指　　标	2000 年	2003 年	2004 年	2005 年
县个数	90.3	90.3	90.3	90.3
年末总人口	86.5	86.5	86.6	86.5
行政区域土地面积				97.4
年末实有耕地面积	89.3	88.9	88.6	89.1
农业机械总动力	89.1	88.7	88.7	87.9
农村用电量	84.6	81.0	80.7	80.4
第一产业增加值	86.7	86.4	86.4	86.5
农业	88.1	88.1	87.3	87.1
林业	78.4	78.2	78.4	78.1
牧业	86.5	86.5	87.2	87.9
渔业	79.3	76.1	75.8	75.3
农作物总播种面积	88.0	87.8	88.1	87.9
粮食作物播种面积	87.0	86.8	86.9	86.6
粮食总产量	87.6	85.9	85.2	85.0
棉花播种面积	99.6	99.5	99.5	99.7
棉花产量	99.9	99.8	99.7	99.9
油料播种面积	88.0	85.8	88.2	87.9
油料产量	88.5	86.3	88.2	88.5
糖料播种面积	97.3	98.2	98.0	98.4
糖料产量	98.1	98.5	98.3	98.9
肉类总产量	85.8	85.7	86.3	86.2
奶类产量	95.0	93.2	93.9	94.6
水产品产量	84.0	82.5	82.6	81.7
普通中学专任教师数	83.5	84.7	84.9	85.6
小学专任教师数	85.3	86.4	86.6	87.1
普通中学在校学生数	85.0	86.0	86.4	86.7
小学在校学生数	87.2	87.9	88.5	88.7
医院、卫生院数	87.5	85.2	86.9	87.9
医院、卫生院床位数	83.5	84.5	85.0	85.2
医院、卫生院技术人员数	82.3	82.7	82.5	83.3
地方财政预算内收入	87.5	87.0	88.5	88.3
财政支出	85.9	86.1	86.5	86.6
年末金融机构各项贷款余额	82.0	82.7	83.9	84.8

14—2—28　西部大开发12省(区、市)陆地边境县基本情况及占全部陆地边境县的比重

指　　标	单位	2000年	2003年	2004年	2005年
县个数	个	102	102	102	102
年末总人口	万人	1424	1449	1466	1476
行政区域土地面积	万平方公里				176
年末实有耕地面积	千公顷	2879	2379	2125	2161
农业机械总动力	万千瓦	708	743	926	859
农村用电量	亿千瓦时	12	10	11	13
第一产业增加值	亿元	212	249	288	320
农业	亿元	117	123	141	160
林业	亿元	20	34	35	40
牧业	亿元	68	82	95	101
渔业	亿元	6	7	8	9
农作物总播种面积	千公顷	2999	2644	2702	2795
粮食作物播种面积	千公顷	1830	1497	1575	1641
粮食总产量	万吨	651	575	607	657
棉花播种面积	千公顷	113	73	81	84
棉花产量	万吨	17	11	13	14
油料播种面积	千公顷	404	330	324	292
油料产量	万吨	63	46	45	49
糖料播种面积	千公顷	206	244	238	224
糖料产量	万吨	1086	1428	1436	1363
肉类总产量	万吨	84	94	106	112
奶类产量	万吨	48	66	86	111
水产品产量	万吨	18	20	21	23
普通中学专任教师数	万人	4	5	5	6
小学专任教师数	万人	9	10	9	9
普通中学在校学生数	万人	70	104	86	86
小学在校学生数	万人	166	148	140	137
医院、卫生院数	所	1578	1644	1425	1642
医院、卫生院床位数	床	35791	35440	35489	37225
医院、卫生院技术人员数	人	42775	38852	39836	39531
地方财政预算内收入	亿元	30	40	44	62
财政支出	亿元	88	148	177	223
年末金融机构各项贷款余额	亿元	402	499	506	542

14－2－28 续表

单位：%

指　　标	2000 年	2003 年	2004 年	2005 年
县个数	79.1	79.1	79.1	79.1
年末总人口	73.7	74.0	74.6	74.7
行政区域土地面积				91.0
年末实有耕地面积	74.2	70.2	64.6	63.1
农业机械总动力	72.8	70.3	73.3	67.2
农村用电量	64.3	53.5	53.1	53.5
第一产业增加值	72.3	71.1	70.5	70.2
农业	68.9	70.8	69.2	69.2
林业	75.0	68.2	66.9	65.7
牧业	86.3	82.2	82.2	82.7
渔业	38.0	31.4	30.1	29.4
农作物总播种面积	75.1	72.3	69.1	68.5
粮食作物播种面积	68.5	63.6	59.4	58.7
粮食总产量	66.4	68.3	62.4	62.0
棉花播种面积	100.0	100.0	100.0	100.0
棉花产量	100.0	100.0	100.0	100.0
油料播种面积	90.1	88.8	91.0	90.2
油料产量	93.3	90.4	91.9	92.2
糖料播种面积	98.2	99.7	99.8	99.7
糖料产量	99.1	99.9	99.9	99.9
肉类总产量	82.3	79.2	79.7	79.2
奶类产量	92.6	89.9	90.4	91.5
水产品产量	42.7	39.1	37.0	36.7
普通中学专任教师数	65.3	69.7	70.1	72.0
小学专任教师数	73.9	76.3	76.6	78.3
普通中学在校学生数	69.2	76.0	73.4	73.6
小学在校学生数	78.9	79.7	79.7	81.1
医院、卫生院数	76.2	77.1	75.1	78.6
医院、卫生院床位数	68.8	68.0	68.3	70.1
医院、卫生院技术人员数	65.0	66.4	68.3	68.0
地方财政预算内收入	67.7	69.1	73.7	74.6
财政支出	74.0	73.6	73.5	72.6
年末金融机构各项贷款余额	50.0	53.2	54.4	58.9

14—2—29 西部大开发12省(区、市)粮棉生产大县基本情况及占全部粮棉生产大县的比重

指　　标	单位	2000年	2003年	2004年	2005年
县个数	个	105	105	105	105
年末总人口	万人	7154	7203	7154	7063
行政区域土地面积	万平方公里				53
年末实有耕地面积	千公顷	7291	6676	6621	6713
农业机械总动力	万千瓦	2324	2596	2801	2939
农村用电量	亿千瓦时	81	90	78	85
第一产业增加值	亿元	944	1075	1249	1381
农业	亿元	665	676	758	829
林业	亿元	23	36	38	41
牧业	亿元	227	319	396	444
渔业	亿元	29	33	37	41
农作物总播种面积	千公顷	10867	10092	10532	10645
粮食作物播种面积	千公顷	7519	6758	7170	7281
粮食总产量	万吨	3556	3261	3523	3732
棉花播种面积	千公顷	621	382	415	416
棉花产量	万吨	94	55	64	67
油料播种面积	千公顷	1077	995	990	998
油料产量	万吨	210	205	207	225
糖料播种面积	千公顷	124	138	117	89
糖料产量	万吨	640	869	754	573
肉类总产量	万吨	445	542	590	637
奶类产量	万吨	64	136	173	205
水产品产量	万吨	54	67	73	77
普通中学专任教师数	万人	20	24	24	24
小学专任教师数	万人	30	30	29	28
普通中学在校学生数	万人	400	472	476	462
小学在校学生数	万人	780	689	652	604
医院、卫生院数	所	5399	4212	3739	3787
医院、卫生院床位数	床	108058	112028	111069	114358
医院、卫生院技术人员数	人	148181	137983	129431	134079
地方财政预算内收入	亿元	104	125	134	145
财政支出	亿元	180	331	373	449
年末金融机构各项贷款余额	亿元	1662	1940	2046	2071

14—2—29 续表 单位:%

指　　标	2000 年	2003 年	2004 年	2005 年
县个数	18.0	18.0	18.0	18.0
年末总人口	16.7	16.7	16.7	16.5
行政区域土地面积				34.6
年末实有耕地面积	17.5	16.5	16.2	16.2
农业机械总动力	9.9	9.7	10.0	9.7
农村用电量	9.2	7.2	5.5	5.2
第一产业增加值	13.9	14.1	13.8	14.0
农业	15.3	15.4	14.5	14.7
林业	11.9	14.1	14.7	14.5
牧业	14.0	15.0	15.5	15.8
渔业	4.5	4.3	4.6	4.6
农作物总播种面积	16.5	15.8	16.0	15.8
粮食作物播种面积	16.9	16.6	16.3	15.7
粮食总产量	15.6	16.0	14.2	14.2
棉花播种面积	22.9	12.1	12.6	14.0
棉花产量	29.1	18.8	16.8	19.2
油料播种面积	14.4	13.4	14.1	14.3
油料产量	12.8	13.8	12.3	13.5
糖料播种面积	30.5	36.7	38.2	32.3
糖料产量	36.3	45.4	43.6	36.4
肉类总产量	15.5	15.5	15.7	15.8
奶类产量	23.7	23.7	23.3	23.2
水产品产量	3.9	4.3	4.4	4.4
普通中学专任教师数	15.1	15.6	15.6	15.5
小学专任教师数	15.2	15.8	15.7	15.7
普通中学在校学生数	15.3	15.9	15.9	15.9
小学在校学生数	17.2	17.5	17.7	17.4
医院、卫生院数	26.1	21.7	21.3	21.7
医院、卫生院床位数	16.1	16.3	16.0	15.8
医院、卫生院技术人员数	15.9	15.2	14.1	14.3
地方财政预算内收入	12.0	9.2	9.6	8.4
财政支出	13.9	13.9	13.7	13.1
年末金融机构各项贷款余额	12.0	10.0	9.8	9.1

14—2—30 西部大开发12省(区、市)黄土高原县基本情况及占全部黄土高原县的比重

指　　标	单位	2000年	2003年	2004年	2005年
县个数	个	113	113	113	113
年末总人口	万人	3626	3654	3654	3657
行政区域土地面积	万平方公里				25
年末实有耕地面积	千公顷	5354	4659	4357	4711
农业机械总动力	万千瓦	1321	1594	1679	1798
农村用电量	亿千瓦时	45	51	36	40
第一产业增加值	亿元	262	306	379	431
农业	亿元	189	205	256	289
林业	亿元	11	14	13	13
牧业	亿元	61	84	102	114
渔业	亿元	1	2	2	2
农作物总播种面积	千公顷	5806	5544	5637	5627
粮食作物播种面积	千公顷	4691	4115	4129	4189
粮食总产量	万吨	1130	1197	1313	1324
棉花播种面积	千公顷	22	50	63	53
棉花产量	万吨	2	4	6	6
油料播种面积	千公顷	464	553	570	518
油料产量	万吨	50	69	78	78
糖料播种面积	千公顷	4	2	2	2
糖料产量	万吨	6	3	4	3
肉类总产量	万吨	82	105	114	132
奶类产量	万吨	49	85	104	120
水产品产量	万吨	3	4	4	4
普通中学专任教师数	万人	12	14	15	15
小学专任教师数	万人	20	21	20	20
普通中学在校学生数	万人	208	274	288	292
小学在校学生数	万人	496	452	428	400
医院、卫生院数	所	2680	2539	2465	2473
医院、卫生院床位数	床	55513	59594	61075	62577
医院、卫生院技术人员数	人	70369	76317	74360	74105
地方财政预算内收入	亿元	45	54	62	70
财政支出	亿元	109	187	217	272
年末金融机构各项贷款余额	亿元	767	1048	1114	1083

14—2—30 续表

单位：%

指　　标	2000 年	2003 年	2004 年	2005 年
县个数	53.3	53.3	53.3	53.3
年末总人口	52.7	52.6	52.5	52.6
行政区域土地面积				62.9
年末实有耕地面积	59.5	60.9	59.5	61.4
农业机械总动力	40.6	41.8	40.3	40.7
农村用电量	39.8	40.2	33.0	31.3
第一产业增加值	51.3	49.6	50.2	51.4
农业	52.5	51.0	51.8	54.1
林业	39.6	40.4	36.2	32.7
牧业	50.7	49.8	49.4	48.6
渔业	38.0	41.3	39.0	36.5
农作物总播种面积	59.2	59.8	59.9	59.1
粮食作物播种面积	58.9	59.0	58.2	57.3
粮食总产量	52.1	52.8	51.6	53.4
棉花播种面积	29.6	35.6	37.0	38.6
棉花产量	28.7	32.7	36.5	37.8
油料播种面积	60.0	66.8	70.4	70.1
油料产量	54.1	64.7	68.0	69.5
糖料播种面积	78.6	84.0	94.1	97.9
糖料产量	66.7	71.1	86.6	96.3
肉类总产量	46.8	48.6	49.8	50.4
奶类产量	77.8	71.9	72.9	70.0
水产品产量	42.4	41.7	38.3	35.8
普通中学专任教师数	47.6	49.9	50.1	50.0
小学专任教师数	52.8	53.8	53.1	52.9
普通中学在校学生数	50.0	52.5	53.8	54.2
小学在校学生数	57.3	55.6	55.1	54.7
医院、卫生院数	53.0	54.5	54.4	54.1
医院、卫生院床位数	43.9	46.0	45.9	46.0
医院、卫生院技术人员数	46.1	47.3	46.6	45.4
地方财政预算内收入	40.6	40.0	36.1	30.8
财政支出	50.6	48.2	45.4	44.7
年末金融机构各项贷款余额	43.7	42.3	41.7	39.5

14－2－31　西部大开发12省(区、市)平原县基本情况及占全部平原县的比重

指　　标	单位	2000年	2003年	2004年	2005年
县个数	个	180	180	180	180
年末总人口	万人	5490	5544	5620	5629
行政区域土地面积	万平方公里				191
年末实有耕地面积	千公顷	7666	6373	6520	6698
农业机械总动力	万千瓦	2809	3023	3376	3453
农村用电量	亿千瓦时	98	105	96	107
第一产业增加值	亿元	812	953	1112	1269
农业	亿元	594	633	711	811
林业	亿元	21	31	30	33
牧业	亿元	179	264	318	358
渔业	亿元	19	20	20	24
农作物总播种面积	千公顷	9066	8033	8496	8726
粮食作物播种面积	千公顷	5471	4706	4974	5163
粮食总产量	万吨	2717	2492	2735	2904
棉花播种面积	千公顷	1010	668	866	983
棉花产量	万吨	155	100	141	173
油料播种面积	千公顷	972	688	668	644
油料产量	万吨	192	152	147	151
糖料播种面积	千公顷	149	149	135	114
糖料产量	万吨	791	919	839	705
肉类总产量	万吨	300	362	404	438
奶类产量	万吨	139	294	394	470
水产品产量	万吨	62	70	74	76
普通中学专任教师数	万人	19	22	23	24
小学专任教师数	万人	29	29	29	29
普通中学在校学生数	万人	323	415	406	404
小学在校学生数	万人	637	561	538	507
医院、卫生院数	所	4982	4295	3899	3929
医院、卫生院床位数	床	116346	128515	131527	139873
医院、卫生院技术人员数	人	157713	152467	154388	157488
地方财政预算内收入	亿元	121	154	174	213
财政支出	亿元	209	373	428	524
年末金融机构各项贷款余额	亿元	2058	2478	2783	2840

14—2—31 续表

单位:%

指　　标	2000 年	2003 年	2004 年	2005 年
县个数	27.9	27.9	27.9	27.9
年末总人口	15.0	15.1	15.3	15.2
行政区域土地面积				72.7
年末实有耕地面积	20.2	17.6	18.0	18.2
农业机械总动力	11.7	11.0	11.9	11.2
农村用电量	10.8	8.2	6.4	6.4
第一产业增加值	13.9	14.5	14.2	14.8
农业	15.6	16.4	15.4	16.2
林业	15.0	17.6	16.5	17.4
牧业	13.8	15.1	15.0	15.4
渔业	3.2	2.9	2.7	2.9
农作物总播种面积	15.9	14.7	15.2	15.2
粮食作物播种面积	14.3	13.9	13.8	13.6
粮食总产量	14.3	14.5	13.3	13.4
棉花播种面积	30.5	16.9	19.7	24.2
棉花产量	38.2	26.3	26.9	34.1
油料播种面积	16.3	12.5	13.1	12.6
油料产量	14.3	13.6	11.8	12.2
糖料播种面积	34.9	36.4	37.3	34.6
糖料产量	38.0	40.4	38.9	36.6
肉类总产量	13.4	13.2	13.7	13.9
奶类产量	41.1	39.8	40.5	39.9
水产品产量	4.9	4.8	4.8	4.6
普通中学专任教师数	16.1	16.6	16.8	16.9
小学专任教师数	16.6	17.2	17.4	17.5
普通中学在校学生数	14.2	15.8	15.4	15.5
小学在校学生数	15.7	15.7	16.0	15.9
医院、卫生院数	27.2	24.2	24.7	25.0
医院、卫生院床位数	19.4	20.6	20.6	21.0
医院、卫生院技术人员数	19.0	18.7	18.8	18.7
地方财政预算内收入	14.9	11.9	12.8	12.0
财政支出	17.1	16.5	16.3	15.8
年末金融机构各项贷款余额	14.8	12.6	12.6	11.9

14－2－32　西部大开发12省(区、市)丘陵县基本情况及占全部丘陵县的比重

指　　标	单位	2000年	2003年	2004年	2005年
县个数	个	222	222	222	222
年末总人口	万人	10291	10415	10451	10414
行政区域土地面积	万平方公里				140
年末实有耕地面积	千公顷	10805	9984	9754	10093
农业机械总动力	万千瓦	2979	3499	3778	4023
农村用电量	亿千瓦时	79	88	99	106
第一产业增加值	亿元	1307	1504	1827	1995
农业	亿元	829	859	1025	1102
林业	亿元	54	75	80	79
牧业	亿元	374	500	634	715
渔业	亿元	49	54	64	71
农作物总播种面积	千公顷	15713	14886	15561	16013
粮食作物播种面积	千公顷	11357	9942	10615	10871
粮食总产量	万吨	4472	4219	4541	4739
棉花播种面积	千公顷	92	55	61	54
棉花产量	万吨	10	7	8	7
油料播种面积	千公顷	1454	1472	1438	1430
油料产量	万吨	209	229	246	261
糖料播种面积	千公顷	378	504	519	529
糖料产量	万吨	2040	3366	3486	3551
肉类总产量	万吨	695	839	918	1008
奶类产量	万吨	58	146	234	346
水产品产量	万吨	92	117	126	139
普通中学专任教师数	万人	28	32	32	33
小学专任教师数	万人	44	43	42	42
普通中学在校学生数	万人	558	636	647	630
小学在校学生数	万人	1096	978	935	879
医院、卫生院数	所	7877	6435	5869	5927
医院、卫生院床位数	床	152905	150918	152925	154810
医院、卫生院技术人员数	人	199519	187607	179809	183326
地方财政预算内收入	亿元	154	191	221	272
财政支出	亿元	290	552	663	809
年末金融机构各项贷款余额	亿元	1901	2364	2530	2689

14—2—32 续表

单位:%

指　　标	2000 年	2003 年	2004 年	2005 年
县个数	42.0	42.0	42.0	42.0
年末总人口	36.8	37.1	37.1	36.9
行政区域土地面积				68.7
年末实有耕地面积	40.5	40.0	38.6	39.2
农业机械总动力	27.0	27.6	28.1	27.6
农村用电量	19.5	15.9	15.9	14.5
第一产业增加值	32.3	33.3	34.2	34.0
农业	35.0	35.5	35.6	35.6
林业	36.5	38.6	40.2	37.7
牧业	36.5	38.7	40.3	40.1
渔业	9.8	9.7	10.4	10.7
农作物总播种面积	39.6	39.4	38.6	39.2
粮食作物播种面积	40.3	39.3	37.9	37.8
粮食总产量	35.4	37.2	33.4	33.6
棉花播种面积	25.7	16.5	17.5	17.6
棉花产量	28.4	22.0	20.7	21.4
油料播种面积	34.3	34.0	34.5	35.2
油料产量	27.6	29.3	28.6	30.6
糖料播种面积	74.5	82.0	86.7	88.0
糖料产量	82.4	89.1	90.4	91.2
肉类总产量	39.2	39.2	39.8	39.9
奶类产量	42.2	45.7	51.6	55.9
水产品产量	7.0	8.1	8.4	8.9
普通中学专任教师数	32.0	32.3	31.8	32.3
小学专任教师数	33.6	34.7	34.7	34.9
普通中学在校学生数	33.7	34.0	34.3	34.7
小学在校学生数	37.1	38.5	38.8	38.1
医院、卫生院数	47.0	44.4	42.6	43.1
医院、卫生院床位数	33.3	32.9	32.7	32.3
医院、卫生院技术人员数	32.9	31.7	29.6	30.2
地方财政预算内收入	28.1	25.3	26.5	26.1
财政支出	33.3	34.7	34.7	34.6
年末金融机构各项贷款余额	25.2	24.0	24.1	23.6

14—2—33　西部大开发12省(区、市)山区县基本情况及占全部山区县的比重

指　　标	单位	2000年	2003年	2004年	2005年
县个数	个	502	502	502	502
年末总人口	万人	13090	13297	13398	13521
行政区域土地面积	万平方公里				517
年末实有耕地面积	千公顷	11637	11044	9393	9956
农业机械总动力	万千瓦	3447	4161	4350	4787
农村用电量	亿千瓦时	72	88	94	104
第一产业增加值	亿元	1267	1455	1671	1872
农业	亿元	791	812	923	1023
林业	亿元	90	121	121	133
牧业	亿元	366	458	558	638
渔业	亿元	20	23	27	31
农作物总播种面积	千公顷	19092	18348	18691	19037
粮食作物播种面积	千公顷	13830	12600	12698	12887
粮食总产量	万吨	4585	4396	4592	4663
棉花播种面积	千公顷	11	8	8	7
棉花产量	万吨	1	1	1	1
油料播种面积	千公顷	1558	1541	1641	1662
油料产量	万吨	195	217	247	256
糖料播种面积	千公顷	338	391	385	365
糖料产量	万吨	1790	2256	2293	2082
肉类总产量	万吨	650	791	860	950
奶类产量	万吨	83	119	125	146
水产品产量	万吨	33	44	49	53
普通中学专任教师数	万人	31	37	38	41
小学专任教师数	万人	65	67	66	67
普通中学在校学生数	万人	545	728	763	786
小学在校学生数	万人	1584	1535	1518	1496
医院、卫生院数	所	12519	10772	10371	10555
医院、卫生院床位数	床	197077	208305	209686	218163
医院、卫生院技术人员数	人	239340	234197	229334	232294
地方财政预算内收入	亿元	180	226	255	301
财政支出	亿元	490	828	986	1194
年末金融机构各项贷款余额	亿元	2471	3151	3451	3719

14—2—33 续表

单位:%

指　　标	2000 年	2003 年	2004 年	2005 年
县个数	56.1	56.1	56.1	56.1
年末总人口	44.2	44.3	44.5	44.6
行政区域土地面积				83.4
年末实有耕地面积	51.7	52.9	48.7	49.9
农业机械总动力	37.4	38.6	38.3	38.6
农村用电量	25.1	23.7	22.3	22.0
第一产业增加值	34.9	35.4	35.6	36.1
农业	36.7	36.1	35.9	36.4
林业	26.3	29.5	28.5	28.1
牧业	40.8	41.7	42.3	42.9
渔业	8.6	9.0	9.5	9.6
农作物总播种面积	50.0	50.9	49.8	50.7
粮食作物播种面积	51.4	52.9	51.0	51.3
粮食总产量	43.2	46.1	44.2	43.9
棉花播种面积	13.7	9.9	9.4	8.7
棉花产量	10.7	8.8	8.1	7.5
油料播种面积	45.2	45.9	48.0	48.3
油料产量	35.8	37.6	39.4	39.9
糖料播种面积	83.2	86.5	86.9	87.5
糖料产量	84.6	87.6	89.2	88.9
肉类总产量	42.8	44.0	44.8	45.3
奶类产量	65.4	54.8	50.7	49.6
水产品产量	5.8	7.1	7.6	7.9
普通中学专任教师数	34.9	36.7	36.8	38.5
小学专任教师数	43.2	45.9	46.1	46.9
普通中学在校学生数	34.3	39.0	40.2	41.7
小学在校学生数	48.0	50.9	52.1	52.8
医院、卫生院数	54.1	51.0	51.8	52.8
医院、卫生院床位数	40.3	41.2	41.0	41.0
医院、卫生院技术人员数	37.6	37.1	36.4	36.8
地方财政预算内收入	34.8	33.3	33.2	31.9
财政支出	43.6	43.3	43.6	43.3
年末金融机构各项贷款余额	36.0	34.3	34.8	35.3

15

各地区主要农村经济指标排序

15—1 粮食总产量与人均占有产量

地区	粮食总产量(万吨)		平均每人占有产量(公斤/人)	
	指标值	位次	指标值	位次
全国总计	**48402.2**		**371.3**	
北京	94.9	29	61.9	30
天津	137.5	27	132.2	29
河北	2598.6	8	380.4	15
山西	978.0	20	292.4	22
内蒙古	1662.2	13	698.6	3
辽宁	1745.8	12	414.8	11
吉林	2581.2	9	953.2	1
黑龙江	3092.0	4	811.9	2
上海	105.4	28	59.4	31
江苏	2834.6	5	380.3	16
浙江	814.7	23	166.8	27
安徽	2605.3	7	427.0	7
福建	715.2	24	202.9	24
江西	1757.0	11	408.8	12
山东	3917.4	2	424.9	8
河南	4582.0	1	490.0	5
湖北	2177.4	10	382.5	14
湖南	2678.6	6	424.7	9
广东	1395.0	16	152.2	28
广西	1487.3	15	320.1	20
海南	153.0	26	185.3	25
重庆	1168.2	17	418.8	10
四川	3211.1	3	392.2	13
贵州	1152.1	18	309.8	21
云南	1514.9	14	341.5	17
西藏	93.4	30	338.2	18
陕西	1043.0	19	281.2	23
甘肃	836.9	22	323.6	19
青海	93.3	31	172.2	26
宁夏	299.8	25	504.5	4
新疆	876.6	21	437.8	6

15－2　棉花总产量与人均占有产量

地　区	棉花总产量(吨)		平均每人占有产量(公斤/人)	
	指标值	位　次	指标值	位　次
全国总计	**5714179**		**4.38**	
北　京	2069	17	0.13	16
天　津	83546	12	8.03	4
河　北	577000	4	8.45	3
山　西	102907	10	3.08	11
内蒙古	1765	19	0.07	18
辽　宁	2685	16	0.06	19
吉　林	1715	20	0.06	20
黑龙江				
上　海	1774	18	0.10	17
江　苏	322660	7	4.33	8
浙　江	21566	15	0.44	14
安　徽	324634	6	5.32	7
福　建	44	25		
江　西	87196	11	2.03	13
山　东	846302	2	9.18	2
河　南	677000	3	7.24	5
湖　北	374960	5	6.59	6
湖　南	197511	8	3.13	10
广　东				
广　西	890	21	0.02	21
海　南				
重　庆	167	24	0.01	23
四　川	24713	14	0.30	15
贵　州	568	22	0.02	22
云　南	220	23		
西　藏				
陕　西	77766	13	2.10	12
甘　肃	110516	9	4.27	9
青　海				
宁　夏	5	26		
新　疆	1874000	1	93.60	1

15—3 油料总产量与人均占有产量

地区	油料总产量(吨)		平均每人占有产量(公斤/人)	
	指标值	位次	指标值	位次
全国总计	**30771350**		**23.6**	
北京	24923	30	1.6	30
天津	12943	31	1.2	31
河北	1527270	7	22.4	10
山西	212620	25	6.4	28
内蒙古	1221690	9	51.3	3
辽宁	368411	21	8.8	24
吉林	544495	15	20.1	14
黑龙江	605933	14	15.9	18
上海	69350	28	3.9	29
江苏	2159908	6	29.0	7
浙江	501370	17	10.3	23
安徽	2706748	4	44.4	5
福建	274243	24	7.8	27
江西	761229	12	17.7	17
山东	3638573	2	39.5	6
河南	4495997	1	48.1	4
湖北	2938995	3	51.6	2
湖南	1409841	8	22.4	11
广东	770122	11	8.4	25
广西	631849	13	13.6	20
海南	85303	27	10.3	22
重庆	427121	19	15.3	19
四川	2323401	5	28.4	8
贵州	848888	10	22.8	9
云南	362231	22	8.2	26
西藏	61318	29	22.2	12
陕西	453545	18	12.2	21
甘肃	503056	16	19.5	15
青海	318500	23	58.8	1
宁夏	122087	26	20.5	13
新疆	389390	20	19.4	16

15—4 糖料总产量与人均占有量

地区	糖料总产量(吨)		平均每人占有产量(公斤/人)	
	指标值	位次	指标值	位次
全国总计	**94519098**		**72.5**	
北京				
天津				
河北	426574	15	6.2	16
山西	39617	24	1.2	24
内蒙古	1382759	7	58.1	6
辽宁	62921	23	1.5	23
吉林	73519	22	2.7	21
黑龙江	1550000	6	40.7	7
上海	145117	20	8.2	14
江苏	222254	17	3.0	20
浙江	899718	11	18.4	9
安徽	213228	18	3.5	19
福建	933346	10	26.5	8
江西	783147	12	18.2	11
山东				
河南	251951	16	2.7	22
湖北	428974	14	7.5	15
湖南	1003998	9	15.9	13
广东	11142489	3	121.6	5
广西	51546892	1	1109.5	1
海南	2788983	5	337.8	2
重庆	114608	21	4.1	18
四川	1331543	8	16.3	12
贵州	677969	13	18.2	10
云南	14158860	2	319.1	3
西藏				
陕西	2950	25	0.1	25
甘肃	145438	19	5.6	17
青海	437	27		
宁夏	592	26		
新疆	4191214	4	209.3	4

15—5 肉类总产量与人均占有量

地　区	肉类总产量(万吨)		平均每人占有量(公斤/人)	
	指标值	位　次	指标值	位　次
全国总计	**7743.1**		**59.4**	
北　京	66.7	25	43.5	25
天　津	57.8	27	55.6	16
河　北	571.9	4	83.7	3
山　西	68.2	24	20.4	30
内蒙古	229.5	15	96.4	1
辽　宁	347.9	8	82.7	5
吉　林	260.2	12	96.1	2
黑龙江	173.5	17	45.6	22
上　海	31.3	28	17.7	31
江　苏	352.3	7	47.3	20
浙　江	165.3	20	33.9	27
安　徽	340.1	9	55.7	15
福　建	165.9	19	47.1	21
江　西	237.1	14	55.2	17
山　东	753.9	1	81.8	6
河　南	685.9	2	73.3	9
湖　北	327.3	10	57.5	14
湖　南	523.5	5	83.0	4
广　东	384.3	6	41.9	26
广　西	242.9	13	52.3	18
海　南	58.2	26	70.5	11
重　庆	178.0	16	63.8	13
四　川	653.6	3	79.8	7
贵　州	167.5	18	45.0	23
云　南	298.6	11	67.3	12
西　藏	21.5	31	77.7	8
陕　西	102.8	22	27.7	29
甘　肃	82.1	23	31.7	28
青　海	25.8	30	47.6	19
宁　夏	26.2	29	44.1	24
新　疆	143.3	21	71.6	10

15－6 水产品总产量与人均占有量

地 区	水产品总产量(吨)		平均每人占有产量(公斤/人)	
	指标值	位 次	指标值	位 次
全国总计	**51076437**		**39.2**	
北 京	64258	26	4.2	23
天 津	338115	18	32.5	11
河 北	989461	13	14.5	15
山 西	37542	28	1.1	28
内蒙古	82608	23	3.5	25
辽 宁	4253388	5	101.1	3
吉 林	118930	21	4.4	22
黑龙江	445970	16	11.7	17
上 海	353539	17	19.9	14
江 苏	3886555	6	52.2	9
浙 江	4837669	4	99.1	4
安 徽	1775721	10	29.1	12
福 建	6022167	3	170.9	2
江 西	1686648	11	39.2	10
山 东	7361381	1	79.8	5
河 南	516780	15	5.5	20
湖 北	3182065	7	55.9	8
湖 南	1792164	9	28.4	13
广 东	6952346	2	75.8	6
广 西	2841935	8	61.2	7
海 南	1500129	12	181.7	1
重 庆	250568	19	9.0	19
四 川	982490	14	12.0	16
贵 州	94589	22	2.5	26
云 南	238488	20	5.4	21
西 藏	93	31	0.0	31
陕 西	73593	25	2.0	27
甘 肃	15675	29	0.6	29
青 海	878	30	0.2	30
宁 夏	58319	27	9.8	18
新 疆	79320	24	4.0	24

注:水产品总产量包括中国水产品总公司产量。

15—7 水果总产量与人均占有量

地 区	水果总产量(吨)		平均每人占有量(公斤/人)	
	指标值	位 次	指标值	位 次
全国总计	**161200949**		**123.6**	
北 京	1118792	25	73.0	23
天 津	682417	29	65.6	24
河 北	13978784	3	204.7	5
山 西	3144485	18	94.0	16
内 蒙 古	1787884	22	75.1	22
辽 宁	4512925	15	107.2	13
吉 林	2353272	20	86.9	18
黑 龙 江	3525577	16	92.6	17
上 海	1010341	26	57.0	26
江 苏	6063510	8	81.4	20
浙 江	5779644	9	118.4	9
安 徽	7115908	7	116.6	11
福 建	5590814	11	158.6	8
江 西	3254344	17	75.7	21
山 东	25468354	1	276.2	1
河 南	18421671	2	197.0	6
湖 北	5667685	10	99.6	15
湖 南	5194909	13	82.4	19
广 东	9464636	4	103.3	14
广 西	7668373	6	165.1	7
海 南	2203618.1	21	266.9	2
重 庆	1546266	24	55.4	27
四 川	5271572	12	64.4	25
贵 州	959636	27	25.8	29
云 南	1696927	23	38.2	28
西 藏	8877.9	31	3.2	31
陕 西	9061409	5	244.3	4
甘 肃	2807049	19	108.5	12
青 海	26021	30	4.8	30
宁 夏	696110	28	117.1	10
新 疆	5119138	14	255.7	3

注:2003年后水果包括种植业的瓜果类。

15－8　奶类总产量与人均占有量

地　区	奶类总产量(万吨)		平均每人占有量(公斤/人)	
	指标值	位　次	指标值	位　次
全国总计	**2864.8**		**22.0**	
北　京	64.2	10	41.9	9
天　津	63.4	11	61.0	6
河　北	348.6	3	51.0	7
山　西	73.8	9	22.0	12
内 蒙 古	696.9	1	292.9	1
辽　宁	78.8	8	18.7	13
吉　林	30.0	17	11.1	17
黑 龙 江	444.2	2	116.6	2
上　海	23.8	21	13.4	14
江　苏	57.9	13	7.8	18
浙　江	26.7	19	5.5	22
安　徽	11.0	26	1.8	26
福　建	19.8	22	5.6	21
江　西	12.5	23	2.9	24
山　东	221.0	4	24.0	11
河　南	108.5	7	11.6	16
湖　北	12.2	24	2.1	25
湖　南	6.9	28	1.1	29
广　东	11.9	25	1.3	27
广　西	5.4	29	1.2	28
海　南	0.1	31	0.1	31
重　庆	8.6	27	3.1	23
四　川	59.0	12	7.2	20
贵　州	3.8	30	1.0	30
云　南	32.7	15	7.4	19
西　藏	27.0	18	97.7	3
陕　西	141.7	6	38.2	10
甘　肃	31.7	16	12.3	15
青　海	25.0	20	46.2	8
宁　夏	57.9	14	97.4	4
新　疆	159.8	5	79.8	5

15－9 各地区农村居民人均纯收入位次

单位:元/人

地区	2000年		2003年		2004年		2005年	
	实际数	位次	实际数	位次	实际数	位次	实际数	位次
全国总计	**1577.74**		**2253.42**		**2936.40**		**3254.93**	
北京	3223.65	2	4604.55	2	6170.33	2	7346.26	2
天津	2406.38	6	3622.39	5	5019.53	4	5579.87	4
河北	1668.73	11	2478.86	9	3171.06	10	3481.64	10
山西	1208.30	22	1905.61	20	2589.60	18	2890.66	18
内蒙古	1208.38	21	2038.21	16	2606.37	17	2988.87	17
辽宁	1756.50	9	2355.58	10	3307.14	9	3690.21	9
吉林	1609.60	12	2022.50	17	2999.62	12	3263.99	11
黑龙江	1766.27	8	2148.22	14	3005.18	11	3221.27	12
上海	4245.61	1	5596.37	1	7066.33	1	8247.77	1
江苏	2456.86	5	3595.09	6	4753.85	5	5276.29	5
浙江	2966.19	3	4253.67	3	5944.06	3	6659.95	3
安徽	1302.82	18	1934.57	19	2499.33	22	2640.96	22
福建	2048.59	7	3230.49	7	4089.38	7	4450.36	7
江西	1537.36	13	2135.30	15	2786.78	16	3128.89	13
山东	1715.09	10	2659.20	8	3507.43	8	3930.55	8
河南	1231.97	20	1985.82	18	2553.15	19	2870.58	19
湖北	1511.22	15	2268.59	11	2890.01	13	3099.20	15
湖南	1425.16	17	2197.16	12	2837.76	14	3117.74	14
广东	2699.24	4	3654.48	4	4365.87	6	4690.49	6
广西	1446.14	16	1864.51	23	2305.22	24	2494.67	24
海南	1519.71	14	2182.26	13	2817.62	15	3004.03	16
重庆	1270.41	19	1892.44	22	2510.41	21	2809.32	20
四川	1158.29	24	1903.60	21	2518.93	20	2802.78	21
贵州	1086.62	26	1374.16	30	1721.55	31	1876.96	31
云南	1010.97	28	1478.60	27	1864.19	28	2041.79	29
西藏	1200.31	23	1330.81	31	1861.31	29	2077.90	27
陕西	962.89	30	1443.86	28	1866.52	27	2052.63	28
甘肃	880.34	31	1428.68	29	1852.22	30	1979.88	30
青海	1029.77	27	1490.49	26	1957.65	26	2151.46	26
宁夏	998.75	29	1724.30	24	2320.05	23	2508.89	23
新疆	1136.45	25	1618.08	25	2244.93	25	2482.15	25

16

国外主要农业指标

16—1 总人口与农业人口

国家或地区	总人口(万人)			农业人口(万人)			农业人口占总人口的比重(%)		
	2000年	2002年	2003年	2000年	2002年	2003年	2000年	2002年	2003年
世界总计	**607059**	**622498**	**630146**	**257346**	**258843**	**259470**	**42.4**	**41.6**	**41.2**
非洲	**79567**	**83209**	**85056**	**44315**	**45495**	**46071**	**55.7**	**54.7**	**54.2**
埃及	6778	7051	7193	2502	2499	2498	36.9	35.4	34.7
尼日利亚	11475	12091	12401	3822	3809	3798	33.3	31.5	30.6
南非	4400	4476	4503	625	595	579	14.2	13.3	12.9
北美和中美	**48880**	**50075**	**50667**	**5224**	**5140**	**5095**	**10.7**	**10.3**	**10.1**
加拿大	3077	3127	3151	79	75	73	2.6	2.4	2.3
墨西哥	9893	10197	10346	2322	2271	2244	23.5	22.3	21.7
美国	28500	29104	29404	630	606	594	2.2	2.1	2.0
南美	**34734**	**35733**	**36228**	**6317**	**6163**	**6084**	**18.2**	**17.2**	**16.8**
阿根廷	3707	3798	3843	376	367	363	10.1	9.7	9.4
巴西	17180	17626	17847	2828	2707	2647	16.5	15.4	14.8
委内瑞拉	2428	2523	2570	231	222	217	9.5	8.8	8.5
亚洲	**367974**	**377595**	**382339**	**194677**	**195650**	**196024**	**52.9**	**51.8**	**51.3**
孟加拉国	13795	14381	14674	7683	7726	7739	55.7	53.7	52.7
印度	101694	104955	106546	54572	55328	55659	53.7	52.7	52.2
印度尼西亚	21156	21713	21988	9332	9288	9260	44.1	42.8	42.1
伊朗	6644	6807	6892	1759	1736	1725	26.5	25.5	25.0
日本	12703	12748	12765	492	438	413	3.9	3.4	3.2
韩国	2227	2254	2266	671	646	633	30.1	28.7	27.9
马来西亚	2300	2397	2443	407	391	383	17.7	16.3	15.7
蒙古	250	256	259	61	59	58	24.3	22.9	22.2
缅甸	4754	4885	4949	3339	3400	3428	70.2	69.6	69.3
巴基斯坦	14265	14991	15358	7268	7484	7588	50.9	49.9	49.4
菲律宾	7571	7858	8000	2979	2997	3003	39.3	38.1	37.5
斯里兰卡	1860	1891	1907	861	864	866	46.3	45.7	45.4
泰国	6093	6219	6283	2983	2947	2927	49.0	47.4	46.6
土尔其	6828	7032	7133	2102	2077	2063	30.8	29.5	28.9
越南	7814	8028	8138	5261	5340	5380	67.3	66.5	66.1
欧洲	**72799**	**72702**	**72634**	**6166**	**5734**	**5529**	**8.5**	**7.9**	**7.6**
白俄罗斯	1003	994	990	133	121	116	13.2	12.2	11.7
保加利亚	1027	1025	1024	84	79	77	8.2	7.7	7.5
法国	5930	5985	6014	199	182	174	3.4	3.0	2.9
德国	8228	8241	8248	207	189	180	2.5	2.3	2.2
匈牙利	1001	992	988	121	111	107	12.0	11.2	10.8
意大利	5754	5748	5742	306	277	264	5.3	4.8	4.6
荷兰	1590	1607	1615	54	51	50	3.4	3.2	3.1
波兰	3867	3862	3859	733	696	679	19.0	18.0	17.6
俄罗斯	14561	14408	14325	1527	1434	1389	10.5	10.0	9.7
罗马尼亚	2248	2239	2233	312	281	267	13.9	12.6	12.0
英国	5891	5929	5947	105	102	100	1.8	1.7	1.7
大洋州	**3104**	**3184**	**3223**	**647**	**661**	**667**	**20.9**	**20.8**	**20.7**
澳大利亚	1915	1954	1973	88	87	86	4.6	4.4	4.4
新西兰	378	385	388	33	33	33	8.8	8.6	8.4

资料来源：联合国粮农组织。

16—2 农业生产指数

(1989,1990,1991 年三年平均为基数)

国家或地区	2000 年	2001 年	2002 年	2003 年	2004 年	2005 年
世界总计	**100.1**	**101.6**	**103.4**	**106.2**	**110.7**	**111.3**
非洲	**99.6**	**101.5**	**103.2**	**107.5**	**109.2**	**110.2**
埃及	102.1	100.2	104.6	110.1	114.8	116.8
尼日利亚	100.5	99.4	101.5	103.1	106.1	106.1
南非	104.8	99.9	105.6	105.2	107.0	111.1
北美和中美	**101.1**	**99.5**	**98.5**	**101.6**	**107.4**	**106.8**
加拿大	102.3	92.3	87.0	95.8	104.9	106.9
墨西哥	98.7	103.4	101.9	105.4	109.5	108.8
美国	101.3	99.6	98.8	101.4	107.4	106.4
南美	**99.5**	**103.1**	**107.1**	**112.6**	**117.4**	**119.7**
阿根廷	99.8	99.6	97.9	103.6	103.7	113.3
巴西	98.9	104.8	112.3	119.2	126.6	126.1
委内瑞拉	100.6	104.7	102.6	95.3	92.6	94.3
亚洲	**100.1**	**102.7**	**105.4**	**109.5**	**113.5**	**115.6**
孟加拉国	102.8	100.7	102.9	106.7	108.6	109.1
印度	99.0	102.0	97.7	105.1	106.1	106.2
印度尼西亚	100.5	102.4	109.9	116.4	122.0	122.7
伊朗	96.2	102.3	110.3	110.6	112.8	114.3
日本	100.5	98.6	99.2	95.3	96.2	96.8
朝鲜	96.1	105.9	108.2	110.1	110.5	112.3
韩国	100.4	100.7	94.0	91.2	97.8	95.7
马来西亚	99.1	104.8	106.2	113.5	120.0	126.7
蒙古	109.4	84.2	76.5	65.0	77.4	75.2
缅甸	99.7	108.1	111.0	118.7	122.0	124.1
巴基斯坦	101.7	99.0	100.6	104.3	112.0	115.3
菲律宾	99.7	104.2	109.2	111.6	116.9	114.1
斯里兰卡	101.9	98.8	101.0	103.5	99.5	106.4
泰国	100.5	104.2	104.8	110.5	104.8	105.3
土耳其	104.2	96.3	102.0	103.5	104.7	105.0
越南	100.7	104.5	112.3	117.3	123.6	126.6
欧洲	**100.1**	**99.8**	**101.5**	**98.2**	**104.5**	**101.2**
白俄罗斯	98.4	102.8	103.6	101.1	113.1	119.0
保加利亚	98.3	100.2	104.0	94.5	107.9	100.8
捷克共和国	97.1	101.5	96.6	88.2	105.8	97.9
法国	101.3	95.4	102.1	94.8	101.6	97.2
德国	100.1	99.5	96.6	92.6	103.0	97.1
匈牙利	93.5	111.8	96.9	94.4	109.3	110.4
意大利	99.7	97.7	94.2	90.5	99.9	101.2
荷兰	100.5	94.5	96.2	91.6	96.8	93.3
波兰	98.0	102.3	101.9	103.6	109.2	101.5
俄罗斯	100.0	104.2	113.2	106.0	110.1	111.9
罗马尼亚	87.1	108.1	101.9	107.6	128.0	107.2
英国	102.6	92.0	99.4	97.4	97.8	97.1
大洋州	**99.1**	**102.3**	**91.0**	**99.8**	**97.7**	**98.4**
澳大利亚	98.2	101.7	85.0	95.6	91.4	92.4
新西兰	101.1	104.7	106.2	111.6	114.5	113.9

资料来源:联合国粮农组织。

16—3 谷物收获面积、总产量与单产

国家或地区	收获面积(万公顷)			总产量(万吨)			每公顷产量(公斤)		
	2000年	2004年	2005年	2000年	2004年	2005年	2000年	2004年	2005年
世界总计	**67419**	**67747**	**68170**	**206043**	**226814**	**221936**	**3056**	**3348**	**3256**
非洲	**8934**	**9965**	**9960**	**11208**	**12855**	**12809**	**1255**	**1290**	**1286**
埃及	276	282	296	2011	2132	2228	7280	7554	7516
尼日利亚	1908	2156	2156	2137	2278	2278	1120	1057	1057
南非	500	433	442	1453	1235	1471	2904	2853	3330
北美和中美	**8996**	**8775**	**8722**	**42769**	**47995**	**45192**	**4754**	**5470**	**5181**
加拿大	1815	1693	1662	5104	5268	5036	2812	3113	3031
墨西哥	1014	1102	1102	2799	3275	3125	2761	2972	2836
美国	5856	5679	5640	34281	38907	36402	5854	6851	6454
南美	**3511**	**3688**	**3654**	**10419**	**12219**	**12108**	**2968**	**3313**	**3314**
巴西	**1122**	**936**	**1021**	**3875**	**3421**	**4100**	**3454**	**3655**	**4017**
阿根廷	1725	2030	1909	4590	6381	5572	2661	3143	2919
委内瑞拉	91	109	106	295	371	357	3244	3415	3362
亚洲	**32032**	**31213**	**31931**	**99616**	**103568**	**105858**	**3110**	**3318**	**3315**
孟加拉国	1167	1167	1163	3950	4104	4129	3384	3517	3551
印度	10240	9587	9886	23487	23236	23396	2294	2424	2367
印度尼西亚	1529	1528	1531	6158	6531	6600	4026	4275	4312
伊朗	702	930	876	1287	2181	2241	1833	2346	2560
日本	205	202	200	1280	1199	1205	6257	5941	6028
韩国	124	129	130	295	446	446	2371	3450	3426
朝鲜	117	110	108	750	732	676	6436	6688	6283
马来西亚	73	70	70	221	227	231	3038	3245	3285
蒙古	18	17	18	14	14	14	775	805	820
缅甸	688	664	667	2196	2290	2296	3191	3448	3443
巴基斯坦	1265	1247	1257	3046	3031	3221	2408	2431	2563
菲律宾	655	665	662	1690	1991	2000	2581	2992	3023
斯里兰卡	87	75	92	290	267	317	3338	3564	3438
泰国	1123	1045	1157	3052	2828	3149	2719	2706	2723
土尔其	1395	1395	1407	3225	3405	3457	2311	2441	2457
越南	840	843	833	3454	3934	3984	4113	4665	4780
欧洲	**12175**	**12298**	**12167**	**38497**	**46936**	**42376**	**3162**	**3816**	**3483**
白俄罗斯	234	222	184	457	659	587	1952	2970	3193
保加利亚	178	183	183	439	746	555	2460	4075	3030
捷克共和国	165	161	160	646	878	808	3908	5440	5064
法国	907	935	917	6570	7053	6371	7240	7545	6947
德国	702	720	688	4527	5110	4580	6453	7093	6658
匈牙利	276	299	293	1004	1674	1615	3633	5602	5507
意大利	414	428	394	2066	2327	2140	4994	5437	5426
荷兰	22	22	23	173	175	185	7906	8038	8154
波兰	881	838	829	2234	2964	2627	2535	3538	3171
俄罗斯	4115	4049	4118	6433	7623	7626	1563	1883	1852
罗马尼亚	564	600	586	1050	2431	1861	1860	4052	3177
英国	335	313	293	2399	2203	2115	7165	7032	7229
大洋州	**1770**	**1807**	**1735**	**3534**	**3242**	**3594**	**1996**	**1795**	**2071**
澳大利亚	1755	1794	1722	3445	3152	3501	1963	1757	2032
新西兰	14	11	12	85	87	89	6273	7583	7665

资料来源:联合国粮农组织。

16－4 小麦收获面积、总产量与单产

国家或地区	收获面积(万公顷)			总产量(万吨)			每公顷产量(公斤)		
	2000 年	2004 年	2005 年	2000 年	2004 年	2005 年	2000 年	2004 年	2005 年
世界总计	**21539**	**21564**	**21617**	**58606**	**62956**	**62647**	**2721**	**2920**	**2898**
非洲	**808**	**972**	**965**	**1438**	**2188**	**2035**	**1781**	**2251**	**2110**
埃及	103	109	125	656	718	814	6342	6557	6488
尼日利亚	5	6	6	7	7	7	1404	1164	1164
南非	85	83	80	243	168	203	2843	2024	2541
北美和中美	**3307**	**3070**	**3066**	**9080**	**8751**	**8566**	**2746**	**2850**	**2794**
加拿大	1085	986	983	2654	2586	2555	2445	2622	2599
墨西哥	71	60	60	349	290	300	4936	4833	5000
美国	2150	2023	2023	6076	5874	5711	2826	2903	2823
南美	**853**	**973**	**963**	**2019**	**2379**	**2456**	**2368**	**2445**	**2550**
阿根廷	648	574	607	1615	1456	1600	2493	2539	2636
巴西	107	279	237	166	573	520	1559	2050	2191
委内瑞拉	0	0	0	0	0	0	369	333	333
亚洲	**9825**	**9632**	**9660**	**25452**	**25624**	**26588**	**2591**	**2661**	**2752**
孟加拉国	83	64	60	184	125	120	2210	1952	2000
印度	2749	2662	2630	7637	7206	7200	2779	2707	2738
伊朗	510	675	620	809	1400	1450	1586	2074	2339
日本	18	21	22	69	86	85	3761	4045	3954
韩国	6	7	7	5	18	18	848	2500	2500
蒙古	18	17	17	14	14	14	777	810	824
缅甸	8	12	12	9	13	14	1167	1092	1125
巴基斯坦	846	822	834	2108	1950	2159	2491	2373	2589
泰国	0	0	0	0	0	0	667	615	615
土尔其	940	930	930	2101	2100	2100	2235	2258	2258
欧洲	**5528**	**5693**	**5823**	**18373**	**21949**	**20567**	**3324**	**3856**	**3532**
白俄罗斯	45	34	22	97	112	90	2137	3287	4091
保加利亚	98	104	113	278	396	367	2842	3810	3235
捷克共和国	97	86	82	408	504	454	4209	5842	5529
法国	525	524	529	3735	3970	3692	7117	7584	6982
德国	297	311	319	2162	2543	2358	7283	8171	7396
匈牙利	102	117	113	369	601	508	3604	5121	4495
意大利	232	235	213	746	864	753	3213	3670	3539
荷兰	14	14	14	114	122	125	8359	8862	8720
波兰	264	231	223	850	989	856	3227	4281	3830
俄罗斯	2135	2292	2328	3446	4541	4550	1614	1981	1955
罗马尼亚	193	229	246	446	781	703	2311	3409	2854
英国	209	199	187	1670	1547	1495	8008	7775	7995
大洋州	**1219**	**1224**	**1140**	**2243**	**2065**	**2434**	**1840**	**1687**	**2136**
澳大利亚	1214	1220	1136	2211	2038	2407	1821	1670	2119
新西兰	5	4	4	33	27	28	6210	6938	7103

资料来源:联合国粮农组织。

16—5 稻谷收获面积、总产量与单产

国家或地区	收获面积(万公顷)			总产量(万吨)			每公顷产量(公斤)		
	2000 年	2004 年	2005 年	2000 年	2004 年	2005 年	2000 年	2004 年	2005 年
世界总计	**15411**	**15103**	**15351**	**59897**	**60665**	**61465**	**3887**	**4017**	**4004**
非洲	**760**	**913**	**913**	**1764**	**1878**	**1857**	**2321**	**2058**	**2033**
埃及	66	65	65	600	635	620	9103	9835	9539
尼日利亚	220	370	370	330	354	354	1500	956	956
南非	0	0	0	0	0	0	2308	2286	2286
北美和中美	**197**	**201**	**206**	**1116**	**1271**	**1243**	**5681**	**6324**	**6032**
墨西哥	8	5	5	35	19	19	4181	4164	4164
美国	123	135	135	866	1047	1001	7037	7781	7401
南美	**565**	**581**	**604**	**2048**	**2373**	**2395**	**3623**	**4081**	**3966**
阿根廷	19	17	16	90	106	103	4780	6265	6340
巴西	366	373	394	1109	1328	1314	3034	3557	3339
委内瑞拉	14	20	19	68	97	95	4897	4900	5000
亚洲	**13814**	**13343**	**13566**	**54538**	**54743**	**55602**	**3948**	**4103**	**4099**
孟加拉国	1080	1100	1100	3763	3975	4005	3484	3614	3641
印度	4471	4230	4300	12740	12800	12900	2849	3026	3000
印度尼西亚	1179	1192	1180	5190	5409	5398	4401	4537	4575
伊朗	53	63	64	197	340	350	3690	5397	5469
日本	177	170	168	1186	1091	1099	6702	6415	6541
韩国	54	58	59	169	237	250	3159	4065	4237
朝鲜	107	100	98	720	695	642	6711	6937	6549
马来西亚	70	68	68	214	220	223	3062	3254	3295
缅甸	630	600	600	2132	2200	2200	3383	3667	3667
巴基斯坦	238	252	250	720	754	735	3031	2992	2940
菲律宾	404	413	412	1239	1450	1480	3068	3513	3597
斯里兰卡	83	72	89	286	263	313	3437	3652	3515
泰国	989	920	1020	2584	2386	2700	2613	2594	2647
土尔其	6	7	8	35	49	53	6035	7000	6563
越南	767	744	734	3253	3589	3634	4243	4821	4951
欧洲	**61**	**58**	**57**	**318**	**344**	**324**	**5250**	**5943**	**5725**
保加利亚	0	1	0	2	3	2	4700	4960	3203
法国	2	2	2	12	12	10	5836	5710	5722
匈牙利	0	0	0	1	1	1	3493	4546	3333
意大利	22	23	22	123	150	137	5581	6512	6171
俄罗斯	17	13	13	59	47	49	3495	3769	3920
罗马尼亚	0	0	0	0	0	1	2571	4181	1667
大洋州	**14**	**7**	**6**	**112**	**57**	**45**	**7989**	**7721**	**7741**
澳大利亚	13	7	5	110	55	43	8257	8379	8600

资料来源:联合国粮农组织。

16—6 玉米收获面积、总产量与单产

国家或地区	收获面积(万公顷)			总产量(万吨)			每公顷产量(公斤)		
	2000年	2004年	2005年	2000年	2004年	2005年	2000年	2004年	2005年
世界总计	**13844**	**14694**	**14702**	**59261**	**72423**	**69203**	**4281**	**4929**	**4707**
非洲	**2575**	**2764**	**2797**	**4442**	**4490**	**4759**	**1725**	**1624**	**1702**
埃及	84	85	84	647	673	680	7680	7876	8095
尼日利亚	400	447	447	411	478	478	1027	1070	1070
南非	381	320	334	1143	997	1200	2997	3110	3589
北美和中美	**3959**	**4089**	**4131**	**27960**	**33371**	**31273**	**7062**	**8161**	**7570**
加拿大	109	107	108	695	884	839	6390	8240	7743
墨西哥	713	800	800	1756	2200	2050	2462	2750	2563
美国	2932	2980	3008	25185	29992	28023	8591	10065	9316
南美	**1747**	**1769**	**1722**	**5543**	**6565**	**6322**	**3174**	**3711**	**3671**
阿根廷	309	233	274	1678	1500	1950	5433	6435	7117
巴西	1161	1234	1147	3188	4181	3486	2745	3387	3040
委内瑞拉	48	62	60	169	218	205	3500	3503	3417
亚洲	**4182**	**4500**	**4645**	**14906**	**18328**	**18544**	**3564**	**4073**	**3992**
孟加拉国	0	1	1	1	1	1	2060	2000	2000
印度	661	700	740	1204	1400	1450	1822	2000	1960
印度尼西亚	350	336	350	968	1123	1201	2765	3344	3428
伊朗	18	21	21	112	150	150	6166	7246	7317
日本	1	1	1	7	8	8	12669	16000	16000
韩国	50	50	50	104	173	160	2099	3489	3200
朝鲜	2	2	2	6	8	6	4062	4333	4200
马来西亚	3	2	3	7	7	8	2407	3000	3000
缅甸	21	26	29	36	60	65	1724	2308	2281
巴基斯坦	94	98	98	164	280	280	1741	2849	2849
菲律宾	251	253	250	451	541	520	1797	2142	2080
斯里兰卡	3	2	3	3	4	4	1084	1502	1482
泰国	122	109	115	447	422	418	3676	3869	3635
土尔其	56	70	80	230	300	350	4144	4286	4375
越南	73	99	100	201	345	350	2747	3487	3518
欧洲	**1371**	**1563**	**1397**	**6351**	**9612**	**8256**	**4633**	**6151**	**5910**
白俄罗斯	1	1	1	3	4	4	2308	3250	5714
保加利亚	47	38	34	80	212	100	1724	5540	2934
捷克共和国	5	9	8	30	55	58	6429	6135	7190
法国	176	182	163	1602	1639	1323	9077	8983	8099
德国	36	46	44	332	420	381	9212	9097	8597
匈牙利	119	119	120	498	832	900	4179	7001	7513
意大利	106	120	106	1014	1138	1062	9528	9505	10064
荷兰	2	2	2	22	20	22	11000	8750	9773
波兰	15	41	34	92	234	192	6064	5694	5590
俄罗斯	72	87	89	153	352	365	2123	4039	4124
罗马尼亚	305	310	266	490	1454	997	1606	4692	3743
大洋州	**10**	**9**	**10**	**60**	**58**	**50**	**5766**	**6472**	**5212**
澳大利亚	8	7	8	41	40	31	4936	5643	4160
新西兰	2	2	2	18	17	17	10226	11333	10750

资料来源:联合国粮农组织。

16—7 大豆收获面积、总产量与单产

国家或地区	收获面积(万公顷)			总产量(万吨)			每公顷产量(公斤)		
	2000 年	2004 年	2005 年	2000 年	2004 年	2005 年	2000 年	2004 年	2005 年
世界总计	**7440**	**9144**	**9139**	**16141**	**20443**	**20953**	**2169**	**2236**	**2293**
非洲	**97**	**113**	**115**	**96**	**108**	**113**	**991**	**954**	**986**
埃及	0.4	1.4	1.4	1.1	4.3	4.3	2720	3027	3071
尼日利亚	59	65	65	43	47	47	730	721	721
南非	9	14	15	15	22	28	1636	1630	1847
北美和中美	**3045**	**3119**	**3008**	**7790**	**8818**	**8594**	**2558**	**2828**	**2857**
加拿大	106	118	116	270	305	300	2548	2589	2589
墨西哥	7	6	6	10	8	8	1462	1186	1186
美国	2930	2993	2884	7506	8501	8282	2561	2840	2872
南美	**2412**	**3895**	**4011**	**5729**	**8710**	**9424**	**2375**	**2236**	**2350**
阿根廷	864	1432	1404	2020	3150	3830	2339	2200	2729
巴西	1364	2152	2290	3273	4979	5020	2400	2314	2192
委内瑞拉	0.2	0.1	0.1	0.4	0.3	0.3	2658	2275	2385
亚洲	**1770**	**1875**	**1841**	**2322**	**2551**	**2542**	**1312**	**1361**	**1381**
印度	642	720	700	528	550	600	822	764	857
印度尼西亚	83	57	61	102	72	80	1234	1280	1305
伊朗	9	9	9	14	14	14	1578	1500	1500
日本	12	14	15	24	16	23	1918	1191	1533
韩国	31	32	32	35	36	36	1129	1143	1143
马来西亚	9	9	9	11	14	13	1314	1630	1454
缅甸	11	14	14	10	15	15	918	1096	1095
巴基斯坦	0.8	0.8	0.8	1.0	1.0	1.0	1250	1250	1250
菲律宾	0.1	0.1	0.1	0.1	0.1	0.1	1231	1000	1000
斯里兰卡	0.1	0.1	0.1	0.1	0.2	0.2	928	1454	1429
泰国	22	16	16	31	24	25	1453	1534	1531
土尔其	2	1	1	4	5	3	2967	3571	3000
越南	12	18	19	15	24	25	1203	1327	1324
欧洲	**111**	**139**	**161**	**192**	**248**	**270**	**1737**	**1778**	**1676**
保加利亚	0.3	0.0	0.1	0.2	0.1	0.1	667	1877	1000
捷克共和国	0.2	0.9	0.9	0.2	1.3	1.9	1246	1433	2070
法国	8	6	6	20	15	15	2588	2511	2589
德国	0.1	0.1	0.1	0.1	0.1	0.1	2000	1000	1000
匈牙利	2	3	3	3	7	8	1379	2444	2645
意大利	25	15	15	90	52	59	3576	3446	3969
俄罗斯	34	56	69	34	56	74	1014	1000	1073
罗马尼亚	12	12	14	7	30	25	594	2477	1868
大洋洲	**6**	**3**	**3**	**10**	**7**	**10**	**1871**	**2242**	**2912**
澳大利亚	6	3	3	10	7	10	1871	2242	2912

资料来源:联合国粮农组织。

16—8 薯类作物收获面积、总产量与单产

国家或地区	收获面积(万公顷)			总产量(万吨)			每公顷产量(公斤)		
	2000 年	2004 年	2005 年	2000 年	2004 年	2005 年	2000 年	2004 年	2005 年
世界总计	**5266**	**5311**	**5327**	**70064**	**71923**	**71370**	**13305**	**13541**	**13398**
非洲	**2001**	**2265**	**2271**	**16806**	**18590**	**18832**	**8400**	**8209**	**8293**
埃及	9	12	11	207	294	290	23840	24894	25450
尼日利亚	691	865	865	6516	7197	7197	9435	8318	8318
南非	7	7	7	165	187	197	23822	28171	28549
北美和中美	**130**	**132**	**129**	**3354**	**3245**	**3060**	**25819**	**24526**	**23635**
加拿大	16	17	17	457	517	485	28682	30322	29394
墨西哥	8	8	8	178	189	189	23572	24797	24797
美国	58	51	48	2393	2142	1981	40962	42003	41692
南美	**354**	**359**	**380**	**4604**	**4953**	**5205**	**13004**	**13786**	**13708**
阿根廷	11	11	11	266	251	251	23311	23037	23037
巴西	194	196	214	2661	2744	3033	13710	13997	14180
委内瑞拉	8	8	8	111	103	104	13197	13036	13132
亚洲	**1840**	**1725**	**1734**	**29991**	**30572**	**30715**	**16300**	**17723**	**17710**
孟加拉国	28	31	31	331	423	423	11655	13802	13802
印度	168	174	174	3184	3260	3260	18979	18736	18736
印度尼西亚	162	157	153	1924	2275	2257	11901	14473	14760
伊朗	17	19	20	366	418	420	21663	22000	21539
日本	17	15	16	448	431	437	26292	27828	27480
韩国	21	22	22	216	241	243	10237	11141	11172
朝鲜	5	4	4	105	92	96	23034	23000	23415
马来西亚	5	5	5	45	50	50	9271	9523	9526
蒙古	1	1	1	6	8	9	7473	8834	8500
缅甸	4	5	5	37	58	59	9245	11384	11404
巴基斯坦	14	14	14	230	237	246	16883	17243	17600
菲律宾	38	37	37	257	246	245	6748	6612	6623
斯里兰卡	4	4	3	35	34	34	8429	9751	9647
泰国	115	108	100	1927	2166	1717	16783	20141	17092
土尔其	21	18	16	537	480	417	26186	26811	26057
越南	52	62	63	391	747	762	7527	12031	12095
欧洲	**914**	**802**	**785**	**14964**	**14193**	**13186**	**16372**	**17691**	**16805**
白俄罗斯	66	51	53	872	990	860	13189	19454	16226
保加利亚	5	3	5	40	57	58	7526	18686	11154
捷克共和国	7	4	4	148	99	100	21330	23569	27723
法国	16	16	15	643	725	635	39559	45442	43177
德国	30	30	28	1369	1304	1116	44991	44172	40382
匈牙利	5	3	2	86	77	61	18474	24742	24459
意大利	8	7	7	207	184	183	24862	24974	24912
荷兰	18	16	16	823	749	684	45655	45685	42460
波兰	125	71	59	2423	1400	1101	19376	19627	18525
俄罗斯	323	313	314	3398	3591	3640	10523	11474	11592
罗马尼亚	28	27	29	347	423	399	12274	15926	13983
英国	17	15	14	664	632	630	39976	42389	45000
大洋洲	**27**	**28**	**28**	**344**	**371**	**372**	**12628**	**13287**	**13229**
澳大利亚	4	4	4	121	132	131	28360	36095	35929
新西兰	1	1	1	52	52	52	39725	41280	41280

资料来源：联合国粮农组织。

16—9　油菜籽收获面积、总产量与单产

国家或地区	收获面积(万公顷)			总产量(万吨)			每公顷产量(公斤)		
	2000 年	2004 年	2005 年	2000 年	2004 年	2005 年	2000 年	2004 年	2005 年
世界总计	**2583**	**2631**	**2705**	**3952**	**4677**	**4533**	**1530**	**1777**	**1676**
非洲	**4**	**5**	**5**	**5**	**6**	**6**	**1128**	**1340**	**1359**
北美和中美	**548**	**529**	**562**	**813**	**835**	**914**	**1484**	**1580**	**1626**
加拿大	486	494	515	721	773	845	1483	1565	1639
墨西哥	1.0	1.1	1.1	1.4	1.4	1.4	1400	1333	1333
美国	61	34	46	91	61	68	1496	1811	1491
南美	**5**	**6**	**6**	**9**	**10**	**13**	**2024**	**1752**	**2011**
阿根廷	0	2	2	1	2	3	1667	1250	1529
巴西	2	4	4	4	6	6	1708	1700	1700
亚洲	**1419**	**1476**	**1482**	**1772**	**2061**	**1813**	**1249**	**1397**	**1224**
孟加拉国	33	28	30	25	21	23	758	756	750
印度	603	675	690	579	680	620	960	1007	899
日本	0.0	0.0	0.0	0.1	0.1	0.1	2038	2167	2167
朝鲜	0.2	0.1	0.1	0.3	0.1	0.1	1532	871	871
巴基斯坦	33	39	39	30	40	40	908	1039	1039
土尔其	0.0	0.2	0.1	0.0	0.5	0.1	2281	2647	2300
欧洲	**462**	**505**	**542**	**1174**	**1610**	**1673**	**2543**	**3185**	**3086**
白俄罗斯	11	12	9	7	14	5	664	1153	556
保加利亚	2	1	1	2	2	2	1333	1990	1636
捷克共和国	32	26	27	84	93	78	2608	3602	2902
法国	119	112	121	348	397	442	2931	3542	3649
德国	108	128	135	359	528	466	3326	4111	3463
匈牙利	12	10	11	18	29	30	1549	2760	2783
意大利	3.6	0.3	0.3	4.1	0.5	0.6	1130	1804	1798
荷兰	0.1	0.1	0.1	0.3	0.8	0.9	3625	12397	14380
波兰	44	54	54	96	163	143	2194	3034	2634
俄罗斯	17	23	26	15	28	29	862	1191	1096
罗马尼亚	7	5	9	8	10	15	1113	2002	1730
英国	40	56	60	116	161	191	2878	2884	3174
大洋州	**146**	**112**	**108**	**178**	**155**	**113**	**1218**	**1392**	**1043**
澳大利亚	146	111	108	178	155	113	1217	1391	1042
新西兰	0.2	0.2	0.2	0.4	0.4	0.4	2000	2000	2000

资料来源:联合国粮农组织。

16—10　花生收获面积、总产量与单产

国家或地区	收获面积(万公顷)			总产量(万吨)			每公顷产量(公斤)		
	2000年	2004年	2005年	2000年	2004年	2005年	2000年	2004年	2005年
世界总计	**2408**	**2493**	**2522**	**3496**	**3589**	**3649**	**1452**	**1440**	**1447**
非洲	**969**	**1052**	**1049**	**854**	**893**	**888**	**882**	**849**	**846**
埃及	6	6	6	19	19	19	3103	3159	3115
尼日利亚	267	288	288	290	294	294	1087	1020	1020
南非	8	7	4	14	13	9	1648	1790	2000
北美和中美	**70**	**70**	**78**	**173**	**216**	**234**	**2479**	**3109**	**2981**
墨西哥	9	6	6	14	7	7	1550	1204	1204
美国	54	56	65	148	195	211	2740	3448	3249
南美	**39**	**34**	**41**	**85**	**72**	**96**	**2170**	**2129**	**2355**
阿根廷	22	17	21	60	42	59	2734	2499	2824
巴西	10	10	13	18	23	29	1793	2261	2327
委内瑞拉	0.06	0.03	0.04	0.16	0.10	0.10	2863	2875	2857
亚洲	**1326**	**1333**	**1349**	**2379**	**2403**	**2426**	**1793**	**1802**	**1798**
孟加拉国	3	3	3	3	3	3	1098	1308	1308
印度	656	672	672	648	650	650	988	967	967
印度尼西亚	68	72	72	129	147	147	1890	2031	2042
伊朗	0.1	0.1	0.1	0.3	0.3	0.3	2727	2727	2727
日本	1	1	1	3	2	2	2472	2338	2222
朝鲜	0.5	0.3	0.3	0.9	0.8	0.7	1913	2391	2059
马来西亚	0.0	0.0	0.0	0.2	0.2	0.2	5111	4846	4857
缅甸	56	58	58	63	72	72	1132	1244	1233
巴基斯坦	8	11	11	9	8	8	1122	723	723
菲律宾	3	3	3	3	3	3	997	1015	1011
斯里兰卡	1	1	1	1	1	1	671	795	850
泰国	8	7	7	13	11	11	1593	1642	1629
土尔其	3	3	3	8	8	8	2756	3077	3077
越南	24	26	26	36	45	45	1451	1744	1742
欧洲	**1**	**1**	**1**	**1**	**1**	**1**	**1050**	**748**	**863**
保加利亚	1	1	1	1	1	1	800	680	700
大洋州	**3**	**3**	**3**	**4**	**4**	**4**	**1536**	**1524**	**1521**
澳大利亚	2	3	3	4	4	4	1625	1600	1600

资料来源:联合国粮农组织。

16—11 籽棉收获面积、总产量与单产

国家或地区	收获面积(万公顷)			总产量(万吨)			每公顷产量(公斤)		
	2000年	2004年	2005年	2000年	2004年	2005年	2000年	2004年	2005年
世界总计	**3193**	**3525**	**3522**	**5306**	**6985**	**6667**	**1662**	**1981**	**1893**
非洲	**414**	**513**	**517**	**386**	**519**	**503**	**933**	**1010**	**973**
埃及	22	30	32	55	79	82	2543	2615	2603
尼日利亚	54	63	63	40	42	25	742	660	400
南非	5	4	2	8	7	5	1489	2007	2232
北美和中美	**537**	**536**	**561**	**982**	**1274**	**1278**	**1827**	**2377**	**2278**
墨西哥	8	6	6	22	19	19	2898	2923	2923
美国	528	528	553	958	1254	1257	1813	2373	2272
南美	**157**	**198**	**214**	**301**	**490**	**485**	**1909**	**2476**	**2268**
阿根廷	33	25	37	42	35	45	1258	1381	1198
巴西	80	115	125	201	379	373	2508	3289	2972
委内瑞拉	1	2	2	2	3	3	1157	1327	1300
亚洲	**1980**	**2199**	**2155**	**3283**	**4394**	**4140**	**1658**	**1998**	**1921**
孟加拉国	2	2	2	4	5	5	2502	2250	2250
印度	858	897	910	492	770	750	574	858	824
印度尼西亚	2	2	2	3	3	3	1273	1409	1455
伊朗	25	16	19	50	31	45	2020	1938	2320
韩国	2	2	2	4	4	4	1842	1895	1895
缅甸	32	29	30	18	18	18	545	621	600
巴基斯坦	293	319	319	548	728	728	1871	2280	2280
菲律宾	0.3	0.2	0.2	0.2	0.2	0.2	869	1050	1050
泰国	3	1	1	4	1	1	1424	1300	1273
土尔其	65	64	60	226	236	229	3456	3698	3817
越南	2	3	3	2	3	3	1011	1117	1107
欧洲	**51**	**47**	**46**	**160**	**153**	**143**	**3112**	**3252**	**3084**
保加利亚	0.9	0.2	0.3	0.6	0.3	0.4	700	1150	1333
大洋州	**53**	**32**	**29**	**195**	**156**	**118**	**3691**	**4851**	**4133**
澳大利亚	53	32	29	195	156	118	3691	4851	4133

资料来源:联合国粮农组织。

16—12 麻类收获面积、总产量与单产

国家或地区	收获面积(万公顷)			总产量(万吨)			每公顷产量(公斤)		
	2000年	2004年	2005年	2000年	2004年	2005年	2000年	2004年	2005年
世界总计	**168**	**165**	**165**	**305**	**325**	**325**	**1817**	**1972**	**1972**
非洲	**2.5**	**2.5**	**2.5**	**2.2**	**2.2**	**2.2**	**880**	**886**	**886**
埃及	0.1	0.1	0.1	0.2	0.2	0.2	2316	2316	2316
尼日利亚	0.1	0.1	0.1	0.1	0.1	0.1	900	900	900
南非	0.1	0.1	0.1	0.1	0.1	0.1	1000	1000	1000
北美和中美	**1.4**	**1.4**	**1.4**	**1.3**	**1.3**	**1.3**	**936**	**964**	**964**
南美	**1.5**	**2.0**	**2.0**	**1.8**	**2.4**	**2.4**	**1169**	**1204**	**1178**
巴西	0.5	0.9	0.8	0.7	1.3	1.2	1494	1469	1427
亚洲	**160**	**156**	**157**	**295**	**314**	**314**	**1841**	**2005**	**2005**
孟加拉国	45	44	44	82	80	80	1829	1829	1829
印度	102	100	100	188	210	210	1850	2108	2108
印度尼西亚	0.6	0.3	0.3	0.8	0.4	0.4	1250	1321	1321
缅甸	3.7	3.1	3.1	3.3	2.6	2.6	912	849	849
巴基斯坦	0.3	0.2	0.2	0.2	0.1	0.1	696	617	617
泰国	1.9	2.0	2.0	3.4	3.0	3.1	1748	1509	1520
越南	0.6	0.5	0.5	1.1	1.4	1.5	2055	3021	3000
欧洲	**2.1**	**2.3**	**2.3**	**4.5**	**5.0**	**5.1**	**2143**	**2174**	**2217**
俄罗斯	2.1	2.3	2.3	4.5	5.0	5.1	2143	2174	2217

资料来源:联合国粮农组织。

16—13 甜菜收获面积、总产量与单产

国家或地区	收获面积(万公顷)			总产量(万吨)			每公顷产量(公斤)		
	2000年	2004年	2005年	2000年	2004年	2005年	2000年	2004年	2005年
世界总计	**599**	**550**	**550**	**24629**	**24861**	**24199**	**41087**	**45214**	**44015**
非洲	**11**	**12**	**13**	**579**	**742**	**799**	**51936**	**62814**	**61836**
埃及	6	6	7	289	286	343	50722	48291	48781
北美和中美	**57**	**54**	**52**	**3034**	**2792**	**2544**	**53023**	**51409**	**49375**
加拿大	2	1	1	82	74	72	49458	52387	52174
美国	56	53	50	2952	2718	2472	53129	51382	49298
南美	**5.0**	**3.2**	**3**	**311**	**239**	**282**	**62185**	**75870**	**89181**
委内瑞拉	0.1	0.1	0.1	1.7	1.7	1.7	19364	18558	18889
亚洲	**109**	**86**	**88**	**3771**	**3161**	**3128**	**34467**	**36954**	**35383**
伊朗	16	18	18	433	490	485	26621	27222	27714
日本	7	7	7	367	466	420	53078	68471	61765
巴基斯坦	1	1	1	16	25	29	26283	34274	38316
土尔其	41	32	32	1882	1352	1350	45902	42864	42587
欧洲	**417**	**395**	**394**	**16933**	**17927**	**17445**	**40641**	**45380**	**44303**
白俄罗斯	5	9	10	147	309	317	28339	35909	30777
保加利亚	0.2	0.1	0.2	2	3	5	10434	24346	23597
捷克共和国	6	7	7	281	349	319	45826	50573	48646
法国	41	39	38	3112	3055	2930	75905	79138	77317
德国	45	44	43	2787	2716	2543	61660	61655	59395
匈牙利	6	6	6	198	313	311	34389	51312	50887
意大利	25	19	25	1157	847	1200	46434	45602	48387
荷兰	11	10	9	680	629	575	61243	64403	61170
波兰	33	30	29	1313	1273	1097	39427	42826	38334
俄罗斯	75	79	78	1405	2185	2152	18825	27654	27590
罗马尼亚	5	2	2	67	67	69	13779	32372	30174
英国	17	15	13	908	885	750	52480	57468	58594

资料来源:联合国粮农组织。

16—14 甘蔗收获面积、总产量与单产

国家或地区	收获面积(万公顷)			总产量(万吨)			每公顷产量(公斤)		
	2000年	2004年	2005年	2000年	2004年	2005年	2000年	2004年	2005年
世界总计	**1950**	**2042**	**1978**	**125229**	**132822**	**129322**	**64211**	**65036**	**65385**
非洲	**138**	**145**	**143**	**8560**	**8480**	**8681**	**62046**	**58672**	**60526**
埃及	13	14	14	1571	1623	1634	117216	119951	121000
尼日利亚	2	4	4	70	78	78	28958	18047	18047
南非	32	32	31	2388	1909	2173	74170	59380	69632
北美和中美	**276**	**243**	**213**	**15956**	**14590**	**13335**	**57737**	**59963**	**62620**
墨西哥	62	64	64	4410	4513	4513	71327	70614	70614
美国	42	38	39	3276	2632	2580	78423	69322	66634
南美	**600**	**688**	**700**	**41061**	**51240**	**51275**	**68412**	**74455**	**73249**
阿根廷	28	31	31	1840	1930	1930	65714	63279	63279
巴西	485	563	577	32770	41626	42012	67624	73876	72847
委内瑞拉	13	13	13	883	881	880	68672	70247	67692
亚洲	**887**	**914**	**872**	**55427**	**54464**	**51856**	**62504**	**59570**	**59453**
孟加拉国	17	16	16	691	648	650	40558	39660	39634
印度	422	400	375	29923	23618	23232	70913	59045	61952
印度尼西亚	37	36	35	2390	2560	2550	65307	71111	72857
伊朗	3	7	7	237	610	650	92697	87143	92857
日本	2	2	2	140	119	135	60390	51609	56250
马来西亚	2	2	2	160	120	120	74836	75000	75000
缅甸	13	14	14	589	637	637	44385	44845	44859
巴基斯坦	101	107	97	4633	5342	4724	45883	49715	48892
菲律宾	39	40	38	2449	3250	3100	62013	82279	81579
斯里兰卡	2	2	2	107	99	102	59427	59095	59706
泰国	91	112	107	5405	6497	4957	59161	57939	46465
越南	30	29	28	1504	1588	1500	49766	55330	53571
欧洲	**0.1**	**0.1**	**0.1**	**11**	**6**	**6**	**98549**	**76031**	**76031**
大洋洲	**49**	**52**	**49**	**4215**	**4041**	**4168**	**86184**	**77927**	**84791**
澳大利亚	42	45	42	3816	3699	3825	91085	82574	91062

资料来源:联合国粮农组织。

16－15　烟叶收获面积、总产量与单产

国家或地区	收获面积(万公顷)			总产量(万吨)			每公顷产量(公斤)		
	2000年	2004年	2005年	2000年	2004年	2005年	2000年	2004年	2005年
世界总计	**415**	**395**	**398**	**668**	**645**	**638**	**1611**	**1634**	**1603**
非洲	**41**	**38**	**38**	**51**	**32**	**32**	**1260**	**855**	**850**
尼日利亚	2	2	2	1	1	1	418	418	418
南非	2	1	1	3	3	2	1856	2654	2261
北美和中美	**32**	**25**	**21**	**66**	**54**	**44**	**2048**	**2186**	**2085**
加拿大	2	2	2	5	4	4	2227	2703	2688
墨西哥	2	1	1	5	2	2	1992	1910	1910
美国	19	17	12	48	40	29	2498	2415	2335
南美	**40**	**56**	**59**	**77**	**112**	**109**	**1895**	**1995**	**1841**
阿根廷	6	7	7	11	12	12	1921	1788	1788
巴西	31	46	49	58	92	88	1866	1997	1783
委内瑞拉	0.5	0.2	0.3	0.9	0.4	0.5	1633	1709	1800
亚洲	**274**	**251**	**256**	**421**	**396**	**404**	**1537**	**1581**	**1581**
孟加拉国	3	3	3	4	4	4	1123	1285	1285
印度	43	44	44	52	60	60	1200	1365	1365
印度尼西亚	17	15	15	15	14	14	868	972	972
伊朗	2	2	2	2	2	2	1066	1050	1050
日本	2	2	2	6	5	5	2534	2445	2520
韩国	4	5	5	6	6	7	1432	1422	1422
朝鲜	2	2	2	7	4	4	2807	1981	1981
马来西亚	0.9	1.1	1.1	0.7	1.4	1.4	786	1259	1259
缅甸	3	2	2	5	3	3	1534	1750	1755
巴基斯坦	6	5	5	11	9	8	1910	1890	1871
菲律宾	4	3	3	5	5	5	1205	1415	1415
斯里兰卡	0.4	0.3	0.4	0.5	0.4	0.5	1205	1262	1250
泰国	4	4	4	7	7	7	1714	1722	1750
土尔其	24	19	19	20	16	14	847	826	741
越南	2	2	2	3	3	3	1111	1463	1472
欧洲	**27**	**25**	**25**	**52**	**49**	**49**	**1946**	**1986**	**2000**
白俄罗斯	0.1	0.1	0.1	0.1	0.1	0.2	1750	1750	1875
保加利亚	3	5	4	3	7	6	1132	1476	1442
法国	0.9	0.8	0.9	2.5	2.4	2.0	2721	2878	2326
德国	0.5	0.5	0.5	1.1	1.2	1.2	2401	2400	2400
匈牙利	0.6	0.6	0.6	1.0	1.1	1.2	1819	1871	2000
意大利	4	4	4	13	10	11	3350	2816	2895
波兰	1	2	1	3	3	3	2102	1684	1937
俄罗斯	0.2	0.02	0.02	0.14	0.01	0.02	783	636	652
罗马尼亚	1.1	0.6	0.3	1.1	0.7	0.4	965	1282	1200
大洋州	**0.4**	**0.3**	**0.3**	**0.8**	**0.6**	**0.6**	**2295**	**1899**	**1903**
澳大利亚	0.3	0.3	0.3	0.8	0.6	0.6	2437	2000	2000

资料来源：联合国粮农组织。

16—16　茶叶收获面积、总产量与单产

国家或地区	收获面积(万公顷)			总产量(万吨)			每公顷产量(公斤)		
	2000年	2004年	2005年	2000年	2004年	2005年	2000年	2004年	2005年
世界总计	**239**	**255**	**256**	**296**	**334**	**320**	**1234**	**1313**	**1250**
非洲	**22**	**25**	**25**	**41**	**49**	**48**	**1853**	**1973**	**1976**
南非	0.7	0.6	0.6	1.3	1.3	1.1	1868	2083	1897
北美和中美	**0.1**	**0.1**	**0.1**	**0.1**	**0.1**	**0.1**	**929**	**926**	**927**
南美	**5**	**5**	**5**	**7**	**8**	**8**	**1460**	**1663**	**1689**
阿根廷	4	4	4	5	6	6	1322	1600	1600
巴西	0.4	0.4	0.4	0.8	0.8	0.8	2148	2104	2104
亚洲	**211**	**225**	**226**	**246**	**277**	**263**	**1164**	**1234**	**1162**
孟加拉国	5	5	5	5	6	6	947	1030	1030
印度	50	50	50	84	85	65	1674	1701	1306
印度尼西亚	12	12	12	16	16	17	1342	1418	1475
伊朗	3	3	3	5	5	5	1553	1625	1625
日本	5	5	5	9	10	10	1687	2061	2041
朝鲜	0.1	0.1	0.1	0.1	0.2	0.2	1216	1071	1071
马来西亚	0.3	0.4	0.4	0.6	0.4	0.4	1879	1114	1114
缅甸	7	7	7	2	2	3	284	344	347
斯里兰卡	19	21	21	31	31	31	1619	1463	1463
泰国	1.9	1.9	2.0	0.6	0.6	0.6	297	295	300
土耳其	8	10	10	14	20	20	1808	2017	2020
越南	7	10	10	7	11	11	994	1063	1058
欧洲	**0.2**	**0.1**	**0.1**	**0.2**	**0.1**	**0.1**	**1005**	**882**	**959**
俄罗斯	0.2	0.1	0.1	0.2	0.1	0.1	1013	886	964
大洋州	**0.7**	**0.7**	**0.7**	**1.0**	**0.9**	**0.9**	**1284**	**1286**	**1286**

资料来源:联合国粮农组织。

16—17 水果收获面积、总产量与单产

国家或地区	收获面积(万公顷)			总产量(万吨)			每公顷产量(公斤)		
	2000年	2004年	2005年	2000年	2004年	2005年	2000年	2004年	2005年
世界总计	**4862**	**5150**	**5191**	**47085**	**51104**	**50891**	**9685**	**9924**	**9805**
非洲	**888**	**938**	**940**	**6022**	**6458**	**6484**	**6778**	**6882**	**6901**
埃及	41	42	43	697	821	820	16794	19710	19242
尼日利亚	164	167	167	898	913	913	5461	5469	5469
南非	30	32	31	492	540	545	16553	17056	17572
北美和中美	**346**	**354**	**355**	**6132**	**6129**	**5717**	**17742**	**17296**	**16104**
加拿大	7	7	7	80	69	69	11143	9453	9411
墨西哥	108	116	116	1331	1476	1476	12343	12687	12687
美国	130	127	124	3280	3020	2587	25174	23784	20832
南美	**492**	**494**	**498**	**7094**	**7173**	**7221**	**14426**	**14531**	**14501**
阿根廷	43	47	47	717	748	748	16561	15980	15980
巴西	243	238	238	3630	3601	3542	14940	15102	14877
委内瑞拉	21	17	17	319	226	232	15362	13425	13703
亚洲	**2186**	**2432**	**2489**	**19328**	**22756**	**23198**	**8841**	**9357**	**9320**
孟加拉国	18	21	21	136	168	168	7626	8098	8098
印度	360	413	413	4214	4703	4703	11715	11396	11396
印度尼西亚	75	129	122	841	1475	1378	11146	11462	11285
伊朗	112	115	115	1229	1314	1314	10937	11394	11394
日本	23	22	22	379	340	362	16574	15672	16752
韩国	16	17	17	135	141	142	8232	8322	8280
朝鲜	18	17	17	263	263	249	14525	15849	14975
马来西亚	9	10	10	118	131	132	13304	13368	13388
蒙古	0.01	0.01	0.01	0.02	0.01	0.01	2143	1667	1667
缅甸	31	34	35	142	174	175	4623	5064	5019
巴基斯坦	62	63	68	518	512	575	8380	8106	8445
菲律宾	90	105	107	1066	1237	1245	11854	11737	11633
斯里兰卡	10	10	11	83	83	85	8043	7972	7923
泰国	80	82	84	785	796	814	9784	9733	9701
土耳其	102	105	105	1086	1081	1148	10612	10341	10892
越南	45	47	48	434	547	544	9701	11729	11290
欧洲	**905**	**880**	**858**	**7909**	**7926**	**7615**	**8738**	**9005**	**8875**
白俄罗斯	9	9	10	30	36	25	3298	3943	2386
保加利亚	18	20	18	74	54	54	4176	2701	3056
捷克共和国	5	5	5	56	53	45	11360	10447	8998
法国	103	100	100	1127	1103	1034	10941	11015	10303
德国	37	36	36	628	426	425	16880	11714	11669
匈牙利	19	18	20	172	181	188	9229	9813	9622
意大利	137	133	129	1799	1792	1920	13118	13463	14837
荷兰	2	2	2	71	70	70	29689	31400	31605
波兰	39	39	37	225	352	288	5779	9080	7700
俄罗斯	82	80	83	340	394	402	4141	4897	4869
罗马尼亚	45	41	42	260	304	210	5793	7482	5010
英国	3	2	2	31	30	28	11879	13764	13019
大洋洲	**45**	**51**	**51**	**600**	**662**	**656**	**13468**	**12915**	**12898**
澳大利亚	22	26	27	308	358	351	13812	13585	13213
新西兰	5	6	6	111	110	110	22288	17149	19244

资料来源:联合国粮农组织。

16－18　猪、牛、羊存栏数

（2005 年）　　　　单位：万头

国家或地区	牛	水牛	山羊	绵羊	猪
世界总计	**17403**	**135519**	**80725**	**96041**	**107974**
非洲	**392**	**23926**	**23316**	**2342**	**25353**
埃及	392	450	396	3	515
尼日利亚		1520	2800	665	2300
南非		1376	641	165	2532
北美和中美	**1**	**16375**	**1556**	**9537**	**1730**
加拿大		1508	3	1468	100
墨西哥		3148	899	1463	682
美国		9585	252	6064	614
南美	**120**	**32702**	**2055**	**5191**	**6888**
阿根廷		5077	420	149	1245
巴西	120	19200	909	3300	1418
委内瑞拉		1630	132	310	53
亚洲	**16859**	**45549**	**51930**	**59362**	**45665**
孟加拉国	85	2450	3690		126
印度	9800	18500	12000	1430	6250
印度尼西亚	243	1150	1318	627	831
伊朗	55	880	2650		5400
日本		440	3	960	1
韩国		58	275	320	17
朝鲜		230	57	900	
马来西亚	13	76	23	215	12
蒙古		184	1224	1	1169
缅甸	270	1200	180	522	49
巴基斯坦	2630	2420	5670		2490
菲律宾	327	259	650	1214	3
斯里兰卡	32	122	43	8	1
泰国	180	550	27	720	5
土尔其	10	1007	661	0.4	2520
越南	295	525	120	2700	
欧洲	**31**	**13162**	**1781**	**19070**	**13736**
保加利亚	1	67	72	93	169
捷克共和国		140	1	288	14
法国		1938	120	1500	911
德国		1326	17	2624	214
匈牙利		72	8	406	140
意大利	24	631	99	927	820
荷兰		386	28	1115	124
波兰		548		1811	32
俄罗斯	2	2299	228	1341	1549
罗马尼亚		295	66	650	743
英国		1038		485	3525
大洋洲		**3805**	**88**	**539**	**14602**
澳大利亚		2790	40	256	10600
新西兰		942	16	39	4000

资料来源：联合国粮农组织。

16—19 肉类产量

（2005 年）

单位:万吨

国家或地区	肉类总产量	猪肉	羊肉	牛肉
世界总计	**26524**	**10252**	**1298**	**6361**
非洲	**1209**	**81**	**198**	**458**
埃及	144	0.2	6	59
尼日利亚	107	21	25	28
南非	189	14	16	64
北美和中美	**5132**	**1275**	**21**	**1497**
加拿大	468	196	2	153
墨西哥	504	106	8	154
美国	3956	940	9	1131
南美	**3109**	**437**	**32**	**1342**
阿根廷	417	15	6	302
巴西	1992	311	12	777
委内瑞拉	122	12	1	41
亚洲	**11198**	**5844**	**791**	**1636**
孟加拉国	45		14	18
印度	630	50	71	298
印度尼西亚	248	58	13	50
伊朗	169		49	33
日本	300	125	0.02	50
韩国	25	17	1	2
朝鲜	174	105	0.3	23
马来西亚	120	21	0.1	3
蒙古	20	0.03	10	5
缅甸	63	14	1	14
巴基斯坦	197		54	100
菲律宾	207	110	4	25
斯里兰卡	14	0.2	0.2	3
泰国	190	68	0.1	18
土尔其	165	0.03	32	37
越南	274	210	1	22
欧洲	**5292**	**2563**	**144**	**1140**
白俄罗斯	70	35	0.2	25
保加利亚	41	25	4	3
捷克共和国	72	35	0.1	9
法国	618	226	13	153
德国	688	451	5	115
匈牙利	103	48	0.1	6
意大利	410	155	7	118
荷兰	235	130	2	39
波兰	323	192	0.2	30
俄罗斯	489	161	14	192
罗马尼亚	78	38	7	16
英国	334	70	31	75
大洋州	**584**	**53**	**112**	**287**
澳大利亚	395	39	60	216
新西兰	143	5	52	69

资料来源:联合国粮农组织。

16－20 鸡蛋产量

单位:万吨

国家或地区	2000年	2001年	2002年	2003年	2004年	2005年
世界总计	**5169**	**5329**	**5520**	**5676**	**5806**	**5925**
非洲	**194**	**203**	**213**	**215**	**218**	**219**
埃及	18	20	22	24	24	24
尼日利亚	40	44	45	46	48	48
南非	32	33	34	33	34	34
北美和中美	**758**	**781**	**793**	**791**	**802**	**807**
加拿大	37	39	39	39	38	38
墨西哥	179	189	190	187	191	191
美国	500	509	516	518	528	533
南美	**281**	**296**	**292**	**300**	**303**	**304**
阿根廷	33	30	26	30	30	30
巴西	151	154	155	155	156	156
委内瑞拉	17	19	16	15	15	15
亚洲	**2969**	**3066**	**3220**	**3381**	**3475**	**3575**
孟加拉国	13	13	13	13	13	13
印度	201	215	222	237	246	249
印度尼西亚	64	69	78	79	86	88
伊朗	58	58	59	63	61	61
日本	254	252	253	253	248	247
韩国	48	53	54	54	57	57
马来西亚	39	40	41	42	43	44
蒙古	0.04	0.04	0.05	0.04	0.04	0.05
缅甸	8	9	10	11	14	13
巴基斯坦	34	35	36	37	38	40
菲律宾	45	45	50	50	48	47
斯里兰卡	5	5	5	5	5	5
泰国	51	50	54	55	39	38
土尔其	81	66	72	79	77	83
越南	19	20	23	24	20	23
欧洲	**948**	**962**	**983**	**968**	**984**	**996**
白俄罗斯	18	17	16	16	16	18
保加利亚	8	8	9	9	10	9
捷克共和国	19	19	16	15	14	11
法国	104	102	99	100	104	105
德国	90	89	87	81	80	80
匈牙利	18	18	19	19	18	18
意大利	69	66	69	71	71	70
荷兰	67	66	64	46	60	60
波兰	42	45	50	51	51	52
俄罗斯	189	196	202	203	199	205
罗马尼亚	26	30	32	33	37	37
英国	57	57	55	55	55	55
大洋州	**20**	**20**	**20**	**21**	**23**	**23**
澳大利亚	14	14	14	15	17	17
新西兰	4	4	5	5	5	5

资料来源:联合国粮农组织。

16－21　禽蛋产量

单位:万吨

国家或地区	2000 年	2001 年	2002 年	2003 年	2004 年	2005 年
世界总计	**5581**	**5758**	**5971**	**6150**	**6297**	**6438**
非洲	**194**	**204**	**213**	**215**	**219**	**219**
埃及	18	20	22	24	24	24
尼日利亚	40	44	45	46	48	48
南非	32	33	34	33	34	34
北美和中美	**758**	**781**	**793**	**791**	**802**	**807**
加拿大	37	39	39	39	38	38
墨西哥	179	189	190	187	191	191
美国	500	509	516	518	528	533
南美	**287**	**303**	**298**	**306**	**309**	**310**
阿根廷	33	30	26	30	30	30
巴西	157	160	161	161	162	162
委内瑞拉	17	19	16	15	15	15
亚洲	**3367**	**3481**	**3656**	**3841**	**3951**	**4074**
孟加拉国	16	16	16	16	16	16
印度	201	215	222	237	246	249
印度尼西亚	78	85	95	97	103	106
伊朗	58	58	59	63	61	61
日本	254	252	253	253	248	247
韩国	11	12	13	14	14	14
朝鲜	50	55	56	56	59	60
马来西亚	40	41	42	43	44	45
蒙古	0.04	0.04	0.05	0.04	0.04	0.05
缅甸	9	10	11	13	15	15
巴基斯坦	35	36	37	38	39	41
菲律宾	52	52	57	57	55	55
泰国	81	79	84	86	70	69
土尔其	81	66	72	79	77	83
越南	19	20	23	24	20	23
欧洲	**954**	**969**	**991**	**976**	**993**	**1003**
白俄罗斯	18	18	16	16	17	18
保加利亚	8	8	9	10	10	9
捷克共和国	19	19	16	15	14	11
法国	104	102	99	100	104	105
德国	90	89	87	81	80	80
匈牙利	18	18	19	19	18	18
意大利	69	66	69	71	71	70
荷兰	67	66	64	46	60	60
波兰	42	45	50	51	51	52
俄罗斯	190	197	203	204	201	207
罗马尼亚	29	32	35	36	40	41
英国	59	59	57	57	57	57
大洋洲	**20**	**20**	**20**	**21**	**23**	**24**
澳大利亚	14	14	14	15	17	17
新西兰	5	5	5	5	5	5

资料来源:联合国粮农组织。

16—22 牛奶产量

单位:万吨

国家或地区	1999年	2000年	2001年	2002年	2003年	2004年	2005年
世界总计	**48356**	**49123**	**49757**	**51006**	**51844**	**52323**	**53072**
非洲	**1869**	**1959**	**2008**	**2110**	**2166**	**2124**	**2152**
埃及	160	164	162	200	260	213	230
尼日利亚	39	41	43	43	43	43	43
南非	267	254	276	269	264	255	255
北美和中美	**9490**	**9760**	**9691**	**10007**	**10075**	**10099**	**10395**
加拿大	816	809	811	796	805	800	810
墨西哥	888	931	947	966	978	987	987
美国	7380	7602	7507	7714	7729	7748	8015
南美	**4459**	**4515**	**4639**	**4691**	**4730**	**4743**	**4780**
阿根廷	1065	1012	977	879	820	810	810
巴西	1966	2038	2115	2231	2332	2332	2332
委内瑞拉	135	141	140	139	124	120	127
亚洲	**9276**	**9576**	**9964**	**10412**	**11219**	**11931**	**12204**
孟加拉国	77	78	78	79	80	80	80
印度	3280	3400	3560	3620	3650	3750	3850
印度尼西亚	44	50	48	49	55	60	34
伊朗	440	476	487	498	490	500	500
日本	846	850	830	839	840	833	826
韩国	9	9	9	9	9	9	9
朝鲜	224	225	234	254	237	226	223
马来西亚	3	3	3	3	4	4	4
蒙古	47	38	29	28	29	33	30
缅甸	49	50	51	53	53	54	54
巴基斯坦	789	804	819	835	862	884	908
菲律宾	1.0	1.0	1.1	1.1	1.1	1.2	1.3
斯里兰卡	13	13	13	13	13	13	14
泰国	46	52	59	66	73	84	90
土尔其	897	873	849	749	951	961	950
越南	4	5	6	8	13	15	17
欧洲	**21118**	**20964**	**21049**	**21232**	**21205**	**20928**	**21057**
白俄罗斯	474	449	483	477	468	515	560
保加利亚	139	141	119	131	131	134	136
捷克共和国	282	279	278	273	265	260	266
法国	2489	2500	2490	2520	2461	2436	2528
德国	2833	2833	2819	2787	2835	2812	2760
匈牙利	211	214	214	213	204	195	200
意大利	1190	1231	1128	1130	1131	997	1050
荷兰	1117	1116	1097	1068	1108	1091	1053
波兰	1228	1189	1188	1187	1189	1182	1240
俄罗斯	3200	3196	3260	3321	3309	3166	3060
罗马尼亚	436	430	446	464	485	572	572
英国	1501	1449	1471	1487	1501	1456	1458
大洋州	**2144**	**2349**	**2406**	**2555**	**2450**	**2497**	**2484**
澳大利亚	1049	1118	1087	1162	1008	1013	1015
新西兰	1088	1224	1312	1387	1435	1478	1463

资料来源:联合国粮农组织。

16—23 羊毛产量

单位：万吨

国家或地区	1999 年	2000 年	2001 年	2002 年	2003 年	2004 年	2005 年
世界总计	**233.13**	**232.27**	**226.90**	**220.60**	**219.90**	**216.60**	**220.33**
非洲	**20.45**	**20.50**	**20.26**	**20.33**	**20.02**	**20.05**	**20.06**
埃及	0.72	0.74	0.76	0.76	0.76	0.76	0.76
南非	5.60	5.27	4.86	4.75	4.42	4.42	4.42
北美和中美	**2.68**	**2.68**	**2.54**	**2.43**	**2.34**	**2.29**	**2.29**
加拿大	0.15	0.15	0.15	0.15	0.15	0.15	0.15
墨西哥	0.42	0.42	0.43	0.42	0.45	0.43	0.43
美国	2.11	2.11	1.95	1.86	1.74	1.71	1.71
南美	**18.41**	**17.52**	**17.18**	**16.07**	**16.10**	**15.00**	**14.99**
阿根廷	6.50	5.80	5.60	6.50	7.20	6.00	6.00
巴西	1.34	1.33	1.21	1.14	1.13	1.14	1.14
亚洲	**70.26**	**71.72**	**71.72**	**72.69**	**76.83**	**80.56**	**82.77**
孟加拉国	0.14	0.14	0.14	0.14	0.14	0.14	0.14
印度	4.79	4.92	5.07	5.12	5.14	5.14	5.14
印度尼西亚	2.17	2.23	2.22	2.30	2.44	2.44	2.44
伊朗	7.39	7.50	7.50	7.50	7.50	7.50	7.50
马来西亚	0.02	0.02	0.02	0.02	0.02	0.02	0.02
蒙古	2.09	2.17	1.98	1.70	1.52	1.53	1.50
缅甸	0.04	0.04	0.04	0.04	0.05	0.05	0.05
巴基斯坦	3.87	3.89	3.92	3.94	3.97	4.00	4.00
土尔其	4.57	4.31	4.09	3.82	4.65	4.60	4.60
欧洲	**27.37**	**27.04**	**25.84**	**27.53**	**26.54**	**26.05**	**26.35**
白俄罗斯	0.02	0.02	0.02	0.02	0.01	0.01	0.01
保加利亚	0.80	0.70	0.66	0.65	0.65	0.65	0.65
捷克共和国	0.02	0.03	0.02	0.03	0.03	0.03	0.03
法国	2.20	2.20	2.20	2.20	2.20	2.20	2.20
德国	1.50	1.50	1.50	1.50	1.50	1.50	1.50
匈牙利	0.34	0.34	0.39	0.40	0.41	0.47	0.50
意大利	1.09	1.10	1.07	1.05	1.05	1.01	1.10
荷兰	0.26	0.24	0.24	0.26	0.27	0.27	0.27
波兰	0.14	0.13	0.13	0.13	0.12	0.10	0.10
俄罗斯	4.02	3.92	3.92	4.14	4.34	4.56	4.60
罗马尼亚	1.90	1.80	1.69	1.67	1.69	1.75	1.76
英国	6.60	6.40	5.50	6.00	6.00	6.00	6.00
大洋州	**93.96**	**92.82**	**89.37**	**81.56**	**78.07**	**72.65**	**73.88**
澳大利亚	68.76	67.10	65.70	58.73	55.11	50.88	50.88
新西兰	25.20	25.72	23.67	22.83	22.96	21.77	23.00

资料来源：联合国粮农组织。

16—24 水产品产量

单位:万吨

国家或地区	1995年	1996年	1997年	1998年	1999年	2000年	2001年
世界总计	**11668.6**	**12044.3**	**12285.2**	**11811.1**	**12708.2**	**13078.2**	**12994.3**
非 洲	**595.1**	**569.6**	**606.6**	**629.2**	**660.1**	**701.4**	**729.2**
埃 及	37.3	39.6	41.6	50.2	60.7	72.4	77.2
尼日利亚	36.6	35.7	41.2	48.3	47.7	46.7	47.7
南 非	**57.9**	**44.3**	**51.9**	**56.4**	**59.2**	**64.7**	**76.0**
北 美 洲	**854.7**	**845.7**	**864.7**	**817.8**	**830.4**	**851.7**	**885.5**
加 拿 大	91.5	97.7	105.4	110.5	114.1	113.8	120.2
墨 西 哥	135.5	149.6	152.9	122.1	125.4	136.9	147.5
美 国	563.8	539.5	542.2	515.4	522.8	517.4	540.5
南 美 洲	1998.5	2024.6	1781.3	1132.2	1714.4	1871.6	1581.7
阿 根 廷	117.2	129.3	140.1	116.6	108.0	91.5	92.5
巴 西	75.3	79.3	83.2	81.1	84.5	94.3	98.0
委内瑞拉	50.7	50.4	47.9	51.3	41.1	37.1	43.5
亚 洲	**6203.3**	**6574.1**	**6931.0**	**7181.3**	**7539.0**	**7703.1**	**7876.3**
孟加拉国	110.9	119.4	126.2	135.4	157.9	166.1	168.7
印 度	492.4	520.7	538.8	528.2	560.7	568.5	596.5
印度尼西亚	415.2	428.6	445.4	459.5	473.6	485.8	506.8
伊 朗	37.0	38.2	37.3	40.0	41.9	42.5	39.9
伊 拉 克	3.1	3.3	3.5	3.0	2.5	2.3	2.3
以 色 列	2.1	2.3	2.3	2.5	2.5	2.6	2.5
日 本	678.7	676.3	673.3	606.6	595.3	573.4	552.1
哈萨克斯坦	5.0	4.6	3.4	2.6	3.7	3.7	3.1
朝 鲜	40.1	33.4	30.7	28.9	27.9	26.8	26.4
韩 国	268.8	277.2	259.6	235.4	242.4	211.7	228.2
马来西亚	124.5	123.9	128.1	128.7	140.7	144.1	139.3
蒙 古	0.02	0.02	0.02	0.03	0.05	0.04	0.01
缅 甸	82.3	67.3	86.3	91.2	101.1	116.9	128.8
巴基斯坦	54.1	55.1	60.5	61.4	67.8	62.7	62.3
菲 律 宾	222.2	213.3	213.6	214.6	222.5	228.7	238.0
斯里兰卡	23.6	23.5	24.2	27.3	28.4	30.8	28.8
泰 国	359.1	357.0	344.3	352.5	364.6	364.3	360.6
土 耳 其	65.6	56.1	50.5	54.4	63.7	58.2	59.5
越 南	146.6	163.8	168.1	170.7	185.4	196.1	201.0
欧 洲	**1875.4**	**1915.9**	**1965.2**	**1903.4**	**1814.2**	**1813.0**	**1787.5**
白俄罗斯	0.6	0.7	0.5	0.5	0.6	0.7	0.6
保加利亚	1.3	1.4	1.7	2.3	1.8	1.1	0.8
捷克共和国	2.3	2.2	2.1	2.1	2.3	2.4	2.5
法 国	89.1	84.3	85.5	81.0	85.1	89.1	85.8
德 国	30.4	32.0	32.5	34.0	31.8	27.2	26.5
匈 牙 利	1.7	1.6	1.7	1.7	1.9	2.0	2.0
意 大 利	60.7	55.0	53.4	51.2	49.0	51.6	52.9
荷 兰	52.2	51.1	55.0	65.7	62.3	57.1	57.0
波 兰	45.1	36.9	38.2	26.8	26.9	25.4	26.1
俄 罗 斯	437.4	472.9	471.5	451.8	421.0	404.8	371.8
罗马尼亚	6.9	3.2	2.0	1.9	1.7	1.7	1.8
英 国	101.1	98.3	102.5	106.7	100.2	90.7	91.9
大 洋 洲	**110.7**	**95.3**	**119.1**	**128.3**	**128.6**	**115.8**	**116.3**
澳大利亚	22.8	22.7	22.3	23.1	24.9	23.5	23.6
新 西 兰	62.6	49.8	68.7	73.3	69.0	63.4	63.7

资料来源:联合国粮农组织。

16—25 土地利用情况

（2003 年） 单位:万公顷

国家或地区	国土面积	土地面积	农业用地	耕地与多年生作物			永久性草场	非可用与非永久草场
					耕地面积	多年生作物		
世界总计	**1343242**	**1300440**	**497341**	**154057**	**140232**	**13826**	**343283**	**1146383**
非 洲	**303098**	**296266**	**114607**	**22528**	**19941**	**2588**	**92079**	**273737**
埃 及	10015	9955	342	342	292	50		9612
尼日利亚	9238	9108	7260	3340	3050	290	3920	5768
南 非	12191	12145	9964	1571	1475	96	8393	10574
北 美 洲	**227390**	**213116**	**61890**	**26994**	**25518**	**1477**	**34896**	**186122**
加 拿 大	99847	90935	6751	5212	4566	646	1539	85724
墨 西 哥	19582	19087	10730	2730	2480	250	8000	16357
美 国	96291	91590	40930	17550	17345	205	23380	74040
南 美 洲	178336	175324	58429	12075	10711	1365	46354	163249
阿 根 廷	27804	27367	12875	2890	2790	100	9985	24477
巴 西	85149	84594	26360	6660	5900	760	19700	77934
委内瑞拉	9121	8821	2164	340	260	80	1824	8481
亚 洲	**318778**	**309890**	**168138**	**57087**	**50686**	**6401**	**111051**	**252803**
孟加拉国	1440	1302	902	842	798	44	60	460
印 度	32873	29732	18080	16974	16052	922	1107	12758
印度尼西亚	19046	18116	4558	3440	2100	1340	1118	14676
伊 朗	16482	16362	6225	1825	1612	213	4400	14537
日 本	3779	3645	516	474	440	34	43	3171
韩 国	1205	1204	295	290	270	20	5	914
朝 鲜	993	987	190	185	165	20	6	803
马来西亚	3297	3286	787	759	180	579	29	2527
蒙 古	15665	15665	13050	120	120	0	12930	15545
缅 甸	6766	6576	1129	1098	1009	89	31	5477
巴基斯坦	7961	7709	2513	2013	1946	67	500	5696
菲 律 宾	3000	2982	1220	1070	570	500	150	1912
斯里兰卡	656	646	236	192	92	100	44	455
泰 国	5131	5109	1849	1769	1413	355	80	3340
土 耳 其	7836	7696	3918	2601	2336	266	1317	5095
越 南	3317	3255	962	898	668	230	64	2357
欧 洲	**229997**	**220932**	**48364**	**30075**	**28410**	**1666**	**18289**	**190856**
白俄罗斯	2076	2075	889	568	556	12	320	1507
保加利亚	1110	1106	533	353	332	21	179	753
捷克共和国	789	773	427	330	306	24	97	443
法 国	5515	5501	2969	1957	1845	112	1012	3544
德 国	3570	3490	1701	1204	1183	21	497	2286
匈 牙 利	930	921	587	480	461	19	106	441
意 大 利	3013	2941	1507	1070	796	274	438	1871
荷 兰	415	339	193	94	91	3	99	244
波 兰	3127	3062	1617	1290	1259	31	327	1772
俄 罗 斯	170982	163810	21628	12437	12256	181	9190	151373
罗马尼亚	2384	2300	1472	987	941	46	485	1312
英 国	2436	2419	1696	571	566	5	1125	1849
大 洋 洲	**85644**	**84913**	**45913**	**5297**	**4968**	**330**	**40616**	**79616**
澳大利亚	77412	76823	43950	4794	4760	34	39157	72030
新 西 兰	2705	2680	1724	337	150	187	1386	2343

资料来源:联合国粮农组织。

16—26 农业机械拥有量

(2003 年)

单位:台

国家或地区	农用拖拉机总数	挤奶机	收割机—脱粒机
世界总计	**27625095**		**4253163**
非洲	**537928**		**36449**
埃及	89700		2325
尼日利亚	30000		
南非	65475		10675
北美和中美	**5942513**		**814613**
加拿大	732600		115800
墨西哥	324890		22500
美国	4760000		662000
南美	**1318502**		**126241**
阿根廷	299620	8200	50000
巴西	806000		54000
委内瑞拉	49000		5800
亚洲	**8591512**		**2229878**
孟加拉国	5530		
印度	2528122		4200
印度尼西亚	94582		330000
伊朗	258000		5000
日本	2028000	160000	1042000
韩国	64200		
朝鲜	211576		86858
马来西亚	43300		
蒙古	5000		1150
缅甸	10605		18999
巴基斯坦	320500		1600
菲律宾	11500		700
斯里兰卡	10500		10
泰国	220000	620	69500
土耳其	997620	115346	11721
越南	163000		232000
欧洲	**10833905**		**985884**
白俄罗斯	58800		13300
保加利亚	31606	4246	9130
捷克共和国	91648	6500	12060
法国	1264000	200000	91000
德国	944000	250000	135000
匈牙利	113500	4200	12000
意大利	1680000	150000	37500
荷兰	149500	37500	5600
波兰	1371340	294000	124000
俄罗斯	586000		158000
罗马尼亚	169177		25958
英国	500000	157000	47000
大洋州	**400735**		**60098**
澳大利亚	315000	200000	56500
新西兰	76000	13800	3100

资料来源:联合国粮农组织。

16—27 化肥施用量

（2003 年）　　单位：万吨

国家或地区	化肥施用总量	氮 肥	磷 肥	钾 肥
世界总计	**14697**	**8721**	**3391**	**2585**
非洲	**579**	**306**	**273**	
埃及	174	155	19	
南非	58	30	28	
北美和中美	**3108**	**1400**	**836**	**872**
加拿大	1216	384	30	803
墨西哥	48	38	10	
美国	1811	944	797	70
南美	**427**	**195**	**154**	**79**
阿根廷	52	52		
巴西	261	75	148	38
委内瑞拉	58	54	4	
亚洲	**6611**	**4740**	**1515**	**356**
孟加拉国	16	11	5	
印度	1446	1056	390	
印度尼西亚	308	287	22	
伊朗	92	77	15	
日本	104	67	37	
韩国	4	2	2	
马来西亚	58	58		
缅甸	2	2		
巴基斯坦	228	218	10	
菲律宾	39	20	19	
斯里兰卡	1		1	
泰国	19	11	8	
土耳其	94	63	30	
越南	28	5	23	
欧洲	**3826**	**2036**	**512**	**1278**
白俄罗斯	450	63	8	379
保加利亚	36	24	12	
捷克共和国	30	27	1	1
法国	113	100		13
德国	448	101	1	345
匈牙利	23	21	2	
意大利	45	40	5	
荷兰	114	107	7	
波兰	162	118	44	
俄罗斯	1291	601	252	438
罗马尼亚	87	81	7	
英国	113	54	5	54
大洋洲	**145**	**44**	**101**	
澳大利亚	101	33	68	
新西兰	44	11	34	

资料来源：联合国粮农组织。

16—28 主要林产品产量

（2005年）

单位：吨

国家或地区	栗　子	榛　子	天然树胶	天然橡胶	桐油籽	核桃
世界总计	**1129173**	**747589**	**23555**	**9126159**	**516480**	**1491567**
非洲	**140**	**140**		**474382**	**4500**	**28500**
埃及						27000
尼日利亚				142000		
北美和中美		**25400**	**23000**	**72323**		**327440**
墨西哥			23000	22500		19000
美国		25400				308440
南美	**35470**		**555**	**152739**	**81980**	**26400**
阿根廷					35000	9000
巴西			55	97000	400	2150
亚洲	**958700**	**554340**		**8422715**	**430000**	**791960**
孟加拉国				5200		
印度				762000		31500
印度尼西亚				2128000		
伊朗		13000				150000
日本	24000					
韩国	9000					
朝鲜	50000					900
马来西亚				1174600		
蒙古		300				
缅甸				40000		
巴基斯坦						14000
菲律宾				96000		
斯里兰卡				94700		
泰国				3020000		
土尔其	49000	500000				133000
越南				450000		
欧洲	**134863**	**167709**				**317182**
白俄罗斯		1800				12000
保加利亚	300					4500
捷克共和国						1000
法国	13000	6500				30000
德国						16900
匈牙利	850	300				8000
意大利	52000	129259				16000
俄罗斯	19000	3500				14000
罗马尼亚	50					15500
大洋州				**4000**		**85**
澳大利亚						85

资料来源：联合国粮农组织。

16—29 农业集约化经营程度

（2003年）

国家或地区	农业经济活动人口（万人）	耕地面积（万公顷）	人均耕地面积（公顷/人）	农用拖拉机总数（台/万公顷）	收割机—脱粒机（台/万公顷）	化肥施用总量（吨/万公顷）
世界总计	**134046**	**140232**	**1.0**	**197**	**30**	**1047**
非洲	**20663**	**19941**	**1.0**	**27**	**2**	**313**
埃及	854	292	0.3	307	8	5984
尼日利亚	1518	3050	2.0	10		
南非	162	1475	9.1	44	7	392
北美和中美	**2028**	**25518**	**12.6**	**233**	**32**	**1208**
加拿大	36	4566	126.1	160	25	2658
墨西哥	848	2480	2.9	131	9	193
美国	285	17345	60.9	274	38	1029
南美	**2622**	**10711**	**4.1**	**123**	**12**	**379**
阿根廷	146	2790	19.1	107	18	155
巴西	1240	5900	4.8	137	9	442
委内瑞拉	78	260	3.3	188	22	2359
亚洲	**105599**	**50686**	**0.5**	**170**	**44**	**1292**
孟加拉国	3947	798	0.2	7		203
印度	27352	16052	0.6	157	0.3	894
印度尼西亚	5025	2100	0.4	45	157	1504
伊朗	649	1612	2.5	160	3	611
日本	231	440	1.9	4612	2370	2349
韩国	326	270	0.8	238		148
朝鲜	205	165	0.8	1285	528	3249
马来西亚	177	180	1.0	241		
蒙古	30	120	3.9	42	10	21
缅甸	1867	1009	0.5	11	19	1063
巴基斯坦	2617	1946	0.7	165	1	690
菲律宾	1282	570	0.4	20	1	115
泰国	2027	1413	0.7	156	49	118
土耳其	1478	2336	1.6	427	5	361
越南	2858	668	0.2	244	347	417
欧洲	**2823**	**28410**	**10.1**	**381**	**35**	**1332**
白俄罗斯	63	556	8.8	106	24	
保加利亚	24	332	14.0	95	27	1064
捷克共和国	43	306	7.2	299	39	967
法国	78	1845	23.6	685	49	612
德国	88	1183	13.4	798	114	3797
匈牙利	45	461	10.2	246	26	504
意大利	116	796	6.9	2111	47	543
荷兰	23	91	4.0	1639	61	12434
波兰	407	1259	3.1	1089	99	1162
俄罗斯	757	12256	16.2	48	13	1046
罗马尼亚	141	941	6.7	180	28	930
英国	50	566	11.3	883	83	1964
大洋洲	**311**	**4968**	**16.0**	**81**	**12**	**288**
澳大利亚	44	4760	108.4	66	12	209
新西兰	17	150	8.9	507	21	2952

资料来源：联合国粮农组织，化肥施用总量为2002年数。

17

如何使用《中国农村统计年鉴》

如何使用《中国农村统计年鉴》

为了使广大读者更好地使用《中国农村统计年鉴》，我们编写了如何使用《中国农村统计年鉴》一章，主要对农村统计改革和发展进行了概述，对各章资料的来源进行说明，对主要统计指标的统计含义和口径作了诠释。

一、农村统计制度方法改革概述

改革开放以来，我国农村统计适应农村经济改革的要求，取得了长足的发展和进步，农村统计范围由农业统计向农村统计转变；农村统计制度方法由以全面统计为主向以普查为基础、抽样调查为主体、辅之以全面报表、重点调查、科学核算等多种方法综合运用的方法体系转变。

1. 抽样调查得到恢复和全面发展。1978 年以后，中国进入改革开放的新时期，国家统计局和地方统计局陆续恢复。从农村开始的中国经济体制改革，带来了两方面的巨大变化。一是在经济结构上，由过去单一的农业经济向农业、工业、商业、建筑业、运输业、服务业等全面发展，农业统计面临向农村统计的转变。二是在经营体制上，由三级所有、队为基础的“一大二公”式的集体经营向以家庭联产承包责任制为主要形式的双层经营体制转变，农村统计的对象由 600 多万个生产队变为 2 亿多农户。面对大量分散的、小规模经营的农户，继续实行全面统计的方法，依靠层层报表的形式搜集数据，越来越困难。1983 年，国务院办公厅转发了国家统计局《关于加强农村统计工作等问题的报告》。提出“根据农村多种经营的新情况，农村统计首先要认真搞准粮食产量和经济作物产量；同时还要调查农村工业、交通运输业、商业等情况，调查农村的人口、教育、文化、卫生等社会情况。今后，除了改进全面报表制度外，一定要大力推行抽样调查”。随后，全国农村抽样调查队在原有 1600 人的基础上扩大到 6100 人，正式成为国家统计局直属的事业单位，并于 1985 年底完成了全国 857 个抽样调查县的建队工作。在进行组织建设的同时，业务建设也加快了步伐。一是农村住户调查由以前的收支调查扩展为全面反映农民社会经济活动，增加了农户生产经营情况、主要生活消费品实物消费量，以及农民家庭基本情况等方面的内容。二是农产量抽样调查增加了“农作物种植意向调查”，“播种面积调查”和“夏收、早稻、秋粮预测和实测产量调查”等，到 1988 年由粮食产量调查发展为种植业调查，全面调查反映粮、棉、油、麻、糖、烟、蔬菜和瓜果的生产情况。三是增加了农村社会经济抽样调查，内容包括农村劳动力、固定资产投资等生产要素和农村社区状况等。

抽样调查网点的抽选也逐步实现了科学化。1979 年采用多阶段、半距起点、等距抽样方法，住户调查抽样框按各单位人均从集体分配的收入排队，参加分配的人口作辅助资料进行编制。农产量调查抽样框按平均亩产排队，以平均播种面积作为辅助资料进行编制。1984 年开始启用多阶段、随机起点、对称等距抽样方法。为了克服样本老化的问题，从 1990 年开始在县以下实施样本轮换制度，每四年轮换一次样本。

2. 全面统计不断完善并发挥了独特的作用。由于全面统计在满足我国政府分层决策和分层管理方面具有优势，所以对于行政记录比较健全、起报单位较高或一时还不具备实施抽样调查条件的统计项目，如农村基层组织状况，农业自然资源、人力资源和机械、电力、化学肥料等物质、技术装备情况，农田水利建设和农业灾害情况等，继续采用全面统计的方法取得数据。此外，还有一部分综合性内容，如农村社会总产值、农业总产值、农业增加值、农业商品产值、经济收益分配等，主要是由县以上综合统计部门根据相关基础资料，按照全国统一方案测算的。

全面统计的源头数据按照村、乡(镇)、县(市)、省(区、市)、国家的顺序层层汇总并逐级上报，它的基础是乡镇统计网络。

3. 第一次全国农业普查取得了圆满成功。根据我国政府决定，于 1997 年 1 月正式开展了第一次全国农业普查。普查对象是全国范围内(不含台、港、澳)各种类型的农业生产经营单位、农村住户、乡镇企业、行政村和乡镇。普查内容包括农村住户调查表和非住户类农业生产经营单位调查表、行政村调查表和乡镇调查表、农业用地卡片、非农乡镇企业卡片等 6 张表、38 个项目、687 个指标。第一次农业普查得到联合国粮农组织、意大利政府和包括美国在内的其它国家的援助。第一次全国农业普查获得的大量数据,填补了反映我国基本国情国力数据的缺陷和空白,矫正了常规统计数据因各种原因引起的系统性偏差。它不仅为党和政府的决策提供了科学依据,而且为农村统计改革与发展打下了很好的基础。第一次全国农业普查的成功,标志着我国农村统计事业进入了新的发展阶段。

二、资料来源

《中国农村统计年鉴》资料绝大部分是由国家统计局农村司根据《农林牧渔业综合统计报表制度》、《乡村社会经济调查方案》、《农产量抽样调查制度》、《农村住户调查方案》和《县(市)社会经济调查卡片》的有关资料整理提供。

部分章节资料来自于部门统计。农业生态与环境资料主要来源于国家环保总局、水利部和国家林业局统计报表;农村市场与价格资料主要是根据国家工商行政管理局统计报表和国家统计局城市司的价格统计资料整理而成;农产品生产成本资料主要是根据国家计委农产品成本调查报表整理而成;农产品进出口主要依据海关总署有关资料加工整理的;农村文化、教育、卫生资料是国家统计局社会统计司根据文化部、教育部、卫生部有关资料加工整理而成的;国外农业统计资料是国家统计局国际统计中心根据联合国粮农组织提供的资料加工整理而成的。

三、主要统计指标解释

国内生产总值(GDP):指一个国家(或地区)所有常住单位在一定时期内生产活动的最终成果。国内生产总值有三种表现形态,即价值形态、收入形态和产品形态。从价值形态看,它是所有常住单位在一定时期内生产的全部货物和服务价值超过同期中间投入的全部非固定资产货物和服务价值的差额,即所有常住单位的增加值之和;从收入形态看,它是所有常住单位在一定时期内创造并分配给常住单位和非常住单位的初次收入分配之和;从产品形态看,它是所有常住单位在一定时期内最终使用的货物和服务价值与货物和服务净出口价值之和。在实际核算中,国内生产总值有三种计算方法,即生产法(总产出减中间投入)、收入法(由劳动者报酬、生产税净额、固定资产折旧、营业盈余组成)和支出法(由最终消费、资本形成总额、货物和服务净出口组成)。三种方法分别从不同的方面反映国内生产总值及其构成。

劳动者报酬:指劳动者因从事生产活动所获得的全部报酬。包括劳动者获得的工资、奖金和津贴,既包括货币形式的,也包括实物形式的;还包括劳动者所享受的公费医疗和医药卫生费、上下班交通补贴和单位支付的社会保险费等。对于个体经济来说,其所有者所获得的劳动报酬和经营利润不易区分,这两部分统一作为劳动者报酬处理。

生产税净额:指生产税减生产补贴后的余额。生产税指政府对生产单位生产、销售和从事经营活动以及因从事生产活动使用某些生产要素(如固定资产、土地、劳动力)所征收的各种税、附加费和规费。生产补贴与生产税相反,指政府对生产单位的单方面收入转移,因此视为负生产税,包括政策亏损补贴、粮食系统价格补贴、外贸企业出口退税收入等。

固定资产折旧:指为弥补固定资产损耗按照核定的固定资产折旧率提取的固定资产折旧,或按国民经济核算统一规定的折旧率虚拟计算的固定资产折旧。各类企业和企业化管理的事业单位的固定资产折旧是指实际计提并计入成本费中的折旧费;不计提折旧的政府机关、非企业化管理的事业单位和居民住房的固定资产折旧是按照统一规定的折旧率和固定资产原值计算其虚拟折旧。原则上,固定资产折旧应按固定资产的重置价值计算,但是目前我国尚不具备对全社会固定资产进行重新估价的基础,所以暂时只能采用上述办法。

营业盈余:指常住单位创造的增加值扣除劳动者报酬、生产税净额和固定资产折旧后的余额。它相当于企业的营业利润加上生产补贴,但要扣除从利润中开支的工资和福利等。

支出法国内生产总值:指一个国家(或地区)所有常住单位在一定时期内用于最终消费、资本形成总额,以及货物和服务的净出口总额,它反映本期生产的国内生产总值的使用及构成。

最终消费:指常住单位在一定时期内对于货物和服务的全部最终消费支出,也就是常住单位为满足物质、文化和精神生活的需要，从本国经济领土和国外购买的货物和服务的支出；不包括非常住单位在本国经济领土内的消费支出。最终消费分为居民消费和政府消费。

资本形成总额：指常住单位在一定时期内获得的减去处置的固定资产加存货的变动，包括固定资本形成总额和存货增加。

货物和服务净出口：指货物和服务出口减货物和服务进口的差额。出口包括常住单位向非常住单位出售或无偿转让的各种货物和服务的价值；进口包括常住单位从非常住单位购买或无偿得到的各种货物和服务的价值。由于服务活动的提供与使用同时发生，因此服务的进出口业务并不发生出入境现象，一般把常住单位从国外得到的服务作为进口，非常住单位从本国得到的服务作为出口。货物的出口和进口都按离岸价格计算。

三次产业：指根据社会生产活动历史发展的顺序对产业结构的划分，产品直接取自自然界的部门称为第一产业，对初级产品进行再加工的部门称为第二产业，为生产和消费提供各种服务的部门称为第三产业。我国的三次产业划分是：第一产业为农业（包括种植业、林业、牧业和渔业），第二产业为工业（包括采掘业，制造业，电力、煤气及水的生产和供应业）和建筑业，第三产业为除第一、第二产业以外的其他各业。

当年价格：也称现行价格，指报告期内的实际市场价格。按现行价格计算的各种综合指标可以反映当年国民经济发展水平及比例关系，但因其变化受实物数量增减和价格升降因素的影响，在不同时期之间缺乏可比性。

可比价格：指计算各种总量指标所采用的扣除了价格变动因素的价格，可进行不同时期总量指标的对比。按可比价格计算总量指标有两种方法：一种是直接用产品产量乘某一年的不变价格计算；另一种是用价格指数进行缩减。

不变价格：指以同类产品某年的平均价格作为固定价格，用于计算各年的产品价值。按不变价格计算的产品价值消除了价格变动因素，不同时期对比可以反映生产的发展速度。新中国成立后，随着工农业产品价格水平的变化，国家统计局先后五次制定了全国统一的工业产品不变价格和农业产品不变价格。从 1952 年到 1957 年使用 1952 年工（农）业产品不变价格，从 1957 年到 1970 年使用 1957 年不变价格，从 1971 年到 1980 年使用 1970 年不变价格，从 1981 年到 1990 年使用 1980 年不变价格，从 1991 年开始使用 1990 年不变价格。从 2003 年起使用可比价计算产值，取消不变价产值。

人口数：指一定时点、一定地区范围内有生命的个人总和。年度统计的年末人口数指每年 12 月 31 日 24 时的人口数。年度统计的全国人口总数内未包括台湾省和港澳同胞以及海外华侨人数。

从业人员：指从事一定社会劳动并取得劳动报酬或经营收入的人员，包括全部职工、再就业的离退休人员、私营业主、个体户主、私营和个体从业人员、乡镇企业从业人员、农村从业人员和其他从业人员（包括民办教师、宗教职业者、现役军人等）。

固定资产投资额：指以货币表现的建造和购置固定资产活动的工作量，分为基本建设投资、更新改造投资、房地产开发投资和其他固定资产投资四个部分。

财政收入：指国家财政参与社会产品分配所取得的收入，是实现国家职能的财力保证。财政收入所包括的内容几经变化，目前主要包括各项税收、专项收入、其他收入（如基本建设贷款归还收入、基本建设收入、捐赠收入等）和国有企业计划亏损补贴。

财政收入按财政体制划分为中央本级收入和地方本级收入。1994 年分税制财政体制以后，属于中央财政的收入包括关税、海关代征消费税和增值税，消费税，中央企业所得税，地方银行和外资银行及非银行金融企业所得税，铁道、银行总行、保险总公司等集中缴纳的营业税、所得税、利润和城市维护建设税，增值税的 75％部分，证券交易税（印花税）50％部分和海洋石油资源税。属于地方财政的收入包括营业税，地方企业所得税，个人所得税，城镇土地使用税，固定资产投资方向调节税，城镇维护建设税，房产税，车船使用税，印花税，屠宰税，农牧业税，农业特产税，耕地占用税，契税，增值税 25％部分，证券交易税（印花税 ）50％部分和除海洋石油资源税以外的其他资源税。

财政支出：国家财政将筹集起来的资金进行分配使用，以满足经济建设和各项事业的需要，主要包括基本建设支出、企业挖潜改造资金、地质勘探费用、科技三项费用、支援农村生产支出、农林水利气象等部门的事业费用、工业交通商业等部门的事业费、文教科学卫生事业费、抚恤和社会福利救济费、国防支出、行政管理费和价格补贴支出。

财政支出按照政府在经济和社会活动中的不

同职权,划分为中央财政支出和地方财政支出。中央财政支出包括国防支出,武装警察部队支出,中央级行政管理费和各项事业费,重点建设支出以及中央政府调整国民经济结构、协调地区发展、实施宏观调控的支出。地方财政支出主要包括地方行政管理和各项事业费,地方统筹的基本建设、技术改造支出,支援农村生产支出,城市维护和建设经费,价格补贴支出等。

城镇居民家庭可支配收入:指被调查的城镇居民家庭在支付个人所得税、财产税及其他经常性转移支出后所余下的实际收入。

社会消费品零售总额:指国民经济各行业直接售给城乡居民和社会集团的消费品总额。社会消费品零售总额包括售给城乡居民作为生活用的商品和修建房屋用的建筑材料;售给社会集团的各种办公用品和公用消费品;售给机关、团体、学校、部队、企业、事业单位的职工食堂和旅店(招待所)附设专门供本店旅客食用,不对外营业的食堂的各种食品、燃料;企业、单位和国营农场直接售给本单位职工和职工食堂的自己生产的产品;售给部队干部、战士生活用的粮食、副食品、衣着品、日用品、燃料;售给来华的外国人、华侨、港澳台同胞的消费品;居民自费购买的中、西药品,中药材及医疗用品;报社、出版社直接售给居民和社会集团的报纸、图书、杂志,集邮公司出售的新、旧纪念邮票、特种邮票、首日封、集邮册、集邮工具等;旧货寄售商店自购、自销部分的商品;煤气公司、液化石油气站售给居民和社会集团的煤气灶具和罐装液化石油气;农民售给非农业居民和社会集团的商品。

海关进出口总额:指实际进出我国国境的货物总金额。包括对外贸易实际进出口货物,来料加工装配进出口货物,国家间、联合国及国际组织无偿援助物资和赠送品,华侨、港澳台同胞和外籍华人捐赠品,租赁期满归承租人所有的租赁货物,进料加工进出口货物,边境地方贸易及边境地区小额贸易进出口货物(边民互市贸易除外),中外合资、中外合作、外商独资经营企业进出口货物和公用物品,到、离岸价格在规定限额以上的进出口货样和广告品(无商业价值、无使用价值和免费提供出口的除外),从保税仓库提取在中国境内销售的进口货物,以及其他进出口货物。我国规定出口货物按离岸价格统计,进口货物按到岸价格统计。

乡镇个数:指农村中经省、自治区、直辖市人民政府批准成立的乡一级行政区划的数量。不包括城关镇、城市街道办事处、工矿区。

村委会个数:指农村中经上级政府批准,按居住地区设立的基层群众性自治组织的个数。含城关镇中的村。

乡村户数:指长期(一年以上)居住在乡镇(不包括城关镇)行政管理区域内的住户,还包括居住在城关镇所辖行政村范围内的农村住户。户口不在本地而本地居住一年及以上的住户也包括在本地农村住户内;有本地户口,但举家外出谋生一年以上的住户,无论是否保留承包耕地都不包括在本地农村住户范围内。不包括乡村地区内的国有经济的机关、团体、学校、企业、事业单位的集体户。

乡村人口数:指乡村地区常住居民户数中的常住人口数,即经常在家或在家居住 6 个月以上,而且经济和生活与本户连成一体的人口。外出从业人员在外居住时间虽然在 6 个月以上,但收入主要带回家中,经济与本户连为一体,仍视为家庭常住户口;在家居住,生活和本户连成一体的国家职工、退休人员也为家庭常住人口,但是现役军人、中专及以上(走读生除外)的在校学生、以及常年在外(不包括探亲、看病等)且已有稳定的职业与居住场所的外出从业人员,不应当作家庭常住人口。

乡村从业人员:指乡村人口中 16 岁以上实际参加生产经营活动并取得实物或货币收入的人员,既包括劳动年龄内经常参加劳动人员,也包括超过劳动年龄但经常参加劳动的人员。但不包括户口在家的在外学生、现役军人和丧失劳动能力的人,也不包括待业人员和家务劳动者。从业人员年龄为 16 岁以上。从业人员按从事主业时间最长(时间相同按收入)分为农为从业人员、工业从业人员、建筑业从业人员、交通仓储及邮政从业人员、信息传输、计算机服务和软件业、批发与零售从业人员、住宿和餐饮业从业人员、其他行业从业人员。

农业机械总动力:指用于农、林、牧、渔业生产的各种动力机械的动力之和,包括耕作机械、农用排灌机械、收获机械、植保机械、林业机械、渔业机械、农产品加工机械、农用运输机械、其他农用机械。按能源又分为柴油、汽油、电力和其他动力。总动力按法定计量单位千瓦计算。(注:1 马力＝735.5 瓦特＝0.735 千瓦)

农用大中型拖拉机:指发动机额定功率为 14.7 千瓦及以上的专门用于农作物田间作业和以农作物田间作业为主进行综合利用的拖拉机,包括轮式和履带式两种。不包括用于森工、基建、营林等方面的拖拉机。

小型拖拉机：指专门或主要用于农作物田间作业的不足14.7千瓦的拖拉机。包括四轮拖拉机和手扶拖拉机。

农用载重汽车：指主要用于农林牧渔业生产运输的载重汽车。

有效灌溉面积：指具有一定的水源，地块比较平整，灌溉工程或设备已经配套，在一般年景下当年能够进行正常灌溉的耕地面积。在一般情况下，有效灌溉面积应等于灌溉工程或设备已经配备，能够进行正常灌溉的水田和水浇地面积之和。

(1)灌溉工程或设备已经配套，可以灌溉，但由于雨水及时或所种作物不需要灌溉等原因，当年没有进行灌溉的，应统计为有效灌溉面积。

(2)灌溉工程或设备不配套(如只有深水井，没有安装机器)、渠系不健全(如只有水库，没有修渠)、地块不平整，当年不能发挥灌溉效益的灌溉面积，不应统计为有效灌溉面积。

(3)北方地区没有灌溉工程或设备的引洪淤灌的耕地面积，不应统计为有效灌溉面积。

(4)南方地区没有灌溉工程或设备，完全靠雨蓄水的"冬水田"、"屯水田"、"望天田"、"雷响田"等水田面积，不应统计为有效灌溉面积。

(5)没有灌溉工程或设备，遇到旱年临时抗旱点种的耕地面积，不应统计为有效灌溉面积。

(6)原有的灌溉工程或设备，由于受到破坏等原因不能起灌溉作用，这部分耕地面积不应统计为有效灌溉面积。

旱涝保收面积：指在有效灌溉面积中，灌溉设施齐全，抗灾能力较强，土地肥力较高，遇到较大的旱涝灾害能保证遇旱能灌、遇涝能排的耕地面积。灌溉设施的抗旱能力和排涝能力，全国各地根据当地的气候执行不同的标准。一般抗旱能力；南方在50～100天，北方在30～50天；排涝能力达到5年至10年一遇的标准，防洪一般达到20年一遇的标准。旱涝保收面积应小于或等于有效灌溉面积。

化肥施用量：指本年度内实际用于农业生产的化学肥料数量，包括氮肥、磷肥、钾肥和复合肥。施用量要求按折纯量计算数量，即各类化学肥料的实际施用数量按其含氮、含五氧化二磷、含氧化钾的比例折成百分之百计算。

农村用电量：指本年度内，扣除在农村中的国有工业、交通、基建等单位的用电量以后的农村生产和生活的全年用电总量。包括国家电网供电和农村自办电站供电量。

农作物总播种面积：指本日历年度内收获农产品的作物播种面积之和，包括实际播种或移植有农作物面积。凡是实际种植有作物面积，不论种植在耕地上还是种植在非耕地上，均包括在农作物播种面积中。在播种季节基本结束后，因遭受灾害而重新改种和补种的农作物面积也包括在内。

农作物包括范围

(1)谷物：包括稻谷、小麦、玉米、谷子、高粱和其他谷物，不包括豆类和薯类。谷类作物一律按脱粒后的原粮计算。

(2)豆类作物：是以食用种籽及其制成品的豆科植物，包括大豆和杂豆。大豆包括黄豆、黑豆、青豆三类。产量按去荚后的干豆计算。

(3)薯类作物：包括甘薯和马铃薯。不包括芋头、木薯等。芋头一般应作为"蔬菜"计算，木薯作为其他作物计算。城市郊区以蔬菜种植为主把马铃薯产量统计在蔬菜内。

(4)油料作物：是以榨取油脂为主要用途的一类作物。种子含油率约达20～60%。包括花生、油菜籽、芝麻、胡麻籽、向日葵籽等。不包括木本油料和野生油料。花生以带壳干花生计算。

(5)棉花：不包括木棉，按去籽后的皮棉计算，3公斤籽棉折1公斤皮棉。棉花产量从1999年起在主产区实行抽样调查(河北、江苏、安徽、山东、河南、湖北、湖南、新疆)，非主产区仍按全面统计。

(6)糖料：包括甘蔗和甜菜。甘蔗以蔗杆计算，甜菜以块根计算。

(7)药材：指人工栽培的各种药材作物，不包括野生药材。

(8)蔬菜：包括菜用瓜、茭白、芋头、生姜等在内。

(9)瓜类作物：指果用瓜，如西瓜、甜瓜(香瓜)、白兰瓜、哈密瓜、脆瓜等，但不包括菜用瓜。

(10)其他作物：包括饲料作物、苇子、莲子、席草等。

(11)饲料作物：指人工栽培的主要用于喂养牲畜的作物，如苜蓿等。有些地方在饲料地上种植粮食作物，除了种植目的就是作为青饲料用的可作为饲料作物统计以外，收获主产品以后，副产品不管是否作为饲料的，仍应分别列入谷物，豆类作物，薯类等项下统计产量，不得列入饲料作物内。

粮食总产量：指全社会的产量。包括国营农场等国有经济的、集体统一经营的和农民家庭经营的产量，还包括工矿企业办的农场和其他生产单位的产量。粮食除包括稻谷、小麦、玉米、高粱、谷子、其他杂粮外，还包括薯类和大豆。其产量计算方法，豆类按去豆荚后的干豆计算，薯类(包括甘薯和马铃薯，不包括芋头和木薯)1963 年以前按每 4 千克鲜薯折 1 千克粮食计算，从 1964 年以后按 5 千克鲜薯折 1 千克粮食计算。其他粮食一律按脱粒后的原粮计算。

粮食比国际上通行的谷物口径大，相当于谷物+薯类+大豆。

茶叶产量:指本年度内生产的全部茶叶产量。包括从成片茶园和零星种植的茶树以及荒芜未垦复的茶树上所采摘的全部产量。不论自食的或出售的，都应统计在内。茶叶的产量按经过初步加工的干毛茶的重量计算。由于加工毛茶的方法不同，以分为红毛茶、绿毛茶、乌龙茶、紧压茶、其他茶。紧压茶是指作紧压茶原料的茶叶产量。其他茶是上述四种毛茶之外的毛茶。

水果产量:指本年度内从果树上收获的全部水果产量。不论自食的或出售的，都应计算在内。但不包括果用瓜(如西瓜、甜瓜、白兰瓜、哈密瓜、脆瓜等)和主要作蔬菜食用的藕、西红柿等。不包括采集的野生水果。水果的产量按鲜果计算，干枣、葡萄干、柿饼、桔饼等应统一折成鲜果计算。香蕉不包括大蕉、龙牙蕉、粉蕉、西贡蕉等。

林产品产量:指从人工栽培的竹木上，不经砍伐竹木的根而取得的各种林产品数量。包括生漆、棕片、五倍子、松脂、笋干、油桐籽、油茶籽、乌桕籽、核桃、板栗等各种林木果实以及修剪竹木所获得的枝叶(如荆条、柳条、蒲葵叶)等。不包括桑叶、茶叶、水果，也不包括野生的林产品。如果某些林产品人工栽培和野生的混在一起，不易划分，则应根据它的主要来源决定其应计入林产品产量统计中还是其他农业内采集野生植物果实产量统计中，但不要两方面都算，以免重复。

林产品产量的计算方法为:

(1)油茶籽、油桐籽、乌桕籽、核桃、文冠果按去掉果皮、外壳的干籽计算产量。

(2)五倍子以干籽计算产量。

(3)生漆、松脂按从树上割下来的生漆、松脂计算产量。

(4)棕片和竹笋按干片和笋干计算产量。

(5)板栗按除去毛荚的果实计算产量。

(6)油橄榄按果实计算产量。

(7)紫胶(虫胶)按原胶计算产量。

畜牧业生产

猪、牛、羊、禽等主要畜禽的存栏、出栏及产品产量。1999 年畜牧调查和数据采集方式发生变化。非农户生产经营单位按全面统计的组织方式逐级上报;农户(含规模饲养农户)采取抽样调查，全部调查工作在国家调查(行政)村进行。抽中村中规模饲养农户(制定的规模养殖参照标准)要进行逐个调查。非规模饲养农户，应按随机原则，抽选 10 个有代表性的农户进行入户调查访问。同时，在调查村要建立畜牧业统计台账 ，并按要求定期填报有关资料。根据 1996 年农业普查结果，国家统计局农调总队对猪、牛、羊等主要畜产品存栏、出栏及肉产量等指标常规年报数据与农业普查数据进行衔接。2000 年以后的生猪存栏、出栏和肉产量均为抽样调查数据。

当年出栏的畜禽数:指当年(报告期内)乡村各种合作经济和农民、国有农场、机关、团体、学校、工矿企业、部队等单位及城镇居民饲养的，已屠宰或出售的全部畜禽数，包括交售给国家，集市上出售和农民自食的部分。不包括个别地区习惯吃的“烤小猪”或出口的“乳猪”。

期初(末)畜禽存栏头(只数):指本期(报告期)期初(末)，农村与城市的全部畜禽存栏头(只)数。除科学研究单位专门用于试验研究的牲畜和军马以外，农村各种合作经济组织和国营农场、农民个人、机关、团体、学校、工矿企业、部队等单位以及城镇居民饲养的各种畜禽，不分大小、公母、品种、用途一律包括在内。专业运输组织的运输用牲畜也应包括在内。但商业部门库存的和运输途中的活牲畜不进行统计。

肉类总产量:指当年出栏并已屠宰的畜禽肉产量，即屠宰后除去头蹄下水后带骨肉的重量，也叫酮体重。

牛奶产量、羊奶产量:指全社会产量。包括出售给国家、农贸市场交易和农牧民自食部分。无论是纯种牛、杂种牛、黄牛或兼用牛产的奶;无论是奶山羊、绵羊或其他改良羊所产的奶都要计算为产量。牛犊、羊羔直接吮食部分，不统计产量。

细羊毛:指细毛及其改良羊所产的羊毛量。

半细羊毛:指半细毛羊及其改良羊所产的羊毛产量。

禽蛋产量:指鸡、鸭、鹅三种家禽的禽蛋产量，包括出卖和农民自食以及种蛋。

蚕茧产量:指本年度内生产的全部蚕茧产量,无论自用的或出售的,都应计算在内。在计算产量时,要把土茧、改良茧和种茧包括在内,桑蚕茧、柞蚕茧均按鲜茧计算,木薯蚕茧和蓖麻蚕茧等的产量均按茧壳的重量计算。

渔业生产

水产品产量:指当年捕捞的水产品(包括人工养殖并捕捞的水产品和捕捞天然生长的水产品)产量。

海水产品产量:指从海洋和海水养殖水域中捕捞的海水产品产量。包括海水中的鱼类、虾蟹类、贝类、藻类。

内陆水域水产品产量:指淡(咸)水湖泊、水库、河沟和池塘以及其他内陆水域内捕捞的水产品产量。包括鱼类、虾蟹类、贝类,不包括淡水水生植物。

养殖产量:指从海水养殖面积和内陆水域养殖面积中捕捞的产量。

捕捞产量:指捕捞天然生长的水产品产量。

农林牧渔业总产值:指以货币表现的农、林、牧、渔业全部产品和对农林牧渔业生产活动进行的各种支持性服务活动的价值总量,它反映一定时期内农业生产总规模和总成果。1957 年以前的农业总产值中包括了厩肥和农民自给性手工业(如农民自制衣服、鞋、袜,自己从事粮食初步加工等)。1958 年及以后的农业总产值,林业中增加了村及村以下竹木采伐产值;牧业中取消了厩肥产值;副业中取消了农民自给性手工业产值,增加了村及村以下办的工业产值;渔业中增加了海洋捕捞水产品产值。1980 年及以后,在副业中增加了农民家庭兼营工业商品部分产值。从 1984 年起村及村以下工业产值划归工业。从 1993 年起取消副业,将野生动物的捕猎划入牧业、野生植物采集和农民家庭兼营商品性工业划归农业。从 2003 年起,执行新的国民经济行业分类标准,农林牧渔业总产值中包括了农林牧渔服务业产值。林业中增加了森林采运业产值。农业中取消了家庭兼营商品性工业产值,将野生林产品的采集划归林业。第一次农业普查以后,由于畜牧业产品年报数据与普查数据之间存在一定的差距,国家统计局农村司对畜牧业年报数据与普查数据进行衔接,相应的畜牧业产值进行调整。

农林牧渔业总产值的计算方法通常是按农、林、牧、渔业产品及其副产品的产量分别乘以各自单位产品价格求得;少数生产周期较长,当年没有产品或产品产量不易统计的,则采用间接方法匡算其产值;然后将四业产品产值相加即为农林牧渔业总产值。

农林牧渔业增加值:用生产法计算的一定时期内农业生产活动的最终成果。其计算方法是用现价计算的农林牧渔业产值扣除各项中间投入。

1996 年第一次农业普查以后,由于畜牧业产品产量年报数据与普查数据之间存在一定的差距,国家统计局农村司对畜牧业年报数据与普查数据进行衔接,相应的畜牧业产值、增加值进行调整。

农村固定资产:是指使用年限在一年以上,单位价值在规定的标准以上,并在使用过程中保持原来物质形态的资产。企事业单位所有的使用期限在一年以上、单位价值在 200 元以上的房屋建筑物、机器设备、器具、工具等资产应作为固定资产统计;不属于生产经营的物品,单位价值在 200 元以上,并且使用期限超过两年的也应作为固定资产统计。农户所有的使用年限在一年以上、单位价值在 50 元以上的房屋建筑物、机器设备、器具等资产应作为固定资产统计。

农村固定资产统计调查方式由全面统计改为抽样调查。九十年代初,农村固定资产投资统计进行了初步改革,即集体部分的投资由统计部门中负责投资统计的单位通过全面统计的方式,逐级汇总、层层上报取得数据;农户部分则以抽样调查方式取得数据。由于全面统计数据存在行政干扰,农户抽样调查不太规范等原因,从 1999 年年报开始,农村固定资产投资全面实行抽样调查。根据农村固定资产投资调查的现实情况,本着"不重不漏、方便调查"的原则,界定了调查范围,即城关镇以下(不包括城关镇,但包括城关镇所辖的行政村)属于农村固定资产投资调查的范围。但为了保持工作的衔接,在此范围内的大中型工矿企业、县级以上直属单位所属的企业和单位的投资活动不列入农村固定资产投资调查的范围。统计原则由按所属统计改革为按所在地原则调查。具体划分为三个层次:一是乡政府所在地或镇区所在地范围内的非农户投资单位;二是行政村范围内的非农户投资单位;三是农户投资。

除涝

(1)易涝耕地面积:是指抗涝能力标准低的低洼涝耕地面积。即经过治理的"除涝面积"和尚未经过治理的或虽经过治理,但抗涝标准尚未达到三年一遇的“现有易涝面积”之和。

(2)除涝面积：指由于兴修治涝工程或安装排涝机械等水利设施(或进行改种)，使易涝耕地免除淹涝，除涝标准达到三年一遇以上者。易涝面积虽经过治理，但标准尚未达到三年一遇标准的，不做为除涝面积统计。

易涝面积＝除涝面积＋现有易涝面积(即尚未治理面积＋虽经过治理，标准尚未达到三年一遇的标准)

除涝面积＝三年至五年治理面积＋五年至十年治理面积＋十年以上治理面积

除涝面积＝上年除涝面积(上年基数)＋本年新增除涝面积－本年减少面积

治碱

(1)盐碱耕地面积：是指土壤中含有盐碱，影响农作物生长，成苗率(促苗率)不足70%的耕地面积。盐碱耕地面积包括未改良的老盐碱耕地以及未改良的次生盐碱耕地和盐碱耕地改良面积之和。

(2)盐碱耕地改良面积：是指在老盐碱地、次生盐碱地上进行水利、农业、土壤改良等措施，在正常年景使作物成苗率(促苗率)达到70%以上的盐碱耕地面积。在同一块耕地上，除涝、治碱并举，应分别统计除涝面积和盐碱耕地改良面积。

(3)本年新增改良面积：是指在报告期当年(日历年度)，对尚未经过治理的盐碱耕地，采取水利、农业、化学等改碱措施，使其脱盐(碱)，达到盐碱地改良标准的面积。不包括在已改良过(已被统计除涝面积)的面积上，采取治碱措施，而被改善、提高的面积。

(4)本年减少改良面积：是指已被改良的盐碱地面积中由于建设占地、退耕养殖、工程老化失修或不合理的人为措施重又退化积盐，沦为严重影响农作物生长的盐碱耕地的面积。

盐碱耕地改良面积＝上年盐碱耕地改良面积(上年基数)＋本年新增改良面积－本年减少改良面积

水土保持

(1)水土流失面积：是指自然因素和人为因素，使山丘地区地表土壤及母质受到各种破坏和移动，造成水土流失的面积。水土流失面积应为解放初期实有的水土流失面积和解放后发展的水土流失面积之和。

(2)水土流失治理面积(又称水土保持面积)：是指在山丘地区水土流失面积上，按照综合治理的原则，采取各种治理措施，如：水平梯田、淤地坝、谷坊、造林种草、封山育林育草(指有造林、种草补植任务的)等，以及按小流域综合治理措施所治理的水土流失面积总和。

(3)小流域治理面积：是以小流域为单元，根据流域内的自然条件，按照土壤侵蚀的类型特点和农业区划，在全面规划的基础上，合理安排农、林、牧各业用地，布置水土保持农业技术措施，林草措施与工程措施，相互协调、相互促进形成综合的水土流失防治体系。凡列入县级以上治理规划，并进行重点治理的，流域面积在5平方公里以上的小流域治理面积均进行统计。

(4)本年新增治理面积(也称本年新增水土保持面积)：是指在山丘水土流失区，由于采取各种水土措施，或进行小流域综合治理，在报告期年度，新增加的水土流失治理面积。不包括已治理的水土流失面积，以往年度已经统计，而在本年度内又增建或更新改造水保措施，而得到提高改善的面积。

(5)本年减少的治理面积：是指在报告期内，由于各种原因，如基建占地、人为破坏、自然灾害、各类生产活动、工程老化失修等，使原已治理的水土流失面积重又产生水土流失的面积。

水土流失治理面积＝上年累计达到治理面积＋本年新增治理面积－本年减少治理面积

水库

(1)已建成水库：是指主、副坝、溢洪道、输水洞和专门建筑物，如电站、过船过水建筑物等，已全部建成或基本建成，无重大遗留问题达到设计蓄水能力，经过验收鉴定合格，正式交付使用的水库。

(2)总库容：即校核水位以下的库容。包括死库容、兴利库容、防洪库容(减掉和兴利库容重复部分)之总和，称总库容，它是水库兴建的总规模。

大、中、小型水库的划分标准

大型水库：总库容在一亿立方米及以上；

中型水库：总库容在一千(含一千)万立方米至一亿立方米；

小型水库：库容在十万立方米至一千万立方米。

堤防总长度：指建成或基本建成的河堤、江堤、海堤、湖堤、围堤，包括防洪墙等各类防洪，防潮堤防之总和，包括建国前建成或需要加固加高培厚的老堤防。但不包括单纯除涝河道的堤防和弃土形成的堤防，也不包括子埝和生产堤。所谓基本建成，是指按设计标准已经完成，已能发挥设计效益，但还留有少量尾工的工程。

农场个数:指报告期末实有农场个数。包括农垦系统内全民所有制、集体所有制和合资经营的农、林、牧、渔场个数,不包括家庭农场个数。农场应具备三个条件:进行农林牧渔业生产;设有场部组织结构;实行独立核算。

农村居民家庭基本情况

常住人口:是指全年经常在家或在家居住六个月以上,而且经济生活和本户连成一体的人口。在外劳动的合同工、临时工和其他副业工,他们在外劳动虽然超过六个月,但其收入主要带回家中,仍要计算在内。在家居住,生活和本户连成一体的国家职工、退休人员也要计算在内。但是参军、在外居住的职工等,则不应计入。

常住人口中整半劳动力:整劳动力是指男子18周岁到50周岁,女子18周岁到45周岁;半劳动力是指男子16周岁到17周岁,51周岁到60周岁;女子16周岁到17周岁,46周岁到55周岁,同时具有劳动能力的人。虽然在劳动年龄之内,但已丧失劳动能力的人,不应算为劳动力;在劳动年龄以外,但能经常参加劳动,能顶上一个整劳动力或半劳动力的人,应计入劳动力数内。常住人口中的职工,若这些职工为劳动力,就包括在本户的整半劳动力中。

总支出:指农村住户用于生产、生活和再分配的全部支出。包括家庭经营费用支出、购置生产性固定资产支出、生产性固定资产折旧、税费支出、生活消费支出、财产性支出和转移性支出。

家庭经营费用支出:指农村住户以家庭为基本生产经营单位从事生产经营活动而消费的商品和服务、自产自用产品。所消费的未计算为住户收入的自产自用产品,不计算为费用支出。库存的化肥、农药也不应该计算费用支出。

现金收入:指农村居民家庭年内所有家庭成员的全部现金收入。包括基本收入(即以工资形式支付的劳动报酬收入和家庭经营现金收入)、财产性收入、转移性收入和储蓄借贷现金收入。

现金支出:指农村居民家庭年内全部现金支出。包括用于承包经营生产的家庭经营费用支出的各项现金,向国家缴纳的各种税金,按承包合同上交的集体提留或承包任务的现金,购买生产用固定资产支付的现金,用于生活消费支出,转移性支出和储蓄借贷支出的现金等。

农村居民家庭平均每人总收入和纯收入

总收入:是指调查期内农村住户和住户成员从各种来源渠道得到的收入总和。按收入的性质划分为工资性收入、家庭经营收入、转移性收入和财产性收入。

(1)工资性收入:指农村住户成员受雇于单位或个人,靠出卖劳动而获得的收入。

(2)家庭经营收入:指农村住户以家庭为生产经营单位进行生产筹划和管理而获得的收入。农村住户家庭经营活动按行业划分为农业、林业、牧业、渔业、工业、建筑业、交通运输邮电业、批发和零售贸易餐饮业、社会服务业、文教卫生业和其他家庭经营。

家庭经营产品的计价:凡是出售部分,按实际出售价格计算;非出售部分(包括自用的和结存的)按出售该产品的综合平均价计算。

转移性收入:指农村住户和住户成员无需付出任何对应物而获得的货物、服务、资金或资产所有权等,不包括无偿提供的用于固定资本形成的资金。一般情况下,指农村住户在二次分配中的所有收入。

财产性收入:指金融资产或有形非生产性资产的所有者向其他机构单位提供资金或将有形非生产性资产供其支配,作为回报而从中获得的收入。

纯收入:是农村住户当年从各个来源得到的总收入相应地扣除所发生的费用后的收入总和。纯收入主要用于再生产投入和当年生活消费支出,也可用于储蓄和各种非义务性支出。"农民人均纯收入"按人口平均的纯收入水平,反映的是一个地区或一个农户农村居民的平均收入水平,反映的是一个地区或一个农户农村居民的平均收入水平。计算方法为:

纯收入=总收入－家庭经营费用支出－税费支出－生产性固定资产折旧－赠送农村亲友支出

农村居民家庭平均每人生活消费支出

生活消费支出:指农村住户用于物质生活和精神生活方面的支出。生活消费支出包括:食品,衣着,居住,家庭设备、用品及服务,医疗保健,交通和通讯,文化教育娱乐用品及服务,其他商品和服务等消费支出。各消费类别的具体内容如下:

(1)食品消费支出:指农村居民年内消费各类食品支出。包括主食、副食、其他食品、在外饮食支出和食品加工费支出。其中的主食:是指各种粮食和粮食复制品的消费量折价。粮食复制品:指利用原粮加工而成的食品,如挂面、年糕等。但不包括用粮食加工成豆油、豆腐、粉条、酒。副食:包括蔬菜、豆制品、油脂类、食糖、肉、禽及其制品、蛋类、水产品、调味品等。其他食品:包括烟草类、酒类、饮料类、干鲜果品、糖果糕点、奶和奶制品、罐头类等。在外饮食:包括在外面饭馆、小吃部、小卖部、茶馆、饮食摊内吃饭、喝茶、吃冷饮时消费的各种食品。开会和住院的伙食费也应包括在内。食品加工费:指加工食品所需的费用,包括把原粮加工成副食品和其他食品的费用。

(2)衣着:指农村住户各种穿着用品及加工穿用品的各种材料等支出。包括棉花、丝棉、化纤棉、驼毛、棉布、各种化纤布、绸、缎、呢绒、各类成衣、棉、毛、丝、麻纺织品,背心、汗衫、棉毛衫裤、卫生衫裤、袜子等针织品,毛线、毛线织品、各种鞋、帽等消费品及衣着的加工修理费。但不包括用各种布料做的床上用品,室内装饰品。

(3)居住:指农村住户与居住有关的所有支出,包括新建(购)房屋、房屋维修、居住服务、租赁服务、租赁住户所付的租金、生活用水、生活用电、用于生活的燃料等支出。

(4)家庭设备、用品及服务:指农村住户消费的各种家庭设备、用品及设备、用品的加工修理费用。包括耐用消费品、室内装饰品、床上用品、家庭日用杂品等。

(5)医疗保健:指农村住户用于医疗和保健的药品、医疗器械和服务费用。包括医药卫生保健用品、医疗保健服务费和医疗卫生设备、用品加工修理费等。

(6)交通和通讯:指农村住户用于交通和通讯的工具、各种服务费、维修费用支出。

(7)文化教育娱乐用品及服务:指农村住户用于文化、教育、娱乐方面的支出。包括文化教育娱乐用品支出和文化教育娱乐服务支出。

(8)其他商品和服务:是指上述各类支出以外的商品的服务支出。其中商品性支出:包括化装品、金银珠宝饰品和其他商品。服务支出:指生活消费的服务。包括旅店住宿费、洗澡费、照相费、殡殓费等。

农村居民家庭房屋使用情况

房屋:是指有顶有墙,能遮风避雨,可用于住人放物从事生产等用的房屋。包括住房、仓库、牧区的蒙古包、帐棚,但不包括船屋。它是反映农村住户生活水平的重要标志。

新建房屋:是指全年从无到有"平地起家"的新建筑房屋。包括新址上新建和旧址上新建的房屋。在原来的房屋基础上按原有规模对房屋进行翻修或一般维修的不包括在内。新建房屋仅包括年内建成的新建房屋,未完工的在建房屋不要统计在内。

房屋面积:是指室内面积,从房屋的内墙线算起的面积,不包括房屋结构(如墙、柱)占用的面积。多层建筑,按各层面积总和计算。其中:砖(石)木结构:是指房屋的梁、柱、承重墙等主要部分是用砖、石、木料建造的,如木房架、砖、石墙、木柱、砖柱建造的房屋。钢筋混泥土结构:是指房屋的梁、柱、承重墙等主要部分是用钢筋混泥土建造的。

房屋的价值:购买房屋按购买价格计算。新建房屋价值,可按实际消耗的建筑材料和人工的报酬计算,有的地方,人工不要报酬,只管吃喝,可将吃喝的费用,当作报酬,计入房价内。原有房屋,按房屋质量和新旧程度,根据当地实际情况进行估价。对原有房屋进行大翻修的,也应考虑在内。

生活用房屋面积:指实际住人或可以用来住人的房屋面积。与住房连成一体的起居室或放置灶具的地方、专用厨房,均应包括在内。但不包括专用仓库等生产用房面积。其中的楼房面积:是指二层和二层以上的多层建筑的房屋面积,楼房面积按各层面积总和计算。

农村居民家庭平均每户生产性固定资产原值

生产性固定资产:是指在生产过程中使用年限较长、单位价值较高,并在使用过程中保持原有物质形态的资产,包括厂房、机器设备等。农村家庭使用的固定资产,需同时具备两个条件,即使用年限在两年以上,单位价值在50元以上。在乡村企业及其他部门中,规定单位价值在200元以上,使用年限在一年以上。如果企业的主要设备虽低于200元,但使用年限在一年以上,也划为固定资产。

生产用固定资产原值:是以购入该项固定资产的原始价值量,反映农村住户拥有的生产规模和能力。各类固定资产的原值,也可按开始占有这项固定资产的重新估计的价值计算。

农村居民家庭平均每人经营耕地情况

经营耕地面积:是指农村住户年末经营的全部耕地面积,包括承包集体生产的耕地面积和家庭自营地面积(自留地、饲料地和零星开荒地),经营耕地面积中,应包括因各种原因休闲和抛荒的耕地面积、改种植为养殖的耕地面积。还包括经营他人的转包耕地面积,但不包括代为他人临时耕种的承包地面积。

经营山地面积：是指农村住户年末经营的全部山地面积，包括承包集体的山地面积和家庭自留山面积。还包括经营他人的转包山地面积，但不包括代为他人临时经营承包的山地面积。

经营山地面积中植树造林面积：是按当年造林面积计算。当年造林面积按年末实际成活率达到80%以上的面积，有一亩算一亩。

经营水面面积：是指农村住户年末经营的全部水面面积，包括承包集体的水面和家庭自营水面面积。经营水面面积，包括原水面面积、新挖塘养殖面积，未挖深但已停止种植粮食作物的蓄水养殖面积。